Selahattin Akti

Gott und das Übel

Selahattin Akti

Gott und das Übel

Die Theodizee-Frage in der Existenzphilosophie des Mystikers Muḥyīddīn Ibn ʿArabī

Chalice Verlag

Überarbeitete Inauguraldissertation
zur Erlangung des akademischen Grades
des Doktors der Philosophie
im Fachbereich Sprach- und Kulturwissenschaften
an der Johann Wolfgang Goethe-Universität
Frankfurt am Main

Erstausgabe

www.chalice-verlag.com

Umschlagillustration und Frontispiz:
iStock / Getty Images / petesphotography
Buchgestaltung: Robert Cathomas
Herstellung: BoD – Books on Demand GmbH
Printed in Germany

ISBN 978-3-942914-15-4

Inhalt

Abkürzungsverzeichnis

DİA	*Diyanet İslam Ansiklopedisi.* Istanbul: İSAM, 1988–2013.
FS	*Fuṣūṣ al-Ḥikam* von Ibn 'Arabī. Herausgegeben von Abū l-'Alā' 'Afīfī. Beirut: Dār al- Kitāb al-'Arabī, 1946.
FT	*Al-Futūḥāt al-Makkiyya* von Ibn 'Arabī. Herausgegeben von Ahmad Šams ad-Dīn. Beirut: Dār al-Kutub al-'ilmiyya, 1999.
INŠĀ'	»*Inšā' ad-Dawā'ir* von Ibn 'Arabī« in *Kleinere Schriften des Ibn 'Arabī.* Herausgegeben von H. S. Nyberg. Leiden: E.J. Brill, 1919.
Koran	*Der Koran.* Aus dem Arabischen von Max Henning. Überarbeitet und herausgegeben von Murad Wilfried Hofmann. München: Heinrich Hugendubel Verlag, 1999.

Abbildungsverzeichnis

Vorwort

EINE REIHE VON TRAURIGEN EREIGNISSEN AUS MEINER Jugendzeit haben mich wunderbare Einsichten gelehrt. Damals habe ich unter anderem erfahren, was es bedeutet, eigenes Leid in Frage zu stellen und das Leid anderer nachzuempfinden. Wer einmal Empathie verspürt, dem wird jedes Problem in der Welt wichtig, ein »Ist-mir-doch-egal« unmöglich. Wer sich dieser Ebene des Bewusstseins öffnet, den berührt auch das Leid anderer, denn jenes Leid erinnert an eigenes Leid.

In dieser Phase meiner seelischen Entwicklung musste ich das Land, in dem ich zur Welt gekommen und aufgewachsen bin, verlassen. Ich kam nach Europa und fand mich in den ersten Tagen nach meiner Ankunft in Deutschland in einer vollkommen neuen Umgebung wieder. Als ich in den darauffolgenden Jahren neue und liebenswürdige Freundschaften schloss und in meinem Leben die Sprache dieses neuen Landes und seine Menschen kennenzulernen versuchte, erreichte mich eines Tages ein Anruf vom Islamischen Zentrum Freiburg in der Nähe meines damaligen Wohnortes. Die Verantwortlichen vor Ort erklärten mir, jemand, den sie selbst nicht persönlich kannten, habe sie um Hilfe gebeten und suche einen Imam, der einer ihm nahestehenden kranken Person den Segen aussprechen könne. Da der ansässige Imam zu diesem Zeitpunkt im Urlaub war, bat man mich, behilflich zu sein. Also fuhr ich zum vereinbarten Zeitpunkt in die genannte Kinderklinik. Als ich das Zimmer des kranken Kindes betrat, traf ich auf die Eltern, die ich auf um die dreißig Jahre einschätzte. Das schwer kranke Kind war gerade einmal drei bis vier Jahre alt und die Ärzte vermuteten, dass es in den nächsten Tagen sterben werde. Die Sprache der weinend neben ihrem Kind sitzenden Mutter, die aus dem Kosovo stammte, verstand ich nicht. Doch die ebenfalls von Tränen erstickten Worte des Vaters hallen noch immer in meinem Gedächtnis nach: »Warum?! Wie kann Gott es zulassen, dass ein unschuldiges und sündenfreies Kind so qualvoll stirbt?«

Nur wenige Monate nach diesem traurigen Vorfall wurden bei einem schweren Erdbeben in der Türkei Zehntausende Menschen verschüttet und viele getötet. In den darauffolgenden Jahren erlebte die Menschheit eine noch verheerendere Naturkatastrophe in Form des Seebebens und des Tsunamis im Indischen Ozean, der 230 000 Menschen das Leben kostete. Die Zahl derer, die dabei ihre Häuser verloren, ist erschütternd: über zwei Millionen Menschen wurden damals obdachlos. Und während die Menschheit sich gerade von diesen Wunden erholte, entzündete der Bürgerkrieg in Syrien eine noch größere Tragödie mit schrecklichen Verlusten. Während sich die Zahl der Todesopfer dieses Krieges einer halben Million näherte, stieg die Zahl derer, die ihre Heimat verlassen und Zuflucht in anderen Ländern suchen mussten, auf fünf Millionen. Diese größte Flüchtlingsbewegung nach dem Zweiten Weltkrieg führte zu noch größeren politischen Verwerfungen in der Region mit anhaltenden Auswirkungen auf Europa und den Rest der Welt. Noch heute sehen wir in den Medien tagtäglich Bilder von Menschen, die über das Meer nach Europa zu gelangen versuchen, und von den Leichen derer, die dabei ertrunken sind.

Das vorliegende Buch, geschätzte Leserinnen und Leser, ist aufgrund meiner eigenen Erfahrungen und persönlicher Anteilnahme an Erlebnissen anderer entstanden. Das Thema habe ich nicht als rein intellektuelle Herausforderung oder für meine akademische Karriere gewählt. Das Vorhandensein des Übels in der Welt und die Frage, aus welchem Grund Gott es zulässt, haben mich in meiner Auseinandersetzung mit mir selbst schon immer beschäftigt und sind in meinen Freundeskreisen unzählbar oft gestellt und aufrichtig diskutiert worden.

Die auf diese Frage meistgehörte Antwort: »Das Übel muss es als eine Prüfung geben, damit es im Gegenzug dazu das Paradies und die Hölle geben kann« oder ähnliche Aussagen haben mich nie zufriedengestellt. Nach diesem Verständnis nimmt Gott den Eltern im oben geschilderten Beispiel das Kind, um ihre Reaktion zu prüfen; und je nachdem, wie sie darauf reagieren, werden sie entweder belohnt oder bestraft. Auch wenn dies denkbar ist, fragt man sich doch, warum ein Kind qualvoll leiden muss, nur damit seine Eltern geprüft werden können?

Wie ist es aber andererseits zu erklären, dass eine Person sich dieser Prüfung unterziehen muss, wenn doch das Übel nur aufgrund dieser Prüfung vorhanden ist? Falls der Mensch sich mit dem Übel auf dieser Welt auseinandersetzen muss, um aus seiner Sicht das »Sein« zu erreichen, könnte man sich folgende Frage stellen: Wenn man in dieser Welt erwacht, in der sich auch das Übel befindet, wird dann denjenigen, die *nicht* bereit sind, das Risiko einzugehen, die Prüfung zu verlieren und zur Verantwortung gezogen zu werden, eine Alternative geboten, nicht zur Existenz zu kommen? Ich gebe zu, dass diese Frage etwas merkwürdig klingt. Aber damit jedem Ich die Frage gestellt werden kann, ob es zur Existenz gerufen werden möchte, muss jedes Ich zunächst in einer Seinsstufe Existenz erhalten, um überhaupt erst eine Antwort auf diese Frage geben zu können. Dem, was nicht »ist«, kann man keine Frage stellen. Nachdem jedoch etwas eine Ebene des »Seins« erreicht hat, hat es keinen Sinn mehr, ihm diese Frage zu stellen.

Wer sich mit solchen Fragen beschäftigt, möchte zweifelsohne die metaphysische Beziehung zwischen der Welt und dem Übel nachvollziehen. Es ist nicht schwer, die physikalischen Gründe für das Übel zu erklären. Zum Beispiel ist es nach den heutigen wissenschaftlichen Kenntnissen einfach zu verstehen, wie ein Tsunami nach physikalischen Gesetzen entsteht. Jedoch wird seitens der Wissenschaft bei diesen Erklärungen nicht berücksichtigt, warum ein Schöpfer der Welten ein derartiges Universum für notwendig hält. Auch von Atheisten ist keine Antwort auf diese Frage zu erwarten, da es für sie keinen Gott gibt. Aber aus Sicht derjenigen, die daran glauben, dass ein Schöpfer der Welt existiert, hat diese Frage durchaus einen Sinn; und daher sollte es darauf, wie bei jeder sinnvollen Frage, auch eine Antwort geben.

Eigentlich sind nahezu alle Religionen damit beschäftigt zu erklären, was Gut und Böse ist. Die Religionen, die das Gute und das Böse beschreiben, erklären in einer einfachen und für jedermann verständlichen Sprache, dass diejenigen, die Böses tun, bestraft und diejenigen, die Gutes tun, belohnt werden. Auch wenn diese Botschaften verständlich sind, wird die ontologische Frage, warum diese Welt auf diese Weise aufgebaut ist, entweder nicht beantwortet oder nur durch Symbole oder Zeichen erklärt.

Die Mystiker bezeichneten die einfache Sprache, die für die Gesellschaft verwendet wird, als »die äußere« (*ẓāhir*), folgten selbst aber »der inneren« (*bātin*), die sie auch als »die zweite Sprache« bezeichneten. Sie waren der Überzeugung, dass die erkennbare physikalische Welt nur *eine* Ebene des Seins ist, und versuchten beharrlich, die andere Dimension des Seins zu entdecken, welche sie die »verborgene Wahrheit« nannten. Während man in der physikalischen Welt die Augen offen halten muss, um sie zu erforschen, ist dem entgegengesetzt die Erkundung der anderen Welt nur mit geschlossenen Augen möglich. (Dabei ist besondere Aufmerksamkeit auf das Wort »Mystik« zu richten, welches griechischen Ursprungs ist und »geheimnisvoll« oder auch »Augen schließen« bedeutet). Eines der Themen, mit denen diese Denker sich beschäftigt haben, ist das Dasein des Übels in dieser Welt.

Auch wenn das Abendland die Vertreter dieser Strömung in der islamischen Welt als »muslimische Mystiker« bezeichnet, bestehen diese sogenannten Mystiker darauf, dass Unterschiede vorhanden sind. So ziehen sie es vor, sich selbst *Sufis* und ihren Weg *taṣawwuf* zu nennen. Während der vergangenen Jahrhunderte sind aus der tief verwurzelten Tradition des *taṣawwuf* heraus Persönlichkeiten wie Jalaluddin Rumi (1207–1273), der auch in der westlichen Welt bekannt ist, sowie viele weitere herausragende Denker und Dichter hervorgegangen. In meiner vorliegenden Forschungsarbeit zur Ursache des Übels konzentriere ich mich auf Muḥyīddīn Ibn ʿArabī (1165–1240). Warum ausgerechnet Ibn ʿArabī? Es fällt mir schwer, hierauf eine konkrete Antwort zu geben. Aber ich erinnere mich noch sehr gut daran, wie ich auf seine Schriften stieß und sofort wusste: »Ja, das ist es!« Als ich zum ersten Mal Texte von ihm las, spürte ich, dass ich etwas wirklich Neues entdeckt hatte, und ein entzückendes Gefühl erfüllte meine Seele. Ibn ʿArabī zerstört unser stereotypisches Denkmuster komplett. Für ihn ist alles doppeldeutig; nichts ist so, wie es scheint. Ibn ʿArabī war keineswegs ein Träumer, der das zu Sehende ablehnte, aber er war davon überzeugt, dass alles zu Sehende auch eine verborgene Wahrheit beinhaltet. Wer sein Werk liest und zu verstehen beginnt – was nicht immer leicht fällt –, wird nichts mehr so wahrnehmen wie zuvor.

In dieser Arbeit habe ich versucht aufzuzeigen, welche Bedeutung das Übel in der Existenzphilosophie Ibn ʿArabīs haben könnte. Seine Werke sind jedoch nicht immer leicht verständlich, und es kommt oft vor, dass sich uns der Sinn einzelner Passagen erst nach mehrmaliger Lektüre erschließt. Dafür braucht es viel Geduld. Es ist von großer Bedeutung, sich sein System vor Augen zu halten und manchmal nicht nur eine gewisse Zeit und Gedanken über das Gelesene verstreichen zu lassen, sondern auch das bereits Gelesene erneut zu studieren.

Das Buch, das Sie in Händen halten, ist eine überarbeitete und bereinigte Version meiner Dissertation, die ich im Jahr 2015 an der Johann Wolfgang Goethe-Universität Frankfurt am Main eingereicht habe. Während und nach der Zeit der Forschungsarbeit und der Erstellung meiner Dissertation gab es Bekannte und Freunde, die mir ihre Hilfe nicht vorenthielten. Ich kann mich ihnen nicht genug dankbar zeigen. Da es kaum möglich ist, alle ihre Namen aufzuzählen, möchte ich einige wenige, besonders bedeutsame Personen nennen. Als Allererstes möchte ich meinen tiefsten und herzlichsten Dank meiner Frau Esen Akti aussprechen, die mich am stärksten darin unterstützte, meine akademischen Karriere nach langjähriger Unterbrechung wieder aufzunehmen, und die sich um unsere beiden Kinder kümmerte, so dass ich mich auf diese Arbeit konzentrieren konnte. Eine weitere Person, der ich großen Dank schuldig bin, ist Prof. Dr. Abdullah Takim. Er war mein Mentor während des gesamten Zeitraumes der Anfertigung meiner Dissertation, von dessen Empfehlungen ich sehr profitieren konnte. Ein besonderer Dank gilt dem Chalice Verlag, der das Manuskript mit Begeisterung aufnahm und mit seinen Anregungen geholfen hat, den geneigten Lesern ein gereiftes Buch in die Hand zu legen. Zusätzlich möchte ich mich bei Mahmut Köse, Yunus Aslan, Beate Maaßen, Salih Selamet und allen, deren Name nicht aufgezählt wurde, die in unterschiedlicher Art und Weise dabei behilflich waren, diese Arbeit zu vollenden, nochmals herzlich bedanken.

Köln, 2016

I Einleitung

Im Atemholen sind zweierlei Gnaden:
Die Luft einziehen, sich ihrer entladen;
Jenes bedrängt, dieses erfrischt;
So wunderbar ist das Leben gemischt.
Du danke Gott, wenn Er dich preßt,
Und dank Ihm, wenn Er dich wieder entlässt.[1]

I.1 Einführung in die Thematik

SCHMERZ UND LEID SIND UNTRENNBAR MIT DEM MENSCHLICHEN Dasein verbunden und überall jederzeit spürbar. Sowohl naturbedingte Übel, wie Erdbeben und Flutkatastrophen, als auch von Menschen ausgehende Übel, wie Gewalt, Raub und Krieg, scheinen unleugbar in ihrer Existenz.

Bekanntermaßen glaubt ein Großteil der Menschen auf der Erde an einen allmächtigen und allgütigen Gott. Daher ist oft die Frage gestellt worden, wieso ein solch allmächtiger Gott das Übel gewähren lässt. Das Übel, das tagtäglich in dieser Welt zu beobachten ist, scheint dem Bild eines absolut gütigen und absolut allmächtigen Gottes zu widersprechen. Über das wahre Wesen dieses zwischen dem Menschen und seinem Glück stehenden Übels, über seine Existenz und die Gründe hierfür, sowie darüber, wieso Gott dieses zulässt, sind in der Geschichte der Philosophie lang andauernde Diskussionen geführt worden, welche unter der Überschrift *Das Problem des Übels* bzw. unter dem Begriff *Theodizee* zusammengefasst werden.

1. GOETHE, JOHANN WOLFGANG: *West-östlicher Divan.* 2013. Seite 13.

Wie ein bemerkenswerter Zufall es will, befinde ich mich, während ich diese Zeilen verfasse, auf einem Forschungsaufenthalt in Istanbul, wo mir zwei aktuelle Ereignisse vor Augen führen, dass die Beispiele, die die Intellektuellen vor Jahrhunderten für das Problem des Übels anführten, sich seitdem nicht geändert haben: zum einen das jüngste Erdbeben, das bei den Menschen hier vor Ort Angst und Schrecken hervorrief,[2] zum anderen der bemitleidenswerte Zustand der Flüchtlinge aus Syrien, die vor dem Krieg in ihrer Heimat hierhin geflohen sind.[3] Das Erdbeben vom 1. November 1755, das die Stadt Lissabon dem Erdboden gleichmachte und als das größte der Geschichte in die Chroniken einging, hinterließ in den folgenden Jahren tiefe Umbrüche in der Gedankenwelt Europas.[4] Voltaire (1694–1778) schrieb in einem fast ein Jahr nach dem Ereignis verfassten Brief, dass der Gedanke Leibniz' (1646–1716), diese Welt sei »die beste aller möglichen Welten«, ein furchtbarer Trugschluss sei. In einem Gedicht, das er über die Katastrophe von Lissabon verfasste (*Poème sur le désastre de Lisbonne*), bringt er zum Ausdruck, dass dieser Gedanke nichts anderes sei als eine Verhöhnung der Leiden des Lebens.[5]

Das Problem des Übels ist ein sehr alter Gegenstand der Philosophie; es hat von Thales (624–546 v. Chr.) bis in die heutige Zeit nahezu jedem Philosophen Kopfzerbrechen bereitet. Zugleich dient die Idee vom übermäßigen Vorhandensein von Übel in der Welt seit ehedem als eine der argumentativen Hauptstützen der Atheisten und ist von diesen des Öfteren gegen die Theisten zu Felde geführt worden. Der seit dem Altertum am häufigsten angeführte Beleg zur Untermauerung des Atheismus ist der Hinweis auf das tatsächliche Vorhandensein des Übels in der Welt.[6]

2. Das Erdbeben vom 24. Mai 2014 mit einer Stärke von 6,5 auf der Richter-Skala erinnerte an das Erdbeben von 1999, bei dem 17 480 Menschen ums Leben gekommen waren, und wurde von den Experten als ein Vorbote des erwarteten noch größeren Bebens gewertet.

3. »Mittlerweile leben 4 088 099 registrierte syrische Flüchtlinge in den Ländern rund um Syrien – darunter 1 938 999 in der Türkei, 1 113 941 im Libanon, 629 266 in Jordanien, 249 463 im Irak, 132 375 in Ägypten und 24 055 in den Ländern Nordafrikas. Nur zwölf Prozent der Flüchtlinge in der Region leben in formellen Flüchtlingslagern« (https://www.uno-fluechtlingshilfe.de/news/syrien-lage-verschlechtert-sich-weiter-389.html) (Stand: 28.9.15, 14:03).

4. Vgl. Ormsby, Eric Lee: *İslam Düşüncesinde 'İlahi Adalet' Sorunu (Teodise)*. 2001. Seite 18.

5. Siehe ebenda, Seiten 17–19.

6. Vgl. Cevizci, Ahmet: *Felsefe*. 2007. Seite 519.

Im alltäglichen Leben begegnen einem öfters Menschen, die das Übel als Beleg für das Nichtvorhandensein Gottes anführen, und auch in der Belletristik finden sich zahlreiche Beispiele hierfür. Dostojewski (1821–1881) etwa, der die sozialen Umbrüche und Verwerfungen seiner Zeit sehr gekonnt in seine Werke einfließen ließ, gibt in seinen Romanen wie *Die Brüder Karamasow* und *Schuld und Sühne* die Übel, die uns im Leben begegnen, sehr anschaulich wieder. Raskolnikow beispielsweise, der Protagonist in *Schuld und Sühne,* ist ein junger Idealist, der dem Unrecht in seinem Umfeld den Kampf angesagt hat. Die zweite Hauptfigur ist Sonja, eine sehr junge, tiefgläubige Frau in derselben Stadt, die gezwungen ist, ihren Körper zu verkaufen, um den Unterhalt und die Miete für ihre Stiefmutter, deren beiden Kinder und ihren trunksüchtigen Vater sowie das Geld für dessen Alkohol zu besorgen. Auffällig ist hier die Szene, in der Raskolnikow und Sonja in ihrem kleinen und ungepflegten Zimmer nach Auswegen aus ihrer Misere suchen. Raskolnikow, der ihre schlimme Lage als ausweglos betrachtet, sagt: »Aus ihr wird wohl auch nichts anderes!«, womit er ihre Schwester Poletschka meint, die noch im Kindesalter ist. Der Gedanke, dass ihre kleine Schwester genauso eine Prostituierte werden könnte, ist wie ein Stich ins Herz für sie, und sie schreit empört auf: »So etwas Furchtbares würde Gott niemals zulassen!« Raskolnikows darauf folgende Antwort lässt sie in Tränen ausbrechen: »Vielleicht gibt es Gott gar nicht.«[7]

Zu allen Zeiten hat es vernunftorientierte Schriftsteller gegeben, die aus dem wirklichen Leben entnommene Beispiele für das Übel in ihre Werke einflochten und so versuchten, den Ungerechtigkeiten in der Zeit, in der sie lebten, zu begegnen und ihre Leser für sie zu sensibilisieren. Wie aber soll man mit den Werken jener Autoren verfahren, welche mit dem Ziel, Aufmerksamkeit zu erwecken, immer neue, immer fantastischere, den Verstand herausfordernde Übel erfinden? Die ernste Frage, die sich hierbei stellt, ist, ob Literaten, die ihren Lebensunterhalt über die Ästhetisierung des Übels bestreiten, damit der Verbreitung des Übels Vorschub leisten oder eher dessen Eindämmung bewirken. Woher nehmen Autoren, die mit jedem neuen Roman zum Beispiel ein Kind auf immer ausgeklügeltere Weise sterben lassen, ihre Inspiration?[8] Georges Bataille

7. Siehe Dostoyevski, Fyodor Mihayloviç: *Suç ve Ceza [Schuld und Sühne].* 2012. Seiten 400–401.

8. Vgl. Güner, Günay: *Kötülük izleği bağlamında Necip Fazıl Kısakürek Şiiri.* 2007. Seite 1.

(1897–1962) zufolge liegt die Quelle für den Einfallsreichtum der Literatur im Übel und in der Sündhaftigkeit. Die Literatur ist schuldig, und es ist an der Zeit, dass sie diese Schuld auch eingesteht.[9]

Das Übel, das in der Welt besteht und das wir laufend wahrnehmen, wird, so scheint es, wohl auch in Zukunft ein Problem bleiben und auch weiterhin als lange geübter Einwand gegen den Theismus angeführt werden. Aus diesem Grund sind viele Theisten darum bemüht, für dieses Problem zumindest teilweise eine Lösung zu finden und so den vom Vorhandensein des Übels ausgehenden Argumenten gegen den Theismus zu begegnen. Dieses Problem ist eines, welchem sich in erster Linie jene Theisten zu widmen haben, die ein monotheistisches bzw. monistisches Gottesverständnis vertreten. Religionen hingegen, die einem dualistischen Gottesbild mit einem guten und einem schlechten Gott anhängen oder die ihrem Gott oder ihren Göttern keine Attribute wie absolute Güte, Allmacht und Allwissenheit zuschreiben, haben kein Theodizee-Problem.[10]

In der Philosophie wird das Übel in der Regel in drei Haupterscheinungsformen unterteilt. Demnach werden Untaten, die die Menschen mit freiem Willen und ihrer freien Entscheidung begehen oder durch ihre Nachlässigkeit nicht verhindern, wie Lügen, Mord oder Diebstahl, als *moralische Übel,* Übel, die von der Natur verursacht werden, wie Erdbeben, Trockenperioden oder Überschwemmungen, als *natürliche Übel* und Übel, die auf der Unzulänglichkeit des Materiellen basieren, als *metaphysische Übel* bezeichnet.[11]

9. Denn nach seiner Ansicht ist das Übel eine der grundlegenden Realitäten des Lebens. Hierbei ist jedoch das Übel nicht, wie oft gedacht, ein »Fehlen von Moral«, sondern im Gegenteil Vorbedingung für eine höhere Form der Moral, welche die althergebrachte Moral verwirft. In diesem Fall ist das Übel ein Weg, sich den Verboten zu widersetzen. Denn dies ist erforderlich für eine »höhere Moral«. Bataille führt an, dass der Weg zur Wiedererschaffung der Freiheit und der Werte durch das Übel verläuft und dass es Mut dazu braucht, sich dem zu stellen (vgl. Bataille, Georges: *Edebiyat ve Kötülük [Die Literatur und das Böse].* 1997. Seite 10).

10. Vgl. Fischer, Peter: *Philosophie der Religion.* 2007. Seite 64.

11. Vgl. o. Verf.: *Übel.* 1971–2007. Band 11, Seite 1. Ulfig, Alexander: *Lexikon der philosophischen Begriffe.* 2003. Seite 432. Yaran, Cafer Sadik: *Kötülük ve Theodise.* 1997. Seiten 24–28.

Das Problem des Übels kann, einfach formuliert, mit folgendem Satz auf den Punkt gebracht werden: Wie kann ein Gott, Der der ewige Urgrund aller Wesen, Der allmächtig, allwissend und allgütig ist, mit der Existenz des Übels in der Welt in Einklang gebracht werden? Der Erste, der dieses Problem als logischen Beweissatz ausformulierte, soll Epikur (341–270 v. Chr.) gewesen sein. David Hume (1711–1776) lässt in seinen *Dialogues Concerning Natural Religion* Philo die Fragen Epikurs wiederholen.[12] Die Prämissen des auch als »logisches Problem des Übels« bekannten Themas können, noch weiter vereinfacht, folgendermaßen aufgelistet werden:

1. Gott ist allmächtig.
2. Gott ist allgütig.
3. Das Übel existiert.

Alle drei dieser Prämissen als wahr anzunehmen, birgt einen Widerspruch in sich, da die Annahme von zweien von ihnen zwingend erfordert, dass die dritte nur falsch sein kann. Die gleiche Frage wird, unterschiedlich formuliert, von zahlreichen anderen Philosophen gestellt; ihnen allen gemeinsam ist, dass sie zu dem Schluss kommen, dass Gottes Eigenschaften der *Allmacht,* des *absoluten Willens* und der *absoluten Güte* nicht auf gleicher hierarchischer Ebene postuliert werden können.[13]

Der Begriff *Theodizee,* der zum ersten Mal von Leibniz verwendet wurde, setzt sich aus den beiden griechischen Wörtern für »Gott« (θεός, *theós*) und »Gerechtigkeit« (δίκη, *díkē*) zusammen; als Terminus technicus steht er für die Beweisführung der Gerechtigkeit oder der Weisheit Gottes trotz und gegenüber der Existenz des Übels in der Welt:[14]

> Der Ausdruck »Theodizee« ist von G.W. Leibniz wohl im Anklang an Röm. 3.5 (»Wenn aber unsere Ungerechtigkeit

12. Vgl. Masek, Michaela: *Geschichte der antiken Philosophie.* 2012. Seite 233.
13. Vgl. Aydin, Mehmet S.: *Din Felsefesi.* 2002. Seite 153.
14. Vgl. Ulfig, Alexander: *Lexikon der philosophischen Begriffe.* 2003. Seite 418. Fischer, Peter: *Philosophie der Religion.* 2007. Seite 63. Hoerster, Norbert: *Zur Unlösbarkeit des Theodizee-Problems.* 2010. Seite 13. Kant, Immanuel: *Über das Misslingen aller philosophischen Versuche in der Theodizee.* 1791. Seite 255. Die Werke Kants werden hier nach der folgenden Internetseite zitiert, in der die Akademie-Ausgabe seitenweise wiedergegeben wird: http://www.korpora.org/kant/

> Gottes Gerechtigkeit nur noch besser ins Licht stellt, was sollen wir dazu sagen?«) gebildet worden, um seine Theorie der Rechtfertigung Gottes angesichts des physischen und moralischen Übels in der Welt zu bezeichnen.[15]

Daneben ist das *Theodizee-Problem* auch als allgemeine Bezeichnung für Überlegungen, die auf diesem Gebiet angestellt wurden, verwendet worden.[16]

Es wurde auch argumentiert, dass es beim Theodizee-Problem im Grunde genommen nicht darum geht, Gott anzuklagen oder zu verteidigen.[17] Denn für einen Atheisten liegt kein Sinn darin, einen Gott zu beschuldigen, an Dessen Existenz er nicht glaubt; genauso wie es für einen Theisten keinen Sinn ergibt, Gott zu verteidigen, da für ihn hier keine Anklage vorliegt. Das Theodizee-Problem handelt so gesehen nicht von Gott selbst, sondern vom Glauben an Gott; und Verhandlungsgegenstand der Vernunft ist nicht Gott, sondern diejenigen, die an Ihn glauben. Beim Gläubigen also liegt die Beweispflicht darüber, dass die Existenz von Übel und Leid seinem Glauben nicht widerspricht. Solange man darüber hinaus annimmt, dass die Existenz Gottes bewiesen werden kann, kann auch angenommen werden, dass es für das Theodizee-Problem eine Lösung gibt, unabhängig davon, ob wir von dieser Existenz Kenntnis haben oder nicht. Falls wiederum die Existenz Gottes sicher wahr ist, so ist auch sicher, dass bei Ihm gute Gründe dafür vorliegen, dass Er Leid und Übel geschehen und bestehen lässt. Eine andere Frage ist jedoch, ob Gott auch verpflichtet ist, uns diese Gründe zu offenbaren?[18]

Manche Theisten und Denker, unter anderem Irenäus (135–202), Augustinus (354–430), Ibn Sīnā (980–1037), al-Ġazālī (1058–1111) und Leibniz, versuchten, dieses Problem zu lösen, indem sie entweder die tatsächliche Existenz des Übels leugneten, oder es als ein Mittel zur Reife des Menschen deuteten, oder es auf Gottes Zorn und Ermahnung zurückführten, oder einen Gott annahmen, Dessen Attribute nur eingeschränkt gelten.[19] Die Theodizee-Ideen,

15. LORENZ, STEFAN: *Theodizee.* 1971–2007. Band 10, Seite 1066.

16. Vgl. YARAN, CAFER SADIK: *Kötülük ve Teodise,* 1997. Seite 79.

17. Vgl. LOICHINGER, ALEXANDER; KREINER, ARMIN: *Theodizee in den Weltreligionen.* 2010. Seiten 10–11.

18. Vgl. ebenda, Seite 11.

19. Vgl. AYDIN, MEHMET S.: *Din Felsefesi.* 2002. Seiten 157–159.

die sie aus diesen Ansätzen heraus entwickelten, wurden zum Gegenstand lang andauernder Auseinandersetzungen.

Manche Forscher wie Frithjof Schuon (1907–1998) zeigten sich darüber erstaunt, dass in der modernen Welt die Physiker bewundert und als Weise bezeichnet werden, denn diese erforschten nur die begrenzte physische Welt, was darauf schließen lasse, dass sie nur über einen mittelmäßigen Verstand verfügen. Nach dieser Ansicht verdienen es allein diejenigen, bewundert und als Weise oder Wissende tituliert zu werden, die Kenntnis haben von der grenzenlosen metaphysischen Welt, die hinter dem Sichtbaren die Wahrheit suchen und die eine innere Einsicht haben in die Charakteristika der Wirklichkeit, welche die (anderen) Menschen erstaunen lassen.[20] Diese Weisen sind es, die den Menschen als Ebenbild Gottes erkennen, und sie sind es, die zu der Überzeugung gelangt sind, dass das Verhältnis des Menschen, sprich des sichtbaren Mikrokosmos, zum Universum, dem Makrokosmos, ein Geheimnis darstellt, das gleichsam in derselben Suche nach der *Wirklichkeit* entschlüsselt werden kann. Das Wissen wiederum, das die Schleier dieses Geheimnisses lüftet und den Menschen diese Wirklichkeit schauen lässt, heißt intellektuelles Wissen (*intellectual knowledge* oder *'ilm al-'irfān*). Die Disziplin des intellektuellen Wissens, die mehr und mehr in Vergessenheit gerät, befasst sich mit vier grundlegenden Themen: Gott, dem Universum, der menschlichen Seele und dem Verhältnis der Menschen untereinander.[21] Es darf hierbei nicht vergessen werden, dass man zu intellektuellem Wissen nur durch *persönliche Erfahrung* gelangen kann. Anders als bei dem von den Vorvätern ererbten Wissen ist das Wissen um die Wirklichkeit der Dinge etwas, das jemand nur infolge einer inneren Erfahrung in seiner Seele aus erster Hand, also von Gott selbst erlangen kann.[22] Der Mensch, der sich auf die Suche nach diesem Wissen begibt, beginnt damit in seiner Eigenschaft als Ebenbild Gottes beim Allernächsten, nämlich bei sich selbst: *»Wer sich selbst kennt, kennt seinen Herrn.«*[23]

20. Siehe Schuon, Frithjof: *İslam'ın Metafizik Boyutları.* 2010. Seite 145.

21. Siehe Chittick, William: *Science of the Cosmos.* 2007. Seite 1. Gleich zu Beginn seines Buches betont der Autor, dass die moderne Welt sich mehr und mehr vom intellektuellen Wissen entfernt und dass sie deswegen von Problemen befallen ist.

22. Vgl. ebenda, Seite 23.

23. Vgl. ebenda, Seite 27.

Der Sufismus,[24] der stets bemüht war, innerhalb der Muslime die Tradition des intellektuellen Wissens am Leben zu halten, hat in den letzten Jahrhunderten erheblich an Bedeutung eingebüßt.[25] Eine der bedeutendsten Persönlichkeiten in der Geschichte des Sufismus ist zweifellos *Muḥyīddīn Ibn 'Arabī.* Die Ansichten, die bis zu seiner Zeit nur wenige Scheichs andeutungsweise in Worte gefasst hatten, wurden in seinen Büchern klar ausformuliert und offen verlautbart.[26] Er hinterließ den nachfolgenden Generationen ein umfassendes System samt Terminologie, mit deren Hilfe die sufische Tradition leichter begreifbar wird. Diese Systematik wurde so einflussreich, dass in den darauffolgenden Jahrhunderten sogar diejenigen, die Ibn 'Arabīs Gedankengut ablehnten, gezwungen waren, bei ihren Ausführungen ebendiese Terminologie zu verwenden.[27]

24. »Der Begriff ›Sufismus‹ leitet sich ab von *ṣūf,* ›Wolle‹, und weist auf das Wollgewand der Asketen hin, wenngleich man versucht hat, das Wort vom griechischen *sophos,* ›Weisheit‹, oder vom arabischen *ṣafā,* ›Reinheit‹, abzuleiten; auch vermuteten einige frühe Exegeten, die Sufis seien gewissermaßen die Nachfolger der *ahl aṣ-ṣuffa,* der ›Leute der Vorhalle‹, die fromm und bescheiden im Hofe des Propheten lebten. Der Mystik fern oder feindlich gegenüberstehende Muslime werden freilich oft erklären, dass Sufismus, *taṣawwuf,* nicht islamisch sein könne, da das Wort oder seine Wurzelbuchstaben nicht im Koran vorkämen; es sei ein verwerflicher menschlicher Versuch, Gott nahezukommen, und der habe zu Bräuchen geführt, die nichts mit dem strengen echten Islam zu tun hätten. Diese Meinung herrscht vor allem in Saudi-Arabien vor, aber auch in ›islamistischen‹ Gruppen zwischen Nordafrika und Pakistan« (SCHIMMEL, ANNEMARIE: *Sufismus.* 2003. Seite 17). Für weitere Informationen siehe außerdem ÖNGÖREN, REŞAT: *Tasavvuf.* 2011. Seite 119. SCHIMMEL, ANNEMARIE: *Mystische Dimensionen des Islam.* 1995. Seiten 16–43. SCHUON, FRITHJOF: *İslam'ın Metafizik Boyutları.* 2010. Seiten 35–40. CHITTICK, WILLIAM: *Tasavvuf.* 2011. Seiten 68–75. NASR, SEYYID HÜSEYIN: *Tasavvufî Makaleler.* 2007. Seiten 27–45. TAKIM, ABDULLAH: *Koranexegese im 20. Jahrhundert.* 2007. Seite 194. GÜNEŞ, MERDAN: *Begriffliche Entwicklung des Sufismus.* 2012. Seiten 1–10.

25. Bereits zu einem sehr frühen Zeitpunkt wurde darüber geklagt, dass der Sufismus sich mit jedem Tage mehr von seinem Kerninhalt entferne. Auffällig ist hierzu Schimmels Zitat von Huǧwīrī: »Heute ist der Sufismus ein Name ohne Realität, während er früher eine Realität ohne Namen war [...] Man kennt noch den Vorwand, aber die Praxis ist unbekannt« (SCHIMMEL, ANNEMARIE: *Mystische Dimensionen des Islam.* 1995. Seite 41).

26. Vgl. NASR, SEYYID HÜSEYIN: *Üç Müslüman Bilge.* 2009. Seite 118.

27. Vgl. SCHIMMEL, ANNEMARIE: *Mystische Dimensionen des Islam.* 1995. Seiten 375, 396–406. KARA, İHSAN: *İbnü'l-Arabî'nin Tasavvuf Istılahlarına Etkisi.* 2009. Seiten 583–600.

Nach dem Urteil vieler Wissenschaftler gilt Muḥyīddīn Ibn ʿArabī als der größte Mystiker aller Zeiten. Er wurde 1165 im andalusischen Murcia geboren, studierte in Sevilla und reiste 1201 Richtung Osten. Nachdem er sich in Mesopotamien und Kleinasien aufgehalten hatte, ließ er sich in Damaskus nieder und starb dort 1240.[28]

In erster Linie machte ihn sein Seinsverständnis bekannt, das in späteren Jahren mit dem Begriff *waḥdat al-wuǧūd* bezeichnet werden sollte. Jedoch sind auch seine Ansichten zum Übel von besonderem Interesse: Er betrachtet das existenzielle Übel als eine Abwesenheit von Gutem; Gott ist für ihn allgütig. Daher verfügt das Übel über keine Existenz aus sich selbst heraus und ist nur vordergründig vorhanden. Er glaubt, dass die als »natürliche« und »moralische« bezeichneten Übel nur über eine relative Existenz verfügen. Dementsprechend handelt jedes Ding in der Welt in Übereinstimmung mit seinem eigenen *ʿayn aṯ-ṯābit* (festgelegten Typus, Plural: *aʿyān aṯ-ṯābita*), und daher erfüllt jedes Ding in der Welt seinen Daseinszweck und seine Aufgabe.

I.2 Thema, Methode und Ziel der Untersuchung

ZIEL DIESER ARBEIT IST ES HERAUSZUARBEITEN, WIE DAS IN der Religionsphilosophie oft behandelte Thema des Problems des Übels im philosophischen System Ibn ʿArabīs gelöst wird und welchen Einfluss diese Lösung auf sein Verständnis von Vorherbestimmung hat. Da Ibn ʿArabī das Problem des Übels nicht als ein in sich geschlossenes Thema abhandelt, besteht die Methode dieser Arbeit darin, die Suche nach Antworten auf die religionsphilosophischen Fragestellungen zu konzentrieren, wobei zu beachten ist, dass er als Sufi ein anderes epistemologisches Weltbild hat als die Philosophen.

28. Siehe Brockelmann, Carl: *Geschichte der arabischen Literatur.* 1909. Seite 182.

Da Ibn ʿArabī, soweit bekannt, kein eigenes Werk speziell zum Thema des Übels verfasst hat, versucht die vorliegende Arbeit nicht etwa, seine einzelnen über das Gesamtwerk verstreuten themenrelevanten Sätze zu einem einheitlichen Bild des Übels zusammenzufügen. Vielmehr zielt sie darauf ab, sein System zur Erläuterung der ontologischen Grundlagen des Seins zu beleuchten und festzustellen, zu welchem Resultat dieses System in Bezug auf das Übel zwangsläufig hinführt.

Auf diese Weise wird auch geprüft, ob und inwieweit die einzelnen relevanten Aussagen in verschiedenen seiner Werke mit dem ontologischen System, das er seinem Seinsverständnis zu Grunde legt, in Einklang zu bringen sind. Es kann zu falschen Schlussfolgerungen führen, wenn man versucht, irgendeine Erscheinungsform des Seins zu untersuchen, ohne vorher Kenntnis zu haben von Ibn ʿArabīs ontologischem Verständnis und seinen Ansichten zur Existenz. Daher besteht das erste Ziel des Studiums des Übels und dessen Bedeutung bei Ibn ʿArabī darin zu versuchen, seine Seinsphilosophie zu erfassen. Zweifelsohne wird ein allgemeiner Überblick über das Gesamtbild hilfreich dabei sein, ein Verständnis zu erlangen seiner Ansichten zum Übel als einem solchen Detail dieses Bildes. Daher werden hier zunächst die Hauptpunkte seines Seinsverständnisses, als dem eigentlichen Kern und Wurzelpunkt seiner Philosophie, skizziert; anschließend soll daraus die Bedeutung des Übels extrahiert werden. Diese Vorgehensweise ist deswegen sinnvoll, weil Ibn ʿArabī, der von der Dichtkunst bis zur Philosophie und zur Logik auf sehr vielen Gebieten Werke verfasst hat, bei jedem Thema, zu dem er sich äußert, sein eigenes Seinsverständnis als Referenzrahmen nutzt.

Die wichtigsten Werke, in denen er sein ontologisches System darlegt, sind *al-Futūḥāt al-Makkiyya* (»Mekkanische Eröffnungen«), *Fuṣūṣ al-Ḥikam* (»Edelsteinfassungen der Weisheit« oder »Die Weisheit der Propheten«) und *Inšāʾ ad-Dawāʾir* (»Beschreibung der einander umschließenden Kreise«). In dieser Arbeit wurden daher neben den Originaltexten auf Arabisch auch in mehreren anderen Sprachen verfasste Auslegungswerke herangezogen, darunter die Werke bedeutender Kommentatoren Ibn ʿArabīs wie Ṣadr al-Dīn al-Qūnawī (1207–1274), Dāwūd al-Qaiṣarī (1260–1350), ʿAbd al-Karīm al-Ǧīlī (1366–1417), Mullā Ǧāmī (1414–1492) und Ahmed Avni Konuk (1868–1938).

Eine der auffälligsten und wichtigsten Besonderheiten in Ibn 'Arabīs Werken ist sein Stil, welcher in ähnlicher Form auch bei einigen seiner Zeitgenossen vorzufinden ist. Dieser kann sehr überraschend sein, denn er besteht darin, dass die Übergänge zwischen einzelnen Themen nicht klar abgegrenzt sind, dass auf keine Ordnung geachtet wird, dass an unerwarteter Stelle abrupt ein neues Thema begonnen und in vielen Passagen auch nicht vollständig mit einem Thema abgeschlossen wird. Eine weitere Besonderheit besteht darin, dass die Begriffe, die er benutzt, statt in ihrer herkömmlichen Bedeutung in einem exotischeren Sinn verwendet werden oder zuweilen ganz neue Bedeutungen erlangen; dies wird in einem eigenen Kapitel ausführlicher behandelt werden. Ein Forscher, der glaubt, den Text, den er liest, verstanden zu haben, muss jederzeit mit einer Überraschung rechnen. Daher wurde bei manchen Zitaten Ibn 'Arabīs der Originaltext in die Fußnote mit aufgenommen, so dass jenen Leserinnen und Lesern, die des Arabischen mächtig sind, eine direkte Vergleichsmöglichkeit an die Hand gegeben ist.

Bei den meisten der bis heute verfassten sekundärliterarischen Werke wurden bei der Datierung von Ereignissen die Daten sowohl nach abendländischer als auch nach islamischer Zeitrechnung (*hiǧra*) wiedergegeben. Um unnötige Verwirrung zu vermeiden, wird in dieser Arbeit durchgehend die christliche Zeitrechnung verwendet; in Fällen, in denen in den Quellen nur die Zeitrechnung nach der *hiǧra* vorlag, wurde umgerechnet.

Das vorliegende Buch gliedert sich in zwei Hauptteile. Im ersten Hauptteil wird erörtert, wie das Übel und das Problem des Übels im Laufe der Geschichte in der Religionsphilosophie behandelt wurden. Nach der Abhandlung der in der Religionsphilosophie gängigen Kategorien des natürlichen, moralischen und metaphysischen Übels folgt eine Darstellung der verschiedenen Formen der Problemstellung. Anschließend werden in einzelnen Abschnitten die Verteidigungs- und Theodizee-Ansätze sowohl der einzelnen islamischen als auch der westlichen Philosophen, welche auf diesem Gebiet Werke verfasst haben, wiedergegeben. Zum Schluss werden die Sichtweisen der islamischen Kalām[29] -Schulen zusammenfassend beschrieben. Das vorrangige Anliegen dieser Arbeit

29. Islamische Theologie und Glaubenslehre.

liegt nicht darin, sämtliche Auseinandersetzungen, die in der Geistesgeschichte um das Theodizee-Problem stattgefunden haben, in allen Einzelheiten wiederzugeben. Ihr Ziel lautet vielmehr, das Seinsverständnis Ibn 'Arabīs sowie die Bedeutung und den Sinn des Übels für ihn im Rahmen dieses Verständnisses zu ermitteln. Daher skizziert der erste Teil nur allgemeine Angaben zum Übel und zu den Diskussionen, die darüber geführt werden, um den Lesern so einen Überblick über die Grundzüge der Thematik zu verschaffen.

Der zweite Hauptteil des Buches widmet sich ganz Ibn 'Arabī. Das erste Kapitel behandelt sein Leben, seine Werke und seine Ansichten insgesamt. Im zweiten Kapitel wird eine detaillierte Erläuterung seines Seinsverständnisses vorgenommen, da dies zum Verständnis seiner Ansichten zum Übel sowohl hilfreich als auch notwendig ist. Das dritte und zentrale Kapitel behandelt die Bedeutung des Übels entsprechend diesem ontologischen Verständnis und erläutert, wie im Gedankengut Ibn 'Arabīs das Problem des Übels gelöst wird und welches Verständnis von Vorsehung mit dieser Lösung verknüpft ist.

In der Arbeit finden sich zahlreiche Koran- und Bibelzitate. Was die Koranzitate betrifft, so sind diese aus der Übersetzung von Max Henning[30] übernommen. Die Bibelzitate stammen aus der Ausgabe: *Die Bibel. Gute Nachricht Bibel.* Stuttgart: Deutsche Bibelgesellschaft. 2000).[31]

30. *Der Koran.* Aus dem Arabischen von Max Henning. Überarbeitet und herausgegeben von Murad Wilfried Hofmann. München: Heinrich Hugendubel Verlag, 1999.

31. URL: http://www.bibleserver.com/index.php?language=1&s=1 (Stand: 12. 2.2015, 23:23).

I.3 Forschungsstand

IBN ʿARABĪ IST IN DER ISLAMISCHEN GESCHICHTE EINER der Autoren, über die am meisten geforscht und über deren Werke die meiste Auslegungsliteratur verfasst wurde und wird. Der Stil seiner Werke unterscheidet sich beträchtlich von dem der Bücher, wie wir sie heute kennen, und es ist nur sehr selten möglich, seine Ansichten zu einem bestimmten Thema in einem zusammenhängenden Textkomplex abgeschlossen vorzufinden. In den vielen verschiedensprachigen Quellenwerken, die für diese Arbeit zu Rate gezogen wurden, fand sich bedauerlicherweise keines, in dem seine Ansichten zum Übel in einem Stück behandelt werden. Die Wissenschaftler, die über ihn forschten, erläutern zwar manchmal in kleinen Abschnitten, welchen Platz er innerhalb seiner Seinsphilosophie dem Übel einräumt, jedoch hat hierzu bislang niemand eine abgeschlossene Abhandlung oder Monographie verfasst.

In der Türkei wurden in einer Publikation von Hüdaverdi Adam mit dem Titel *İbn Arabî, Kaza ve Kader* (Istanbul: Ferşat Yayınları, undatiert) die Ansichten Ibn ʿArabīs zum Übel unabhängig von seiner Seinsphilosophie und im Rahmen seiner Ausführungen zu Schicksal und Vorsehung nach der Methodik der Kalām-Lehre untersucht. Abgesehen von einigen Zeitschriftenartikeln scheint das Thema im Rahmen der Religionsphilosophie und unter Beachtung und Einschluss von Ibn ʿArabīs Ontologie bislang jedoch noch nicht behandelt worden zu sein.

William Chittick führt als einen der Hauptgründe für die Nichtbeachtung Ibn ʿArabīs seitens der frühen Orientalisten dessen umfangreiches Gesamtwerk an, welches zu behandeln einen Forscher viele Jahre seines Lebens kosten würde. Einen weiteren Grund sieht er darin, dass dessen Werke als den Ansprüchen moderner, geordneter wissenschaftlicher Methodik nicht genügend angesehen wurden.[32] Für die westliche Forschung über Ibn ʿArabī kam, zusätzlich zum massiven Umfang seiner Werke, bis vor fünf-

32. Siehe Chittick, William: *Hayal Âlemleri.* 2003. Seite 13.

zig Jahren erschwerend hinzu, dass sie über den gesamten islamischen Raum verteilt und zudem zum größten Teil noch nicht gedruckt waren. Die Arbeiten aus der ersten Hälfte des zwanzigsten Jahrhunderts von Forschern wie Miguel Asin Palacios (1871–1944), Reynold A. Nicholson (1868–1945), Henrik Samuel Nyberg (1889–1974), Henry Corbin (1903–1978) und Titus Burckhardt (1908–1984) konnten sich nur auf begrenztes Quellenmaterial stützen. Heute sieht die Lage anders aus. Dank Wissenschaftlern wie ʿUṯmān Yaḥyā, der lange Jahre weltweit sämtliche Bibliotheken mit entsprechendem Bestand durchforstete und danach eine umfassende Monographie[33] zu Ibn ʿArabīs Werken verfasste, sowie durch die Wiederentdeckung ehemals verschollener oder in Vergessenheit geratener Werke von ihm, deren Publikation und teilweisen Übersetzung in europäische Sprachen eröffnen sich heutigen Forschern Möglichkeiten zu besser fundierten und detaillierteren Arbeiten über ihn. So hat Claude Addas in ihrer Biographie über Ibn ʿArabī mit dem Titel *Ibn ʿArabī ou la Quête du soufre rouge* (Paris: Gallimard, 1989)[34] nicht nur die Werke ihrer Vorgänger konsultiert, sondern auch die von Ibn ʿArabī selbst, und auf diese Weise ein Pionierwerk vorgelegt, das einem als Erstes einfällt, wenn vom Leben Ibn ʿArabīs die Rede ist. Darin hat sie auch viele historische Fehler, die in einigen früheren biographischen Werken laufend wiederholt wurden, korrigiert.[35]

Einer der Ersten, der in Europa auf Ibn ʿArabī aufmerksam machte, war der spanische Theologe und Orientalist Miguel Asín

33. Yaḥyā, ʿUṯmān: *Histoire et classification de l'œuvre d'Ibn ʿArabī: étude critique.* Damaskus: Institut français de Damas. 1964. Er ist außerdem Herausgeber einer *Futūḥāt*-Edition: Ibn ʿArabī, Muḥyīddīn Muḥammad: *al-Futūḥāt al-Makkiyya.* Kairo, 1985.

34. In dieser Arbeit wurde die türkische Übersetzung verwendet: İbn Arabî: *Kibrit-i Ahmer'in Peşinde.* Übersetzt von Atilla Ataman. Istanbul: Gelenek Yayınları, 2004.

35. Siehe Addas, Claude: *İbn Arabî: Kibrit-i Ahmer'in Peşinde.* 2004, Seiten 19–23, 28. Addas gibt im Einführungskapitel Beispiele für Fehler, die von Palacios und Corbin wiederholt werden. Die Fehler, die in früheren Zeiten gemacht wurden, hält sie zwar für aus dem einen oder andern Grund entschuldbar, findet es jedoch unverzeihlich, wenn in einer Zeit, in der seine Werke gedruckt und weit verbreitet werden, ähnliche Fehler immer noch gemacht werden. Als Beispiele für die unkorrigierte Übernahme dieser Fehler führt sie Stéphane Ruspolis Übersetzung des 167. Kapitels der *Futūḥāt* an (*L'alchimie du bonheur parfait.* Paris: Berg, 1981) sowie Maurice Glotons Übersetzung des 178. Kapitels (*Traité de l'amour*).

Palacios, der in seinem – von Addas kritisierten – Werk *El Islam christianizado: Estudio del sufismo a través de las obras de Abenarabi de Murcia* (Madrid, 1931) dessen Leben und Ansichten zur Mystik beschreibt. In einem anderen Buch mit dem Titel *La Escatologia musulmana en la Divina Comedia* (Madrid, 1919) untersucht Palacios Ibn 'Arabīs Einfluss auf Dante und vertritt darin die Ansicht, dass dieser in seiner *Göttlichen Komödie* die Ereignisse während der Himmelfahrt (*mi'rāǧ*) Mohammeds und seine Höllenbeschreibungen von jenem abgeschrieben habe. Ein weiteres Werk Palacios' über Ibn 'Arabī trägt den Titel *Amor humano, amor divino: Ibn Arabi* (Córdoba, 1990).

Der britische Orientalist Reynold Alleyne Nicholson, der auch der Übersetzer von Jalaluddin Rumis *Maṯnawī* und einer der besten Kenner der islamischen Literatur und Mystik war, übersetzte Ibn 'Arabīs *Tarǧumān al-Ašwāq* (»Deuter der Sehnsüchte«) 1911 ins Englische.[36] Nicholson war zugleich der Doktorvater 'Afīfīs, der eine vielbeachtete Doktorarbeit über Ibn 'Arabī verfasste.

H.S. Nybergs Buch mit dem Titel *Kleinere Schriften des Ibn al-'Arabī*[37] ist nach Ansicht Schimmels die erste wissenschaftliche Behandlung der Werke Ibn 'Arabīs und eine sehr gelungene Wiedergabe seiner Weltsicht.[38] Dieses Werk, das auch in dieser Arbeit verwendet wurde, besteht aus einer Einleitung, die seine Systematik darlegt, und drei Sendschriften von ihm, die erläutert werden.

Der französische Orientalist Henry Corbin sieht Ibn 'Arabī in seinem Werk *L'Imagination créatrice dans le soufisme d'Ibn 'Arabī*[39] als den bedeutendsten Mystiker aller Zeiten. Dieses Buch wurde von Ralph Manheim auch ins Englische übersetzt.[40]

36. IBN AL-'ARABI, MUḤYID'DĪN: *The Tárjumán al-ashwáq. A Collection of Mystical Odes.* Ed. Reynold Alleyne Nicholson. London: Royal Asiatic Society, 1911.

37. NYBERG, HENRIK SAMUEL: *Kleinere Schriften des Ibn al-'Arabī.* Leiden: E.J. Brill, 1919.

38. Siehe SCHIMMEL, ANNEMARIE: *Mystische Dimensionen des Islam.* 1995. Seite 377.

39. CORBIN, HENRY: *L'Imagination créatrice dans le soufisme d'Ibn 'Arabī.* Paris: Flammarion, 1958.

40. CORBIN, HENRY: *Creative Imagination in the Sufism of Ibn 'Arabī.* Translated by Ralph Manheim. Princeton, 1969.

Abū l-ʿAlāʾ ʿAfīfī (gest. 1966) verfasste 1939 eine Doktorarbeit[41] über die sufische Philosophie Ibn ʿArabīs, welche ein wichtiger Meilenstein der Forschung werden sollte. ʿAfīfīs Arbeit ist vor allem deshalb bedeutsam, weil sie die philosophische Komponente in Ibn ʿArabīs Werk behandelt. Laut ihm ist Ibn ʿArabī in seiner Systematik maßgeblich von der Philosophie beeinflusst worden, und zu dessen möglichen philosophischen Quellen zählen neben den griechischen und muslimischen Philosophen auch die islamischen Kalām-Gelehrten. ʿAfīfī forschte auch später noch weiter über Ibn ʿArabī und veröffentlichte 1946 seine Edition der *Fuṣūṣ al-Ḥikam.*[42]

Die erste Übersetzung der *Fuṣūṣ al-Ḥikam,* eines der bedeutendsten Werke Ibn ʿArabīs, in eine europäische Sprache erfolgte durch Hans Kofler (1896–1946);[43] in den späteren Jahren folgten weitere. 1955 veröffentlichte Titus Burckhardt seine französische Übersetzung, die jedoch keine vollständige ist. Aus dieser französischen Übersetzung wurden wiederum Übersetzungen ins Englische und ins Deutsche angefertigt.[44] Eine weitere englische Übersetzung der *Fuṣūṣ al-Ḥikam* erfolgte 1980 durch R.W.J. Austin.[45]

Seyyed Hossein Nasr behandelt in seinem 1964 verfassten Buch[46] drei bedeutende Persönlichkeiten: Ibn Sīnā, as-Suhrawardī und Ibn ʿArabī. Er schreibt, dass es zwar vor und nach Ibn ʿArabī Versuche gegeben habe, die *persönliche Erfahrung* im Sufismus zu erklären, jedoch sei keiner dieser Versuche so systematisch und umfassend gewesen wie seiner. Seine besondere Bedeutung liege

41. ʿAfîfî, Abū l-ʿAlāʾ: *The Mystical Philosophy of Muḥyid Din Ibnul ʿArabî.* Cambridge University Press, 1939. In dieser Arbeit wird die türkische Übersetzung dieses Buches verwendet: Afîfî, Ebu'l-Ala: *Muhyiddin İbnü'l-Arabî'de Tasavvuf Felsefesi.* Übersetzt von Mehmet Dağ. Istanbul: Kırkambar Yayınları, 1999.

42. Ibn ʿArabī: *Fuṣūṣ al-Ḥikam.* Herausgegeben von Abū l-ʿAlāʾ ʿAfīfī. Beirut: Dār al-Kitāb al-ʿArabī, 1946 (nachfolgend abgekürzt als FS).

43. Ibn ʿArabī: *Fuṣūṣ al-Ḥikam. Das Buch der Siegelringsteine der Weisheitssprüche.* Übersetzt von Hans Kofler. Graz: Akademische Druck- und Verlagsanstalt, 1970.

44. Ibn ʿArabī: *Fuṣūṣ al-Ḥikam. Die Weisheit der Propheten.* Übersetzung aus dem Französischen von Wolfgang Herrmann. Zürich: Chalice Verlag, 2005.

45. Ibn al-ʿArabī: *The Bezels of Wisdom.* Translation and Introduction by R. W.J. Austin. New Jersey: Paulist Press, 1980.

46. Nasr, Seyyed Hossein: *Three muslim sages.* Cambridge: Harvard University Press, 1964. In dieser Arbeit wird die türkische Übersetzung verwendet: Nasr, Seyyid Hüseyin: *Üç Müslüman bilge: İbn Sînâ, Suhreverdi, İbn Arabî.* Istanbul: İnsan Yayınları, 2009.

darin, dass er die Lehren des Sufismus ausformuliert und erläutert habe. Eine Sammlung von Artikeln Nasrs zum *taṣawwuf* erschien 1972.[47] Hierin behandelt er auch das Verhältnis von Ibn ʿArabī zu Rumi, wobei er auf den oft getätigten Ausspruch hinweist: »Das *Maṯnawī* ist das *Futūḥāt* in persischen Reimen«.[48]

1966 veröffentlicht der japanische Orientalist Toshihiko Izutsu (1914–1993) in Tokio sein bedeutendes Werk *A Comparative Study of The Key Philosophical Concepts in Sufism and Taoism – Ibn ʿArabī, Lao-Tzu and Chuang Tzu,* welches 1984 im Westen neu aufgelegt wurde.[49] Dieses Buch, das auch in dieser Arbeit ausgiebig verwendet wird, stellt zweifellos eines der wichtigsten Werke zur Forschung über Ibn ʿArabī dar, die bislang im Westen veröffentlicht wurden. Es besteht aus zwei Teilen. Der erste Teil ist der Erläuterung der Schlüsselbegriffe der Philosophie Ibn ʿArabīs gewidmet. Zweifellos ist ein Leser, der nicht versteht, was Ibn ʿArabī mit den Begriffen, die er verwendet, genau meint, auch nicht in der Lage, sein System zu begreifen. Izutsu erläutert diese Begriffe in Aufschlüsselungen, die dem Leser das komplizierte System Ibn ʿArabīs verständlich machen. Der zweite Teil seines Werks widmet sich den Schlüsselbegriffen von Lao-tzu und Chuang-tzu. 1994 wurden Izutsus Artikel zur islamischen Mystik zusammengetragen und als Sammelband veröffentlicht.[50] Izutsu untersucht das Seinsverständnis der islamischen Denkschulen und kommt zu dem Schluss, dass, während die frühen islamischen Philosophen unter dem maßgeblichen Einfluss der antiken griechischen Philosophen standen, die islamische Philosophie unter der Einwirkung der Mystik Ibn ʿArabīs sich hiervon nach und nach löste.[51]

47. NASR, SEYYED HOSAIN: *Sûfî Essays.* London, 1972. Hier wird die türkische Übersetzung verwendet: NASR, SEYYID HÜSEYIN: *Tasavvufî Makaleler.* Istanbul: İnsan Yayınları, 2007.

48. Siehe ebenda, Seite 112.

49. IZUTSU, TOSHIHIKO: *Sufism and Taoism: A Comparative Study of Key Philosophical Concepts.* Berkeley [u.a.]: University of California Press, 1984. Hier wird die türkische Übersetzung verwendet: *İbn Arabî'nin Fusûs'undaki Anahtar Kavramlar.* Istanbul: Kaknüs Yayınları, 2005.

50. IZUTSU, TOSHIHIKO: *Creation and the Timeless Order of Things. Essays in Islamic Mystical Philosophy.* Ashland, Oregon: White Cloud Press, 1994. Verwendet wird die türkische Übersetzung des Buches: *İslam mistik düşüncesi üzerine makaleler.* Istanbul: Ağaç Kitapevi Yayınları, 2010.

51. Siehe ebenda, Seite 86.

Frithjof Schuon, der neben René Guénon und Ananda Coomaraswamy als einer der Begründer der Traditionalismus-Bewegung gilt, hat, soweit bekannt, kein ausschließlich Ibn ʿArabī behandelndes Werk verfasst; als Vertreter einer Bewegung, die der Linie von Platon, Shankara, Ibn ʿArabī und Meister Eckhart[52] folgt, erwähnt er ihn jedoch an vielen Stellen in seinen Werken.[53]

Zu den führenden Experten der aktuellen Forschung über Ibn ʿArabī kann man unter anderem Michel Chodkiwicz, Claude Addas, William Chittick, James W. Morris und Stephen Hirtenstein zählen. Michel Chodkiwicz ist Autor von zwei Büchern über ihn, die auch ins Englische und ins Türkische übersetzt wurden.[54] Im Gegensatz zu vielen anderen ist er der Meinung, dass die Quellen Ibn ʿArabīs genuin islamische sind. Die ausführliche Biographie aus der Feder von Claude Addas, Chodkiwicz' Tochter, wurde bereits erwähnt.

Wenn heute von der Rezeption Ibn ʿArabīs im Westen die Rede ist, fällt einem als erster Name William Chittick ein. Er ist vor allem bekannt für seine Untersuchungen über Rumi und Ibn ʿArabī, von denen mehrere auch in dieser Arbeit verwendet werden. 1983 veröffentlichte er sein Buch über den »sufischen Weg der Liebe«,[55] das von den geistigen Lehren Rumis handelt, und 1989 sein Werk über »den sufischen Weg des Wissens«[56] zu den metaphysischen Vorstellungen Ibn ʿArabīs. 1994 folgte sein dreiteiliges Werk *Imaginal Worlds*.[57] Im ersten Teil behandelt er die Vollkom-

52. Zur Gegenüberstellung von Ibn ʿArabī und Meister Eckhart siehe KAKAIE, GHASEM: *Interreligious Dialogue: Ibn Arabī and Meister Eckhart.* 2008. S. 93–112.

53. Beispiel: SCHUON, FRITHJOF: *İslam'ın Metafizik Boyutları.* 2010. Seite 141.

54. CHODKIWICZ, MICHEL: *Un océan sans rivage. Ibn ʿArabī, le Livre et la Loi.* Paris: Seuil, 1992. Als *Sahilsiz bir Umman Muhyiddin İbn Arabî* ins Türkische und als *An Ocean Without Shore: Ibn ʿArabī, The Book, And The Law* ins Englische übersetzt. Ein weiteres Buch dieses Autors: *Le Sceau des saints: Prophétie et sainteté dans la doctrine d'Ibn ʿArabī.* Paris: Gallimard, 1986.

55. CHITTICK, WILLIAM: *The Sufi Path of Love: The Spiritual Teachings of Rumi.* Albany: State University of New York Press, 1983.

56. CHITTICK, WILLIAM: *The Sufi Path of Knowledge: Ibn al-ʿArabī's Metaphysics of Imagination.* Albany: State University of New York Press, 1989.

57. CHITTICK, WILLIAM: *Imaginal Worlds: Ibn al-ʿArabī and the Problem of Religious Diversity.* Albany: State University of New York Press, 1994. Deutsche Übersetzung: *Bildhafte Welten: Ibn al-ʿArabī und die Frage der religiösen Vielfalt.* Herrliberg: Edition Shershir, 2015. Die türkische Übersetzung, die in dieser Arbeit verwendet wird: HAYAL ALEMLERI: *İbn Arabî ve Dinlerin Çeşitliliği Meselesi.* Istanbul: Kaknüs Yayınları, 2003.

menheit des Menschen und den vollkommenen Menschen bei Ibn ʿArabī, im zweiten Teil schreibt er über die Bedeutung der Imagination für das Sein, und im dritten Teil gibt er die Ansichten Ibn ʿArabīs zur Natur des Glaubens und zur Mannigfaltigkeit der Religionen wieder. Ein weiteres Werk von ihm über Ibn ʿArabī ist *Ibn ʿArabī: Heir to the Prophets.*[58] Ein Sammelband mit Chitticks Artikeln zum Sufismus und zum *waḥdat al-wuǧūd* wurde auch auf Türkisch publiziert;[59] in diesen Artikeln werden unter anderem Ibn ʿArabīs Ansichten zur Einheit alles Seienden, zur Vorstellungswelt und zur Eschatologie behandelt.[60]

Im Westen, insbesondere in den englischsprachigen Ländern, ist das Interesse an Ibn ʿArabī in den letzten Jahren immens gestiegen. Die Beshara School in Chisholme in Schottland, die 1971 gegründet wurde und zunächst von Ibn ʿArabīs Lehren ausging, nahm mit der Zeit auch buddhistische, christliche und taoistische Elemente in sich auf und wurde so zu einer Organisation mit eigener spezifisch eklektizistischer Lehre, deren Einfluss sich auf viele Teile der Welt erstreckt.[61] Einer ihrer Hauptgründer war Bülent Rauf (1911–1987), der auch der Initiator der ausgiebigen Übersetzungstätigkeit in der Organisation war. In letzter Zeit ist jedoch auffällig, dass bei diesen Übersetzungen immer weniger Wert auf islamische Referenzen gelegt wird, so dass der Eindruck entsteht, dass wohl beabsichtigt ist, eine vom Islam unabhängige, eigene Lehre zu begründen.[62]

Eine weitere Organisation ist die 1977 gegründete Muhyiddin Ibn ʿArabi Society mit Sitz in Oxford.[63] Diese Vereinigung hat weltweit Ibn-ʿArabī-Experten als Mitglieder, veröffentlicht ihre Forschungsergebnisse in einer seit 1984 publizierten Zeitschrift

58. Chittick, William: *Ibn ʿArabī: Heir to the Prophets.* Oxford: Oneworld, 2005. Deutsche Übersetzung: *Ibn ʿArabī: Erbe der Propheten.* Zürich: Edition Shershir, 2012.

59. Chittick, William: *Varolmanın Boyutları [The Dimensions of Existence].* Istanbul: İnsan Yayınları, 1997.

60. Siehe ebenda, Seiten 197–384.

61. Nähere Informationen zur Organisation finden sich auf ihrer Website: http://www.beshara.org (Stand: 05.09.2014 16:44).

62. Vgl. Taji-Farouki, Suha: *Ibn ʿArabī meets New Age? Sufism and Sufi Spirituality in the Contemporary West: The Case of the Beshara Movement.* 2008. Seite 285.

63. Nähere Informationen zur Organisation finden sich auf ihrer Website: http://www.ibnarabisociety.org/index.html (Stand: 05.09.2014, 17:40).

und führt darüber hinaus regelmäßig Symposien durch. Daneben leistet sie auch einen weiteren wertvollen Beitrag zur Forschung, indem sie jedes Jahr Fachleute in die Türkei schickt, wo sich fünfundneunzig Prozent aller Handschriften von oder über Ibn 'Arabī in Bibliotheken befinden, und so ein stetig wachsendes Archiv für künftige Forschungen zusammentragen lässt.[64] Auf diese Weise werden sowohl neu entdeckte Manuskripte der Forschung zugänglich gemacht, als auch eine Übersetzung dieser Manuskripte gefördert.

Stephen Hirtenstein, der ebenfalls Mitglied der Muhyiddin Ibn 'Arabi Society ist, verfasste eine Biographie mit dem Titel *The Unlimited Mercifier,*[65] die sich von allen vorherigen unterscheidet und auch ins Deutsche übersetzt wurde. Mit diesem Werk, in das er auch Abbildungen aller wichtigen Orte aufnahm, die Ibn 'Arabī in seiner lebenslangen Reise aufgesucht hat, beabsichtigte er kein akademisches Elaborat, sondern ein vereinfachtes Buch, das jeder lesen und verstehen kann.[66] Da er der Überzeugung ist, dass Ibn 'Arabīs Leben nicht unabhängig von dessen Gedanken betrachtet werden kann, versucht er, dessen seelischen Zustand beim Besuch der einzelnen Orte mittels Zitaten aus seinen Werken einzufangen und zu übermitteln.

In den letzten Jahren wurden auch vergleichende Studien zu Ibn 'Arabī veröffentlicht. Ein Beispiel hierfür ist Ian Almonds Vergleich zwischen Ibn 'Arabī und Jacques Derrida,[67] welcher Hoffnung gibt für künftige Studien mit dieser Ausrichtung. Von Ian Almond, der seine Doktorarbeit über Meister Eckhardt verfasst hat, war nicht zu erwarten, dass Ibn 'Arabī ihm entgehen würde. In der genannten Arbeit untersucht er, ob zwischen den Worten eines Sufis und den Schriften eines als Atheist bekannten französischen Theoretikers des zwanzigsten Jahrhunderts Ähnlichkeiten bestehen

64. Vgl. Cebecioğlu, Ethem: *Stephen Hirtenstein ile İbn Arabî Society Hakkında Söyleşi.* 2008. Seiten 557–567.

65. Hirtenstein, Stephen: *The Unlimited Mercifier: The Spiritual Life and Thought of Ibn 'Arabī.* Oxford: Anqa Publishing, 1999. Deutsche Übersetzung: *Der grenzenlos Barmherzige: Das spirituelle Leben und Denken des Ibn 'Arabī.* Zürich: Chalice Verlag, 2008.

66. Siehe ebenda, Seite 12.

67. Almond, Ian: *Sufism and Deconstruction: A Comparative Study of Derrida and Ibn 'Arabī.* New York, London: Routledge, 2004. Verwendete türkische Übersetzung: *İbni Arabî ve Derrida – Tasavvuf ve Yapısöküm.* Istanbul: Ayrıntı Yayınları, 2012.

können oder nicht. Die Frage, auf die Almond eine Antwort sucht, lautet: Kann Ibn ʿArabī uns lehren, Derrida auf eine andere Weise zu lesen, oder umgekehrt?[68]

Forschungsarbeiten zu Ibn ʿArabī in deutscher Sprache sind, verglichen mit englisch- und französischsprachigen Publikationen, leider sehr selten. Abgesehen von den bereits genannten, hat in letzter Zeit auch das von Alma Giese verfasste Buch *Urwolke und Welt*[69] Aufmerksamkeit erlangt. Giese gibt in diesem Werk die Übersetzung von ausgewählten Textpassagen aus Ibn ʿArabīs Werken *Futūḥāt* und *Tarǧumān al-Ašwāq* wieder, daneben beschreibt sie auch seine Biografie und erläutert in eigenen Abschnitten seine Ansichten zu verschiedenen Themen.

Die 2007 veröffentlichte Doktorarbeit[70] von Fateme Rahmati füllte eine wichtige Lücke. Rahmati versucht darin, das Verhältnis des Menschen, der als Abbild Gottes erschaffen wurde, zu Gott und seinen Stellenwert im Verhältnis zwischen Gott und dem Kosmos, wie es sich in Ibn ʿArabīs mystischer Gedankenwelt manifestiert, herauszuarbeiten.

Abschließend kann gesagt werden, dass die Arbeiten zu Ibn ʿArabī im Westen trotz der Zunahme in den letzten Jahren nicht ausreichend sind, und diesbezüglich gibt es noch einige Forschungslücken, die auf ihre Bearbeitung warten.

68. Siehe ebenda, Seite 13.

69. GIESE, ALMA: *Ibn ʿArabī: Urwolke und Welt: Mystische Texte des Größten Meisters.* München: C.H. Beck Verlag, 2002.

70. RAHMATI, FATEME: *Der Mensch als Spiegelbild Gottes in der Mystik Ibn ʿArabīs.* Wiesbaden: Harrassowitz Verlag, 2007.

II Das Übel und das Problem des Übels

II.1 Das Übel und das Problem des Übels in der Religionsphilosophie

II.1.1 Der Begriff »Übel«

In den Lexika stehen für das Wort »Übel« folgende Bedeutungen: etwas, was jemand als moralisch unzweckmäßig oder schlecht empfindet, das Schlechte, Verwerfliche, Böse oder auch ungünstiger, unerfreulicher Zustand, Missstand.[71]

In der Philosophie:

> [Das] »Übel« kann neben dem sittlich Bösen auch Krankheit, Schmerz, Unglück, Missstand, Laster, Schadhaftes, Unzweckmäßiges und Ähnliches anzeigen; im allgemeinsten Sinne bezeichnet es alles, was dem Guten (in seinen verschiedenen Bedeutungen) entgegengesetzt ist.[72]

Das Übel wird auch häufig mit dem Bösen verwechselt:

> Traditionell unterscheidet man zwischen physischen (Leiden, Schmerz, Krankheit) und sittlich-moralischen Übeln (das Böse).[73]

»Übel« ist der allgemeinere Begriff, der das Böse umfasst, da mit dem Bösen das moralisch Falsche verstanden wird. Alles Böse gehört zum Übel, aber nicht jedes Übel gehört zum Bösen.

71. Vgl. Bünting, Karl-Dieter: *Deutsches Wörterbuch.* 1996. Seite 1188; http://www.dwds.de/?view=1&qu=Übel (Stand: 8.8.2014, 16:40).

72. Ohne Verfasser: *Übel.* 1971–2007. Band 11, Seite 1.

73. Ulfig, Alexander: *Lexikon der philosophischen Begriffe.* 2003. Seite 432.

In den arabischen Wörterbüchern stehen für »das Übel« die Begriffe *sū'* (سوء) und *šarr* (شر). Der Begriff *šarr,* dessen Plurale *šurūr* (شرور), *ašrār* (أشرار) und *širār* (شرار) lauten, ist der umfassendere Begriff, der auch die Bedeutungen von *sū',* »Chaos«, »Nichtigkeit« und »Unrecht« miteinschließt. *Šarr* bedeutet lexikalisch »Schlechtigkeit« oder »Tat einer schlechten Person« und ist in dieser Bedeutung der genaue Gegensatz zum Guten (*ḫair*).[74] Dementsprechend wird *šarr* im Deutschen mit »Übel« und im Englischen mit *evil* wiedergegeben, wohingegen *sū'* im Deutschen mit dem Wort »böse« und im Englischen mit *bad* übersetzt wird.

Wenn auch im Allgemeinen mit »Übel« alles bezeichnet wird, was das Gegenteil von Gutem ist, was verschmäht wird, nicht zweckmäßig, fehlerhaft und unvollständig ist, beängstigend und besorgniserregend erscheint und wovon der freie Wille sich zu befreien versucht,[75] so hat es dennoch über die Definition und die Arten des Übels intensive Diskussionen gegeben.

II.1.2 **Arten des Übels**

Zwar hat es in der Geschichte der Philosophie über die Arten des Übels viele verschiedene Meinungen gegeben, doch im Allgemeinen ist eine Einteilung in drei Arten am weitesten akzeptiert worden. Zum Verständnis der folgenden Kapitel ist es notwendig, die Definitionen dieser drei Arten hier gesondert aufzuführen.

II.1.2.1 *Physisches oder natürliches Übel*

Diese Art des Übels wird verwendet für Naturkatastrophen wie Erdbeben, Epidemien, Überflutungen, Orkane, Vulkanausbrüche und ähnliche Ereignisse, welche unabhängig von den Versäumnissen des Menschen in der Natur entstehen und den Lebewesen Leid zufügen. Zwei Dinge sind in den Erläuterungen von John Hick (1922–2012) und Richard Swinburne (geb. 1934) zum natürlichen Übel auffällig. Zum einen, dass diese genannten Ereignisse

74. *Al-Muʿǧam al-ʿarabī al-asāsī.* 1988. Seiten 679–680.

75. Vgl. CEVIZCI, AHMET: *Felsefe Sözlüğü.* 2002. Seiten 628–629. ÖZDEMIR, METIN: *İslam Düşüncesinde Kötülük Problemi.* 2001. Seite 19.

unabhängig von menschlichen Fehlern geschehen, zum anderen, dass diese Dinge nicht als Übel definiert werden, weil sie in ihrem Kern übel sind, sondern weil sie den Menschen Schaden zufügen. Was den Schaden angeht, der Pflanzen widerfährt oder aus der Jagd der Tiere untereinander entsteht, sagt Hick, dass für Wesen, die keine Gefühle haben, diese Zustände kein Übel darstellen können; wobei er einräumt, dass dies im Fall der Tiere ein sehr schwer zu lösendes Problem sei. Swinburne hingegen denkt, dass das natürliche Übel das Leid der Menschen wie der Tiere gleichermaßen mit einschließt.[76]

An dieser Stelle drängt sich folgende Frage auf: Kann man heutzutage noch davon ausgehen, dass Naturkatastrophen vom Menschen unabhängig geschehen? Es ist eine mittlerweile allgemein anerkannte Tatsache, dass der Punkt, an dem die Menschheit nach der rasanten Industrialisierung angelangt ist, dass Kriege, Nuklearkatastrophen, industrielle Abfälle und blinder Konsum der Umwelt Schaden zufügen und für den Klimawandel mit verantwortlich sind. Haben die Bewohner der Industrieländer, die sich den schnellen und unkritischen Konsum zur Gewohnheit gemacht haben, wirklich nichts zu tun mit dem millionenfachen Tod in armen Ländern, der durch Klimakatastrophen verursacht wird? Es ist unstrittig, dass die Gase, die in der Atmosphäre den Treibhauseffekt und damit Klimaveränderungen verursachen, vom Menschen produziert werden. Auch ist bekannt, dass viele Industrieländer die Kyoto-Protokolle, die von den Vereinten Nationen mit dem Ziel erarbeitet wurden, diesem Umweltkatastrophen verursachenden Zustand entgegenzuwirken und den Ausstoß dieser Treibhausgase einzudämmen, mit der Begründung, ihr Volkseinkommen würde gemindert, entweder nicht unterschrieben haben oder nicht einhalten.[77]

Wie ist es zu bewerten, dass wir durch unsere Lebensgewohnheiten indirekt an den durch Naturkatastrophen bedingten Todesfällen mitverantwortlich sind? Im Laufe der Geschichte ist vielfach

76. Vgl. Swinburne, Richard: *Tanrı Var mı?* 2001. Seite 87. Manafov, Rafiz: *John Hick'in Din Felsefesinde Kötülük Problemi ve Teodise.* 2007, Seite 39.

77. Siehe beispielsweise Welter: »Kanada zieht sich zurück« in *Frankfurter Allgemeine Zeitung.* 13.12.2011. URL: http://www.faz.net/aktuell/politik/nach-der-weltklimakonferenz-kanada-zieht-sich-aus-kyoto-protokoll-zurueck-11560807.html (Stand: 13.8.2014, 12:25). Sowie URL: http://www.bmub.bund.de/themen/klima-energie/klimaschutz/internationale-klimapolitik/kyoto-protokoll/ (Stand: 13.8.2014, 12:29).

diskutiert worden, ob das vom Menschen mit bewirkte Übel bzw. jede Art von Übel mit dessen Unmoral in Zusammenhang steht. In späteren Abschnitten werden wir auf diese Diskussionen weiter eingehen.

II.1.2.2 *Moralisches Übel*

Wie bereits erwähnt, sind die moralischen Übel diejenigen, deren Täter der Mensch ist. Lüge, Verleumdung, Egoismus, Unrecht, Mord, Neid, Diebstahl, Gier, Feigheit, Krieg, Völkermord und ähnliche vom Menschen ausgehende Übel werden als »moralische Übel« angesehen.[78]

Nach Swinburne bestehen moralische Übel nicht nur darin, dass Menschen Dinge tun, die sie nicht tun sollen, und dadurch Übel verursachen; er wertet auch die Übel, die die Menschen dadurch auslösen, dass sie Dinge, die sie tun sollten, unterlassen, als moralische Übel. Demnach sind für den Hunger in Afrika, dessen Aufkommen man zulässt, nicht nur die Gesellschaften und die Politiker in der entsprechenden Region verantwortlich, sondern auch die in anderen Ländern, die diesem Zustand tatenlos gegenüberstehen.[79]

Wie auch aus dieser Bewertung ersichtlich ist, steht diese Form des Übels in einem klaren Zusammenhang mit dem Willen des Menschen.[80] Alle Definitionen des moralischen Übels verweisen in der einen oder anderen Art auf den freien Willen des Menschen. Daher kann man sagen, dass das moralische Übel dasjenige ist, das aus dem Missbrauch seines freien Willens durch den Menschen zustande kommt. Die theistische Verteidigung des freien Willens, die auf diesem Punkt aufbauend entwickelt wurde, wird im Kapitel III.2.4.1 erläutert.

78. Vgl. Özdemir, Metin: *Kötülük Problemi.* 2001. Seite 29. Manafov, Rafiz: *John Hick'in Din Felsefesinde Kötülük Problemi ve Teodise.* 2007. Seiten 41–42. Yaran, Cafer Sadik: *Kötülük ve Teodise.* 1997. Seite 25.

79. Siehe Swinburne, Richard: *Tanrı Var mı?* 2001. Seite 87.

80. Vgl. Yasa, Metin: *Tanrı ve Kötülük.* 2003. Seite 17.

II.1.2.3 *Metaphysisches Übel*

Übel, die aus dem Fehlen der Vollständigkeit eines Seienden und damit der Abwesenheit von Gutem in ihm (*privatio boni*) hervorgehen, oder Übel, die unvermeidbar erscheinen, da sie mit dem Stofflichen, das Unvollkommenheit in sich trägt, einhergehen, nennt man »metaphysische Übel«.[81] Viele Denker, darunter Leibniz, legten dieses Übel allen anderen Arten von Übel zugrunde. Nach Leibniz muss die Suche nach dem moralischen und dem physischen Übel in der Metaphysik beginnen, schließlich liegt die metaphysische Wurzel der anderen Übel in der Endlichkeit der Geschöpfe. Denn die Endlichkeit ist eine Begrenztheit, als deren Notwendigkeit das Leid als physisches und die Sünde als moralisches Übel entstehen, obwohl sie über keine Zwangsläufigkeit aus sich selbst heraus verfügen.[82] Nicht endlich und nur vollkommen ist allein Gott.

Ausgehend von diesem Gedanken postulierten zunächst Platon (428–347 v. Chr.) und nach ihm viele muslimische und christliche Philosophen des Mittelalters, dass das Übel über keine ontologische Wirklichkeit verfügt.[83]

II.1.3 Das Problem des Übels und dessen Arten

Des Bechers Form fügt zusammen vollendet
Selbiger, Der's zerbrechend verschwendet
Hand, Antlitz, zypressengleiche Glieder
In Schönheit geschaffen, zerstört Er sie wieder?

Ein »Bravo« entbietet dem Pokal der Verstand
Und bedeckt mit hundert Küssen dessen Rand
Der Töpfer des Schicksals solch Kunstwerk herrichtet
Und am Boden zerschellend es wieder vernichtet![84]

81. Vgl. o. Verf.: *Übel.* 1971–2007. Band 11, Seite 1. Ulfig, Alexander: *Lexikon der philosophischen Begriffe.* 2003. Seite 432. Yaran, Cafer Sadik: *Kötülük ve Theodise.* 1997. Seite 27.

82. Vgl. Fischer, Peter: *Philosophie der Religion.* 2007. Seite 75.

83. Vgl. Hakli, Şaban: *Kötülük Problemi, Yaklaşımlar ve Eleştiriler.* 2002. S. 203.

84. 'Omar Ḫayyām nach Mutahhari, Murtaza: *Adl-i İlâhi.* 2005. Seite 92.

Der iranische Dichter, Mathematiker und Astronom ʿOmar Ḫayyām, der bekannt ist für die Vierzeiler, in denen er seine Gedankenwelt wiedergibt, versucht mit seinen oben zitierten Versen, den Zusammenhang zwischen dem Schöpfer und dem Dasein des Übels zu begreifen. Die Fragen, ob das Übel existiert, was die Gründe für seine Existenz sein könnten und, falls es existiert, wieso ein Gott diese Existenz zugelassen haben könnte, sind jahrhundertelang gestellt worden. Das Problem des Übels, das sowohl in der Theologie als auch in der Philosophie als Theodizee-Problem behandelt wurde, ist zum ersten Mal als logischer Beweis von Epikur (341–270 v.Chr.) formuliert worden. Diese Formulierung wurde später vom Kirchenvater und Lehrer für Rhetorik Lactantius (250–320), der aus der römischen Provinz Afrika stammte, in folgender Weise überliefert:

> Gott will entweder die Übel aufheben und kann nicht;
> oder Gott kann und will nicht;
> oder Gott will nicht und kann nicht;
> oder Gott will und kann.
>
> Wenn Gott will und nicht kann, so ist Er ohnmächtig; und das widerspricht dem Begriff Gottes. Wenn Gott kann und nicht will, so ist Er missgünstig, und das ist gleichfalls mit Gott unvereinbar. Wenn Gott nicht will und nicht kann, so ist Er missgünstig und ohnmächtig zugleich, und darum auch nicht Gott. Wenn Gott will und kann, was sich allein für die Gottheit geziemt, woher sind dann die Übel, und warum nimmt Er sie nicht hinweg?[85]

Nach Jahrhunderten der Debatten und der Versuche einer Antwortfindung schreibt David Hume (1711–1776) in seinem Werk *Dialogues Concerning Natural Religion* (Dialoge über natürliche Religion), aus dem Munde Philos sprechend, dass auf die Fragen Epikurs immer noch keine Antworten gefunden werden konnten:

> Epikurs alte Fragen sind noch unbeantwortet: Will Er die Übel verhindern und kann nicht? Dann ist Er ohnmächtig.

85. LAKTANZ: *Vom Zorne Gottes (De ira dei).* 1919. Seite 103 (Kapitel 13: »Alles in der Welt dient zum Nutzen des Menschen«).

> Kann Er und will nicht? Dann ist Er übelwollend. Will Er und kann Er? Woher dann das Übel?[86]

Die Annäherungsweise, mit der die Theologen und Philosophen bei ihren Diskussionen an das Problem des Übels herangehen, kann unter drei Überschriften zusammengefasst werden: das logische Problem des Übels, das beweisführende Problem des Übels und das existenzielle Problem des Übels.[87]

Diejenigen, die auf das logische Problem des Übels hinweisen, betonen, dass es angesichts der oben angeführten Formulierungen zwischen den Prämissen und den Schlussfolgerungen einen Widerspruch gibt.

1. Gott ist allmächtig.	→	Daher kann Er das Übel verhindern.
2. Gott ist allwissend.	→	Daher weiß Er, wie das Übel verhindert wird.
3. Gott ist allgütig.	→	Daher will Er natürlich das Übel verhindern.
		↓
4. Übel existiert.	→	Übel existiert nicht.

Zwischen diesen Prämissen besteht ein offensichtlicher Widerspruch. Bei der Annahme jeglicher drei dieser Prämissen als wahr wird die vierte immer falsch sein. Gleichzeitig sind aber diese Prämissen die Fundamente, an die die Theisten gebunden bleiben müssen. Ein Einspruch gegen eine dieser Prämissen birgt die Gefahr, dass der Theismus in sich zusammenfällt.[88]

Ein Teil der Philosophen, darunter der Atheist Michael Martin (1932–2015), zieht es vor, ihren Ansichten zu diesem Thema mittels des Beweisführungsproblems des Übels Ausdruck zu verleihen,

86. Hume, David: *Dialoge über natürliche Religion.* X. 109. Zitiert nach: Masek, Michaela: *Geschichte der antiken Philosophie.* 2012. Seite 233.

87. Vgl. Manafov, Rafiz: *John Hick'in Din Felsefesinde Kötülük Problemi ve Teodise.* 2007. Seite 48.

88. Vgl. Hoerster, Norbert: *Zur Unlösbarkeit des Theodizee-Problems.* 2010. Seite 14. Hakli, Şaban: *Kötülük Problemi, Yaklaşımlar ve Eleştiriler.* 2002. Seite 195. Manafov, Rafiz: *John Hick'in Din Felsefesinde Kötülük Problemi ve Teodise.* 2007. Seite 53.

und bringt dieses, eingedenk der oben angeführten Prämissen, folgendermaßen zu Wort:[89] Die Prämisse 1 erfordert, dass Gott das Übel verhindern kann, wenn kein logisches Hindernis dazu besteht; und die Prämisse 3 erfordert, dass Gott das Übel verhindern muss, wenn Er keine hinreichenden Gründe dafür hat, es zuzulassen. In dem Fall beweist dies, dass

1. für die Existenz des Übels (4. Prämisse)
2. entweder bei Gott hinreichende Gründe dafür vorliegen, es zuzulassen,
3. oder es aufgrund einer logischen Zwangsläufigkeit heraus entsteht.
4. Gott hat weder hinreichend Gründe, das Übel zuzulassen, noch besteht für das Übel eine logische Zwangsläufigkeit. Ausgehend hiervon dürfte es das Übel nicht geben.

Aber es existiert; und da wir es nicht leugnen können, müssen wir leugnen, dass es einen Gott gibt, Der allmächtig und allgütig ist.

Anders als bei der letztgenannten Annäherung versuchen diejenigen, die das Existenzproblem des Übels zu Felde führen, nicht, Gott zu leugnen oder Beweise für Seine Nichtexistenz zu finden. Vielmehr verlangen sie Rechenschaft von Gott, beschuldigen Ihn und klagen Ihn an. Denn Er hat die Ungerechtigkeit und das Übel nicht verhindert. Daher ist diese Form des Problems des Übels eine Infragestellung und Ablehnung des Theismus, der sich dem Unrecht gegenüber schweigend verhält, aus moralischen Gründen.[90]

89. Siehe MANAFOV, RAFIZ: *John Hick'in Din Felsefesinde Kötülük Problemi ve Teodise.* 2007. Seite 57.

90. Vgl. ebenda, Seiten 48–50.

Gott ist allmächtig,		daher kann Er das Übel verhindern.
Gott ist allwissend,		daher weiß Er, wie das Übel verhindert wird.
Gott ist allgütig,		daher will Er natürlich das Übel verhindern. ↓
Übel existiert.	≠	**Übel existiert nicht.**

Abbildung 1

Schematischer Überblick über das Problem des Übels
Zwischen diesen Prämissen besteht ein offensichtlicher Widerspruch. Bei der Annahme jeglicher drei dieser Prämissen als wahr wird die vierte immer falsch sein. Gleichzeitig sind aber diese Prämissen die Fundamente, an die die Theisten gebunden bleiben müssen

II.2 Lösungen für das Problem des Übels

DAS THEODIZEE-PROBLEM IST EIN PROBLEM MONISTISCHER Religionen; polytheistische oder dualistisch ausgerichtete Glaubensformen kennen ein solches Problem nicht. Yin und Yang, das Prinzip zweier Kräfte, die im fernöstlichen Glaubenssystem des Taoismus' vorherrschend sind, stehen für ein kosmisches Gleichgewicht, bei dem beide einander ergänzen und das eine den Platz ausfüllt, den das andere verlässt. Der Mensch erlangt die Glückseligkeit nur, wenn er im Einklang mit diesem kosmischen System lebt.[91] In ähnlicher Weise glaubt auch der Konfuzianismus, dass zu Anfang ein Chaos existierte, dass Yin und Yang innerhalb dieses Chaos', als erzeugerisches Prinzip aufeinander kontrastiv einwirkend, die Elemente hervorgebracht haben und dass aus der Vereinigung dieser Elemente der Kosmos entstand.[92]

Das dualistische Wesen des Manichäismus sieht einander gegensätzliche Urprinzipien vor. Diese beiden Urprinzipien sind Licht und Finsternis oder Gutes und Übel. Der Gott des Lichts ist die Quelle alles Guten, und der Gott der Finsternis ist der Ausgangspunkt allen Übels.[93] Ähnlich verhält es sich mit dem Zoroastrismus. Im ebenfalls dualistischen Zoroastrismus wird die Existenz von zwei Gottheiten als Glaubensgrundsatz angenommen, die beide nicht erschaffen sind: dem Schöpfer und Verantwortlichen von allem Guten, namens Ahura Mazda, und dem Schöpfer und Verantwortlichen von allen Übeln, namens Ahriman.[94] Der Zoroastrismus war zu Beginn eine monotheistische Religion, von der angenommen wird, dass sie sich möglicherweise durch den kulturellen und religiösen Einfluss der Region, in der sie vorherrschte, zum Dualismus hin entwickelte. Dieser Gedanke wird untermauert durch die Tatsache, dass die Muslime, nachdem sie den Iran erobert hatten, den Anhängern dieser Religion anfänglich den Status der »Leute des Buches« zuerkannten. Aber die Teile der *Avesta,* die

91. Vgl. Güç, Ahmet: *Taoizm.* 2010. Seite 406.
92. Vgl. ebenda.
93. Vgl. Gündüz, Şinasi: *Maniheizm.* 2010. Seite 496.
94. Vgl. Gündüz, Şinasi: *Mecusilik.* 2010. Seite 516.

bis heute erhalten sind, können Zweifel an dieser Annahme nicht aus dem Weg räumen. [95]

Es ist zwar behauptet worden, dass der Dualismus, der Gott einen Teil Seiner Allmacht entreißt, um Seine absolute Güte bewahren zu können, beginnend mit dem Zoroastrismus über den Manichäismus bis hin zum Judentum, Christentum und Islam in verschiedenen Abstufungen auch in diesen vorhanden sei;[96] jedoch wurde diese Behauptung mehrheitlich verworfen.[97]

In diesen Glaubensformen mit dualistischer Ausrichtung gibt es also einen Gott des Übels, von dem alles Übel ausgeht, und der mit dem Gott des Guten mehr oder weniger auf einer ontologischen Rangebene liegt, was den Letzteren von der Verantwortlichkeit für die Übel auf der Welt befreit. In dem polytheistischen Glaubenssystem der griechischen Mythologie ist die Situation nicht viel anders.[98]

Gegen die Stimmen, die mit Hilfe des Problems des Übels die Nichtigkeit des Theismus zu beweisen versuchten, wurden zur Lösungsfindung zwei Methoden angewandt: Zum einen die theistische Verteidigung, zum anderen die Theodizee. Als Fachbegriff steht die theistische Verteidigung für die Beweisführung, dass der Versuch, die Widersprüchlichkeit oder die Unwahrscheinlichkeit des Theismus durch eine bestimmte Formulierung des Problems des Übels zu beweisen, nicht erfolgreich ist. Wenn es keinen gibt, der das Problem des Übels anführt, dann besteht auch keine Notwendigkeit zur Verteidigung. Die Verteidigung ist eine Gegenwehr, die auf die Entkräftung argumentativ an das Übel anlehnender atheistischer Angriffe zielt.[99] Die Theodizee wiederum, die, wie bereits erwähnt, das erste Mal von Leibniz verwendet wurde, steht als Fachbegriff für das Unterfangen, die Gerechtigkeit Gottes gegenüber dem Vorhandensein des Übels in der Welt zu rechtfertigen.

Wie auf den ersten Blick ersichtlich ist, gibt es zwischen der Verteidigung und der Theodizee einen geringfügigen Unterschied. Die Theodizee führt als Begründung an, dass unter allen Umstän-

95. Vgl. Mutahhari, Murtaza: *Adl-i İlâhi.* 2005. Seiten 74–84, 382.

96. Vgl. Öztürk, Mustafa: *İblis'in Trajik Hikayesi: Allah, Şeytan, İnsan ve Kötülüğe Dair.* 2005. Seite 63.

97. Vgl. Mutahhari, Murtaza: *Adl-i İlâhi.* 2005. Seiten 79–84.

98. Vgl. Fischer, Peter: *Philosophie der Religion.* 2007. Seite 64.

99. Vgl. Yaran, Cafer Sadik: *Kötülük ve Teodise.* 1997. Seite 42.

den Gott das Übel in jedem Fall nur zulässt, um den Zweck der Bewerkstelligung einer höheren Göttlichen Gerechtigkeit zu erfüllen. Die Verteidiger hingegen konzentrieren sich nur auf eine der Formulierungen des Problems des Übels und versuchen, diese abzuwehren, sowie auf die möglichen Gründe dafür, dass Gott dies in einer solchen Formulierung zulässt. Sie betonen dabei, dass die Schlüsse, zu denen sie gelangt sind, nicht absolut richtig, sondern nur möglicherweise richtig sind.[100]

Da Gott über ein metaphysisches Wesen verfügt, liegt es in der Natur der Sache, dass unser Wissen über Seine Existenz nur begrenzt sein kann und dass alles, was wir in Bezug auf Ihn äußern, in Frage gestellt werden kann. Wir können nicht zur Gänze und in allen Facetten erforschen, welche Gründe Er dafür hat, die Existenz des Übels zuzulassen. Immanuel Kant (1724–1804) ist sich nicht sicher darüber, ob die Theodizee-Befürworter, die vor dem Tribunal der Vernunft sich die Anwaltschaft Gottes anmaßen, sich über diesen Umstand im Klaren sind. In seinem 1791 veröffentlichten bekannten Essay *Über das Misslingen aller philosophischen Versuche in der Theodizee* kritisiert er alle Versuche der Theodizee-Verfasser, welche, ohne die Grenzen des Verstandes zu bedenken, versuchen, die Göttliche Weisheit mit dem Übel in der Welt in Einklang zu bringen, und gelangt zu der Ansicht, dass sie alle zum Scheitern verurteilt sind.[101] Der Mensch müsse in Anerkennung seines ontologischen Wesens seine epistemologische Begrenztheit akzeptieren und bei Themen, die seinen Wahrnehmungskreis überschreiten, Ergebenheit zeigen. Kant betrachtet die Welt als ein Gotteswerk in Form eines geschlossenen Buches; demnach kann dieses geschlossene Buch nur ausgelegt werden von einer ermächtigten Vernunft, die sich als Gottes Stimme wähnen kann. Er bezeichnet diese Auslegung als »authentische Theodizee«. Eine solche authentische Auslegung liegt nach ihm im Beispiel Hiobs in der Bibel vor.[102] Hiob ist ein glücklicher Mensch, der über Besitz und Vermögen, über Freunde und eine Familie verfügt. Irgendwann verliert er dies alles und erkrankt darüber hinaus an verschiedenen Leiden. Die Gründe hierfür diskutiert er mit seinen Freunden, die

100. Vgl. Manafov, Rafiz: *John Hick'in Din Felsefesinde Kötülük Problemi ve Teodise.* 2007. Seiten 71–72.

101. Siehe Kant, Immanuel: *Über das Misslingen aller philosophischen Versuche in der Theodizee.* 1791. Seiten 253–263.

102. Vgl. ebenda, Seiten 264–265.

ihn besuchen. Sie führen dabei an, dass alles Leid auf der Welt eine Strafe zur Vergeltung begangener Untaten sei. Ihnen zufolge ist sein Zustand das Resultat Göttlicher Gerechtigkeit. Obgleich sie keinerlei Kenntnis über eine Untat hatten, die sie ihm vorwerfen könnten, glaubten sie, *a priori* urteilen zu können, dass Hiob eine solche Untat begangen haben musste. Andernfalls würde es die Göttliche Gerechtigkeit nicht zulassen, dass ihm derart viel Leid widerfährt.[103] Hiob, der ob seiner Taten in seinem Leben ein reines Gewissen hatte, antwortet ihnen folgendermaßen: »Er ist einig, Er macht's, wie Er will.«[104]

Denjenigen seiner Freunde wiederum, die für die Übel, die ihm widerfuhren, eine Reihe von Begründungen suchten, antwortet er:

> »Wollt ihr«, sagt er [Hiob 13.7–11; 16], »Gott verteidigen mit Unrecht? Wollt ihr seine Person ansehen? Wollt ihr Gott vertreten? Er wird euch strafen, wenn ihr Personen anseht heimlich! – Es kommt kein Heuchler vor Ihn.«[105]

Kant untersucht die Theorien, die beide Gruppen anführen, und kommt zu dem Schluss, dass die Theorie der Freunde Hiobs nach Maßgabe der praktischen Vernunft vernünftiger und gläubiger erscheint, und dass Hiob, wäre er den Machthabern seiner Zeit gegenübergetreten, unter Umständen sogar ein noch schlimmeres Schicksal zuteil geworden wäre. Gott tadelte jedoch nicht Hiob, sondern dessen Freunde. Hiob hatte seine Moral nicht von seinem Glauben abhängig gemacht, sondern seinen Glauben von seiner Moral.[106]

Mit dieser Anekdote deutet Kant an, dass Gott Seinen eigenen Willen vermittels des menschlichen Verstandes erläutert. Dies ist, was mit authentischer Theodizee gemeint ist. Laut ihm darf es nicht der Zweck einer Theodizee sein, etwas im Urteil der Vernunft Unrechtes durch theoretische Beweisführungen für rechtens zu erklären, einzig und allein, weil es von Gott ausgeht. Diesem Unrecht entgegenzutreten, ist zugleich auch ein Erfordernis des Göttlichen Willens.[107]

103. Vgl. ebenda, Seiten 265.
104. Ebenda; vgl. außerdem Hiob 23.13.
105. Ebenda, Seite 266; vgl. außerdem Hiob 13.7–11; 16.
106. Vgl. ebenda, Seiten 266–267.
107. Vgl. Fischer, Peter: *Philosophie der Religion*. 2007. Seite 78.

Letzten Endes ist nach Kant die Theodizee nicht Gegenstand des *Wissens,* sondern des *Glaubens.* Die authentische Theodizee lehrt uns, dass nicht das Denken von Bedeutung ist, sondern vielmehr das ehrliche Eingeständnis, dass der Vernunft bei dem Thema Grenzen gesetzt sind.[108] Die Betonung der Unzulänglichkeit der menschlichen Vernunft durch Kant wurde auch von muslimischen Intellektuellen als ihrer eigenen Sicht ähnlich anerkannt.[109]

Dieser Essay, der in einer Zeit verfasst wurde, in der, insbesondere nach dem Erdbeben in Lissabon 1755, der Optimismus stark erschüttert war, darf nicht als eine Unterstützungsschrift für den Pessimismus gesehen werden. Vielmehr handelt es sich bei diesen Gedanken Kants lediglich um einen religiösen Skeptizismus.[110] Der Optimismus, der von Leibniz erstmals formuliert und von Christian Wolff (1679–1754) systematisiert wurde und der in der Poesie von Alexander Pope (1688–1744) Widerhall und weite Verbreitung fand, kommt im anspruchsvollen Satz »Alles ist gut«[111] zum Ausdruck.

Wie bereits erwähnt, wurden die Ansichten der Optimisten, die diese Welt als »die beste aller möglichen Welten betrachteten«, von Voltaire heftig kritisiert. Diesem Zug schlossen sich auch David Hume und später noch Arthur Schopenhauer (1788–1860) an. Im achtzehnten Jahrhundert wurde mit David Hume das Problem des Übels nicht mehr als Problem gesehen, sondern als ein atheistisches Argument, welches die Nichtexistenz Gottes bewies.[112]

Die Annäherungsweise der Menschen an das Problem ändert sich je nach Blickwinkel, der von der jeweiligen Lebenserfahrung abhängt. Für den Pessimisten ist das Übel etwas, das nichts Verteidigungswürdiges an sich hat und, was noch wichtiger ist, mit der Existenz eines gerechten und absolut guten Gottes nicht in Einklang zu bringen ist. Für den Optimisten wiederum, der sich genau entgegengesetzt positioniert, ist das Übel nicht nur nicht sinn- und zwecklos, sondern vielmehr in seiner Existenz unum-

108. Vgl. Kant, Immanuel: *Über das Misslingen aller philosophischen Versuche in der Theodizee.* 1791. Seite 267.

109. Vgl. Görgün, Tahsin: *Leid als Teil der Welt des Lebens. Gibt es ein Theodizee-Problem aus islamischer Perspektive?* 2008. Seite 48.

110. Vgl. Ormsby, Eric Lee: *İslam Düşüncesinde 'İlahi Adalet' Sorunu (Teodise).* 2001. Seite 20.

111. Siehe ebenda, Seite 19.

112. Vgl. Hakli, Şaban: *Kötülük Problemi, Yaklaşımlar ve Eleştiriler.* 2002. Seite 196.

gänglich und hat keinerlei negative Auswirkungen auf die Güte und die Gerechtigkeit Gottes. Der Pessimist ist es gewohnt, immer nur die schlechten Seiten des Lebens zu sehen. Sein stärkstes Argument gegenüber dem Optimisten sind die vielen schlechten Erfahrungen und tragischen Ereignisse im Leben der Menschen. Der Ausgangspunkt der Pessimisten bei der Annäherung an das Problem sind die Geschöpfe, während der Ausgangspunkt der Optimisten Gott ist, Dessen Existenz bewiesen wurde.[113]

Das Theodizee-Problem erregt in theologischen Kreisen auch heute noch Aufmerksamkeit. Ein Sammelband, in dem die Vorträge veröffentlicht wurden, welche im März 2007 bei einer Konferenz in Stuttgart gehalten wurden, an der an die hundert christliche und muslimische Wissenschaftler aus zehn Ländern teilnahmen, trug folgenden interessanten Titel: *Prüfung oder Preis der Freiheit? Leid und Leidbewältigung in Christentum und Islam.* Bei dieser Veranstaltung, die vor allem den christlichen und den muslimischen Standpunkt zu diesem Thema behandelte, wurde betont, dass in der modernen Theologie das Verständnis des Leids als Strafe nur noch die Meinung einer Minderheit ist.[114] Der Behauptung, dass Gott den leidenden Menschen gegenüber schweigt und Sich passiv verhält, wird aus der Feder Walter Kaspers mit folgendem Einspruch entgegnet:

> Der »sympathische« Gott, wie Er in Jesus Christus offenbar wird, ist die endgültige Antwort auf die Theodizee-Frage, an der der Theismus wie der Atheismus scheitern. Wenn Gott selbst leidet, ist das Leiden kein Einwand mehr gegen Gott.[115]

Im Laufe der Geschichte gab es unter den Christen verschiedene Erklärungen für die Existenz des Leids. Das Leid kann als Prüfung verstanden werden, als Anlass, Duldsamkeit zu zeigen, oder als Göttliche Bestrafung.[116]

113. Vgl. Özdemir, Metin: *Kötülük Problemi Eleştirel Bir Yaklaşım.* 2000. Seite 231.

114. Siehe Renz, Andreas: *Prüfung oder Preis der Freiheit?* 2008. Seite 9.

115. Zitiert nach Antes, Peter: *»Warum gerade ich?« Leid als Herausforderung für das monotheistische Gottesbild.* 2008. Seite 25.

116. Siehe Von Scheliha, Arnulf: *Zwischen Annahme und Rebellion. Christlicher Umgang mit Leid in biblischer und theologiegeschichtlicher Perspektive.* 2008. Seiten 64–79.

Bevor zu den bekannteren Theodizeen übergegangen wird, die im Laufe der Geschichte als Antwort auf das Problem des Übels entwickelt wurden, soll hier ein Überblick über die Näherungsweisen der bis hierher entwickelten Lösungswege vorgenommen werden. Zur Lösung des Problems werden allgemein zwei Wege eingeschlagen, der erste wählt den Begriff des Übels als Ausgangspunkt, während der zweite hierzu den Begriff Gottes verwendet.[117]

A: *Die Theodizeen, die vom Begriff des Übels ausgehen:*

1. Manche Philosophen versuchten das Problem zu lösen, indem sie die reale Existenz des Übels leugneten. Um zu beweisen, dass Gott nicht für das Übel verantwortlich ist, nahmen sie eine Einteilung in natürliches und moralisches Übel vor, danach erklärten sie das erstere als das Nichtvorhandensein von Gutem oder als die Unfähigkeit der materiellen Welt, die Vollkommenheit aufzunehmen, während sie die Verantwortlichkeit für das letztere dem Menschen aufbürdeten.[118] Diejenigen, die so dachten, glaubten nicht an die ontologische Wirklichkeit des Übels. Platon und viele muslimische und christliche Philosophen des Mittelalters favorisierten diesen Gedanken. Augustinus, Thomas von Aquin (1225–1274), al-Fārābī (872–950) und Ibn Sīnā waren einige der Theologen und Philosophen, die diese Ansicht teilten. An entsprechender Stelle wird dies weiter ausgeführt.

2. Andere wählten die zweite Annäherungsweise. Sie akzeptierten die reale Existenz des Übels, sahen es jedoch als notwendig für die Freiheit und für die Vervollkommnung des Menschen an. Die Anhänger dieser Gruppe, darunter Leute wie Irenäus (135–200), John Hick und Alvin Platinga, behaupteten, dass die Welt ein Ort der Prüfung sei und dass eine Person, die über freien Willen verfügt, der Existenz des Übels bedarf, um zur Vollkommenheit zu gelangen. Denn es ist nicht möglich, von der Freiheit eines Individuums zu sprechen, dem nicht auch die Möglichkeit zur Wahl des Übels gegeben worden ist.[119] Dieser Ansicht wurden zwei Arten von Widersprüchen entgegengebracht.

117. Vgl. Aydin, Mehmet S.: *Din Felsefesi.* 2002. Seite 157.

118. Vgl. ebenda.

119. Vgl. Hakli, Şaban: *Kötülük Problemi, Yaklaşımlar Ve Eleştiriler.* 2002. Seite 208.

Der erste Widerspruch lautet, dass Gott, falls Er allmächtig ist, auch in der Lage gewesen wäre, eine Welt zu erschaffen, in der es einen freien Willen, aber kein Übel gibt. Der zweite Widerspruch lautet, dass diese Art der Rechtfertigung lediglich eine Begründung für das moralische Übel sein kann. Wie sollen dann, in diesem Fall, die natürlichen Übel erklärt werden?[120]

3. Als dritte mögliche Lösung wurde angenommen, dass die Existenz des Übels in der Welt zwar nichts Gutes ist, sie aber als der Grund für das Entstehen größerer, moralisch besserer Dinge nötig ist. Ohne Katastrophen wie Krieg, Hunger und Armut würden aus den Reihen der Gesellschaft keine Helden wie Mutter Teresa in Erscheinung treten, und die Menschen würden Empfindungen wie Tugend, Mitleid und Barmherzigkeit nicht kennenlernen können. Auch dieser Ansicht ist widersprochen und gesagt worden, dass es zum Erkennen und Schätzen des Guten reichen würde, wenn es eine geringe Menge an Übel gäbe, und dass es – bildlich gesprochen –, um das Gelbe zu kennen, nicht des Vorhandenseins der gleichen oder einer größeren Menge von Rot bedürfe.[121] Es ist nicht zu verstehen, wie man wollen kann, dass ein kleines Kind sich vor Schmerzen krümmt und stirbt, damit seine Eltern daraus ihre Lehre ziehen und moralisch wertvollere Menschen werden.[122]

4. Die Methode der Analogie zur Kunst: Diejenigen, die die Welt mit einer musikalischen Komposition oder mit einem Gemälde verglichen, argumentierten, dass ebenso wie, um Harmonie und Gleichgewicht zu erreichen, sich in der Komposition verschiedene Noten und auf dem Gemälde zwischen den hellen Stellen auch dunkle befinden, sich auch in der Welt neben dem Guten ebenso das Übel befinden muss, damit diese vollkommen sein kann. Die Gegner dieser Ansicht wiederum führten an, dass ein Gott, Der nur, um die Schönheit eines Menschen und damit die Vollkommenheit Seines Kunstwerkes zu zeigen und dafür Anerkennung zu erfahren, neben diesen einen von Krankheit gezeichneten stellt, weniger einem absolut guten Wesen gleichen

120. Vgl. Warburton, Nigel: *Felsefeye Giriş*. 2000. Seite 27.
121. Vgl. Aydin, Mehmet S.: *Din Felsefesi*. 2002. Seite 158.
122. Vgl. Warburton, Nigel: *Felsefeye Giriş*. 2000. Seiten 24–25.

würde denn einem sadistischen Psychopathen, der am Leid Gefallen findet.[123]

B: *Die Theodizeen, die vom Begriff Gottes ausgehen:*

Nach theistischem Verständnis ist Gott allgütig, verfügt über absolute Macht und absolutes Wissen. Bei Annahme der realen Existenz des Übels führen diese drei Gottesattribute den Menschen in eine logische Sackgasse. Diejenigen, die bei ihrer Theodizee Gott zum Ausgangspunkt nahmen, glaubten, dass das Problem gelöst werden könnte, wenn eines dieser drei Attribute begrenzt würde. Da nicht davon ausgegangen werden kann, dass Gott nicht allgütig sein kann, bleibt als Möglichkeit nur das Verständnis von einem entweder in Seinem Wissen oder in Seiner Macht beschränkten Gott erhalten.[124] Der Begriff eines eingeschränkten Gottes steht in engem Zusammenhang mit den Themenfeldern des moralischen Übels und der Freiheit des Menschen. In den Abschnitten zum freien Willen und zur Prozess-Theodizee wird dies weiter erläutert.

Nachdem an dieser Stelle die allgemeinen Annäherungsmethoden bei der Lösung des Problems des Übels aufgeführt wurden, werden im Folgenden die besonders in den Vordergrund getretenen Theodizeen behandelt. Manche dieser Ansätze wurden nach ihren Urhebern benannt.

II.2.1 Augustinische Theodizee

In der Ausgestaltung des traditionellen christlichen Glaubens soll nach Paulus keiner mehr so einflussreich gewesen sein wie Augustinus,[125] selbst Thomas von Aquin nicht.[126] »Der Dogmen-

123. Vgl. ebenda, Seite 26.

124. Vgl. Aydin, Mehmet S.: *Din Felsefesi.* 2002. Seite 159.

125. Das Zentrum für Augustinusforschung stellt im Internet eine Website zur Verfügung, auf der eine Reihe von Augustinus' Werken sowie Arbeiten über sein Leben, seine Werke und seine Person in verschiedenen Sprachen abgerufen werden können. Die Zitate in dieser Arbeit stammen aus seinen Werken auf dieser Seite: http://www.augustinus.de (Stand: 04.06.2014, 11:17).

126. Siehe Hick, John: *Ruh-Yapma Teodisesi.* 2011. Seite 769.

historiker Adolf von Harnack nannte Augustinus den vielleicht größten Schriftsteller des Altertums nach und neben Platon.«[127] Seine Versionen von der Gestalt Gottes und der Welt, von der Erschaffung und dem Sündenfall des ersten Menschen, welche er in der frühen Ausformungsphase des christlichen Gedankenguts entwickelte, wurden in späteren Jahrhunderten ohne größere Veränderungen übernommen. Einer der Hauptgründe hierfür ist zweifellos, dass es ihm gelang, die voneinander separierten Elemente des Christentums in der Geistes- und Vorstellungswelt des Westens zu einer Einheit zusammenzufügen.[128]

Bevor auf seine Ansichten zum Übel eingegangen wird, ist es sinnvoll, an dieser Stelle zwei Zitate von ihm einzufügen:

> Nicht Gott, sondern der Missbrauch des freien Willens durch die Geschöpfe ist schuld an dem Fall der Engel und Menschen; der Fluch der Erbsünde hätte unrettbar alle Menschen auf ewig betroffen, wenn nicht Gottes helfende Gnade rettend eingegriffen hätte.[129]

> Alle Geschöpfe sind aus der Schöpferhand Gottes als wesentlich gut hervorgegangen; sie sind jedoch einer Verschlechterung fähig, weil sie nicht absolut gut sind. Das Gute und Böse an den Geschöpfen bedingt sich in gewissem Sinn: das Böse setzt immer etwas Gutes voraus.[130]

Augustinus bewertet also das Problem des Übels nach den Maßgaben der Bibel. Er koppelt die Vertreibung des Menschen aus dem Paradies an die Erbsünde, die der Mensch, seinem freien Willen folgend, beging, und betrachtet es daher als nicht unmöglich, dass die Menschen als Erben dieser Sünde an den Ort, aus dem sie vertrieben wurden, wieder zurückkehren können, indem sie ebenfalls ihren freien Willen nutzen.[131] Da der Schöpfer aller Wesen

127. MAYER, CORNELIUS: *Gestalt und Werk Augustins – eine Hinführung von Prof. Dr. Dr. Cornelius Mayer.* (www.augustinus.de/bwo/dcms/sites/bistum/extern/zfa/augustinus/einfuehrung/index.html (Stand: 04.06.2014, 11:40).

128. Vgl. HICK, JOHN: *Ruh-Yapma Teodisesi.* 2011. Seite 769.

129. AUGUSTINUS: *Enchiridion oder Buch vom Glauben, von der Hoffnung und von der Liebe (De fide, spe et caritate).* 1925. Kapitel 8, Seite 416.

130. Ebenda, Kapitel 4, Seite 401.

131. Vgl. ebenda, Kapitel 8, Seite 417.

unendlich gut ist, sind auch alle Geschöpfe gut. Da sie jedoch nicht wie der Schöpfer unendlich und unabänderlich sind, kann das Gute in ihnen zu- und abnehmen. Die Abnahme des Guten ist gleichbedeutend mit Übel.[132] Dies kann verglichen werden mit der Trockenheit, die nach dem Verdampfen von Wasser zurückbleibt. In diesem Fall ist die Trockenheit der Zustand der Abwesenheit von Wasser. Diese Trockenheit verfügt nicht über eine ontologische Existenz; sie ist nur eine Eigenschaft, die zur Beschreibung der Abwesenheit von Wasser genutzt wird. Der Grund dafür, dass etwas, was in seinem Ursprung als gut erschaffen wurde, später diese Besonderheit nicht zu bewahren vermag, liegt darin, dass es im Gegensatz zum absolut guten Gott die Eigenschaft der Veränderlichkeit hat.

Augustinus scheint die Antworten auf die Fragen seiner Jugend, in der er ein Anhänger des manichäischen Dualismus war, im Neuplatonismus gefunden zu haben. Wie bereits erwähnt, verfügt nach ihm das Übel in seiner Essenz nicht über eine eigene Existenz und ist vielmehr nur der Zustand einer Abwesenheit (*privatio boni*). Als Antwort auf die Frage, woher das Übel kommt, entwickelt er die als *Verteidigung des freien Willens* bekannt gewordene Lehre, welche sowohl für das moralische Übel der Sünde als auch für die Leiden und Schmerzen der Menschen eine Erklärung bietet.[133] Augustinus' Dogma von der Vielfältigkeit oder Mannigfaltigkeit, welches inhaltlich vom Neoplatonismus beeinflusst ist, sieht das Universum in einer vollkommenen, alle Möglichkeiten und Wahrscheinlichkeiten in sich vereinenden Harmonie zwischen dem Fehlerlosen und dem Fehlerhaften, zwischen dem Schönen und dem Hässlichen. Demnach ist nichts nutzlos oder wertlos, einschließlich der Sünde und der Bestrafung der Sünde.[134] Der Quell allen Seins ist Gott, Der das höchste Wesen, die höchste Güte, die höchste Schönheit und die höchste Liebe ist und Den das menschliche Denken niemals voll erfassen kann.[135]

Es ist bekannt, dass die Erklärung des Übels mit der Privatio-boni-Theorie, also mit der Abwesenheit von Gutem, in späteren Jahren weite Verbreitung fand und viele Auseinandersetzungen befeuerte.

132. Vgl. ebenda, Kapitel 4/12, Seite 400.
133. Vgl. Hick, John: *Ruh-Yapma Teodisesi.* 2011. Seite 769.
134. Vgl. ebenda, Seite 770.
135. Vgl. Vorländer, Karl: *Geschichte der Philosophie,* 1908. Band I, Seite 227.

II.2.2 Irenäische Theodizee und John Hicks *Soul-Making Theodicy*

Die Ansichten von Irenäus, der fast zweihundert Jahre vor Augustinus gelebt hatte, sind nicht so weit verbreitet wie die seines Nachfolgers. Abgesehen vom Interesse Schleiermachers zu Beginn des neunzehnten Jahrhunderts konnte seine Theodizee erst mit John Hick im zwanzigsten Jahrhundert in der öffentlichen Wahrnehmung Verbreitung finden.[136] Wie bereits erwähnt, gehört Irenäus zu denen, die die reale Existenz des Übels akzeptieren, es dabei aber als notwendig für die Freiheit und die Vervollkommnung ansehen.

Nach Irenäus dienen die Entfernung des Menschen vom Baum des Lebens und seine Vertreibung aus dem Paradies einem höheren Ziel. Im Gegensatz zur Behauptung vieler anderer hatte Gott Mitleid mit dem Menschen, kam durch diese Handlungsweise dem ewigen Sünderdasein des Menschen zuvor und verhinderte auf diese Weise, dass die Sünde und das Übel ewig und unkorrigierbar wurden:

> Deswegen warf Er ihn auch aus dem Paradiese hinaus und entfernte ihn von dem Baume des Lebens, nicht als ob Er ihm diesen nicht gegönnt hätte, wie einige sich erkühnen zu behaupten, sondern aus Erbarmen, damit er nicht für immer der Sünder bliebe und die Sünde an ihm nicht unsterblich wäre oder das Übel unendlich und unheilbar. So setzte Er der Übertretung einen Damm, indem Er den Tod dazwischen legte und der Sünde ein Ende machte durch die Auflösung des Fleisches in Erde, damit endlich einmal der Mensch aufhöre, der Sünde zu leben, und sterbend anfange, für Gott zu leben.[137]

136. Eine Doktorarbeit zu diesem Thema zeigt sehr anschaulich, wie die »seelenschaffende« Theodizee, deren historische Wurzeln bei Irenäus liegen, von John Hick übernommen und erweitert wurde: Manafov, Rafiz: *John Hick'in Din Felsefesinde Kötülük Problemi ve Teodise.* Istanbul: İz Yayıncılık, 2007.

137. Irenäus: *Gegen die Häresien.* 1912. Buch 3, Kapitel 23,6. Die Werke von Irenäus werden hier nach der folgenden Quelle zitiert: *Des heiligen Irenäus fünf Bücher gegen die Häresien.* Aus dem Griechischen übersetzt von E. Klebba. München 1912 (*Bibliothek der Kirchenväter,* 1. Reihe, Band 3). URL: http://www.unifr.ch/bkv/buch62.htm (Stand: 31.08.2014, 14:05).

Es ist keineswegs so, dass ein Teil der Menschen in ihrer Natur gut, und ein Teil schlecht erschaffen wurde. Wenn dem so wäre, läge kein Sinn mehr darin, den Guten zu belohnen und den Schlechten zu bestrafen. Die Menschen kommen alle mit den gleichen Eigenschaften und Anlagen zur Welt, es sind die Entscheidungen, die sie treffen, welche sie auf der Seite der Guten oder der Schlechten ihren Platz einnehmen lassen.[138] Gott, Der gerecht und gut ist, verleiht den Menschen wie den Engeln einen freien Willen, das Wissen und den Verstand, diese zu nutzen. Anders als die Engel, vermag der Mensch nicht immer, seinen Verstand und das ihm verliehene Wissen dazu zu nutzen, das Gute zu wählen und zu bewahren.[139]

Irenäus führt die Unvollkommenheit der Menschen auf deren spätere Erschaffenheit zurück. Gott ist nach ihm unveränderlich und unerschaffen und hat alles für Sich selbst geschaffen. Der später erschaffene Mensch hingegen fällt hinter Gott, seinen Schöpfer, zurück, da er als geschaffenes Wesen eines Schöpfers bedarf und dadurch unvollkommen ist. Die Menschen sind im Verhältnis zu Gott in gleicher Weise unvollkommen, wie Kinder im Verhältnis zu ihren Müttern unvollkommen sind. Gott hätte dem Menschen auch von Beginn an Vollkommenheit verleihen können; das Problem geht hierbei nicht von Gott aus, sondern vom Menschen, der nicht über das Potenzial verfügt, diesen Zustand zu meistern.[140] Die Menschen sind noch nicht in der Verfassung, die Vollkommenheit zu ertragen, anzunehmen und zu begreifen. Aus diesem Grund ist der Sohn Gottes, obwohl er selbst dessen nicht bedurfte (denn er selbst ist vollkommen), zu den Menschen mit dem »Wort« gekommen, das sie verstehen und begreifen können, weil sie dessen bedurften und damit sie reifen und vollkommen werden.[141] Irenäus glaubt, dass die Menschen durch die Gebote Gottes reifen werden. Nach ihm muss es das Ziel des Menschen sein, seinem unerschaffenen Gott zu gleichen. Daher:

> Der Mensch aber musste zuerst werden, dann wachsen, dann erstarken, dann sich vervielfältigen, dann genesen, dann verherrlicht werden und schließlich seinen Gott schauen. Die

138. Vgl. Irenäus: *Gegen die Häresien.* 1912. Buch 4, Kapitel 37, 2.
139. Vgl. ebenda, Buch 4, Kapitel 37, 1.
140. Vgl. ebenda, Buch 4, Kapitel 38,1.
141. Vgl. ebenda, Buch 4, Kapitel 38,2.

> Anschauung Gottes nämlich ist unser Ziel und die Ursache der Unvergänglichkeit; die Unvergänglichkeit aber führt uns in die Nähe von Gott.[142]

In unsere heutige Zeit wurde die Irenäische Theodizee von John Hick übertragen. Den Begriff *soul making* übernimmt er vom Dichter John Keats, der ihn das erste Mal in einem Brief an seine Geschwister verwendet.[143] Unter der Überschrift *Soul-Making Theodicy* untersucht er die von der Bibel inspirierten Ansichten Irenäus'. Dieser stützt sich auf das Bibelwort: »Dann sprach Gott: ›Nun wollen Wir Menschen machen, ein Abbild von Uns, das Uns ähnlich ist […]‹«.[144] Nach ihm ist der Mensch als persönliches und moralisches Wesen zwar Abbild Gottes, die Stufe der Ähnlichkeit jedoch hat er noch nicht erreicht.[145] Nach dieser Interpretation, die für die Menschheit einen Prozess in zwei Stufen vorsieht, ist der als persönliches Wesen erschaffene Mensch noch ein Rohmaterial für die noch nicht erreichte letzte Stufe der Schöpfungstätigkeit Gottes, die in der Vervollkommnung des Menschen und in der Verwirklichung des Göttlichen Plans für die Menschheit besteht. Diese nächste Stufe der Schöpfungstätigkeit kommt an verschiedenen Stellen der Bibel vor, wie folgende Beispiele zeigen:

> Weil Gott wollte, dass viele Kinder Gottes in Sein herrliches Reich aufgenommen werden, hat Er den, der sie zur Rettung führen sollte, durch Leiden zur Vollendung gebracht. Das war der angemessene Weg für Gott, den Ursprung und das Ziel von allem.[146]

> Wenn wir aber Kinder sind, dann sind wir auch Erben, und das heißt: Wir bekommen teil am unvergänglichen Leben des Vaters, genauso wie Christus und zusammen mit ihm. Wie

142. Ebenda, Buch 4, Kapitel 38,3.

143. *"Do you not see how necessary a World of Pains and troubles is to school an Intelligence and make it a Soul?"* (KEATS, JOHN: *The Letters of John Keats.* Seite 335). Außerdem ist der Brief auszugsweise auch online zu finden: http://www.mrbauld.com/keatsva.html (Stand: 15.05.2015, 14:16).

144. Mose 1.26.

145. Vgl. HICK, JOHN: *Ruh-Yapma Teodisesi.* 2011. Seite 770.

146. Hebräerbrief 2.10.

wir mit Christus leiden, sollen wir auch Seine Herrlichkeit mit Ihm teilen.[147]

Hick verknüpft diese Gedanken mit den Ergebnissen moderner Anthropologie und kommt zum Schluss, dass der erschaffene Mensch keine vollkommene Spezies ist, sondern als »Homo sapiens« ein Wesen, das sich noch im Evolutionsprozess befindet und noch nicht ausgereift und zur Vollkommenheit gelangt ist. Die zweite Stufe des Schöpfungsprozesses ist eine Stufe, die auch Gott selbst nicht verwirklichen kann. Die Menschen können zu den im Neuen Testament als Gotteskinder beschriebenen tadellosen Wesen reifen, aber sie können nicht in einem ausgereiften Zustand erschaffen werden. Sie können jedoch sich selbst vervollkommnen durch Selbstkontrolle, durch ihre eigenen Handlungen und durch Solidarität untereinander.[148] Das könnten sie nur schaffen, wenn ihnen das Leben in einer Welt geschenkt würde, in der es auch das Übel gibt. Ebenso wie Eltern ihren Kindern auch die bitteren Seiten des Lebens zeigen und sie auf diese Weise reifen lassen und gut zu erziehen versuchen, wäre es auch undenkbar, dass Gott, Der als himmlischer Vater gesehen wird, eine Welt erschaffen würde, in der es nur den Genuss gibt und Leid und Schmerzen nicht erfahren werden. Denn dies wäre ein Hindernis gewesen für die Herausbildung von moralisch reifen und glücklichen Persönlichkeiten. Denn diese Welt ist ein Ort des Seelenschaffens, und damit die Menschen reifen können, was ja ihr Lebenszweck ist, muss es einen Ort geben, an dem sie Schmerzen, Leid und Übel kennenlernen können.[149]

Das Menschenbild der Irenäischen Tradition ist darauf ausgerichtet, dass die Menschen, beginnend mit der Kindheit, lange und beschwerliche Wege passierend, am Ende ihrer Reise an dem Ort angelangen, an dem Gott sie haben wollte. Hick behauptet, dass wenn dieses Ziel in dieser Welt nicht verwirklicht wird, der Prozess im Jenseits weitergehen wird und das erstrebte Ziel in jedem Fall erreicht werden wird. Er betont, dass der Jenseitsglaube nicht illusorisch ist, dass der Vervollkommnungsprozess auch dort weitergehen wird und dass in letzter Instanz jeder zur ewigen Glückselig-

147. Römerbrief 8.17.
148. Vgl. Hick, John: *Ruh-Yapma Teodisesi.* 2011. Seiten 771–772.
149. Vgl. ebenda, Seiten 774–775.

keit gelangen und auf diese Weise das Göttliche Ziel erreichen wird.[150]

II.2.3 Leibniz' metaphysische Theodizee

Eine der unverzichtbaren Figuren bei Forschungsarbeiten zur Theodizee ist Leibniz. Einer der Hauptgründe für seine Bekanntheit auf diesem Feld ist die Tatsache, dass er als Erster den Begriff »Theodizee« verwendete und ihn so der Forschung zugänglich machte. Seine Theodizee selbst jedoch, die in späteren Zeiten oft kritisiert werden sollte, ist nicht neu. Die Ansichten, die er darin verteidigt, ähneln denen des persischen Gelehrten al-Ġazālī, der beinahe fünf Jahrhunderte vor ihm gelebt hatte. Al-Ġazālīs Gedanken werden später separat erläutert.

Leibniz verfügte über eine überragende Intelligenz, die sich schon früh bemerkbar machte.[151] Die Darlegung seiner Philosophie ist nicht einfach, da sie über viele Stellen in seinen Werken und Briefen verteilt ist. Obwohl sie nirgendwo zusammengefasst dargelegt zu finden ist, handelt es sich dabei doch um ein geschlossenes System. Zu Lebzeiten erlangte Leibniz vor allem Bekanntheit für seine vom philosophischen Standpunkt aus recht schwache Theodizee. Die Werke, in denen seine zu beachtenden eigentlichen philosophischen Gedanken niedergeschrieben sind, wurden erst nach seinem Tod herausgegeben, weshalb auch seine gebildeten Zeitgenossen ihn nicht hinreichend würdigen konnten.[152]

Er gilt als einer der Vertreter des religiös-moralischen Optimismus'; der Grund hierfür liegt in seiner Sichtweise der existierenden als der besten aller möglichen Welten. Um zu diesem Urteil zu gelangen, hält er es für notwendig, dass man den Blick von singulären Einzelbeispielen löst und auf das Gesamtbild richtet. Denn wir kennen nur einen Teil des Ganzen, möglicherweise nur dessen schlechtesten.[153] Die Grundzüge seiner Theodizee legte er in sei-

150. Vgl. ebenda, Seiten 778–779. MANAFOV, RAFIZ: *John Hick'in Din Felsefesinde Kötülük Problemi ve Teodise.* 2007. Seiten 161–162, 168–169.

151. So lernte er im frühen Kindesalter lesen, erlangte mit siebzehn Jahren seinen Baccalaureus, mit achtzehn seinen Magister und verfasste mit zwanzig seine Doktorarbeit. Siehe VORLÄNDER, KARL: *Geschichte der Philosophie.* 1911. Band II, Seite 59.

152. Vgl. ebenda, Seite 62.

153. Vgl. ebenda, Seite 82.

ner Arbeit mit dem Titel *Essais de théodicée sur la bonté de dieu, la liberté de l'homme et l'origine du mal* dar, welche er auf Wunsch von Prinzessin Sophie Charlotte, die auch seine Schülerin war, als Antwortschrift auf die Postulate des Skeptikers Pierre Bayle verfasst hatte.[154]

Leibniz unterteilt die Schwierigkeiten einer Theodizee in zwei Gruppen. Die erste ist die Freiheit des Menschen, die mit einem allwissenden, absolut guten und allmächtigen Gottesbild unvereinbar scheint. Aber dies kann man akzeptieren, wenn man einwirft, dass dies gedacht worden war für die Verantwortung des Menschen und für die Konsequenzen dieser Verantwortung. Die zweite Schwierigkeit ist jedoch der Teil, der Gott selbst betrifft, denn dem Anschein nach verstrickt das Übel den Gottesbegriff in Widersprüche:

> Man kann die Schwierigkeiten in zwei Klassen teilen; die einen entspringen aus der Freiheit des Menschen, welche mit der Natur Gottes unverträglich erscheint, während sie doch notwendig ist, damit der Mensch für schuldig und strafbar gehalten werden kann. Die andere Klasse betrifft das Verhalten Gottes, indem Er danach zu sehr an dem Dasein des Übels teilzunehmen scheint; selbst wenn der Mensch frei sein und auch seinen Teil davon auf sich nehmen sollte. Dieses Verhalten scheint mit der Göttlichen Güte, Heiligkeit und Gerechtigkeit nicht verträglich, weil Gott an dem physischen und moralischen Übel mitwirkt, und weil dies bei dem einen wie bei dem andern ebenso physisch wie moralisch geschieht und weil diese Übel sich anscheinend sowohl in dem Reiche der Natur wie in dem der Gnade zeigen und ebenso, ja noch mehr, in dem kommenden und ewigen Leben als in dem kurzen hienieden.[155]

Leibniz betrachtete den Gottesbegriff als das zuvorderst zu Erläuternde. Um seine Ansicht von der Göttlichen Gerechtigkeit verteidigen zu können, bewies Leibniz zunächst mit dem kosmologischen Beweis die Existenz Gottes, Der darin als erste Ursache, als absolut und als notwendig erscheint. Hiervon ausgehend, gelangte er zu Seinen Attributen.[156]

154. Vgl. ebenda.
155. LEIBNIZ, GOTTFRIED WILHELM: *Die Theodicee.* 2013. Seite 78.
156. Vgl. FISCHER, PETER: *Philosophie der Religion.* 2007. Seite 73.

Man kann auch von den drei Prämissen der Leibniz'schen Theodizee sprechen. Die erste ist Gott, die zweite sind Seine Attribute und die dritte sind die Zufälligkeiten alles Weltlichen.[157] »Zufällig« heißt bei ihm: nicht schlechthin notwendig. Da ein Ding, das eine Ursache hat, an diese Ursache gebunden ist, kann es nicht als schlechthin notwendig, sondern nur als zufällig gewertet werden. Gott ist die erste und schlechthin notwendige Ursache. Alles andere sind Dinge, die von Gott bestimmt sind und den Ursachen, an die sie gebunden sind, folgen; sie sind bedingt und zufällig:

> Gott ist der erste Grund der Dinge, denn alle beschränkten Dinge, wie alles, was wir sehen und erfahren, sind zufällig und haben nichts in sich, was ihr Dasein notwendig macht [...] Man muss deshalb den Grund für das Dasein der Welt, welches die volle Ansammlung der zufälligen Dinge ist, aufsuchen und man muss ihn in derjenigen Substanz suchen, welche den Grund ihres Daseins in sich selbst hat und deshalb ewig und notwendig ist.[158]

Da Gott in der Lage ist, verschiedene an Sich gebundene erste Ursachen zu erschaffen, sind auch die an Ihn gebundenen möglichen Welten vielfältig:

> Auch muss diese Substanz eine geistige sein; denn die daseiende Welt ist zufällig; eine Unzahl anderer Welten war ebenso möglich und verlangt sozusagen ebenso nach dem Dasein wie jene, und deshalb muss die Ursache der Welt auf alle diese möglichen Welten eine Rücksicht oder eine Beziehung zu ihnen gehabt haben, um eine davon zum Dasein zu bestimmen.[159]

Innerhalb dieser Vielfalt trifft die Auswahl selbstverständlich Gott selbst, Der absolut gut, allwissend und allmächtig ist:

> Nun hat diese höchste Weisheit, verbunden mit einer gleich unendlichen Güte, nur die beste Welt erwählen können.[160]

157. Vgl. ebenda, Seite 74.
158. Leibniz, Gottfried Wilhelm: *Die Theodicee.* 2013. Seite 82.
159. Ebenda, Seite 82.
160. Ebenda, Seite 83.

Jedoch gibt es auch Zweifler, die infrage stellen, dass diese Welt, auf die die Auswahl fiel, die beste aller möglichen sein soll. Ist diese Welt, in der sich Übel befindet, eine gute?

> [...] denn so wie ein geringes Übel eine Art Gut ist, so ist auch ein geringes Gut eine Art Übel, wenn es ein größeres Gut verhindert, und man könnte an den Handlungen Gottes etwas rügen, wenn Er es besser machen konnte.[161]

Die Wesen beziehen ihre Vollkommenheit von Gott, ihre Unvollkommenheiten hingegen von ihrer eigenen sterblichen Natur, die Grenzenlosigkeit nicht verkraften könnte.[162] Im Augenblick der Erschaffung befinden sich alle Möglichkeiten im Wettlauf darum, Wirklichkeit zu werden. Gott lässt dann als Konsequenz moralischer Notwendigkeit »die beste aller möglichen Welten« ins Dasein treten.[163]

Aus der Perspektive der Göttlichen Attribute betrachtet, dürfte Leibniz' Gedanke von der besten aller möglichen Welten folgenderweise zustande gekommen sein: Die Göttliche Weisheit setzt Gott darüber in Kenntnis, welche der möglichen Welten die beste ist, Seine absolute Güte lässt Seine Auswahl auf diese Welt fallen und Seine Allmacht lässt sie entstehen.[164] Jeder Wille erwählt das nach seinem Kenntnisstand Beste, und der Göttliche Wille hat nach den Vorgaben des absolut Guten genauso gehandelt.

Gott lässt, Seiner Weisheit folgend, bei der Verwirklichung des Besten unter allem Möglichen, das Übel zu. Das Übel, dessen Existenz Leibniz nicht leugnet, ist manchmal da wegen der Unvollkommenheit und Begrenztheit, die allen sterblichen Wesen durch ihre Erschaffenheit anhaftet (*metaphysisches Übel*), manchmal für die höheren Ziele der Vorsehung, beispielsweise das Leid, das dazu dient, dass der Mensch von Gott erzogen wird (*physisches Übel*), und manchmal wegen der Sünde, die Gott zulässt, damit das Gute in Erscheinung treten kann und wir es wahrnehmen können (*moralisches Übel*).[165] Die metaphysische Ursache für die Übel liegt in

161. Ebenda, Seite 83.
162. Vgl. ebenda, Seite 91.
163. Vgl. ÇINAR, ALIYE: *Leibniz'de Kötülük Problemi Ve Teodise.* 2005. Seiten 167, 170.
164. Vgl. LEIBNIZ, GOTTFRIED WILHELM: *Die Theodicee.* 2013. Seiten 82–84.
165. Vgl. ebenda, Seiten 91–92. VORLÄNDER, KARL: *Geschichte der Philosophie.* 1911. Band II, Seite 82.

der Sterblichkeit der Geschöpfe. Das Leid als physisches Übel und die Sünde als moralisches Übel treten zutage als die bedingte Notwendigkeit der nicht absolut notwendigen Unvollkommenheit. Gott ist zwar die Ursache für die Schöpfung, aber nicht der Verantwortliche für die Bedingtheit der Geschöpfe. Er will nicht das Übel und ist auch nicht dessen Ursache, aber wenn Er die von Ihm ausgewählte beste aller möglichen Welten verwirklichen will, muss Er auch das Übel zulassen.[166] Denn die Welt, welche besser ist als alle ihre Alternativen, beinhaltet notwendigerweise auch das Übel.

Gott wusste, dass Adam von dem verbotenen Baum essen würde, und hat ihn trotzdem nicht daran gehindert. Denn für einen Menschen mit freiem Willen und für dessen Möglichkeit moralischer Reife ist eine Welt vorgesehen worden, in der er auch die Möglichkeit hat, eine von mehreren zur Verfügung stehenden Alternativen auszuwählen. Außerdem wäre, wenn Gott nicht die Existenz des verbotenen Baumes toleriert hätte, all das darauf Folgende nicht passiert und Jesus wäre niemals auf die Erde herabgestiegen. So gesehen wurde stets das Übel zugelassen, damit es für umso mehr Gutes ursächlich sein kann.[167]

Einer der auffälligen Schwachpunkte dieser Theodizee ist, dass nur die beste aller möglichen Welten zur Auswahl steht, aber eine vollkommene Welt nicht unter den Auswahlmöglichkeiten vorkommt. Außerdem sieht sie zwei gleichzeitig existierende und gleichwertige Welten nicht ebenfalls für möglich an.[168] Ersteres scheint dem Paradiesverständnis des Theisten zu widersprechen, denn im Paradies des Theisten sind alle Dinge vollkommen und er sieht auf Seiten Gottes keine Schwierigkeit darin, ein solches zu erschaffen.

Dieser Theodizee wurden einige Einwände entgegengebracht. Der erste davon ist ein Einwand technischer Natur: Ein Einwand gegen die Argumentationsweise zum Beweis Gottes und Seiner Attribute ist automatisch auch ein Einwand gegen diese Theodizee selbst. Der zweite Einwand lautet, dass das gezeichnete Bild des Verhältnisses Gottes zur Welt dem Glauben an die offenbarte Eingebung widerspricht. Denn bei diesem Bild wird die Göttliche

166. Vgl. Leibniz, Gottfried Wilhelm: *Die Theodicee.* 2013. Seiten 91–93.

167. Vgl. Çinar, Aliye: *Leibniz'de Kötülük Problemi Ve Teodise.* 2005. S. 172. Leibniz, Gottfried Wilhelm: *Die Theodicee.* Seiten 84, 85.

168. Vgl. Fischer, Peter: *Philosophie der Religion.* 2007. Seite 75.

Macht durch ewige Wahrheiten eingeschränkt. Ein weiterer Kritikpunkt ist, dass in dieser Theodizee der Wert des Lebens und der Tugend des Menschen gemindert wird, während gleichzeitig nicht bewiesen wird, weshalb eine Welt, die kein physisches und moralisches Übel beheimatet, nicht besser sein soll als diese Welt, die das tut.[169]

II.2.4 Verteidigung des freien Willens (*Free Will Defense*) und Prozessphilosophie

II.2.4.1 *Verteidigung des freien Willens* (Free Will Defense)

Es wäre nicht zu erwarten gewesen, dass sowohl Augustinus als auch Irenäus, welche beide Kirchenväter waren, und auch Leibniz in ihrer Herangehensweise an das Problem die Erbsünde und den Abfall des Menschen aus dem Paradies übersehen würden. In dem Zusammenhang ist in diesem kulturellen Umfeld auch das Vorhandensein eines freien Willens beim Menschen allgemein anerkannt. Denn ein Wesen, das keinen freien Willen hat, hat auch nicht die Möglichkeit zu sündigen. Die Begründung für das Vorhandensein des moralischen Übels in der Welt liegt in dem Verhalten, das der Mensch bei der Ausübung seines freien Willens an den Tag legt. Der freie Wille ist ohne das moralische Übel, und das moralische Übel ist ohne den freien Willen sinnlos. Im Grunde genommen steht der freie Wille von Beginn an genau im Mittelpunkt des Problems des Übels, und mehr oder weniger hat sich fast jeder Denker hierzu geäußert. Das Thema erregt auch heute noch Aufmerksamkeit, aber es ist fraglich, ob eine Verteidigung, bei deren Formulierung dieses zugrunde liegt, die Menschen noch zufriedenstellen kann.

In der zeitgenössischen Philosophie beschäftigten sich manche Theisten mehr mit der Verteidigung als mit der Theodizee. Der wichtigste unter diesen ist der amerikanische Philosoph Alvin Plantinga (geb. 1932), der der Verteidigung zur ihrer eigentlichen Bedeutung verholfen hat. Seine »Verteidigung des freien Willens« (*free will defense*) ist eine Verteidigung, die gegen das Problem des

169. Siehe ebenda, Seite 77.

logischen Übels entwickelt wurde. Nach dieser Verteidigung ist eine Welt, in der die Geschöpfe sowohl gute als auch schlechte Handlungen vornehmen können, eine bessere als eine Welt, in der sich Wesen befinden, die gezwungen sind, wie halbe Roboter das Gute zu wählen, da dies ihre einzige Wahlmöglichkeit ist. Gott kann freie Menschen erschaffen, aber Er kann sie nicht als Wesen vorherbestimmen, die nur das Gute tun, oder auf sie dahingehend einwirken, nur das Gute zu tun. Denn in dem Fall könnte man nicht von Freiheit sprechen. Aus diesem Grund verleiht Gott den von Ihm als moralisch gut handelnd erschaffenen Wesen zugleich die Freiheit, schlechte Taten zu begehen, und verhindert es auch nicht, wenn sie diese begehen.[170]

Nach Plantinga ist der Grund für das Übel offensichtlich. Da der Mensch die ihm verliehene Willensfreiheit zum Schlechten gebrauchte, ist das moralische Übel zustande gekommen. Die Tatsache, dass freie Geschöpfe manchmal Fehler begehen, kann in keiner Weise als Gegenargument gegen die Allmacht und die absolute Güte Gottes verwendet werden.[171]

Plantinga ist sich der möglichen Einwände gegen diese Verteidigung bewusst. Er führt drei Arten von möglichen Einsprüchen an, gegen die er seine Verteidigung des freien Willens weiter ausbaut und festigt. Der erste dieser Einwände kommt von Anthony Flew. Flew akzeptiert die in der obigen Formulierung der Verteidigung des freien Willens implizierte Annahme, dass der freie Wille und der kausale Determinismus einander logisch widersprächen, nicht; er behauptet, dass ein allmächtiges Wesen in der Lage wäre, Menschen zu erschaffen, die frei wären und trotzdem aufgrund eines Kausalitätsprinzips nur gute Handlungen vornehmen könnten.[172] Ein weiterer Einwand kommt von John L. Mackie. Nach ihm könnte Gott Menschen erschaffen, die frei und unabhängig von kausalen Determinanten wären, aber nichtsdestotrotz sich selbst aus eigenem freien Willen heraus am Begehen schlechter Handlungen hindern würden.[173] Zwischen beiden Einwänden besteht ein deutlicher Unterschied. Während der erste Einwand den Ge-

170. Vgl. PLANTINGA, ALVIN: *God, Freedom and Evil.* 2002. Seite 30.

171. Vgl. PLANTINGA, ALVIN: *Özgür İrade Savunması.* 2011. Seite 782.

172. Siehe PLANTINGA, ALVIN: *God, Freedom and Evil.* 2002. Seite 31. PLANTINGA, ALVIN: *Özgür İrade Savunması.* 2011. Seiten 782, 785.

173. Siehe PLANTINGA, ALVIN: *God, Freedom and Evil.* 2002. Seiten 32–33; PLANTINGA, ALVIN: *Özgür İrade Savunması.* 2011. Seite 785.

danken von Wesen, die stets das Gute wählen, in einen deterministischen Zusammenhang einbindet, spricht der zweite Einwand von Menschen, die sich entgegen kausaler Determinanten selbst am Begehen schlechter Handlungen hindern. Mit anderen Worten: Gott könnte statt unschuldiger Automaten (erster Einwand) auch Wesen erschaffen, die frei sind und dennoch immer das Gute wählen (zweiter Einwand).

Der dritte Einwand gegen diese Verteidigung lautet, dass er zwar das moralische Übel erfolgreich erklären kann, aber in Bezug auf das physische Übel nichts Neues einbringt. Die Ursachen für einen Großteil der Leiden und Schmerzen, die den Menschen widerfahren, sind nicht Übel, die aufgrund ihrer eigenen freien Entscheidungen oder der freien Entscheidungen der Menschen in ihrem Umfeld zustande kommen, sondern Krankheiten und Naturkatastrophen wie Überschwemmungen und Erdbeben. Plantinga greift in der Begründung der Existenz des physischen Übels auf traditionelle theistische Glaubensinhalte zurück; er hält es für akzeptabel, dass der Theismus als Verursacher dieser Art von Übel den Teufel und dessen Gehilfen ansieht. Mit denselben Prämissen, die diejenigen verwenden, die die Existenz des Teufels als unsinnig betrachten, wäre es auch denkbar, dass man in Bezug auf die Existenz Gottes zu demselben Ergebnis kommen könnte.[174]

II.2.4.2 *Prozessphilosophie*

Der freie Wille ist zwar im Zusammenhang mit dem Problem des Übels ausgiebig erörtert worden, jedoch ist bereits die Annahme eines freien Willens aus Sicht des theistischen Gottesverständnisses nicht unproblematisch. Wenn Gott dem Menschen einen freien Willen gibt, so bedeutet dies auch, dass Er nicht in der Lage sein kann zu verhindern, dass dieser freie Wille optativ auch die Entscheidung zum Übel beinhalten kann. In diesem Falle wäre Gott auch nicht verantwortlich für die Taten und Handlungen des Menschen. Hier stellt sich dann die Frage, ob es nicht Gottes Allmacht widerspricht, dass Er ein Wesen erschafft, das zu kontrollieren Er nicht in der Lage oder willens ist?[175]

174. Vgl. ebenda, Seiten 795–796.

Auch mit dem Gottesattribut der Allwissenheit scheint der Gedanke des freien Willens nicht so leicht in Einklang zu bringen zu sein. Ist das Wissen des theistischen Gottes, Der alle Zukunft kennt, ein Wissen, dass sein inhaltliches Objekt erschafft, oder hängt Sein Wissen von dem Gewussten (dem Objekt) ab? Die Verteidiger des Menschen als Wesen mit freiem Willen werden zweifellos die erste Ansicht nicht akzeptieren können. Die Prozessphilosophen äußern sich wie folgt zu diesem Thema:

> Die Prozessphilosophie sagt aus, dass Gott das »Jetzt« als »Jetzt« und das »Kommende« als »Kommendes« erkennt. Die Zukunft ist nach Ansicht der Anhänger dieser Richtung ein Feld der Potenzialitäten, das noch nicht Wirklichkeit erlangt hat. Gott kennt dieses Feld; Er kennt es aber in genau der Form, in der es aus heutiger Perspektive erscheint, also als Feld verschiedener Möglichkeiten. Wenn wir sagen würden, dass Er es so kennt, als wäre es bereits wirklich geschehen, wäre dies ein Determinismus, der nicht nur den Menschen und den anderen Geschöpfen, sondern auch Gott selbst die Handlungsfreiheit nimmt und sie und Ihn ankettet.[176]

In ähnlicher Weise denkt auch der pakistanische Philosoph Muḥammad Iqbāl (1877–1938). Er befindet die Annahme, dass das Göttliche Allwissen die historischen Ereignisse, die im Laufe der Zeit geschehen, außerhalb der Zeit in einem »permanenten Jetzt« unvermittelt wahrnehmen kann, als fehlerhaft.[177] Eine solche Idee wäre gleichbedeutend mit einer determinierten und festgefrorenen Zukunft der Ereignisse. Die würde zugleich auch bedeuten, dass die Art und Ausrichtung der Schöpfungstätigkeit Gottes unabänderlich und unverrückbar festgelegt und festgestellt wären, und Er wäre in diesem Fall auch nicht in der Lage, etwas anderes zu erschaffen als das bereits vorher Festgelegte. Auf diese Weise ist es zwar möglich, den Glauben daran, dass Er »alles bereits vorher weiß«, zu bewahren, jedoch geschieht dies dann »um den Preis Seiner Freiheit«.[178]

175. Vgl. Aydin, Mehmet S.: *Din Felsefesi.* 2002. Seiten 160–161.
176. Ebenda, Seite 172.
177. Siehe İkbal, Muhammed: *İslam'da Dini Tefekkürün Yeniden Teşekkülü.* 1999. Seite 95.
178. Vgl. ebenda, Seite 95.

Iqbāl lehnt diese Ansicht der Göttlichen Weisheit als einer Art »passiver Allwissenheit« ab. Nach ihm ist es undenkbar, dass die Geschichte, gleich einem fertigt gedrehten und nun abgespielt werdenden Film, bei dem Gott nur im Zuschauerraum sitzt, die Abfolge von vorher festgelegten Ereignissen sein soll, bei der das Vorherige das Darauffolgende bestimmt. Denn in diesem Falle kann weder von »Erschaffen« noch von »Erneuern« die Rede sein. Nach ihm ist bei Gott die Zukunft nicht als ein Feld voller Wirklichkeiten, sondern als ein Feld voller Möglichkeiten vorhanden. Die Zukunft ist immer erst dabei, zu entstehen.[179] Jedes »Ich«, das in die Welt kommt, ist frei und mit Kräften ausgestattet, deren Wirken und Taten nicht im Voraus berechnet werden können. Diese »Ichs« vermögen in diesem Zustand auch, Gott zu begrenzen, was uns jedoch nicht abschrecken darf, da es Gott selbst ist, Der sie an Seiner absoluten Freiheit teilhaben lässt und Sich dadurch selbst begrenzt.[180] In diesem Fall ist es auch möglich, bei der Ausgestaltung der Zukunft neben Gottes Wissen, Weisheit und Macht ebenso vom Beitrag des Menschen hierzu zu sprechen.

Nach Ansicht der Prozessphilosophen verfügen die freien Wesen auf der Erde über eine Macht, die es ihnen ermöglicht zu wählen, was gut und was schlecht ist für ihr Leben. Für sie ist Gott nicht jemand, Der zwingt, sondern überzeugt; Er kann versuchen, Seine Geschöpfe zu überzeugen, das Gute zu erwählen und das Übel zu unterlassen, jedoch wird Er sie nicht dazu zwingen. In diesem Prozess können die freien Geschöpfe auch dabei scheitern, dem Göttlichen Schöpfungszweck gemäß zu handeln. Das Übel entspringt dann aus genau diesem Fehlen der Zweckmäßigkeit. Demnach ist Gott dazu verpflichtet, die Geschöpfe zur Eintracht aufzurufen, jedoch ist Er nicht verantwortlich für das Zustandekommen von Zwietracht. Denn es sind Geschöpfe mit freiem Willen, die die Zwietracht wählen, und das Übel ist damit deren Werk.[181]

179. Vgl. ebenda, Seiten 95–96.
180. Vgl. ebenda, Seiten 96–97.
181. Vgl. Yazoğlu, Ruhattin: *Süreç Teolojisinde Kötülük Sorunu.* 2011. S. 818.

II.2.4.3 *Geht Gott Risiken ein?*

Es ist oft diskutiert worden, ob Gott mit der Erschaffung von Menschen mit freiem Willen ein Risiko eingegangen ist oder nicht.[182] Handelt Gott bei der Leitung der Welt in einer Art und Weise, die auch die Möglichkeit der Enttäuschung und des Misserfolgs zulässt? William Hasker (geb. 1938) erläutert den Satz »Gott geht Risiken ein« folgendermaßen: »Gott geht Risiken ein, wenn Er Entscheidungen trifft in Bezug auf die Entscheidungen der freien Geschöpfe, welche ihrerseits über die Auswirkungen ihrer Entscheidungen keine Kenntnis haben.« Denn die Entscheidungen der Geschöpfe können das Gegenteil des Göttlichen Willens sein und somit die Absichten, die Gott beim Treffen dieser Entscheidungen hegte, konterkarieren.[183]

Es gibt zwei mögliche Näherungsweisen an diesen Sachverhalt. Die erste, deterministische, geht davon aus, dass Gott entsprechend der kausalen Vorherbestimmung ohnehin bereits dank Seinem Wissen um das Kommende wusste, wie und wohin sich die Geschöpfe wenden würden. In diesem Fall ist Er keine Risiken eingegangen, selbst wenn die Ergebnisse nicht die von Ihm erwünschten sind. Diese negativen Ergebnisse kann man auch als Teil der ›Betriebskosten‹ Gottes betrachten, die Ihm entstehen durch die Begehung dieser Taten. Die zweite Näherungsweise hängt zusammen mit der Art der Freiheit, welche den Geschöpfen verliehen wurde. Wenn diese ihnen verliehene Freiheit eine libertäre Freiheit ist, dann ist Gott in der Tat ein Risiko eingegangen. Denn laut dieser Definition von Freiheit muss der Handelnde die Freiheit haben, unter gleichen Bedingungen eine andere Wahl zu treffen als die, die er tatsächlich getroffen hat. Außerdem dürfen seine Handlungen auch nicht kausal vorherbestimmt sein. Dies bedeutet, dass der Handelnde im Handlungsprozess von der Entscheidungsfindung bis zur Ausführung keinerlei Vorbedingung, die seine Entscheidungen beeinflussen könnte, unterworfen ist.[184] Diese letztere Sicht, die bestätigt, dass Gott Risiken eingeht, kann man als »Theismus des freien Willens« (*free will theism*) bezeich-

182. Siehe Hasker, R. William: *Tanrı Risk Alır.* 2011. Seiten 830–842.
183. Vgl. ebenda, Seite 831.
184. Vgl. ebenda, Seite 831.

nen, und die erstere als »theologischen Determinismus« (*theological determinism*).[185]

Wenn eine Welt angenommen wird, in der im libertären Sinn freie Menschen leben, akzeptiert man auch, dass Gott keine allumfassende Kenntnis über die Zukunft haben kann.[186] In einer solchen Welt ist es nicht schwer festzulegen, wer für das Übel in ihr verantwortlich ist. Anders verhält es sich mit den theologischen Deterministen, da sie an einen Gott glauben, Der auch die ursächlichen Voraussetzungen für alle begangenen Taten schafft, also auch für die schlechten darunter. Hinzu kommt, dass derselbe Gott, Den sie als hinreichende Ursache für alle Ereignisse betrachten, nichtsdestotrotz denjenigen, die schlechte Taten begehen, diese als Sünden anrechnet. Die Frage, wie ein Gott, Der hinreichende Ursache aller Ereignisse ist, dessen ungeachtet Sich der Verantwortung für moralische Übel entziehen kann, indem Er die Rechenschaft über die Sünden den Menschen aufbürdet, ist eine wichtige, deren Beantwortung nicht einfach ist. Denn die schlechten Taten sind die zwangsläufigen Ergebnisse von Ursachen, die von einem Gott bewusst erschaffen wurden, Der genau wusste, was die Konsequenzen dieser schlechten Taten sein würden.[187]

II.2.5 Theodizee in der islamischen Geistes- und Ideengeschichte

In der islamischen Geistesgeschichte gab es vor allem in der frühen Phase der Philosophie- und Kalām-Richtungen wichtige und nennenswerte Anstrengungen, eine Erklärung für das Übel zu finden. Im zeitgenössischen islamischen Denken ist dieser Bereich bedauerlicherweise vernachlässigt worden, entweder weil die Frage als bereits beantwortet gilt oder weil sie als ein nicht vorrangig wichtiges Thema angesehen wird.[188] Ein weiterer bedeutender Grund dafür, dass dieses Thema nicht so umfangreich und ausführlich behandelt wird wie im Westen, dürfte sein, dass der Atheismus und damit das Problem des Übels als ein bedeutendes Argument dessen nicht weiter beachtet werden.

185. Vgl. ebenda, Seite 832.
186. Vgl. ebenda, Seite 834.
187. Vgl. ebenda, Seiten 836–837.
188. Vgl. Manafov, Rafiz: *John Hick'in Din Felsefesinde Kötülük Problemi ve Teodise.* 2007. Seite 14.

Für die islamische Geistesgeschichte der Zeit nach dem Propheten sieht die Lage anders aus. Die muslimischen Intellektuellen waren vor neue Herausforderungen gestellt, die nach Lösungen verlangten, sei es dadurch, dass die in dieser Zeit den Islam neu annehmenden Menschen weiterhin Elemente ihres alten Glaubens in sich trugen, sei es, vor allem in späteren Jahrhunderten, durch die zahlreichen Übersetzungen insbesondere der griechischen Philosophen. Eine dieser Herausforderungen war das Problem des Übels. Die Beschäftigung mit diesem Problem wurde erforderlich, als die als *aṯ-ṯanawiyya*[189] und *ad-dahriyya*[190] bekannt gewordenen und gemeinhin als apostatisch geltenden Lehren begannen, dieses als sie bestätigend in ihre eigene Argumentation einzubringen.

Die Diskussionen um die Existenz, die Gründe und die Definition des Übels wurden zumeist im Bedeutungsfeld der Wortpaare *al-Ḥusn – al-Qubḥ* (القبح – الحسن: das Schöne – das Hässliche) und *al-Ḫair – aš-Šarr* (الشرّ – الخير: das Gute – das Schlechte) geführt. Daneben wurde das Problem auch im Rahmen der Definition der »Göttlichen Gerechtigkeit« behandelt.

Viele stellten einen Zusammenhang her zwischen dem freien Willen des Menschen und der Gerechtigkeit Gottes. Demnach wäre die Bestrafung oder Belohnung des Menschen als Gegenleistung für seine Taten seitens eines gerechten Gottes nur dann sinnvoll, wenn der Mensch über die Fähigkeit des Wollens und des Wählens verfügte. Denn andernfalls kann nicht die Rede sein von der Gerechtigkeit eines Gottes, Der den Menschen, dem keine Wahlfreiheit gegeben wurde, für seine Taten, die zu begehen er ge-

189. »*Aṯ-ṯanawiyya* (الثنوية): [...] In den islamischen Quellenwerken wurden Religionen oder Sekten, die glaubten, dass die beiden ewigen Urkräfte Licht und Dunkelheit die Welt erschufen und sie lenken, als *aṯ-ṯanawiyya* bezeichnet. Diese beiden Urkräfte gelten als Prinzipien, die gegensätzlich zueinander und unabhängig voneinander stehen und die auf keiner Basis zusammengefügt und vereint werden können. In westlichen Sprachen wird dieses Verständnis mit ›Dualismus‹ (franz. *dualisme*) wiedergegeben. Für die Anhänger dieser Lehren führen die Quellen die Komposita *aṣḥāb al-iṯnain, ahl al-iṯnain* und *ahl at-taṯniya* als Bezeichnungen an« (SINANOĞLU, MUSTAFA: *Seneviyye.* 2009. Seiten 521–522).

190. »Die *Dahriyya* (الدهرية), die ihren Namen vom Wort *dahr* hat, welches ›Ewigkeit‹ bedeutet, steht in der islamischen Welt für atheistische und materialistische Weltanschauungen. Es kann sowohl die Bezeichnung einer bestimmten philosophischen Richtung sein, deren Gründungspersönlichkeiten bekannt sind, als auch der Sammelbegriff für alle Gottesleugnerischen Konzepte verschiedener Philosophien« (ALTINTAŞ, HAYRANI: *Dehriyye.* 1994. Seite 107).

zwungen war, zur Rechenschaft zieht und ihn für sie belohnt oder bestraft.[191]

In der Frühzeit des Islams war die Vorstellung von der Unbegrenztheit der Göttlichen Macht, welche auf dem Koran fußt, dominant. Die Schriften zur Theodizee, die in dieser Zeit verfasst wurden, standen entsprechend unter dem Einfluss dieser die Allmacht Gottes betonenden Ansicht.[192] Diese verknöcherte Ansicht versuchte zwar die *Mu'tazila,* welche annahm, dass die Schönheit oder Hässlichkeit einer Handlung aus ihr selbst entspringt und dies auch mit der Vernunft begründbar sei, aufzuweichen, jedoch verwarfen nach ihr die *Aš'ariten* diese Ansicht wieder und kehrten zu der davor vorherrschenden Ansicht, die die Allmacht Gottes betonte, zurück, wenn sie auch einige Modifikationen vornahmen.[193]

Wie weiter unten noch zu sehen sein wird, war das Problem des Übels Ausgangspunkt für jahrhundertelange Auseinandersetzungen, wobei sich insbesondere die Kalām-Gelehrten intensiv mit ihm befassten. Man darf hierbei nicht vergessen, dass in der islamischen Geschichte nicht nur die Kalām-Gelehrten, sondern auch die Philosophen in ihren Ausführungen einen besonderen Stellenwert auf den Koran als Referenz legten. Dementsprechend finden sich auch in den Ansichten der Philosophen zum Übel oder zur Hässlichkeit koranische Anleihen. Aus diesem Grund werden an dieser Stelle einige Verse des Korans unkommentiert zitiert werden, die einen Bezug zum Thema haben; anschließend werden die Ansichten der Philosophen wiedergegeben, danach abschließend diejenigen der Kalām-Schulen. Al-Ġazālī wird ebenfalls bei den Philosophen aufgeführt, obwohl es sich bei ihm um einen aš'aritischen Gelehrten handelt; der Grund hierfür wird an entsprechender Stelle erläutert.

191. Vgl. Mutahhari, Murtaza: *Adl-i İlâhi.* 2005. Seite 19.

192. Vgl. Ormsby, Eric Lee: *İslam Düşüncesinde 'İlahi Adalet' Sorunu (Teodise).* 2001. Seite 28.

193. Vgl. Mutahhari, Murtaza: *Adl-i İlâhi.* 2005. Seiten 21–23; Ormsby, Eric Lee: *İslam Düşüncesinde 'İlahi Adalet' Sorunu (Teodise).* 2001. Seiten 28–29.

II.2.5.1 *Koranverse und die Theodizee-Frage*

Da eine Untersuchung der Verse nach den gemeinhin angewandten Kriterien der Offenbarungsanlässe (*asbāb an-nuzūl*) oder der Reihenfolge der Offenbarung (*siyāq wa-sibāq*) den Rahmen dieser Arbeit sprengen würde, sind an dieser Stelle die Koranverse ohne weitere Kommentierung aufgeführt. Es handelt sich hierbei nicht um alle, sondern um eine Auswahl der wichtigsten der themenrelevanten Verse, auf die die behandelten Denker und Schulen sowie Ibn ʿArabī immer wieder in ihren Arbeiten Bezug nehmen.

Der Koran betont an mehreren Stellen die Vollkommenheit der Göttlichen Ordnung:

> Segensreich ist Der, in Dessen Hand die Herrschaft ist und Der Macht hat über alle Dinge; Der Tod und Leben schuf, um zu prüfen, wer von euch am besten handelt. Und Er ist der Erhabene, der Verzeihende, Der sieben Himmel erschaffen hat, einen über dem anderen. Du erblickst in der Schöpfung des Erbarmers kein Missverhältnis. So schau dich von neuem um, ob du Mängel siehst! Dann lass den Blick ein weiteres Mal schweifen – jedes Mal wird dein Blick stumpf und matt zu dir zurückkehren.[194]

> Der, Der alle Dinge aufs Beste erschaffen hat.[195]

> Und die Berge, die du für so fest hältst, wirst du wie Wolken vorbeiziehen sehen: Gottes Werk ist dies, Der alles wohlgeordnet hat. Er weiß wohl, was ihr tut.[196]

Die vollkommene Göttliche Ordnung des Universums wurde nicht ohne Zweck erschaffen:

> Wir erschufen die Himmel und die Erde und was zwischen beiden ist nicht zum spielerischen Zeitvertreib. Wir erschufen alles in Übereinstimmung mit der Wahrheit, jedoch wissen es die meisten von ihnen nicht.[197]

194. Koran 67:1–4.
195. Koran 32:7.
196. Koran 27:88.
197. Koran 44:38–39.

> Wir erschufen den Himmel und die Erde und was zwischen ihnen ist nicht ohne Sinn und Zweck, wie die Ungläubigen meinen. Darum, wehe den Ungläubigen vor dem Feuer![198]

Die Sorgen und Heimsuchungen auf der Welt sind nicht ohne Sinn, sie dienen der Prüfung des Menschen:

> Und wahrlich, Wir werden euch mit Furcht prüfen sowie mit Hunger und Verlust an Besitz und Menschenleben und Erträgen; doch verkünde den Standhaften Heil.[199]

> Ein jeder wird den Tod erleiden. Und Wir stellen euch auf die Probe mit Bösem und mit Gutem. Und zu Uns kehrt ihr zurück.[200]

> Der Tod und Leben schuf, um zu prüfen, wer von euch am besten handelt. Und Er ist der Erhabene, der Verzeihende.[201]

Wir können nur einen Teil der Weisheiten und Zwecke der Schöpfung, die auch Schmerzen, Leid und Übel in sich birgt, begreifen:

> Doch sie begreifen nichts von Seinem Wissen, außer was Er will.[202]

> Aber ihr habt nur wenig Wissen darüber.[203]

Oftmals kann etwas, was uns als unangenehm erscheint, etwas sein, das uns zum Vorteil gereicht:

> Vorgeschrieben ist euch der Kampf, doch er ist euch ein Greuel. Aber vielleicht verabscheut ihr etwas, das gut für euch ist. Und vielleicht liebt ihr etwas, das schlecht für euch ist. Allah weiß, ihr aber wisst [es] nicht.[204]

> Und wenn sie euch zuwider sind, ist euch vielleicht etwas zuwider, in das Allah Reichtum gelegt hat.[205]

198. Koran 38:27.
199. Koran 2:155.
200. Koran 21:35.
201. Koran 67:2; s.a. 11:7, 18:7, 47:31.
202. Koran 2:255.
203. Koran 17:85.
204. Koran 2:216.
205. Koran 4:19.

II.2.5.2 *Islamische Philosophiegeschichte*

II.2.5.2.1 Al-Fārābī

Al-Fārābī, über dessen Leben nicht allzu viel bekannt ist, lebte etwa zwischen 870 und 950.[206] Seinen Namen erhielt er von seinem Geburtsort Fārāb, welcher im heutigen Kasachstan liegt.[207] Im Westen ist er als Alpharabius bekannt. In der islamischen Philosophie, die von al-Kindī ins Leben gerufen wurde, gelang es ihm, ein eklektisches System aufzubauen, in das er auch einige Elemente der Lehren Platons und des Neuplatonismus aufnahm. Dadurch erlangte er einen hohen Bekanntheitsgrad und wurde dafür mit dem Titel »Zweiter Lehrer« (*al-Mu'allim aṯ-Ṯānī,* Magister secundus)[208] nach Aristoteles geehrt. Um al-Fārābīs Ansichten zum Übel zu erfahren, muss man sein Seinssystem gut kennen, das er mit Hilfe seiner Emanationstheorie zu erläutern versucht.

Bei Aristoteles, dem Lehrmeister al-Fārābīs, steht Gott nicht im direkten Verhältnis zum Universum und zum Menschen. Nach dieser Ansicht, die als eine Art Deismus anzusehen ist, ist Gott weniger der Schöpfer als das erste Glied in der Kette der Bewegungen in diesem System, also »der erste Beweger«.[209] Al-Fārābī sieht sich zwar selbst als Aristoteliker, bei der Erklärung des Verhältnisses von Gott zum Universum aber zieht er es vor, statt dem bei Aristoteles maßgeblichen Dualismus von Stoff und Form, welcher für ihn als Muslim nicht unproblematisch ist, die Emanationstheorie in sein System zu integrieren, welches er aus dem Neuplatonismus übernommen hat und das für den Eingottglauben des Islams weniger problembehaftet ist.[210] Laut dieser Theorie ist alles Seiende aus einem »Überfließen« Gottes entstanden. Dieser Überfluss, der aus der vollkommenen Existenz Gottes ausfließt, ist zwangsläufig und ewig. Zwischen beiden gibt es keine Trennlinie; zwischen der Existenz Gottes und dem Kosmos, Seinem Werk, gibt es keinen zeitlichen Vorzug, sondern nur einen existenziellen. Demnach ist ein Zustand, in dem Gott existiert und das Universum nicht existiert,

206. Siehe Aydinli, Yaşar: *Fârâbî.* 2008. Seiten 23–24.
207. Vgl. Kaya, Mahmut: *Fârâbî.* 1995. Seite 142.
208. Vgl. ebenda, Seite 147.
209. Vgl. Aydinli, Yaşar: *Fârâbî.* 2008). Seiten 78–79.
210. Vgl. ebenda, Seite 80.

undenkbar. Gott ist die erste Ursache ohne Ursache und daher als Wesen notwendig, das Universum hingegen ist in seinem Kern möglich und bedarf einer Ursache. Daher trägt es auch als mögliches Wesen die Veranlagung zur Unvollständigkeit in sich.[211] Da Gott die Erstursache alles Seienden ist, ist Er sowohl hinsichtlich Seines Wissens und Seiner Macht perfekt, als auch in allen Seinen Handlungen. Daher können sich auch in dem Universum, das das Werk Seiner Taten ist, kein Ungleichgewicht und keine Sinnlosigkeit befinden. So wie Gott absolut gut ist, ist auch das Universum gut und in ihm ist Übles nicht auffindbar. Die Übel, die sich in der Natur befinden, kommen durch einen inneren Sinn zustande und hängen meist zusammen mit der Unzulänglichkeit des Stoffes, der das System des Guten vollständig zu absorbieren nicht in der Lage ist.[212]

Wie in diesen Erläuterungen ersichtlich, ist hier das Bild einer Welt gezeichnet worden, die zunächst aus dem Ausfließen Gottes entsteht, sich dann von oben nach unten kontinuierlich immer mehr verstofflicht und sich daher auch immer weiter von der Vollkommenheit entfernt. In diesem System gewinnen geistige und immaterielle Wesen, die zunächst aus dem Überfließen aus einander entstehen, mit der Zeit immer mehr an Stofflichkeit und Form und stellen auf diese Weise die unteren Klassen der Schöpfung. In diesem Fall ist das vollkommenste Wesen Gott und das von der Vollkommenheit am weitesten entfernte unsere Welt, die sich unterhalb des Mondes befindet.[213]

Was in Hinsicht auf das Problem des Übels bei diesen Ausführungen besonders auffällt, ist, dass es zwischen dem Übel, das sich in der Welt unterhalb des Mondes befindet und dessen Schuldiger der Stoff ist, und Gott keine direkte Verbindung gibt. Denn in dieser Vorstellung ist Gott nicht ein Schöpfer, Der die Verantwortung für das Übel übernehmen kann, sondern eine erste Ursache, aus Der alles überfließt. Das Übel entspringt aus der mangelnden Kraft des Stoffes, das Göttliche System vollständig zu absorbieren und zu reflektieren. Laut al-Fārābī sind das Gute und die Ordnung ausschlaggebend; das Übel, das Eingang in Dinge findet, ist nur von relativer Beschaffenheit.[214]

211. Vgl. ebenda, Seite 81.
212. Vgl. ebenda, Seite 86.
213. Vgl. ebenda.
214. Vgl. Aydin, Mehmet S.: *Din Felsefesi.* 2002. Seiten 154–155.

Diese Ausführungen al-Fārābīs beziehen sich in erster Linie auf die natürlichen Übel. Er hat zwar nicht allzu viel zum vom Menschen ausgehenden moralischen Übel geschrieben, jedoch kann sich nach der hier beschriebenen Ansicht auch das moralische Übel darauf zurückführen lassen, dass der Mensch als ein stoffliches, körperliches Wesen in letzter Instanz die Göttliche Ordnung nicht zur Gänze anzunehmen in der Lage ist.[215] Laut al-Fārābī ist im Universum eine Ordnung beabsichtigt worden und vorgesehen. Als Konsequenz dieser Ordnung ist es manchmal unumgänglich, dass eine geringe Menge Übel existiert, damit gute Dinge, die bereits veranlagt sind, in Erscheinung treten können. In diesem Fall ist auch das Übel ein beabsichtigtes, in dessen Existenz Nutzen liegt. Denn wenn man vor der geringen Menge Übel flieht und dadurch verhindert, dass viel Gutes in Erscheinung tritt, führt das zum genauen Gegenteil, nämlich zur Zunahme des Übels.[216]

II.2.5.2.2 Ibn Sīnā

Ibn Sīnā, im Westen als Avicenna bekannt, gehört zu den größten Systemphilosophen der islamischen Peripatetiker (*Maššā'iyya*) und ist einer der bedeutendsten Mediziner des Mittelalters.[217] Er kam circa 980 zur Welt und verstarb 1037 in Hamadān im Iran.[218] Nach Ibn Sīnā kann man die Übel in drei Arten unterteilen:[219]

1. Der Mangel an der Vollkommenheit eines Dinges oder das Fehlen eines Dinges an der Stelle, an der es da sein müsste: *metaphysische Übel.*

2. Leiden und Sorgen, die aus dem Fehlen und dem Mangel entstehen: *natürliche Übel.*

215. Vgl. ebenda, Seite 154.

216. Vgl. Manafov, Rafiz: *John Hick'in Din Felsefesinde Kötülük Problemi ve Teodise.* 2007. Seite 185. Manafov, Rafiz: *Meşşâî Felsefe Ve Kelâm Düşüncesinde 'Adl-i İlâhî' (Teodise) Meselesi.* 2009. Seite 108.

217. Vgl. Alper, Ömer Mahir: *İbn Sînâ.* 1999. Seite 319. Nasr, Seyyid Hüseyin: *Üç Müslüman Bilge.* 2009. Seite 35.

218. Vgl. Alper, Ömer Mahir: *İbn Sînâ.* 2010. Seiten 13, 21.

219. Siehe İbn Sînâ: *Kitâbu'ş-Şifâ.* 2005. § 854, Seite 161.

3. Taten, die von Seiten der Religion oder der Moral tadelnswert sind und die zum Verlust der Vollkommenheit der Seele führen: *moralische Übel.*

Die Ansichten von Ibn Sīnā zum Übel unterscheiden sich nicht von denen al-Fārābīs, der wie er auch Peripatetiker war. Das Sein erklärt er auch wie jener mit der Emanationstheorie, und auch er ist einer, der in allem vorrangig das Gute sieht und der das Übel in einer Welt, in der das Gute vorherrschend ist, mit den Dornen am Stiel einer Rose vergleicht. Das Übel ist ein Mangel an Vollkommenheit, es verfügt über keine eigene Existenz aus sich selbst heraus. Denn auch der Stoff, an den das Übel unmittelbar gebunden ist, verfügt über keine eigene Existenz.[220]

Nach Ibn Sīnā ist das Übel nur in sehr geringer Menge vorhanden, seine Existenz ist jedoch unumgänglich. Denn alle Wesen außer Gott, Der ein notwendiges Wesen ist, sind mögliche Wesen, und ihre Eigenschaft als mögliche Wesen ist zugleich der Grund für ihre Unvollkommenheit. Da auch Mangel (an Vollkommenheit) eine Form des Übels ist, ist eine Welt, die kein Übel beinhaltet, nicht vorstellbar.[221] Als Ergebnis der Allwissenheit und Gunst Gottes, Dessen Existenz vollkommen und notwendig ist, ist das Universum in der vollkommensten Form, die Ihm möglich war, zustande gekommen. Eine vollkommenere Welt als diese ist nicht denkbar.[222]

Auf den Einwand, dass Gott eine Welt erschaffen haben könnte, in der es kein Übel und nur Gutes gibt, hat Ibn Sīnā folgende Antwort parat: Er hält dies durchaus für möglich in der Welt über dem Mond, welche von himmlischen, vergeistigten Vernunftwesen bevölkert wird, jedoch sieht er diese Möglichkeit nicht für die Welt unter dem Mond. Wie schon angedeutet, besteht nach der Ansicht der Emanationstheoretiker das Universum aus einer Welt über dem Mond, in der sich keinerlei Übel befindet, und aus einer materiellen Welt unter dem Mond, die aufgrund ihrer stofflichen Natur auch Übel auf sich beheimatet. Demnach wäre die Nichterschaffung dieser zweiten Welt, in der sich das Übel be-

220. Vgl. IBN SÎNÂ: *Kitâbu'ş-Şifâ.* 2005. § 857, Seite 162. AYDIN, MEHMET S.: *Din Felsefesi.* 2002. Seite 155.

221. Vgl. DURUSOY, ALI: *İbn Sînâ.* 1999. Seite 328.

222. Vgl. IBN SÎNÂ: *Kitâbu'ş-Şifâ.* 2005. § 853, Seite 160. DURUSOY, ALI: *İbn Sînâ.* 1999. Seite 327.

merkbar macht, ein größeres Übel als deren Erschaffung. Ihre Existenz ist das geringere von zwei Übeln.[223] Darüber hinaus ist die Existenz des Übels in den Dingen manchmal notwendig, um den Bedarf, den man nach dem Guten verspürt, erklären zu können. Zum Beispiel wäre es unsinnig zu wünschen, dass das Feuer, welches unsere Kleidung in Brand steckt, nicht existieren würde, da ein Leben ohne das Feuer praktisch unmöglich wäre.[224]

Andererseits wurde das Vergehen und Verderben von Existierendem, da sein Sinn nicht sinnloses Aufgebrauchtwerden und Verschwinden sein kann, als sinnvoll für die Wegbereitung der Entstehung neuerer Dinge gedeutet. Der Prozess des Vergehens dient dazu, dass weniger Vollkommenes den Platz für Vollkommeneres räumt. In diesem Fall ist das Gute ein Ziel, das alle Dinge im Rahmen ihrer eigenen ontologischen Grenzen zu erreichen anstreben, um damit ihre eigene Vollkommenheit voranzutreiben.[225]

II.2.5.2.3 Al-Ġazālī

Al-Ġazālī war ein islamischer Intellektueller, der 1055/58 bis 1111 gelebt hat. Er war ein aš'aritischer Kalām-Gelehrter, ein schāfi'itischer Rechtsgelehrter und ein Sufi und ist bekannt geworden durch seine harsche Kritik an den Philosophen.[226] Al-Ġazālī, dessen Vater gleichfalls ein Rechtsgelehrter war, hatte am Ende seiner traditionellen Ausbildung und ganz zu Beginn seiner Lehr- und Schriftstellertätigkeit eine schwere innere Krise und durchlebte als Konsequenz dessen anschließend eine ausgedehnte Phase des Zweifels. In dieser Phase, in der er eine Lehre suchte, die ihm Gewissheit verschaffen konnte, beschäftigte er sich der Reihe nach mit dem Kalām, der ismailitischen Lehre, der Philosophie und der Mystik. Zu jedem dieser von ihm untersuchten Felder verfasste er eigene nennenswerte Werke, in denen er diese vorstellte und gegebenenfalls kritisierte.[227] Dieser seiner Schreibwut ist es zu verdan-

223. Vgl. İBN SÎNÂ: *Kitâbu'ş-Şifâ.* 2005. § 862–863, Seite 164.

224. Vgl. ebenda, § 862, Seite 164.

225. Vgl. MANAFOV, RAFIZ: *John Hick'in Din Felsefesinde Kötülük Problemi ve Teodise.* 2007. Seite 187.

226. Vgl. ÇAĞRICI, MUSTAFA: *Gazzâlî.* 1996. Seite 489.

227. Vgl. ORMSBY, ERIC LEE: *İslam Düşüncesinde 'İlahi Adalet' Sorunu (Teodise).* 2001. Seiten 38–39.

ken, dass er einen gewaltigen Nachlass an Literatur hinterließ, der von der Theologie bis zur Logik und von der Mystik bis zur Philosophie ein breites Spektrum an Themen umspannte und die nachfolgenden Generationen nachhaltig beeinflussen sollte.

Auch wenn er in erster Linie für seine Beiträge zum aš'aritischen Kalām bekannt geworden und als Kalām-Gelehrter angesehen worden ist, sind seine Person und seine gedanklichen Ansätze zum Thema dieser Arbeit Grund genug für einen eigenen Abschnitt über ihn. Für Werke zur Theodizee-Problematik ist al-Ġazālī insbesondere wichtig aufgrund seiner auch heute noch kontrovers diskutierten Formulierung von der »besten aller möglichen Welten«[228] . Es ist auffällig, dass Ibn 'Arabī[229] als Erster diesen Satz bedingungslos annimmt und von ihm in seinen eigenen Werken reichlich Gebrauch macht. Die detaillierten Gedankengänge Ibn 'Arabīs zu diesem Satz werden in einem späteren Teil der Arbeit noch einmal separat aufgeführt und bleiben daher an dieser Stelle unbeachtet.

Es wird oft übersehen, dass al-Ġazālī diese Aussage in einem völlig anderen Kontext gemacht hat: Sie erscheint in seinem Werk *Iḥyā' 'ulūm ad-dīn* unter der Überschrift »Gottvertrauen« und soll darin dazu ermuntern, dass der Gläubige nicht sein Zutrauen in Gott verliert und dass er sich Seinem Urteilsspruch fügt. Die gleiche Aussage trifft er mit leicht abweichendem Wortlaut auch in drei weiteren seiner Werke.[230] Zunächst sei hier die entsprechende Passage aus dem genannten Buch zitiert:

> Wenn sie den Blick wenden auf alles, was Gott im Himmel und auf Erden erschaffen hat und lang und intensiv darüber nachdenken, werden sie sehen, dass darin weder Ungleichheit noch Disharmonie zu finden ist. Sie werden sehen, dass in allem, was Gott an Unterhalt, Lebenszeit, Liebe, Trauer, Schwäche, Stärke, Glauben, Unglauben, Ergebenheit und

228. Eine der besten der auf diesem Gebiete in letzter Zeit veröffentlichten Werke ist Eric Lee Ormsbys Doktorarbeit mit dem Titel: *Theodicy in Islamic Thought. The Dispute Over al-Ghazālī's "Best of All Possible Worlds"*. Der Abschnitt über al-Ġazālī in dieser Arbeit wurde maßgeblich unter Zuhilfenahme dieses Werkes verfasst.

229. Vgl. Ormsby, Eric Lee: *İslam Düşüncesinde 'İlahi Adalet' Sorunu (Teodise)*. 2001. Seite 110.

230. Vgl. ebenda, Seiten 46–47.

> Rebellion unter seinen Dienern verteilt hat, eine einwandfreie Gerechtigkeit liegt, dass keinerlei Willkür und Unrecht darin ist, dass alles in einem richtigen, notwendigen und sinngemäßen Gleichgewicht geordnet ist. Alles ist in der Weise und in dem Maße, in dem es sein soll. *Unter allem Möglichen gibt es keinesfalls etwas Schöneres, Vollständigeres und Vollkommeneres als das, was existiert.* Denn wenn es dies gäbe, und Er, obwohl es Ihm möglich ist, dies mit Seinen Taten Seinen Geschöpfen nicht offerieren würde, wäre dies ein Geiz, der der Freigiebigkeit, eine Willkür, die der Gerechtigkeit widerspräche! Wäre es Ihm nicht möglich, wäre dies eine Schwäche, die Seiner Göttlichkeit widerspräche.[231]

Diese Aussagen al-Ġazālīs führten in den Jahrhunderten nach ihm zu bedeutenden Auseinandersetzungen, welche sich schwerpunktmäßig auf drei Einwände gegen sie konzentrierten.[232] Diese sind:

1. Nach sunnitischer Glaubenslehre ist Gottes Macht grenzenlos; das bedeutet, dass, auch wenn der Gestaltung dieser Welt eine vollkommene Weisheit und Ordnung zu Grunde liegt, Gott dennoch in der Lage ist, eine noch vollkommenere zu erschaffen. Al-Ġazālīs Ausführungen hingegen führen zu der Schlussfolgerung, dass die Erschaffung einer vollkommeneren Welt als der gegenwärtigen außerhalb des Bereichs des Möglichen liegt. In dem Falle würde man der Göttlichen Macht eine Grenze gezogen haben.

2. Diese offene Begrenzung der Göttlichen Macht scheint mit der Emanationstheorie übereinzustimmen, mit der die Philosophen, den Göttlichen Willen außen vor lassend, die Erschaffung des Universums aus einem nicht verhinderbaren Überfließen der Wesenheit Gottes heraus erklären.

3. Diese Interpretation weist in Form und Inhalt eine gefährliche Nähe zur *Aṣlaḥ*-Doktrin der *Muʿtaziliten* auf. Laut dieser Doktrin, die im entsprechenden Abschnitt näher erläutert werden

231. Al-Ġazālī: *Iḥyāʾʿulūm ad-dīn.* Band IV, Seite 2509. Hervorhebung von Selahattin Akti.

232. Siehe Ormsby, Eric Lee: *İslam Düşüncesinde 'İlahi Adalet' Sorunu (Teodise).* 2001. Seiten 44–45.

wird, ist Gott dazu gezwungen, für Seine Geschöpfe in der besten und nützlichsten Weise zu handeln. Dieser Gedanke wurde von den Sunniten, die es für hässlich befanden, Gott eine Verpflichtung aufzuerlegen, abgelehnt.

Da eine Bearbeitung jedes dieser Punkte den Rahmen dieser Arbeit sprengen würde, soll an dieser Stelle mit dem Hinweis auf ein Dilemma in der Passage, um die es hier geht, abgeschlossen werden. Die entsprechende Textstelle noch einmal:

> Unter allem Möglichen gibt es keinesfalls etwas Schöneres, Vollständigeres und Vollkommeneres als das, was existiert. Denn wenn es dies gäbe, und Er, obwohl es Ihm möglich ist, dies mit Seinen Taten Seinen Geschöpfen nicht offerieren würde, wär dies ein Geiz, der der Freigiebigkeit, eine Willkür, die der Gerechtigkeit widerspräche! Wäre es Ihm nicht möglich, wäre dies eine Schwäche, die Seiner Göttlichkeit widerspräche.[233]

Laut dem ersten Satz dieser Aussage ist Gott geizig, wenn Er Seinen Geschöpfen eine bessere Welt vorenthält, obwohl Er sie erschaffen könnte. Dies wiederum wird als widersprüchlich zur Göttlichen Freigiebigkeit und Gerechtigkeit gesehen. Im zweiten Abschnitt hingegen wird mit dem Satz »Wäre es Ihm nicht möglich, wäre dies [in dem Fall] eine Schwäche, die Seiner Göttlichkeit widerspräche« ein deutliches Dilemma offenbar. Man kann hier zu folgenden Schlüssen gelangen:

1. Ein nicht allmächtiger Gott kann nicht sein (letzter Satz).

2. Gott wäre, wenn Er etwas Vollkommeneres nicht erschafft, ungerecht, geizig und tyrannisch (zweiter Satz).

3. Es gibt nichts Vollkommeneres als das, was existiert, (erster Satz).

Diese Formulierung al-Ġazālīs zeigt zwar eine Ähnlichkeit mit den in den vorherigen Kapiteln erläuterten Formulierungen der klassischen Theodizee-Ansätze, jedoch gibt es nach Ormsby einen be-

233. Al-Ġazālī: *Iḥyā'ʿulūm ad-dīn.* Band IV, Seite 2509.

deutenden Unterschied. Während nach ihm die klassischen Ansätze aufgrund des Übels Zweifel an Gottes Freigiebigkeit, Macht und Güte erwecken und sie infrage stellen, betont al-Ġazālī mit seiner Wortwahl die Unmöglichkeit, Gott Geiz, Unrecht und Machtverlust zuschreiben zu können.[234] Demnach ist der Gedanke, es könnte eine vollkommenere Welt geben, eine Anschuldigung gegenüber diesen Göttlichen Attributen. Aus dem Grund gibt es nichts Vollkommeneres als das tatsächlich Existierende.

Viele Leute lehnten diese Ansicht ab, da sie die Vollkommenheit der Attribute Gottes mit der Vollkommenheit auf der erschaffenen Welt in einen Zusammenhang setzt. Denn während die Menschen an die erstere Vollkommenheit glaubten, hegten viele von ihnen Zweifel an der letzteren Vollkommenheit.[235]

II.2.5.3 *Rezeptionsgeschichte in den Theologieschulen*

Zur Entstehung und Entwicklung der Kalām-Literatur gibt es unterschiedliche Erklärungsansätze. Im Allgemeinen werden zwei Arten von Gründen übereinstimmend als hauptursächlich betrachtet: zum einen die internen Ursachen, religiöse, politische und gesellschaftliche Probleme innerhalb der Muslime, zum anderen die äußeren Faktoren, die Probleme, die aus der Begegnung mit fremden, nicht-islamischen Religionen, Philosophien und Kulturen entsprangen.[236] Da die Behandlung aller im Laufe der Geschichte entstandenen Kalām-Schulen den Rahmen der Arbeit sprengen würde, sollen hier nur drei behandelt werden, welche von besonderer Bedeutung sind bzw. waren. Dies sind die *Mu'tazila* und die beiden sunnitischen Kalām-Lehren der *Aš'ariyya* und der *Māturīdiyya.*

II.2.5.3.1 *Mu'tazila*

Die *Mu'tazila* ist eine Kalām-Schule, die bei der Bewertung von Glaubensfragen dem Verstand und dem Willen den Vorrang gibt. Es gab Diskussionen darüber, wer als *Mu'tazilit* bezeichnet werden kann. Die allgemeine Ansicht lautet jedoch, dass die Bezeichnung

234. Vgl. Ormsby, Eric Lee: *İslam Düşüncesinde 'İlahi Adalet' Sorunu (Teodise).* 2001. Seiten 71–72.

235. Vgl. ebenda, Seite 72.

236. Vgl. Yavuz, Yusuf Şevki: *Kelam.* 2002. Seite 198.

zustande kam, als Wāṣil Ibn ʿAṭāʾ (gest. 748) sich mit seinem Lehrmeister Ḥasan al-Baṣrī (642–728) in Bezug auf die großen Sünder überwarf und den Lehrkreis verließ, worauf jener sagte: »Wāṣil hat sich von uns getrennt« (die Wurzel *ʿayn-zāy-lām* bedeutet »trennen«, »sich entfernen«).[237]

Um das Theodizee-Verständnis der *Muʿtaziliten* zu begreifen, ist es vonnöten, ihre Ansichten zum *Aṣlaḥ*-Prinzip, zu den Fragen, wer der Schöpfer der Taten der Menschen und was die Quelle des Wissens ist, und ihre Betonung der Göttlichen Gerechtigkeit gut zu kennen. Laut allgemeiner Ansicht der *Muʿtazila* kann man Wissen auf drei Wegen erlangen, nämlich über den Verstand, über die Sinne und über die richtige Nachricht.[238] Es ist bekannt, dass die *Muʿtazila* bei ihrer Erklärung der islamischen Überlieferungen dem Verstand einen zentralen Stellenwert gaben. Demnach bedarf die Offenbarung als eine Quelle des Wissens des Verstandes als erläuternder Kraft.[239] In gleicher Weise können auch die ethischen Inhalte der Begriffe von Gut und Übel mit dem Verstand erfasst werden. Entsprechend ist etwas, was in seinem Kern gut ist, geboten, und was in seinem Kern übel ist, verboten worden. Der Verstand kann aus sich selbst heraus die Unterscheidung zwischen gut und schlecht treffen und bedarf hierfür keiner Offenbarung.[240] Die Religion hat den Zweck, diese vom Verstand begriffenen Wahrheiten weiter zu erläutern und zu bestätigen. Demnach muss selbst ein Mensch, der die Lehren irgendeines Propheten nicht vernommen hat, mit Hilfe seines Verstandes feststellen, was gut und was übel ist und sein Handeln danach ausrichten.[241]

Das zweite der fünf Prinzipien der *Muʿtazila,* die sich selbst den Namen *aṣḥāb al-ʿadl* oder *ahl al-ʿadl*[242] gaben, ist das Prinzip der Göttlichen Gerechtigkeit.[243] Dass ein Zusammenhang zwischen

237. Vgl. Çelebi, İlyas: *Muʾtezile.* 2006. Seite 391.

238. Vgl. ebenda, Seite 394.

239. Vgl. Bulaç, Ali: *İslam Düşüncesinde Din-Felsefe / Vahiy-Akıl ilişkisi.* 1994. Seite 92.

240. Vgl. ebenda, Seite 92. Mutahhari, Murtaza: *Adl-i İlâhi.* 2005. S. 22.

241. Vgl. Adam, Hüdaverdi: *Kaza ve Kader.* Seite 266.

242. Vgl. Çelebi, İlyas: *Muʾtezile.* 2006. Seite 391.

243. Die als *al-uṣūl al-ḫamsa* bekannten fünf Prinzipien lauten: (1) Gotteseinheit, (2) Gerechtigkeit, (3) Versprechen und Drohung in Bezug auf das Jenseits, (4) Zwischenstufe zwischen Gläubigen und Ungläubigen sowie (5) das Gebieten des Guten und Verbieten des Verwerflichen (Çelebi, İlyas: *Usûl-i Hamse.* 2012. Seite 211).

Göttlicher Gerechtigkeit und dem freien Willen des Menschen besteht, wurde bereits weiter oben erläutert. Demnach muss der Mensch über einen freien Willen bei der Ausübung seiner Taten verfügen, damit das dritte Prinzip der *Muʿtazila* namens *waʿd* und *waʿīd* zum Tragen kommt, welches besagt, dass die Menschen im Jenseits entsprechend ihrer Taten im Diesseits entlohnt oder bestraft werden. Anderenfalls kann nicht die Rede sein von Göttlicher Gerechtigkeit bei einem Gott, Welcher einen Menschen ohne Wahlfreiheit für seine Taten bestraft.

So wie Gott, da Er die Gerechtigkeit erschaffen hat, als »gerecht« bezeichnet wird, müsste Er nicht auch wegen der Ungerechtigkeit, die auf der Welt herrscht, als »ungerecht« tituliert werden? Die *Muʿtazila* hat darauf eine einfache Antwort: Die bösen Handlungen der Menschen können nicht Gott zum Vorwurf gemacht werden; der Mensch, der über einen freien Willen verfügt, ist selbst der Schöpfer seiner Taten und ihm wird deshalb im Jenseits Lohn oder Strafe zuteil.[244] Zweifelsohne ist hier mit »Übel« moralisches Übel gemeint.

Die *Aṣlaḥ*-Hypothese (*aṣlaḥ* = »besser«, von *ṣād-lām-ḥāʾ* = »gut sein«) der *Muʿtazila* entstand als logische Folge ihrer besonderen Betonung der absoluten Gerechtigkeit und der Allweisheit als Attribute Gottes. Diese Gerechtigkeit Gottes macht es erforderlich, dass Er in Seinem Handeln die Begünstigung Seiner Geschöpfe stets im Auge behält und dass Er nur absolut gut sein kann. Seine Allweisheit wiederum bedeutet, dass Er nicht irgendeine Tat begehen kann, sondern dass notwendigerweise Seine Handlungen absolut frei von Fehlern und darüber hinaus auf ein Ziel gerichtet sein müssen. Gott, Der allgütig ist, kann sich zu nichts anderem hinwenden als nur zum Guten und kann nur das Beste (*aṣlaḥ*) für Seine Geschöpfe wollen.[245] Die *Muʿtazila* machte auch hier nicht halt und führte an, dass als Konsequenz der Göttlichen Gerechtigkeit es für Gott zwingend erforderlich ist, dass Er für Seine Geschöpfe nur das Beste tut.[246] Es wird auch angenommen, dass der Grundgedanke, der sie zu dieser Ansicht gelangen ließ, in der Befürchtung liegt, dass wenn Gott, obwohl es in Seiner

244. Vgl. Manafov, Rafiz: *John Hick'in Din Felsefesinde Kötülük Problemi ve Teodise.* 2007. Seite 193.

245. Vgl. Özdemir, Metin: *Kötülük Problemi.* 2001. Seite 55.

246. Vgl. Ormsby, Eric Lee: *İslam Düşüncesinde 'İlahi Adalet' Sorunu (Teodise).* 2001. Seite 33.

Macht liegt, für die Menschen besser zu handeln, dies ihnen vorenthält, dies gleichbedeutend wäre damit, dass Er Sich ihnen gegenüber ungerecht und geizig verhält.[247] Ein ähnlicher Gedanke al-Ġazālīs wurde bereits weiter oben angesprochen.

Während die *Muʿtazila* als Verantwortlichen für moralische Übel auf den Menschen deutet, sind ihre Gedanken zu metaphysischen und natürlichen Übeln, obschon sie gleichfalls mit ihrer *Aṣlaḥ*-Lehre in Einklang stehen, nicht neu. Laut ihnen sind von Gott kommende Naturkatastrophen wie Dürren, Missernten oder Überschwemmungen im Augenschein Übel, in Wirklichkeit aber gute (*ṣalāḥ*) und positive Dinge. Gott tut dies, da Er Mitleid für Seine Geschöpfe empfindet; denn indem sie sich gegenüber diesen Katastrophen, denen sie anheimfallen, duldsam zeigen, erlangen sie das Recht, ins Paradies zu gelangen. Darüber hinaus werden sie durch diese gewaltigen Katastrophen an die gewaltigen Ereignisse im Zuge der Wiederauferstehung erinnert und ziehen ihre Lehren daraus; auf diese Weise werden sie nicht aufständisch und begehen keine Sünden. Wenn man die Katastrophen aus dieser Perspektive betrachtet, entpuppen sie sich als keineswegs üble, sondern vielmehr als gute und nützliche Dinge.[248]

Diese optimistische Betrachtungsweise scheint jedoch manche nicht befriedigt zu haben. Einer von diesen war der *Muʿtazila*-Anhänger Abū l-Ḥasan al-Ašʿarī.

II.2.5.3.2 *Ašʿariyya*

Man nimmt an, dass der Gründer der *Ašʿariyya*-Theologieschule, Abū l-Ḥasan al-Ašʿarī, etwa in den Jahren 873 bis 936 gelebt hat und in Bagdad verstorben ist.[249] Nach dem Tod seines Vaters heiratete seine Mutter einen muʿtazilitischen Gelehrten, der ihn unterrichtete. Von diesem wurde er zunächst maßgeblich beeinflusst und verfasste sogar selbst muʿtazilitische Werke, bevor er sich von ihnen distanzierte, nachdem er zu der Überzeugung gelangt war, dass die *Aṣlaḥ*-Theorie, die Gott unter Zugzwang stellt, falsch sein müsse. Ein zusätzlicher Anlass, der ihn noch weiter von ihnen ent-

247. Vgl. Özdemir, Metin: *Kötülük Problemi.* 2001. Seite 56.

248. Vgl. Özdemir, Metin: *Kötülük Problemine Eleştirel Bir Yaklaşım.* 2000. Seite 238.

249. Vgl. Abdülhamit, İrfan: *Eş'arî.* 1995. Seiten 444–445.

fernte, war ein Streitgespräch, das er mit seinem Lehrmeister al-Ǧubbā'ī über das Gleichnis der »drei Brüder« geführt hatte.[250]

Die Fragen, die er bei diesem Gespräch stellte, sind hinsichtlich des in dieser Arbeit behandelten Themas von hoher Bedeutung. Mit seinen Fragen versetzt er dem optimistischen Weltbild, das die *Mu'tazila* mit ihrer *Aṣlaḥ*-Theorie zu kreieren versucht hatte, einen schweren Schlag. Die *Mu'tazila* suchte hinter jedem Übel das Gute und behauptete, dass jedes Übel in letzter Instanz einem guten Zweck diene, selbst wenn es sich um im frühen Kindesalter schwer erkrankte und verstorbene Personen handele. Al-Aš'arī stellte al-Ǧubbā'ī die Frage, ob Gott bei folgenden drei Personen dem *Aṣlaḥ*-Prinzip Folge leisten würde: Die erste ist ein Gläubiger, die zweite ein Ungläubiger und die dritte ein Kind. Als diese starben, wurde die erste belohnt, die zweite bestraft und die dritte erhielt weder Lohn noch Strafe. Al-Aš'arī fragte: »Was wäre, wenn nun das früh verstorbene Kind sagte: ›Oh Herr, hättest Du mich doch am Leben gelassen, so wäre ich gewiss auch ins Paradies gelangt‹?« Al-Ǧubbā'ī entgegnete ihm: »Gott würde zum Kind sagen: ›Ich wusste, wenn du erwachsen geworden wärst, wärst du zum Sünder geworden und dein Platz wäre die Hölle‹.« Al-Aš'arīs Antwort hierzu ließ al-Ǧubbā'ī verstummen und den Ort der Konversation verlassen: »[In diesem Fall] wird der Ungläubige aus der Hölle heraus schreien: ›Oh Herr! Wieso hast Du mich nicht als Kind sterben lassen, dann wäre ich kein Sünder geworden und wäre jetzt nicht in der Hölle‹.«[251]

Im Gegensatz zu den *Mu'taziliten,* die sagten, dass Schönheit oder Hässlichkeit in den Dingen selbst immanent sei und dass dies mit dem Verstand erkennbar sei, glaubten die *Aš'ariten,* dass dem Verstand solches nicht zustehe und dass Schlechtes keine immanente Eigenschaft der Dinge sein könne. Vielmehr sei es die Religion, die Schönheit oder Hässlichkeit festlege; etwas, was eine Religion als schön festgelegt habe, könne eine andere, spätere Religion als hässlich definieren und das Urteil der ersteren darüber annullieren. Darüber hinaus könne selbst eine Tätigkeit sowohl gut als auch übel sein; beispielsweise sei die Tötung eines Menschen gut, wenn sie aus Talionsrecht vorgenommen werde, aber

250. Vgl. ebenda, Seite 444.

251. Vgl. ORMSBY, ERIC LEE: *İslam Düşüncesinde 'İlahi Adalet' Sorunu (Teodise).* 2001. Seiten 36–37. Für ein ähnliches Streitgespräch siehe ÖZDEMIR, METIN: *Kötülük Problemi.* 2001. Seiten 94–95.

übel, wenn sie aus Feindschaft und unrechtmäßig geschehe.[252] Während das Übel für die *Muʿtaziliten* eine übertragene Bedeutung hat, ist es für die *Ašʿariten* ein variabler Zustand. Das heißt, seine Definition ändert sich je nach Situation und Urteil der Religion. Da nach den *Ašʿariten* Gott allmächtig ist, kann Er für Seine Taten auch nicht zur Rechenschaft gezogen werden, und ebenso wenig können, da es über Ihm keine Ihm gebietende Macht gibt, Seine Taten als hässlich definiert werden. Denn hässlich ist nur eine Tat, die begangen wird, obwohl sie verboten ist.[253]

Wie aus diesen Erläuterungen ersichtlich, leugnen die *Ašʿariten* nicht die Existenz des Übels, vielmehr nähern sie sich wieder rückwärtig den ursprünglichen Tendenzen des Islams, die besagen, dass das Gute wie das Übel gleichermaßen von Gott erschaffen worden sei. Da sie annehmen, dass die Taten von Gott erschaffen wurden, sind ihre Ansichten zum freien Willen nicht frei von Widersprüchen. Ihre Ansicht, die besagt, dass Gott die Taten lediglich erschaffen hat, die Menschen sich diese jedoch »angeeignet« (*kasb*) haben und daher für diese aus religiöser Sicht verantwortlich sind, liegt zwischen dem extremen Fatalismus der *Ǧabriyya*[254] und der Ansicht der *Muʿtaziliten.*[255]

Zusammengefasst: Die Anhänger der *Muʿtazila,* die den Dingen eine immanente Schönheit (*ḥusn*) und Hässlichkeit (*qubḥ*) zuordnen, messen dem Verstand nicht nur eine tragende Rolle in der Erkenntnis und der Unterscheidung dieser immanenten Eigenschaften bei, sondern erachten es auch für notwendig, sich an die Entscheidungen, die der Verstand bei diesen Definitionen trifft, zu halten. Die *Ašʿariyya* wiederum, die als Reaktion auf die Ansichten der *Muʿtazila* entstanden ist, sieht bei denjenigen, die die Botschaft der Propheten nicht erreicht hat, keinerlei Verpflichtung, irgend-

252. Vgl. Adam, Hüdaverdi: *Kaza ve Kader.* Seiten 267–268. Bardakoğlu, Ali: *Hüsn Ve Kubh Konusunda Aklın Rolü Ve İmam Maturidî.* 1987. Seite 67.

253. Vgl. Özdemir, Metin: *Kötülük Problemine Eleştirel Bir Yaklaşım.* 2000. Seite 244.

254. »Auch wenn es keine von allen Theologen akzeptierte Definition gibt, so gelten sie im Allgemeinen als diejenigen, die behaupten, dass ›die Menschen über keinen spezifischen eigenen Willen verfügen, dass alle geistigen und tätlichen Handlungen durch Einwirken des Zwanges der Göttlichen Kraft zustande kommen‹.« (Abdülhamit, İrfan: *Cebriyye.* 1993. Seite 205).

255. Vgl. Mutahhari, Murtaza: *Adl-i İlâhi.* 2005. Seite 22. Ormsby, Eric Lee: *İslam Düşüncesinde 'İlahi Adalet' Sorunu (Teodise).* 2001. Seite 35. Yavuz, Yusuf Şevki: *Eş'arîyye.* 1995. Seite 451.

eine Tat zu begehen oder zu unterlassen; sie bewertet den Verstand nicht als hinreichend, um eine solche Verantwortung zu übernehmen. Indem sie auf diese Weise diejenigen, die keine Prophetenbotschaft zu hören bekamen, von der Verantwortung und von den Konsequenzen der Entscheidungen entband, die ihr Verstand traf, dessen Rolle sie bei der Erkenntnis von Schönem und Hässlichen darüber hinaus auf ein Minimum reduzierten, nahmen sie alles in allem eine weitere extreme Position ein. An dieser Stelle tritt als eine ausgewogene und den Mittelweg suchende dritte Lehre die *Māturīdiyya* in Erscheinung.[256]

II.2.5.3.3 *Māturīdiyya*

Der Gründer der *Māturīdiyya*-Richtung ist der Korankommentator und Rechtsgelehrte Abū Manṣūr Muḥammad al-Māturīdī (853–944), einer der beiden wichtigsten Begründer des sunnitischen Kalāms.[257]

Al-Māturīdī räumte, im Gegensatz zu al-Aš'arī, dem Verstand einen eigenen, von der Religion unabhängigen Stellenwert ein und beschrieb ihn als einen Wertmesser, der das Schöne und das Hässliche an den Dingen zu verspüren und zu scheiden vermag. Nach ihm werden Schönheit und Hässlichkeit vom Verstand bestimmt. Die Dinge und die Taten haben selbst Schönheit oder Hässlichkeit als immanente Eigenschaft inne. Der Verstand kann diese Besonderheiten der Tätigkeiten unabhängig erkennen, indem er den Nutzen und den Schaden, welche diese bewirken, betrachtet. Ohnehin wird Gott das in sich Schöne nicht verbieten und das in sich Hässliche nicht gebieten.[258] Bis zu diesem Punkt stimmt die *Māturīdiyya* auch mit der *Mu'tazila* überein, die Meinungsverschiedenheiten folgen danach.

Nach der *Māturīdiyya* ist Gott weder dazu verpflichtet, das zu gebieten, was der Verstand als schön wahrnimmt, noch dazu, das zu verbieten, was dem Verstand hässlich erscheint, aus dem einfachen Grund, dass Göttlichkeit keine Verpflichtung auferlegt wer-

256. Siehe BARDAKOĞLU, ALI: *Hüsn Ve Kubh Konusunda Aklın Rolü Ve İmam Maturidî.* 1987. Seite 69. ADAM, HÜDAVERDI: *Kaza ve Kader.* Seite 271.

257. Vgl. TOPALOĞLU, BEKIR: *Mâtürîdî.* 2003. Seite 157.

258. Vgl. BARDAKOĞLU, ALI: *Hüsn Ve Kubh Konusunda Aklın Rolü Ve İmam Maturidî.* 1987. Seiten 71–72. ADAM, HÜDAVERDI: *Kaza ve Kader.* Seite 269.

den kann.[259] Dementsprechend kann allein aus dem heraus, was der Verstand als schön oder hässlich beurteilt, niemandem Gotteslohn oder Sünde zugeschrieben werden; dies kann erst geschehen, nachdem den zu Verpflichtenden die entsprechenden Direktiven von Gott herabgesandt und über den Propheten verlautbart worden sind.[260]

Nach den *Māturīditen* hat Gott sowohl das Gute als auch das Böse erschaffen und dem Menschen die Freiheit, die Verantwortung und die Fähigkeit dazu gegeben, sich für eines von beiden zu entscheiden.[261] Hierbei ist wichtig, dass nach al-Māturīdī der eigentliche Schöpfer der Taten Gott selbst ist. Das heißt, die Taten der Menschen werden gemäß deren Wünschen und Entscheidungen von Gott erschaffen. Daher sagt man bei den Taten, deren scheinbarer Urheber das Geschöpf ist, auch nicht, es habe sie erschaffen (*ḫalq*), sondern man sagt, diese Taten wurden von ihm »erlangt« (*kasb*).[262] An dieser Stelle kann die Frage aufkommen, ob nicht ein Widerspruch vorliegt zwischen der Aussage al-Māturīdīs, dass das Übel relativ und mit dem Verstand zu ermitteln sei, und seiner Ansicht, dass Gott die Taten und somit auch das Übel erschafft. Laut den *Māturīditen* ist dem jedoch nicht so, da Gott nicht die Eigenschaften erschafft, die eine Tätigkeit bei bestimmten Voraussetzungen und Situationen annimmt, sondern lediglich diese Tätigkeit selbst; sprich: Er bringt nur diese zur Existenz. Die konkreten Eigenschaften, die die Tätigkeit annimmt, nachdem sie einmal auf der Welt ist, liegen im Willen und der Wahl des Geschöpfes.[263] Dementsprechend kann man etwas nicht aus sich selbst heraus, sondern nur hinsichtlich der Konsequenzen, die es bedingt, als »übel« bezeichnen.

259. Vgl. Es-Sâbûnî, Nûreddin: *Matürîdiyye Akaidi.* 1991. Seite 149.

260. Vgl. Bardakoğlu, Ali: *Hüsn Ve Kubh Konusunda Aklın Rolü Ve İmam Maturidî.* 1987. Seite 72. Adam, Hüdaverdi: *Kaza ve Kader* Seite 270.

261. Vgl. Mâturîdî, Ebu Mansur: *Risâlet'ul-Akâid.* 1998. Seite 99. Nesefi, Ömer ibni Muhammed: *Metn-i Akâid.* 1998. Seite 135.

262. Vgl. Es-Sâbûnî, Nûreddin: *Matürîdiyye Akaidi.* 1991. Seiten 134–136. Nesefi, Ömer ibni Muhammed: *Metn-i Akâid.* 1998. Seite 135. Mâturîdî, Ebu Mansur: *Risâlet'ul-Akâid.* 1998. Seite 99.

263. Vgl. Özdemir, Metin: *Kötülük Problemi.* 2001. Seiten 127, 130.

II.3 Zwischenergebnis und weitere Fragestellungen

BEVOR EIN ALLGEMEINER UND ZUSAMMENFASSENDER ÜBERblick erfolgt über die Ansichten der Philosophen und Theologen, welche sich zum Übel in der Welt geäußert haben, richten wir unser Augenmerk auf Lois Lowrys Science-Fiction-Roman *The Giver*[264] (Deutsch: *Hüter der Erinnerung*) und dessen gleichnamige Verfilmung.

In dieser Geschichte wird eine Welt erschaffen, in der sowohl dem Menschen schädliche Naturkatastrophen, wie Überschwemmungen, Tsunamis und Erdbeben, als auch alle anderen Naturereignisse, von denen man annimmt, dass sie Einfluss auf den Charakter des Menschen haben und daher zum Entstehen moralischer Übel beisteuern können, gebändigt und gesteuert werden. In dieser Welt unterstehen Fauna und Flora menschlicher Kontrolle, und alles, was das Menschenleben potenziell gefährden kann, wurde eliminiert. Durch Veränderungen an den Genen des Menschen wird gewährleistet, dass alle bei der Geburt in ihrem Äußeren von ähnlicher Attraktivität und in ihren Eigenschaften ähnlich begabt auf die Welt kommen. Diese Maßnahme soll verhindern, dass die Menschen bestimmte Charaktereigenschaften entwickeln: Die, die unter normalen Umständen attraktiv und begabt wären, würden selbstgefällig werden und auf die anderen hinabschauen, und die, die hässlich und unbegabt wären, würden neidisch und eifersüchtig werden. Jedem Kind wird beigebracht, dass alle Betätigungen in gleichem Maße zur Gesellschaft beitragen, und wenn seine Zeit gekommen ist, tritt jedes Individuum die Arbeitsstelle an, die planmäßig für es vorgesehen ist. Auf diese Weise wird eine Generation erzogen, in der niemand auf den Gedanken kommt, an eine bessere Arbeit, einen besseren Partner oder mehr Eigentum zu gelangen, und in der folglich Ehrgeiz und Neid nicht vorkommen. Somit wird eine ideale Gesellschaft und ein idealer Naturzustand

264. *The Giver*. 2014. Regie: Phillip Noyce. URL: http://www.hueterdererinnerung.de (Stand: 27.01.2015, 17:21).

geschaffen. Dennoch gibt es ein Problem. Als eine zwingende Folge der Eliminierung des Übels stehen am Ende dieses Szenarios Menschen, die keine Farben und keine Musik, keine Klassen, keine Unterschiede und keine Emotionen kennen und die nicht frei sind. Denn in einer Welt, in der Literatur und Kunst verschwinden, in der Farben und Emotionen absterben und in der es, wichtiger als alles andere, keine Alternativen gibt, welche Entscheidungen erfordern würden, verschwindet der freie Wille von selbst. Denn auch wenn der Mensch hier noch über einen freien Willen verfügte, so verfügte er doch nicht über die Möglichkeiten, diesen auszuüben.

Aber was ist dann das Sinnvolle für den Menschen? Welches soll er anstreben: eine farbige Welt, in der es auch das Übel gibt, oder eine farblose Welt, die aber von allem Übel bereinigt ist? Denn dass Literatur und Kunst, die das Leben für den Menschen erst sinnvoll machen, sich unmittelbar vom Dualismus von Gut und Übel nähren, wird schwer zu bestreiten sein. Genau an dieser Stelle kommen die im Einführungsabschnitt dargelegten Gedanken Batailles zum Tragen.

Debatten über die Existenz des Übels, das uns, im Gegensatz zu derartigen Utopien, im wahren Leben auf Schritt und Tritt begegnet, dürften so alt sein wie die Menschheitsgeschichte, wenn man bedenkt, was in der Heiligen Schrift in Bezug auf die Erbsünde geschrieben steht. Das Postulat, dass die unleugbare wirkliche Existenz des Übels im realen Leben dem Gottesbild der monistischen Religionen widerspricht, ist heute zu einer Diskussion zwischen Theisten und Atheisten geworden. Manche nehmen hierbei an, dass angesichts der epistemologischen Grenzen des Menschen dieses Problem niemals vollends gelöst werden kann. Die Mehrheit jedoch ist der Ansicht, dass dieses Problem das theistische Gottesbild angreifbar macht und dass man genau deswegen sich mit ihm beschäftigen muss. Die Bedeutung dieses Problems zeigt sich klar anhand der Erzählungen von der Erbsünde und von Hiob, die in den heiligen Schriften vorkommen, und anhand der Diskussionen, die seit den frühesten Anfängen der Philosophie geführt werden.

Diejenigen, die sich mit dem Problem des Übels beschäftigt haben, wandten verschiedene Näherungsweisen zu dessen Lösung an. Zum einen gab es die Atheisten, die das Übel und die Unordnung zum Ausgangspunkt für ihre Behauptung der Nichtexistenz Gottes nahmen, zum anderen gab es auch Deisten, die behaupteten, dass ein vollkommener Gott mit der Unvollkommenheit in der Welt unmöglich in Einklang gebracht werden könne. Manche Theisten wiederum leugneten die Existenz des Übels als ontologische Realität, um zu einer Lösung im Einklang mit der Vollkommenheit Gottes zu gelangen, während andere Theisten vom Blickwinkel der Freiheit und Vervollkommnung des Menschen aus die Existenz des Übels im ontologischen Sinne für wahr hielten. Und schließlich sieht man, dass manche versuchen, zu einer Lösung zu kommen, indem sie an ihrem Gottesbild Änderungen vornehmen und so zum Verständnis eines imperfekten, eingeschränkten Gottes gelangen.

Die Herangehensweise der Mystik wurde hier noch nicht behandelt. Als beispielhaft für diesen Ansatz kann man eine Anekdote aus *Lailā und Mağnūn* anführen, dem berühmten Liebesepos des Orients, welche in den Zusammenkünften der Mystiker unentwegt rezitiert wurde. Lailā ist hierin damit beschäftigt, bei einer öffentlichen Speisung der Reihe nach Essen auszugeben; während sie jedem Wartenden den Teller reichlich anfüllt, schlägt sie Mağnūn, als er an der Reihe ist, mit der leeren Kelle auf den Teller und schickt ihn so zurück. Seine Freunde, die dies mit ansehen, beginnen, Mağnūn anzugehen mit den Worten: »Ist dies die Lailā, in die du so unsterblich verliebt bist?[265] Jedem anderen füllt sie den Teller bis oben an, und dich lässt sie mit leerem Teller stehen und hungern!«, woraufhin er eine einfache, aber sehr tiefsinnige Antwort gibt: »Soll sie mich genauso behandeln wie sie euch behandelt?« Wenn man diese Antwort Mağnūns nimmt und sich vor Augen führt, dass die Sufis Gott als mystischen Geliebten wahrnehmen, wird klar, welchen Lösungsansatz sie für dieses Problem haben.

Im nächsten Teil werden die Ansichten Muḥyīddīn Ibn ʿArabīs, eines der bedeutendsten aller Mystiker, zu diesem Thema beschrieben werden.

265. Die wörtliche Bedeutung von *Mağnūn* ist »besessen«. Er erhielt diesen Beinamen, weil er wie besessen war von der Liebe zu *Lailā*.

III Ibn 'Arabī und das Übel

III.1 Biografie Ibn 'Arabīs, seine Werke und die Hauptthemen seiner Philosophie

Ich bin der Sohn von Vätern, reinen Geistern,
und Müttern, elementaren Seelen.
Zwischen Geist und Körper liegt unser Ort des Erscheinens,
aus einer Verbindung in Umarmung und gegenseitigem Entzücken.
Ich stamme nicht von einem Vater, den ich so nennen könnte, sondern von einer ganzen Schar von Vätern und Müttern.[266]

III.1.1 Sein Leben

In den Quellen wird sein voller Name als Muḥyīddīn Muḥammad bin 'Alī bin Muḥammad bin al-'Arabī al-Ḥātimī al-Tā'ī

محي الدين محمد بن علي بن محمد بن العربي الحاتمي الطائي

angegeben. Bekannt ist er unter dem Namen Ibn 'Arabī.[267] Aufgrund seiner hohen Stellung und seines großen Einflusses im Sufismus erhielt er auch den Ehrentitel *aš-Šaiḫ al-Akbar* (Magister magnus, Größter Meister).[268]

In manchen Quellen wird fälschlicherweise der 7. August 1165 als sein Geburtsdatum angegeben. Er selbst teilte aber dem Histo-

266. FT I, 212. Zur Übersetzung siehe Hirtenstein, Stephen: *Der grenzenlos Barmherzige.* 2008. Seite 69.

267. Um ihn nicht mit dem ebenfalls andalusischen Rechtsgelehrten Ibn al-'Arabī al-Ma'āfirī (1076–1148) zu verwechseln, ist es Usus geworden, ihn nur Ibn 'Arabī zu nennen. Siehe Zaidān, Yūsuf: »Vorwort und Einführung« in *Šarḥ al-Muškilāt al-Futūḥāt al-Makkiyya.* 1999. Seite 13.

268. Vgl. Kiliç, Mahmut Erol: *Şeyh-i Ekber.* 2010. Seite 24.

riker Ibn Naǧǧār (1182–1245) seinen genauen Geburtszeitpunkt mit, als er diesen in Damaskus traf. Demnach kam er in der Montagnacht vom 27. Juli 1165 zur Regierungszeit von Muḥammad bin Saʿd bin Mardanīš (1124–1171) in Murcia zur Welt.[269]

Bis zu seinem achten Lebensjahr lebte er an seinem Geburtsort, nach der Machtübernahme von Abū Yaʿqūb Yūsuf zog die Familie nach Išbīliyya (Sevilla), in die damalige Hauptstadt von Andalusien.[270] Seine Familie gehörte zum Beamtentum der *Ḫāṣṣa* und damit zur obersten Schicht der andalusischen Gesellschaft.[271] Der Wohlstand der Familie ermöglichte Ibn ʿArabī ein ruhiges Leben mit viel Freizeit, die er dazu nutzte, seinen natürlichen Neigungen zu spirituellen Dingen nachzugehen.[272] Es ist bekannt, dass er eine von finanziellen Sorgen freie Jugend verbrachte und statt die regulären Schulen zu besuchen, deren Bildungsniveau niedrig war, Unterricht von Privatlehrern erhielt.[273]

Es wird überliefert, dass sein Vater ʿAlī bin Muḥammad gute Beziehungen zum Provinzgouverneur Muḥammad bin Saʿd bin Mardanīš gehabt und sogar in sehr hoher Amtsposition in seinen Diensten gestanden haben soll.[274] Sein Vater war ein Hadith- und Rechtsgelehrter und ein Gottesfürchtiger Mensch; fünfzehn Tage vor seinem Tod sagte er diesen voraus.[275]

Als einer seiner ersten Schritte auf dem Weg zum Sufismus zählt seine Freundschaft im Kindesalter mit dem jungen Sufi Aḥmad Ibn al-Aṯīr.[276] Auch in den vorherigen Generationen der Familie Ibn ʿArabīs gab es dem Sufismus zugewandte Menschen. Einer von denen, die den noch jungen Ibn ʿArabī am intensivsten beeinflussten, war sein Onkel väterlicherseits Abū Muḥammad al-ʿArabī, von dem er in dreien seiner Werke berichtet.[277]

269. Vgl. Addas, Claude: *Kibrit-i Ahmer'in Peşinde.* 2004. Seite 36.

270. Siehe Kılıç, Mahmut Erol: *Şeyh-i Ekber.* 2010. Seite 26.

271. Siehe Addas, Claude: *Kibrit-i Ahmer'in Peşinde.* 2004. Seite 36.

272. Vgl. Nasr, Seyyid Hüseyin: *Üç Müslüman Bilge.* 2009. Seite 120.

273. Siehe Addas, Claude: *Kibrit-i Ahmer'in Peşinde.* 2004. Seite 45.

274. Vgl. ebenda, Seite 37.

275. Ibn ʿArabī, Muḥyīddīn Muḥammad: *al-Futūḥāt al-makkiyya.* Herausgegeben von Aḥmad Šams ad-Dīn. Beirut: Dār al-kutub al-ʿilmiya, 1999. Band I, Seite 336. Dieses Buch wird künftig als FT abgekürzt.

276. Vgl. Eraydin, Selcuk: *Tasavvuf ve Tarikatlar.* 2008. Seite 261.

277. Vgl. FT III, 68–69. Addas, Claude: *Kibrit-i Ahmer'in Peşinde.* 2004. Seite 38. Für Meister des Sufismus in Andalusien in der Zeit vor Ibn ʿArabī siehe Bardakçı, Mehmet Necmettin: *İbnü'l-Arabî Öncesi Endülüste Tasavvuf.*

Während damit gerechnet wurde, dass er genauso wie sein Vater eine Anstellung am Hof bekleiden werde, geschieht etwas völlig Unerwartetes. In einem Alter, das noch zur Pubertät gezählt werden kann, begibt er sich nach einem spirituellen Fingerzeig zur Einkehr auf den Friedhof der Stadt.[278] Dies blieb nicht seine einzige innere Einkehr (*ḫalwa*[279]). Es heißt, dass er manchmal bis zu vierzehn Monate in diesem Zustand der Einkehr verweilte. Als Ergebnis dieser Einkehrphasen der Askese wurden ihm die Tore der Erkenntnis geöffnet.[280] Ibn ʿArabīs erste Einkehr auf dem Friedhof der Stadt scheint ein besonderer Ausnahmefall gewesen zu sein, wenn er auch später wieder öfter die Einsamkeit suchte. Denn Ibn ʿArabī erlangte damals das Wissen, für das andere Sufis Jahre der Wanderschaft und Erfahrung brauchen, mit einem Mal und in einem Stück.[281]

Durch seine bereits in sehr frühen Jahren geübte Einkehr wurde ihm außergewöhnliches Wissen gewährt, wodurch sein Umfeld begann, Interesse an ihm zu zeigen, wobei manche ihm Ehrerbietung entgegenbrachten, während andere ihn verspotteten. Einen anerkannten Gelehrten, der ihn verhöhnte, weil er auf dem Friedhof angeblich mit den Toten sprach, lud er ein, zu ihm zu kommen, um den wahren Sachverhalt zu erfahren:

> Es begab sich, dass ich mich von den Menschen löste und mich alleine auf den Friedhof zurückzog. Da kam mir zu Ohren, dass unser Scheich Yūsuf al-Kurmī meinen Namen nennend sagte: »Jener flieht die Lebenden und sucht die

2009. Seiten 325–355. GARRIDO, PILAR: *The Ladder of Interpretation: Reason and Revelation in Ibn Masarra, the Predecessor of Ibn ʿArabī.* 2008. Seiten 221–237; AFÎFÎ, EBU'L-ALÂ: *Ebu'l-Kâsım Kasiy ve Hal'un-Na'leyn.* 2000. Seiten 301–338.

278. Ibn ʿArabī soll zu diesem Zeitpunkt vierzehn, nach anderen Quellen fünfzehn, nach wieder anderen sechzehn Jahre alt gewesen sein. Über das zu einer späteren Zeit stattgefundene Zusammentreffen mit Ibn Rušd gibt es gleichfalls differierende Angaben. Für die entsprechenden Datierungen siehe ADDAS, CLAUDE: *Kibrit-i Ahmer'in Peşinde.* Seiten 54–57. HIRTENSTEIN, STEPHEN: *Der grenzenlos Barmherzige.* 2008. Seiten 84, 93. KILIÇ, MAHMUT EROL: *Şeyh-i Ekber.* 2010. Seite 28.

279. »*Al-ḫalwa* (الخلوة): ein Begriff aus dem *taṣawwuf,* der für Leben in öden Gebieten zwecks Schutz vor der Sünde und besserem Gottesdienst steht« (ULUDAĞ, SÜLEYMAN: *Halvet.* 1997. Seite 386).

280. Siehe KILIÇ, MAHMUT EROL: *Şeyh-i Ekber.* 2010. Seite 28.

281. Siehe ADDAS, CLAUDE: *Kibrit-i Ahmer'in Peşinde.* 2004. Seite 57.

> Gesellschaft der Toten.« Ich ließ ihm ausrichten: »Wenn du mich besuchen kommst, wirst du sehen, mit wem ich Umgang pflege.« Nach dem Vormittagsgebet kam er allein zu mir. Zu dem Zeitpunkt unterhielt ich mich gerade mit einem der Geister, die mich besucht hatten. Kurmī schlich langsam und ehrfurchtsvoll an mich heran. Ich sah ihn an, seine Gesichtsfarbe war gewichen, sein Gemüt eingeengt. Von der Last, die auf ihn drückte, konnte er sein Haupt nicht erheben. Ich betrachtete seinen Zustand und lächelte. Er konnte aber wegen der für ihn unangenehmen Situation nicht lächeln. Als das Gespräch endete und ich den *wārid*[282] empfing, verflog die Last auf dem Scheich und er kam zur Ruhe, er drehte sich zu mir hin und küsste mich auf die Stirn. Da fragte ich ihn: »Meister! Wer ist es, der bei den Toten sitzt? Ich oder du?«, und er antwortete: »Nein, bei Gott! Es war tatsächlich ich, der bei den Toten saß.«[283]

Diese neuen Erfahrungen, die der junge Ibn ʿArabī mit seinen Mitmenschen teilt, erwecken bald das Interesse der Gelehrten seiner Zeit. Einer von ihnen ist der berühmte Philosoph Ibn Rušd (Averroës, 1126–1198), der ihn in seinem eigenen Haus empfängt.

> Ich besuchte eines Tages in Córdoba den Kadi Abu-l-Walîd Ibn Rušd. Nach allem, was er darüber erfuhr, welcher Göttlichen Eröffnungen ich in meiner Einsamkeit teilhaftig wurde, ließ er sein Erstaunen darüber merken und äußerte den Wunsch, mit mir persönlich zusammenzutreffen. Mein Vater, ein Freund des Kadi, sandte mich dann, um die gewünschte Zusammenkunft zu ermöglichen, unter irgendeinem Vorwand zu ihm. Ich war zu jener Zeit ein Jüngling mit glattem Gesicht, noch keine Spur von sprossendem Backen- oder Schnurrbart. Als ich bei ihm eintrat, erhob er sich liebevoll und verehrend von seinem Sitz, umarmte mich und

282. *Al-wārid* (الوارد) ist ein Begriff aus der islamischen Mystik, der eine plötzliche Eingebung ins Herz des Sufis zum Ausdruck bringt (vgl. CEYHAN, SEMIH: *Varid.* 2012. Seite 519).

283. FT V, 66:

ولقد كنت انقطعت في القبور مدة منفرداً بنفسي فبلغني أن شيخنا يوسف بن يخلف الكرمي قال أن فلاناً وسماني ترك مجالسة الأحياء وراح يجالس الأموات [...]

> sprach fragend das eine Wort: »Ja?« (*na'am*). Ich antwortete: »Ja!« Da steigerte sich seine Freude an mir, weil er merkte, dass ich sein Fragewort begriffen hatte. Als ich nun ahnte, was ihm daran Freude bereitete, sagte ich zu ihm: »Nein.« Hierauf wurde er missmutig und seine Farbe veränderte sich. Er begann nämlich an seinen Erkenntnissen zu zweifeln und fragte: »Wie habt Ihr die Sache durch Intuition und Göttliche Emanation gefunden? Ist es dasselbe, was wir durch Spekulation ergründet haben?« Darauf antwortete ich: »Ja und Nein; und zwischen Ja und Nein entfliegen die Geister ihren Materien und die Nacken ihren Körpern.« Da wurde sein Antlitz bleich und Schaudern ergriff ihn und er setzte sich hin und rief: »Nicht ist Macht und Kraft außer bei Gott, dem Erhabenen!« [...] Nachher bat er meinen Vater, mich nochmals mit ihm zusammentreffen zu lassen, damit er mir seine Gedanken vorlegen könne, um zu erfahren, ob sie mit den meinigen übereinstimmen oder ihnen widersprechen; denn er gehörte zu den Leuten des Denkens und des vernunftmäßigen Ergründens und er dankte Gott dafür, dass er es erlebte, jemanden sehen zu können, der in seine einsame Zelle als Unwissender eintrat und ohne jedes Studium oder Forschen oder jede Bücherwissenschaft aus derselben mit solchen Erkenntnissen herauskam.[284]

Dieses Detail, das in einem gewöhnlichen Lebenslauf nicht weiter Beachtung fände, ist in diesem Fall von besonderem Interesse, da es sich hier um Ibn 'Arabī und Ibn Rušd handelt. Der eine ist der bereits zu Lebzeiten im Orient wie im Okzident weltberühmte Mensch der Vernunft und der Logik Ibn Rušd, ein Philosoph, der in Europa den völlig in Vergessenheit geratenen Aristoteles wieder zum Leben erweckte und zu vielen seiner Werke von der Astronomie bis zur Logik Kommentare verfasste. Wenn man bedenkt, dass Thomas von Aquin (1225–1274) bei seinem Versuch zu beweisen, dass die Offenbarung und der Verstand nebeneinander gedacht werden können, mehr als fünfhundert Mal Ibn Rušd zitiert, wird verständlich, welche Bedeutung dieser für sein Zeitalter hatte.[285]

284. FT I, 235. Zur Übersetzung siehe GOLDZIHER, IGNAZ: *Die Richtungen der islamischen Koranauslegung.* 1920. Seiten 218–219.

285. Vgl. HIRTENSTEIN, STEPHEN: *Der grenzenlos Barmherzige.* 2008. S. 93.

Der andere ist Ibn ʿArabī, der des Öfteren die Regeln des Verstandes ad absurdum führt und das Wissen durch Eingebung erlangt. Das Zwiegespräch zwischen diesen beiden ist genau genommen ein Vergleich zwischen dem Verstand und dem Herzen, deswegen wurde es hoch angesehen und oft in Schriftwerken wiedergegeben.[286] Einige Autoren schreiben zwar, dass Ibn ʿArabī zu dem Zeitpunkt siebzehn[287] oder zwanzig[288] Jahre alt gewesen sein soll, die meisten Forscher verzeichnen jedoch, dass sein Alter zu dem Zeitpunkt erst fünfzehn Jahre betrug.[289]

Ein weiteres, besonders auffälliges Detail aus Ibn ʿArabīs Leben sind die Begegnungen, von denen er sagt, dass er sie sowohl in dieser Welt als auch in anderen Welten hatte. Sein Schüler und späterer Ausleger al-Qūnawī erzählt über diesen Aspekt von ihm:

> Er konnte Zwiesprache halten mit wem immer er wollte von den Seelen der vergangenen Propheten und Gottesfreunde. Dies geschah auf drei Arten: Manchmal holte er deren Seelen auf die Erde herab und hielt sie in einem ihnen angenehmen Abbild ähnlich dem ihrer eigenen Lebzeiten, manchmal traf er sich mit ihnen in seinen Träumen und manchmal entkleidet er sich selbst seiner Körperlichkeit und begab sich zu ihnen.[290]

Eine dieser Begegnungen geschah mit Jesus, den er als seinen ersten Scheich bezeichnet. Unter dessen Anleitung leistet er Abbitte. Jesus nennt ihn »mein Freund«, betet für ihn, dass er in dieser und in jener Welt im wahren Glauben verbleibt, und befiehlt ihm, weiterhin Askese und Isolation zu üben.

286. Siehe Goldziher, Ignaz: *Die Richtungen der islamischen Koranauslegung.* 1920. Seiten 218–219. Addas, Claude: *Kibrit-i Ahmer'in Peşinde.* 2004. Seiten 54–66. Chittick, William: *Varolmanın Boyutları.* 1997. Seite 197. Hirtenstein, Stephen: *Der grenzenlos Barmherzige.* 2008. Seiten 92–94. Kiliç, Mahmut Erol: *Şeyh-i Ekber.* 2010. Seite 29. Câbirî, Muhammed Âbid: *Arap-İslâm Aklının Oluşumu.* 2001. Seite 371. Ertuğrul, İsmail Fenni: *Vahdet-i Vücud ve İbn Arabî.* 1991. Seiten 280–281. Abū Zaid, Naṣr Ḥāmid: *Hākaḏā takallam Ibn ʿArabī.* 2002. Seiten 95–125. Özköse, Kadir: *Muhyiddin İbnü'l-Arabî'nin İbn Rüşd ile görüşmesi.* 2009. Seiten 221–240.

287. Vgl. Eraydin, Selcuk: *Tasavvuf ve Tarikatlar.* 2008. Seite 261.

288. Vgl. Nasr, Seyyid Hüseyin: *Üç Müslüman Bilge.* 2009. Seite 121.

289. Vgl. Addas, Claude: *Kibrit-i Ahmer'in Peşinde.* 2004. Seiten 54–55. Kiliç, Mahmut Erol: *Şeyh-i Ekber.* 2010. Seite 28.

290. Zit. nach Addas, Claude: *Kibrit-i Ahmer'in Peşinde.* 2004. Seite 64.

Ibn ʿArabī setzt diese Direktiven seines ersten Scheichs sogleich um und erfüllt die Bedingungen zur Abkehr und Askese. Er gibt sein Luxusleben auf und übergibt seinen Besitz seinem Vater. Er hat nun den Weg der Armut betreten, und ab diesem Tag wird sein Lebensunterhalt nur noch aus den Geschenken und Spenden der Sufismus-Jünger und mancher Familienmitglieder von Aristokraten bestritten.[291]

Außer dem transzendenten Jesus begegnet er 1184 oder 1185 mit beinahe zwanzig Jahren Abū l-ʿAbbās al-Uryabī, den er als seinen ersten Lehrer bezeichnet. Diesem Scheich, der angeblich weder lesen und schreiben noch rechnen kann, schließt er sich an und begibt sich unter dessen Anleitung[292] auf den Weg des *as-sair wa-s-sulūk*.[293] Neben diesem wird er in seinem Leben noch von vielen weiteren lebenden oder bereits verstorbenen Scheichs, von denen er lernte, berichten, darunter auch Propheten.

Als im Jahr 1194 sein Vater und kurz darauf seine Mutter versterben und die Vormundschaft für seine beiden Schwestern auf ihn übergeht, setzen seine Verwandten ihn unter Druck, seinen Weg des *taṣawwuf*, und sei es auch nur vorübergehend, aufzugeben und sich dem Diesseits zuzuwenden, um für den Unterhalt seiner Schwestern zu sorgen. Einer seiner Scheichs, Ṣāliḥ al-Barbarī, hatte all diese Ereignisse schon Jahre zuvor vorausgesehen, ihm mitgeteilt und ihn ermahnt, dass er, wenn dieser Tag gekommen sein werde, seinen eingeschlagenen Weg unter keinen Umständen aufgeben dürfe.[294] Ibn ʿArabī erinnert sich an diese Jahre zurückliegende Mahnung und setzt seine Reisen auf dem Sufi-Weg fort.

Die Reisen in seinem Leben haben für Ibn ʿArabī eine besondere Bedeutung. Es handelt sich bei ihnen nicht um Ferienreisen, vielmehr dienen sie einem bestimmten Zweck. Einem Zeichen folgend begab er sich zunächst kurzfristig nach Marokko und verließ dann seine Heimat, die er hiernach nicht mehr wiedersehen sollte, in Richtung Osten. Wo immer er sich aufhielt, erhielt er entweder

291. Siehe ebenda, Seiten 57–59.

292. Siehe ADDAS, CLAUDE: *Kibrit-i Ahmer'in Peşinde.* 2004. Seite 66.

293. *As-sair wa-s-sulūk* (السير والسلوك) ist im Sufismus ein Terminus technicus und bedeutet wörtlich »gehen«, »reisen« und »eintreten«. Dieser Ausdruck impliziert eine spirituelle Reise, um Gott zu erreichen, wobei ein Scheich die geistige Reiseführung übernimmt. Der Reisende wird *sālik* genannt (vgl. CEBECIOĞLU, ETHEM: *Tasavvuf Terimleri ve Deyimleri Sözlüğü.* 2004. Seite 565).

294. Siehe ebenda, Seiten 136–137.

Unterweisung von einem Gelehrten oder er erteilte selbst Unterricht. In Marokko, wohin er mehrmals reiste, verbrachte er insgesamt vier Jahre. Hier machte er auch die für ihn folgenreiche Bekanntschaft mit ʿAbdullāh al-Ḥabašī, der für dreiundzwanzig Jahre sein Freund und Weggefährte werden sollte. Die Wertschätzung, die der freigelassene ehemalige Sklave al-Ḥabašī bei ihm genoss, wird daran deutlich, dass er in seinen Werken unentwegt von ihm berichtet und ihm mehrere von ihnen widmet. Er begleitete Ibn ʿArabī, diente ihm sein ganzes Leben lang und verstarb im Jahr 1221 in Malatya.[295]

In Marrakesch vernahm Ibn ʿArabī ein Zeichen,[296] das ihn dazu veranlasste, sich von den Seinen zu verabschieden und seiner Heimat für immer den Rücken zu kehren. Er zieht zunächst nach Tunis und bricht dann von dort in Richtung Mekka auf, um seine Wallfahrt zu verrichten. Ein zweites Mal sollte er Tunis erst wieder um das Jahr 1201 aufsuchen.[297]

Nach vollendeter erster Pilgerfahrt zog Ibn ʿArabī nach Biǧāya in Nordafrika, an den Wohnort von Scheich Abū Madyan (1126–1197). Da dieser einige Zeit vorher verschieden war, konnte er ihn nicht treffen; er hörte und erlernte seine Ansichten stattdessen von Scheich Abū Yaʿqūb al-Kūmī. Den Rest des Jahres 1201 verbringt er in Tunis bei ʿAbd al-ʿAzīz al-Mahdawī und bricht danach erneut zu einer Pilgerfahrt auf. Auf halben Weg verweilt er in der Stadt al-Ḫalīl (Hebron), wo er das Grabmal des Propheten Abraham besucht und bei Ẓāhir bin Rustam al-Iṣfahānī, dem Imam der dortigen Moschee, die Lehrbefugnis für den *Sunan* von at-Tirmiḏī erhält.[298]

295. Vgl. Addas, Claude: *Kibrit-i Ahmer'in Peşinde.* 2004. Seiten 168, 322. Kılıç gibt als al-Ḥabašīs Todesjahr 1217 oder 1220 an. Siehe Kılıç, Mahmut Erol: *Şeyh-i Ekber.* 2010. Seite 39.

296. »Mit den Augen eines Vogels, der ihn umflog, sah er den von leuchtenden Pfeilern gehaltenen Göttlichen Thron, und dieser Vogel befahl ihm, sich in Richtung des islamischen Ostens zu begeben, wo er hiernach die restlichen Tage seines Lebens verbringen sollte« (Nasr, Seyyid Hüseyin: *Üç Müslüman Bilge.* 2009. Seiten 123–124).

297. Vgl. Nasr, Seyyid Hüseyin: *Üç Müslüman Bilge.* 2009. Seite 124. Addas, Claude: *Kibrit-i Ahmer'in Peşinde.* 2004. Seite 129. Eraydin, Selcuk: *Tasavvuf ve Tarikatlar.* 2008. Seite 263. Schimmel, Annemarie: *Mystische Dimensionen des Islam.* Seite 280. Nach Kılıç fand diese Reise 1200 statt. Siehe Kılıç, Mahmut Erol: *Şeyh-i Ekber.* 2010. Seite 39.

298. Siehe Kılıç, Mahmut Erol: *Şeyh-i Ekber.* 2010. Seiten 40–41.

Während er in Mekka die Kaaba umkreist, rezitiert er im Zustand der Verzückung Gedichte, welche die Aufmerksamkeit einer jungen Frau erregen, die ihn daraufhin fragt, was er da rezitiert. Es handelt sich bei ihr um die Tochter des eben erwähnten Vorbeters Ẓāhir bin Rustam. Es war sie, von der Ibn 'Arabī zu seinem Werk *Tarǧumān al-Ašwāq* inspiriert wurde, in das er seine schönsten Gedichte einfügen sollte. Die bereits zitierte Vermutung Asin Palacios', Dantes *Göttliche Komödie* sei von Ibn 'Arabī beeinflusst worden, bezieht sich hauptsächlich auf dieses Buch.[299] Weil ihn wegen dieses Werks die Rechtsgelehrten mit dem Vorwurf konfrontierten, er würde profane Liebeslyrik dichten, überredeten ihn Jahre später seine Schüler dazu, eine Kommentarschrift zu verfassen, die erläutert, was die eigentliche, mystische Bedeutung dieser Gedichte ist.[300]

Ibn 'Arabī erhielt im gleichen Jahr, 1202, in Mekka auch die Eingebung, mit der Niederschrift von *al-Futūḥāt al-Makkiyya* zu beginnen. Nach diesem ersten Schritt sollte es noch Jahre dauern, dieses Buch zu vollenden.[301] Im folgenden Jahr schrieb er seine Werke *Rūḥ al-Quds* und *Tāǧ ar-Rasā'il*.[302] 1204 reist er nach Bagdad und von dort nach Mossul, wo er ebenfalls ein Jahr verbringt. Die Eingebungen, die er in Mossul empfängt, schreibt er in *at-Tanazzulāt al-Mauṣiliyya* nieder.[303]

Im darauffolgenden Jahr zieht er in Richtung Anatolien, zunächst nach Malatya, von dort auf Drängen von Maǧd ad-Dīn Iṣḥāq, dem Vater von Ṣadr ad-Dīn al-Qūnawī, nach Konya. Hier trifft er auf Auḥad ad-Dīn Kirmānī (1164–1238).[304]

Er verlässt Anatolien wieder und reist über Aleppo, Jerusalem, Ägypten und Mekka erneut nach Bagdad, bevor er 1216 über Aleppo und Sivas nach Malatya zurückkehrt, wo er sich nieder-

299. Vgl. Addas, Claude: *Kibrit-i Ahmer'in Peşinde.* 2004. Seiten 216, 226. Das gleiche Ereignis bei Nasr, Seyyid Hüseyin: »Hier begegnete er der gläubigen und schönen jungen Tochter einer Sufi-Familie aus Iṣfahān, die für ihn ein menschgewordenes Beispiel der ewigen Sophia werden und für sein Leben so bedeutend sein würde wie Beatrice für Dantes« (Nasr, Seyyid Hüseyin: *Üç Müslüman Bilge.* 2009. Seite 124).

300. Vgl. Schimmel, Annemarie: *Mystische Dimensionen des Islam.* S. 376.

301. Vgl. Addas, Claude: *Kibrit-i Ahmer'in Peşinde.* 2004. Seiten 210, 317.

302. Vgl. Eraydin, Selcuk: *Tasavvuf ve Tarikatlar.* 2008. Seite 263.

303. Vgl. Kiliç, Mahmut Erol: *Şeyh-i Ekber.* 2010. Seite 43.

304. Vgl. Addas, Claude: *Kibrit-i Ahmer'in Peşinde.* 2004. S. 235–237, 319. Kiliç, Mahmut Erol: *Şeyh-i Ekber.* 2010. Seite 43.

lässt.[305] Bei seinem Aufenthalt in Ägypten soll er einigen Quellen zufolge für seine Ansichten mit dem Tod bedroht worden sein,[306] jedoch lassen sich diese Angaben kaum verifizieren.[307]

Bei seiner zweiten Ankunft in Malatya erfährt er, dass sein Freund Maǧd ad-Dīn Iṣḥāq verstorben ist; er heiratet daraufhin dessen Witwe und übernimmt die Erziehung von dessen Sohn Ṣadr ad-Dīn al-Qūnawī.[378] Auf diese Weise erhält dieser, der später Ibn ʿArabīs Ansichten auslegen und populär machen sollte, seine Bildung aus erster Hand.

Schließlich lässt sich Ibn ʿArabī 1223 in Damaskus nieder und bleibt dort bis an sein Lebensende.[309] Hier vervollständigt und redigiert er die Arbeit an *al-Futūḥāt al-Makkiyya,* die er vor Jahren in Mekka begonnen hatte, und hier beginnt er 1229, einer weiteren Eingebung folgend, die Niederschrift der *Fuṣūṣ al-Ḥikam.*[310]

Aš-Šaiḫ al-Akbar Muḥyīddīn Ibn ʿArabī verstirbt, nachdem er jahrelang eine große Zahl von Schülern unterrichtet hatte, am 8. November des Jahres 1240 im Haus des Kadis Ibn az-Zakī und wird in dessen Familiengrab am Fuß des Berges Qāsiyūn bestattet.[311]

In den ersten Jahren seines Sufi-Lebens hatte Ibn ʿArabī keinen großen Wert aufs Heiraten gelegt, jedoch ändert er diese Ansicht in den späteren Jahren.[312] Die Angaben zu seinen Eheschließungen sind nicht präzise. Claude Addas schreibt zwar, dass er vor seinem Aufbruch in Richtung Osten nicht verheiratet gewesen sei,[313] die allgemeine Ansicht ist jedoch, dass er viermal verheiratet war

305. Kılıç schreibt »1218«, Addas »1216« (vgl. ADDAS, CLAUDE: *Kibrit-i Ahmer' in Peşinde.* 2004. Seite 321. KILIÇ, MAHMUT EROL: *Şeyh-i Ekber.* 2010. Seite 43).

306. Siehe NASR, SEYYID HÜSEYIN: *Üç Müslüman Bilge.* 2009. Seite 124.

307. Vgl. ÇAKMAKLIOĞLU, M. MUSTAFA: *Ma'rifetin İfadesi.* 2007. Seiten 54–55, Fußnote 164.

308. Vgl. ADDAS, CLAUDE: *Kibrit-i Ahmer'in Peşinde.* 2004. Seite 236. KILIÇ, MAHMUT EROL: *Şeyh-i Ekber.* 2010. Seite 44.

309. Die Angaben zum Jahr, in dem sich Ibn ʿArabī in Damaskus niederließ, sind unklar. Addas und Nasr geben 1223 an, Kılıç 1229, Çakmaklıoğlu 1221 und Eraydın 1220 (vgl. ADDAS, CLAUDE: *Kibrit-i Ahmer'in Peşinde.* 2004. Seite 322. NASR, SEYYID HÜSEYIN: *Üç Müslüman Bilge.* 2009. Seite 125. KILIÇ, MAHMUT EROL: *Şeyh-i Ekber.* 2010. Seite 44. ÇAKMAKLIOĞLU, M. MUSTAFA: *Ma'rifetin İfadesi.* 2007. Seite 57. ERAYDIN, SELCUK: *Tasavvuf ve Tarikatlar.* 2008. S. 263).

310. Vgl. ADDAS, CLAUDE: *Kibrit-i Ahmer'in Peşinde.* 2004. Seite 323. KILIÇ, MAHMUT EROL: *Şeyh-i Ekber.* 2010. Seite 45.

311. Vgl. ebenda (ADDAS) Seite 290, (KILIÇ) Seite 45.

312. Vgl. FT VII, 124–125.

313. Vgl. ADDAS, CLAUDE: *Kibrit-i Ahmer'in Peşinde.* 2004. Seite 58.

und dass die erste dieser Ehen in seinen Jugendjahren in Sevilla mit Maryam, der Tochter von Muḥammad bin ʿAbdūn al-Biǧāʾī, einem Potentanten seines Heimatlandes, geschlossen wurde. Als er in Mekka war, schloss er die zweite Ehe mit Fāṭima, der Tochter des Statthalters der beiden Heiligen Stätten Yūnus bin Yūsuf, mit der er einen Sohn mit Namen Muḥammad ʿImād ad-Dīn (gest. 1258) hatte. Seine dritte Ehe schloss er mit der verwitweten Mutter Ṣadr ad-Dīn al-Qūnawīs in Malatya. Als Letzte soll er in Damaskus die Tochter des malikitischen Kadis az-Zawāwī geheiratet haben.[314]

III.1.2 Die Hauptthemen seiner Werke und sein Stil

Der Großteil der Werke Ibn ʿArabīs, die ein breites Spektrum an Themen von der Psychologie bis zur Theologie, von der Poesie bis zur Geschichte, von der Koranauslegung bis zum religiösen Recht umspannen, besteht zwar aus Traktaten, jedoch hat er auch umfangreichere Bücher wie beispielsweise *al-Futūḥāt* verfasst. Nach den Ergebnissen neuester Forschungen beträgt die Gesamtzahl seiner Werke, wenn man diejenigen subtrahiert, die ihm zugeschrieben wurden, die sich aber als nicht von ihm herausstellten, sowie diejenigen, die aufgrund abweichender Schreibweisen ihrer Titel doppelt gezählt wurden, etwa 550. Die gleichen Forschungen kommen auch zu dem Ergebnis, dass über die Hälfte dieser Werke verschollen ist und nur etwa 245 davon bis heute überdauert haben,[315] wobei die Zahlenangaben der einzelnen Fachleute variieren.

Sein meistgelesenes Werk ist *al-Futūḥāt al-Makkiyya,* das er 1202 zu schreiben begann und erst 1238 vollenden konnte.[316] Es besteht aus 560 Kapiteln und beinhaltet seine geistigen Erfahrungen, sein religiöses Wissen und die Definition metaphysischer Prinzipien; daher wird es von vielen als ein Kompendium der esoterischen Lehren des Islams angesehen.[317]

314. Vgl. Kılıç, Mahmut Erol: *Şeyh-i Ekber.* 2010. Seite 37.

315. Vgl. Kılıç, Mahmut Erol: *Şeyh-i Ekber.* 2010. Seite 53.

316. Vgl. Afîfî, Ebu'l-Alâ: *İbnü'l-Arabî'nin Fütûhâtü'l-Mekkiyye isimli eseri.* 2000. Seite 287. Addas, Claude: *Kibrit-i Ahmer'in Peşinde.* 2004. S. 317, 324.

317. Vgl. Nasr, Seyyid Hüseyin: *Üç Müslüman Bilge.* 2009. Seite 126. Der Mystiker des fünfzehnten Jahrhunderts und Anhänger des Naqšbandiyya-Ordens Muḥammad Parsā vergleicht die *Fuṣūṣ* mit der Seele und die *Futūḥāt* mit dem Herzen (vgl. Schimmel, Annemarie: *Mystische Dimensionen des Islam.* S. 376).

Nach *al-Futūḥāt al-Makkiyya* sind die *Fuṣūṣ al-Ḥikam* Ibn ʿArabīs am zweithäufigsten gelesenes Werk. Sie bestehen aus 27 Kapiteln und sind gewissermaßen sein geistiges Vermächtnis und ein Schlüsselwerk, in dem er alle seine Ansichten zusammengefasst wiedergibt.[318] Die *Fuṣūṣ al-Ḥikam,* deren wörtliche Bedeutung »Ringsteine der Weisheiten« lautet, handeln von 27 Weisheiten, von denen jede nach einem Propheten benannt ist. In den folgenden Jahrhunderten hat es Hunderte von Versuchen gegeben, dieses gehaltvolle Buch auszulegen. Unter den Sufis, die Auslegungsschriften zu diesem Buch verfassten, sind so bedeutende Namen wie Ṣadr ad-Dīn al-Qūnawī (1207–1274), ʿAbd ar-Razzāq al-Qāšānī (gest. 1329), Dāwūd al-Qaiṣarī (gest. 1350), ʿAbd ar-Raḥmān Ǧāmī (1414–1492), Bālī Efendī (gest. 1572), an-Nābulusī (1641–1731) und Ahmed Avni Konuk (1868–1938) zu finden.

ʿAfīfī denkt zwar, die *Futūḥāt* seien eine Art Vorbereitung oder Vorwort zu den *Fuṣūṣ* mit ihren schwer verständlichen Inhalten, jedoch hat diese Ansicht keine ungeteilte Akzeptanz erfahren.[319] Es ist allerdings nicht von der Hand zu weisen, dass sich der weit ausholende und leicht verständliche Schreibstil der *Futūḥāt* beträchtlich von dem kurzen, komprimierten und komplizierten der *Fuṣūṣ* unterscheidet.

Wann immer man Ibn ʿArabīs Ansicht zu einem bestimmten Thema untersucht, darf man nicht vergessen, dass er in erster Linie ein Sufi war. Sein mystisches Gedankengut, seine spezifische Epistemologie und seine von allen anderen abweichenden Ansichten zu den ontologischen Grundlagen des Seins können einen themenfremden Leser auf den ersten Blick verwirren. Wie viele andere Sufis musste Ibn ʿArabī, dessen philosophische Grundlagen im nächsten Kapitel dargestellt werden, bei der Übermittlung seiner spirituellen, ganz und gar nicht alltäglichen Erfahrungen an die Gesellschaft vorsichtig handeln. Diese Erfahrungen, die sie in völlig anderen Dimensionen und auf dem normalen menschlichen Verstand nur schwer zugängliche Art und Weise machten, in einer weltlichen Sprache mit ihrem begrenzten Vokabular wiederzugeben, war für viele Sufis ein Ding der Unmöglichkeit; zudem setzte dies manche von ihnen einer erheblichen Gefährdung aus. Denn:

318. Vgl. Nasr, Seyyid Hüseyin: *Üç Müslüman Bilge.* 2009. Seite 127.

319. Vgl. Zaidān, Yūsuf: »Vorwort und Einführung« in *Šarḥ al-Muškilāt al-Futūḥāt al-Makkiyya.* 1999. Seiten 16–17.

> Der Versuch, die Weisheit der Geheimnisse in Worte fassend [zu erläutern], erscheint dem Verstand schwer zu verstehen, unverdaulich und grob.[320]

Aus diesem Grund wurden die gemachten Erfahrungen oft nicht an die Öffentlichkeit getragen und verblieben als Geheimnisse bei den Sufis, die sie untereinander durch Andeutungen und Symbolsprache teilten. Es gibt jedoch auch Sufis, die ihre Erlebnisse zumindest teilweise laut verkündeten und deshalb in Lebensgefahr gerieten oder gar ihr Leben verloren. Die bekannteste Persönlichkeit unter denen, die ihr Leben auf diese Weise opferten, war Manṣūr al-Ḥallāǧ (857–922).[321] Das von ihm hinterlassene, in jedem Anschnitt mit geheimnisvollen Zeichnungen versehene Buch namens *aṭ-Ṭawāsīn* verrät schon auf den ersten Blick, dass das Geschriebene aus einer anderen Welt stammt. Die Erläuterungen, die darin aus dem Mund von Iblīs, der die Prostration vor Adam ablehnte, gemacht werden, waren in der islamischen Literatur nie zuvor zu hören gewesen.[322]

In dieser Situation war es für die, die diesem Weg folgten, die beste Wahl, das, was sie zu sagen hatten, durch eine Symbolsprache wiederzugeben oder durch Andeutungen darauf hinzuweisen. Diese neue Sprache, die ausgiebig vom übertragenen Sinn Gebrauch macht, die Bedeutung der Wörter ins Gegenteil verkehrt und viele Paradoxa verwendet,[323] erscheint dem uneingeweihten Leser oft-

320. FT I, 57:
علم الأسرار فإنه إذا أخذته العبارة سمج واعتاص على الأفهام دركه وخشن

321. »Als Hallaj im Gefängnis war, fragte ihn ein Derwisch: ›Was ist Liebe?‹ Er sprach: ›Du wirst es heute sehen und morgen sehen und übermorgen sehen!‹ An jenem Tag töteten sie ihn, am nächsten Tag verbrannten sie ihn, und am dritten Tag gaben sie seine Asche dem Wind« (SCHIMMEL, ANNEMARIE: *Mystische Dimensionen des Islam.* Seite 100). Zur tragischen Geschichte von Ḥallāǧ und seinen Gefährten siehe auch ALTINTAŞ, HAYRANI: *Tasavvuf Tarihi.* 1986. Seiten 73–90.

322. Vgl. MANṢŪR AL-ḤALLĀǦ: *Ṭawāsīn.* 2008. Seiten 38–48.

323. Nach Ibn ʿArabī erlangen die Menschen in der physischen Welt das Wissen durch die Auslegung der Sinneswahrnehmungen durch den Verstand. Das Verständnis von Themen, die die Metaphysik betreffen, erfolgt hingegen über das Herz. Aus diesem Grund verwendet er eine Symbolsprache, um Menschen mit anderen epistemologischen Grundlagen seine Erfahrungen mitzuteilen, die er auf anderer Ebene gemacht hat. Zum Unterschied zwischen dem Verstand und dem Herzen bei der Wissenserlangung und zur Symbolsprache siehe ULUÇ, TAHIR: *İbn Arabî'de Mistik Sembolizm.* 2006. Seiten 147–183. CELEBI, EMIN: *İbn Arabî'nin Epistemolojisinde Duyu ve Akıl.* 2010. Seiten 43–56.

mals sinnlos oder widersinnig; einige Beispiele aus der Feder Ibn ʿArabīs folgen weiter unten. Die leichteste Form, in der diese neue Sprache verwendet werden konnte, war die Poesie, weshalb die Angewohnheit, seine Gedanken in Gedichten wiederzugeben, sich bei allen Sufis einschließlich Ibn ʿArabī stark verbreitet hatte.[324]

Ibn ʿArabī gibt zwar seine Sichtweisen meistens in Prosa wieder, in manchen Werken wie den *Futūḥāt* finden sich jedoch stellenweise auch Gedichte. Er hat aber auch Werke, die durchgehend aus Lyrik bestehen, verfasst, wie die später vielbeachteten Werke *Dīwān* und *Tarǧumān al-Ašwāq*. Nach Ansicht von manchen rangiert Ibn ʿArabī als Dichter gleich hinter Ibn al-Fāriḍ, der als größter sufischer Dichter in der islamischen Geschichte gilt.[325] Eines der schönsten und für ihn typischsten Beispiele hierfür ist das folgende oft zitierte und übersetzte Gedicht:

Mein Herz hat sich für jegliche Form geöffnet:
Es ist eine Weide für Gazellen,
und ein Kloster für christliche Mönche,
und ein Tempel für Götzenbilder,
und die Kaaba der Pilgernden,
und die Tafeln der Tora,
und das Buch des Korans.
Ich folge der Religion der Liebe:
Welchen Weg die Kamele der Liebe auch einschlagen,
das ist meine Religion und mein Glaube.[326]

Die paradoxe Erzählweise ist ein weiteres Stilmittel, das dem Leser bei Ibn ʿArabī öfter begegnet. Seine paradoxe Methode, in Bezug auf Gott in einer Form der »Vereinigung der Gegensätze« zu schreiben, ist auch mit Karl Barths dialektischer Erzählweise verglichen worden.[327] Diese Paradoxa, die den Leser oft ermüden, sind

324. Vgl. FT I, 57.

325. Vgl. Nasr, Seyyid Hüseyin: *Üç Müslüman Bilge.* 2009. Seite 129.

326. Ibn ʿArabī: *Tarǧumān al-ašwāq.* 2003. Seite 43 (zur Übersetzung siehe Ibn ʿArabī: *Fuṣūṣ al-Ḥikam. Die Weisheit der Propheten.* Übersetzung aus dem Französischen von Wolfgang Herrmann. 2005. Seite 5):

لقد صار قلبي قابلاً كلَّ صورة * فمرعى لغزلان، ودير لرهبان
وبيت لأوثان، وكعبة طائف * وألواح توراة، ومصحف قرآن
أدين بدين الحب أنَّى توجَّهتْ * ركائبُه، فالحب ديني وإيماني

327. Siehe Yasa, Metin: *Tanrı hakkında paradoksal konuşmak.* 2004. Seiten 147–157.

im Grunde genommen eine Notwendigkeit seines Systems. Wenn man dieses System einmal begriffen hat, werden auch diese Paradoxa entwirrt. Jedoch ist diese Erzählweise in der islamischen Welt missverstanden und Ibn ʿArabī mitunter beschuldigt worden, Gott zu profanieren.[328] Die folgenden Verse, in denen sowohl der Herr (Gott) als auch der Diener als *Ḥaqq*[329] (der Allwahre) angesehen werden, sind hierfür aufschlussreich:

Ḥaqq ist der Herr, *Ḥaqq* ist der Diener.
Wenn ich nur wüsste, wem die Verpflichtung obliegt.
Wenn du »dem Diener« sagst, der ist sterblich.
Wenn du »dem Herrn« sagst, wie kann man
Ihn verpflichten?[330]

Ein weiteres Beispiel, das das Verhältnis von Diener zu *Ḥaqq* illustriert:

Ich bin nicht ich, bin auch nicht Er.
Wer bin ich, wer ist Er?
Oh Er! Sage du bist ich.
Oh ich! Er ist du.
Nein! Ich bin nicht ich.
Nein! Er ist nicht Er.
Wenn Er »Er« wäre, erblickten
unsere Augen Ihn durch Ihn nicht.
Im Sein ist niemand außer uns.
Ich bin Er, und Er ist Er.

328. Vgl. ebenda, Seite 149.

329. *Ḥaqq* ist ein Begriff, der in dieser Arbeit noch öfter vorkommen wird. Ibn ʿArabī benutzt zwar stellenweise den Begriff *Ḥaqq* für »Gott« generell, meist hat aber dieses Wort eine besondere Bedeutung in seiner Terminologie. Ibn ʿArabī versucht, mit diesem Begriff den absoluten transzendenten Zustand Gottes zu beschreiben. Der Begriff, dessen wörtliche Bedeutung »Wahrheit« lautet, steht bei ihm für den absoluten Zustand Gottes, der dem Menschen vollkommen unzugänglich und mit seinem Verstand nicht zu begreifen ist. Für ausführlichere Erläuterungen siehe Izutsu, Toshihiko: *İslam mistik düşüncesi üzerine makaleler.* 2010. Seiten 43–47.

330. FT I, 15:

الرب حق والعبد حق * يا ليت شعري من المكلف
إن قلت عبد فذاك ميت * أو قلت رب أنى يكلف

Wer ist mit uns, wer für uns,
So wie Er mit Ihm für Ihn um Seinetwegen?[331]

Ibn ʿArabīs Fähigkeit, in vielen Dimensionen zu denken, und seine immense Vorstellungskraft erreichen Ausmaße, die den Leser oftmals völlig überfordern. Manchmal sieht man etwa, dass er einen Begriff, mit dem er sich befasst, personalisiert und ihm damit eine geschöpfliche Identität gibt. Ein gutes Beispiel hierfür ist seine Bearbeitung des Begriffs *yaqīn* in seinem Traktat *Kitāb al-Yaqīn.* Er gibt zunächst die wörtliche Bedeutung wieder, dann erläutert er, wie das Wort in den religionsrechtlichen Quellenwerken verwendet wird, danach aber geht er noch weiter und schreibt, ausgehend von den vier Buchstaben, aus denen es besteht und von denen er sagt, dass diese die Vertreter des Wortes in der körperlichen Welt seien,[332] ausgedehnte philosophische, naturwissenschaftliche und mathematische Reflexionen zu ihm. Der Punkt, den er dabei erreicht, lässt den Leser in nie gekannte Gedanken eintauchen.

III.1.3 Die Grundquellen seines Denkens

Ibn ʿArabīs Ansichten erfuhren sowohl von seinen Zeitgenossen als auch lange Zeit nach ihm vielfach heftige Gegenwehr. Neben denen, die ihn als *aš-Šaiḫ al-Akbar* (Größter Meister) und entsprechend seinem Namen als *Muḥyīddīn* (Wiederbeleber des Glaubens) verstanden, klagten ihn andere an, *aš-Šaiḫ al-Akfar* (der allerungläubigste Scheich) und *Mumīt ad-Dīn* (Töter des Glaubens) zu sein.[333]

In Bezug auf ihn gibt es gemeinhin drei Meinungen. Die Sufis sahen in ihm einen großen Gelehrten und einen vollkommenen

331. FT II, 176:
لست أنا ولست هو * فمن أنا ومن هو
فيا هو قل أنت أنا * ويا أنا هو أنت هو
لا وأنا ما هو أنا * ولا هو ما هو هو
لو كان هو ما نظرت * أبصارنا به له
ما في الوجود غيرنا * أنا وهو وهو وهو
فمن لنا بنا لنا * كما له به له

332. Siehe Ibn Arabî: *Kitab'ul-Yakîn.* Seite 91.

333. Vgl. Goldziher, Ignaz: *Die Richtungen der islamischen Koranauslegung.* 1920. Seite 222.

Wegweiser, während eine Gruppe von Leuten, die bei Ibn Taimiyya ihren Anfang nahm und heute vor allem als »Salafisten« bekannt ist, behauptete, dass seine Ansichten den Unglauben bedingen und er deshalb ein Apostat sei. Eine dritte Gruppe akzeptierte ihn als gläubigen Gelehrten, verlangte aber, dass die Lektüre seiner Bücher dem einfachen Volk verboten werden müsse. Nach Ansicht Letzterer ist es möglich, dass er manche der Zustände, die er während seiner mystischen Wanderungen zu sehen bekam, nicht oder falsch verstanden haben könnte. Aus diesem Grund müsse man sich seinen Lehren mit Bedacht nähern.[334]

Auch heute noch haben Ibn ʿArabīs Äußerungen ihre Brisanz nicht verloren. Yūsuf Zaidān schreibt in dem Vorwort zu seiner Edition eines Werks von al-Ǧīlī mit offener Verwunderung darüber, dass die Abgeordneten des ägyptischen Parlaments, zur Hälfte Bauern und Arbeiter, vor kurzer Zeit erst über Ibn ʿArabīs Werke debattierten und Beschlüsse fassten.[335] Bekanntermaßen hatte die Publizierung von Ibn ʿArabīs *al-Futūḥāt* in Ägypten für einigen Wirbel gesorgt. Mit Beschluss vom 23. Februar 1979 hatte das ägyptische Parlament nach kontroversen Debatten die Veröffentlichung dieses Werks gestoppt und die Auslieferung der bereits gedruckten Exemplare verboten. Eine Wiederveröffentlichung wurde erst mit der Aufhebung des Verbots im Jahr 1981 wieder möglich.[336]

Ein Grund für die Vorsicht bei der Annäherung an Ibn ʿArabī hängt mit seinen Quellen zusammen. Diese sind in der Zeit nach ihm fast genauso heftig diskutiert worden wie seine Ansichten. Insbesondere wurde die Diskussion zusätzlich angefacht durch seine oben angeführten Erzählungen, er würde zwischen Gräbern mit den Toten sprechen, und die ebenfalls in diesem Abschnitt erwähnten Schilderungen seines treuesten Schülers al-Qūnawī. Die Reaktionen hierauf sind zweierlei. Die erste Reaktion lautet, die Quelle Ibn ʿArabīs sei eine Göttliche und er sei zu diesem Wissen durch *kašf* (Eröffnung)[337] gelangt. Seine eigenen Äußerungen in

334. Vgl. Ateş, Süleyman: *İşari Tefsir Okulu.* 1974. Seiten 171–177. Tek, Abdurrezzak: *İbnü'l-Arabî'yi Müdâfaa Amacıyla Kaleme Alınan Fetvalar.* 2009. Seiten 281–282.

335. Vgl. Zaidān, Yūsuf: »Vorwort und Einführung« in *Šarḥ al-Muškilāt al-Futūḥāt al-Makkiyya.* 1999. Seite 15.

336. Vgl. Kiliç, Mahmut Erol: *El-Fütûhât'ul-Mekkiyye.* 1996. Seite 254.

337. Die wörtliche Bedeutung dieses arabischen Wortes lautet »öffentlich machen«, »aufdecken«, »lüften«. Im Sufismus stehen *kašf* und das daraus gebildete

dieser Richtung wurden von manchen als nicht glaubhaft angesehen,[338] während andere davon ausgehend glaubten, er würde sich auf einer Stufe mit den Propheten sehen. Die andere Art der Reaktion lautete, dass er sich von nicht-islamischen Irrlehren beeinflussen ließe. Die Leute, die letztere Reaktion zeigten, behaupteten, dass er seine Ansichten von fernöstlichen mystischen Lehren und von den antiken griechischen Philosophen[339] habe, und sahen einen Zusammenhang zwischen den von den Muslimen ausgeschlossenen Batiniten[340] und Qarmaten[341] und ihm.[342] Ibn ʿArabī hat zwar in seinen Werken wiederholt die Quellen seines Wissens vorgestellt, jedoch scheinen manche derjenigen, die ihn erforschen, diese Angaben nicht für glaubwürdig zu halten. Einer dieser Forscher ist der bereits erwähnte ʿAfīfī. In seiner Doktorarbeit lobt ʿAfīfī zwar bisweilen Ibn ʿArabīs besondere Gaben, meistens ist er ihm gegenüber aber gnadenlos. Nach ihm ist Ibn ʿArabī insgesamt ein eklektizistischer Philosoph von schwacher Methodik. ʿAfīfī behauptet, dass Ibn ʿArabī sich selbst zu seinem Stil zwingen musste, um bewusst das Einfache verworren zu machen, und dass er in sei-

Wort *mukāšafa* für des Sufis Erlangen des ihm zuvor nicht bekannten geheimen Wissens dank seines durch seine Askese erlangten besonderen Zustandes (vgl. Qāšānī, ʿAbd ar-Razzāq: *Muʿǧam Iṣṭilāḥāt aṣ-Ṣūfiyya.* 1992. Seite 346. Cebecioğlu, Ethem: *Tasavvuf Terimleri Sözlüğü.* 2004. Seite 366).

338. »Der Stil und der Inhalt dieses Buches [der *Fuṣūṣ*] zeigen, dass es sich nicht um ein Göttlich inspiriertes Buch, sondern um Ibn ʿArabīs eigenes Produkt handelt [...] Auch wenn er in seinen *Futūḥāt* behauptet, dass er seine Erkenntnisse zur Gänze durch Eröffnung und Inspiration erlangt und auf direktem Weg von Gott erhalten habe, ist doch deutlich, dass er sämtliche vor ihm geschriebenen Bücher gelesen und daraus eine Komposition geschaffen hat« (Ateş, Süleyman: *İşari Tefsir Okulu.* 1974. Seite 170).

339. Vgl. Brockelmann, Carl: *Geschichte der arabischen Literatur.* 1909. Seite 182.

340. Die Batiniten bezeichnen alle »extremen Gruppen, die die allgemeinsprachliche Bedeutung der religiösen Texte nicht akzeptieren und behaupten, deren wahre Bedeutung sei nur einem mit Gott in direktem Kontakt stehenden ›sündlosen Imam‹ zugänglich« (İlhan, Avni: *Bâtiniyye.* 1992. Seite 190).

341. Eine Gruppe der extremen Schia innerhalb der Ismailiten. Sie sind durch ihre blutigen Aufstände in die Geschichte eingegangen (vgl. Hizmetli, Sabri: *Karmatiler.* 2001. Seite 510).

342. Zu den Vorwürfen der Gegner Ibn ʿArabīs und den Antworten darauf siehe Ertuğrul, İsmail Fenni: *Vahdet-i Vücûd.* 1991. Seiten 105–265. Šaiḫ Makkī: *al-Ǧānib al-ġarbī fī ḥall muškilāt aš-Šaiḫ Muḥyīddīn Ibn al-ʿArabī.* 2011. Seiten 139–285.

nen Werken einen großen Teil der logischen Konsistenz seiner Vorstellungskraft geopfert hat. Auch seine Poesie kritisiert ʿAfīfī und sagt, dass er zwar über die Vorstellungskraft eines Dichters verfüge, aber nicht über die fürs Dichten benötigte Gefühlsebene, gerade im Vergleich zu Ibn Fāriḍ.[343] Er bemängelt außerdem Ibn ʿArabīs Art, mit den islamischen Quellen umzugehen, und schreibt, dass dieser bei der Erläuterung eines Themas zunächst einen Prophetenspruch oder einen Koranvers zitiere, im Anschluss daran jedoch dessen Bedeutung völlig ignoriere und ihm willkürlich eine beliebige ihm genehme philosophische oder sufische Bedeutung aufbürde.[344] Nach ʿAfīfī ist es unmöglich, Ibn ʿArabīs Lehre von der Einheit des Seins, die dieser unter sunnitischer Camouflage verberge, mit dem Islam in Einklang zu bringen.[345] ʿAfīfī geht davon aus, dass sich Ibn ʿArabī bei der Ausformung seiner Philosophie einer Vielzahl von Quellen bediente. Er habe sich gemäß ʿAfīfī nicht davor gescheut, sehr viele verschiedene philosophische und sufische Lehren, die sich in ihren Methoden unterscheiden, inhaltlich und formal nicht komplementär sind und auch einander widersprechen, in sein Lehrsystem einzubringen.[346] Diese Quellen sind nach ʿAfīfī die folgenden:[347]

Islamische Quellen:

1. Der Koran und eine Auswahl von Hadithen, die die Sufis dem Propheten zuschreiben.

2. Manche Sufis, die andeutungsweise von *waḥdat al-wuǧūd* (Einheit des Seins) sprechen, ohne ein spezifisches philosophisches System hierzu zu haben: Abū Yazīd al-Bisṭāmī, Ǧunaid al-Baġdādī, Manṣūr al-Ḥallāǧ.

343. Siehe Afîfî, Ebu'l-Alâ: *Muhyiddin İbnü'l-Arabî'de Tasavvuf Felsefesi.* 1999. Seiten 24–25.

344. Siehe Afîfî, Ebu'l-Alâ: *İbnü'l-Arabî'nin Tasavvuf Felsefesinin Kaynakları.* 2000. Seite 233.

345. Siehe Afîfî, Ebu'l-Alâ: *Muhyiddin İbnü'l-Arabî'de Tasavvuf Felsefesi.* 1999. Seite 16.

346. Vgl. Afîfî, Ebu'l-Alâ: *İbnü'l-Arabî'nin Tasavvuf Felsefesinin Kaynakları.* 2000. Seite 213.

347. Vgl. ebenda, Seiten 230–231. Afîfî, Ebu'l-Alâ: *Muhyiddin İbnü'l-Arabî'de Tasavvuf Felsefesi.* 1999. Seiten 177–188.

3. Sufis, die zum *waḥdat al-wuǧūd* weder ein klares System haben, noch Andeutung dazu machen: Abū Ṭālib al-Makkī, aš-Šiblī, al-Ḫarrāz.

4. Ašʿaritische und muʿtazilitische Kalām-Gelehrte.

5. Qarmaten, ismailitische Batiniten und insbesondere die *iḫwān aṣ-ṣafā'* (Brüder der Reinheit).

6. Muslimische Philosophen, die sich den Aristotelismus mit neuplatonischen Einsprengseln zu eigen machten, zuvorderst al-Fārābī und Ibn Sīnā.

7. *Išrāqīs* (Illuminationisten).

Nicht-islamische Quellen:

1. Hellenistische, insbesondere neuplatonische Philosophie.

2. Bei allen Ansichten, die mit seiner *Kalima*-Hypothese zusammenhängen: Philon Judaeus und die Stoiker.

ʿAfīfī lehnt die Annahme Miguel Asin Palacios' ab, dass die Wurzeln für Ibn ʿArabīs Philosophie in den Gedanken Ibn Masarras, der drei Jahrhunderte vor ihm gelebt hatte, zu suchen seien. Er weist auf die wissenschaftlichen Kriterien der Quellenkritik hin, die man beachten müsse: Es sei nicht wissenschaftlich, wenn man nur ausgehend von einer Ähnlichkeit zwischen den Ansichten zweier Personen annimmt, dass die eine Person die andere beeinflusst habe, ohne irgendwelche historischen Daten darüber zu haben, dass sie einander begegnet sein könnten.[348] Aus diesem Grund verwirft er sowohl Palacios' Annahme der Beeinflussung Ibn ʿArabīs durch Ibn Masarra[349] als auch dessen Vermutung, Dante habe bei der Niederschrift seiner *Göttlichen Komödie* von

348. Vgl. Afîfî, Ebu'l-Alâ: *İbnü'l-Arabî'nin Tasavvuf Felsefesinin Kaynakları*. 2000. Seite 223.
349. Vgl. ebenda.

Ibn ʿArabīs *Tarǧumān al-Aśwāq* profitiert.[350] Bedauerlicherweise hält sich ʿAfīfī in seinen eigenen Arbeiten zu den Sufis nicht an diese Maßstäbe wissenschaftlicher Präzision. Der Kürze halber seien hier nur zwei Beispiele angeführt. In seinem Artikel über die Theorien der Muslime zu *kalima* (Logos) sagt er in Bezug auf al-Ḥallāǧs Kommentar des Prophetenspruchs »Gott erschuf Adam nach Seinem Bilde«: »Zweifellos ist er [al-Ḥallāǧ] zum einen von dem Inkarnationsglauben der Christen, zum anderen von Philons Logos-Theorie beeinflusst worden«. Im gleichen Artikel räumt er aber auch ein, dass nicht bekannt sei, wie al-Ḥallāǧ zu diesen Lehren Zugang gehabt haben könnte.[351] Ein weiteres Beispiel betrifft Ibn ʿArabī selbst. Nachdem ʿAfīfī die oben genannten Quellen für Ibn ʿArabīs Ansichten angeführt hat, versucht er, den jeweiligen Einfluss anhand von Textstellen zu belegen. Darüber, wie Ibn ʿArabī allerdings von den Lehren Philons und der Stoiker, die ʿAfīfī als wichtige Quellen mit angibt, erfahren haben könnte, fehlt ihm jegliche Kenntnis. Sein einziges Indiz lautet, dass Philon und die Stoiker im Orient, wo sich Ibn ʿArabī lange Zeit aufgehalten hat, allgemein gut bekannt waren.[352]

Andererseits kann man auch annehmen, dass ʿAfīfī von dem Bild Ibn ʿArabīs beeinflusst worden ist, das in der Zeit, in der er seine Doktorarbeit schrieb, im Westen vorherrschend war. Man darf nicht vergessen, dass in dieser Zeit seine Lehre noch nicht gut bekannt war und sie als Pantheismus, Panentheismus oder bisweilen als Naturmystizismus interpretiert wurde.[353] ʿAfīfī änderte in späteren Jahren seine Ansichten zu Ibn ʿArabī, was aus seinen später verfassten Artikeln deutlich wird.

Neben denen, die glauben, Ibn ʿArabī habe mit Hilfe der griechischen Philosophie und der indischen Mystik ein eklektizistisches System errichtet, gibt es auch Kommentatoren, die denken,

350. Vgl. Afîfî, Ebu'l-Alâ: *İbnü'l-Arabî'nin Fütûhâtü'l-Mekkiyye isimli eseri.* 2000. Seite 299. Obgleich ʿAfīfī in diesem Artikel Palacios' Ausführungen zu Dante und dessen *Göttlicher Komödie* zustimmt, behauptet er in einem anderen Werk (Afîfî, Ebu'l-Alâ: *İslam'da Manevi Hayat.* Istanbul: İz Yayıncılık. 1997) das genaue Gegenteil. Siehe auch Fußnote 127 des hier erwähnten Artikels.

351. Siehe Afîfî, Ebu'l-Alâ: *Müslümanların Logos Kelime/Nazariyeleri.* 2000. Seiten 91–92.

352. Siehe Afîfî, Ebu'l-Alâ: *İbnü'l-Arabî'nin Tasavvuf Felsefesinin Kaynakları.* 2000. Seite 233.

353. Vgl. Nasr, Seyyid Hüseyin: *Üç Müslüman Bilge.* 2009. S. 132, 135–137. Schimmel, Annemarie: *Mystische Dimensionen des Islam.* Seite 374.

dass er sie unter der Einwirkung von Göttlicher Inspiration (*ilhām*)[354] verfasst hat. Demnach erlangte Ibn ʿArabī sein Wissen aufgrund von Göttlichen Eingaben und Einleuchtungen in sein Herz, und daher kann man in Bezug auf seine Werke auch nicht von historischen oder literarischen Quellen oder Wurzeln sprechen. Denn anders als das Wissen, das einfache Gemüter sich durch Auswendiglernen und Wiederholen aneignen, sogenanntes »erworbenes Wissen« (*kasbī*), wird das Wissen, dass wir von Gott erhalten, als »geschenktes Wissen« (*wahbī*) bezeichnet.[355] Da es Sufis schwer fällt, ihren Zustand inneren Erfahrens in Worte zu fassen, machen sie, um sich ausdrücken zu können, Anleihen bei den Terminologien anderer Wissenschaften. Lediglich in diesem Zusammenhang ist es möglich, von historischen Quellen zu sprechen.[356] Der Sufi bedient sich hier des historischen Reichtums, um aus mystischer Erfahrung generiertes von Göttlicher Quelle stammendes Wissen auszuformulieren.[357] Dies ist ein wichtiges Thema, da der bedeutendste Unterschied zwischen den Sufis und den Philosophen ihre Epistemologie ist. Die Frage, woher das Wissen kommt und wie es erlangt wird, ist sehr zentral. Mit welchen Worten dieses Wissen zum Ausdruck gebracht wird, kann nur von sekundärer Bedeutung sein.

Ibn ʿArabī vergleicht in einem Abschnitt die Sufis mit den Philosophen. Hier wehrt er sich heftig gegen die Behauptung, diese würden ihr Wissen von jenen beziehen, und beschuldigt diejenigen, die dies behaupten, zu lügen:

> Wenn du sagst: »[Der Sufi] hat dies von den Philosophen gehört« oder »es in deren Büchern gelesen«, fällst du der Unwissenheit und Lüge anheim. Lüge ist, dass du sagst: »Er hat

354. Balī Efendī beschreibt *ilhām* als eine Art der Offenbarung von Direktiven, eine Tat zu begehen oder nicht zu begehen, die Gott einer Person direkt in ihr Herz eingibt. Laut Qāšānī bedeutet *ilhām,* dass eine Person Kenntnis erlangt über zuvor in der Typenwelt verborgene Geheimnisse, wobei die höchste Stufe hiervon lautet, dass sie ohne Zwischenstufe direkt in der ewigen Sprache der Wahrheit Gottes mit ihm spricht (vgl. Qāšānī, ʿAbd ar-Razzāq: *Muʿǧam.* 1992. Seiten 298–299).

355. Vgl. Ibn Sevdekîn: *Idrîs Fassı.* 2013. Seiten 72–73.

356. Vgl. Nasr, Seyyid Hüseyin: *Üç Müslüman Bilge.* 2009. Seite 130. Kılıç, Mahmut Erol: *Şeyh-i Ekber.* 2010. Seiten 90–92.

357. Vgl. Rahmati, Fateme: *Der Mensch als Spiegelbild Gottes in der Mystik Ibn ʿArabīs.* 2007. Seite 19.

> dies gehört oder in deren Büchern gelesen« […] Unwissenheit ist, dass du in dieser Sache das Rechte vom Falschen nicht zu scheiden vermagst.[358]

Eine weitere Aussage von ihm hierzu:

> Wir sind nicht die Sprecher der Worte der Philosophen noch anderer in irgendeiner Sache. Fürwahr, wir belieben, in unseren Büchern [zu schreiben], was uns eröffnet wurde und wie es Gott eingegeben. Dies ist der Pfad des Volkes [der Sufis].[359]

Ibn ʿArabī beschreibt den Unterschied zwischen den Sufis und denen, die sich ihr Wissen auf dem regulären Bildungsweg aneignen, wie folgt:

> Wie kann die Rede eines Mannes versiegen, der seine Weisheit nicht von sich, sondern von Gott erhält? Wie groß ist doch die Ungleichheit zwischen dem, der da schreibt: »Jener Selige hat von jenem Seligen mir überliefert«, und dem, der schreiben kann: »Mir hat mein Herz von meinem Herrn überliefert.«[360]

Abū Yazīd al-Bisṭāmīs Ansprache an die formalistischen Gelehrten findet seine volle Zustimmung:

> Ihr bezieht euer Wissen von den Toten, wir hingegen von dem unsterblichen Lebenden. Unsereins sagt: »Mein Herz überliefert mir von meinem Herrn«, ihr dagegen sagt: »Jener überlieferte mir.« Und fragt man: »Und wo ist er«, so lautet die Antwort: »Er ist verschieden«, und ihr sagt: »Jener über-

358. FT I, 56:
وأما قولك إن قلت سمعها من فيلسوف أو طالعها في كتبهم فإنك ربما تقع في الكذب و الجهل. أما الكذب فقولك سمعها او طالعها وأنت لم تشاهد ذلك منه, وأما الجهل فكونك لا تفرق بين الحق في تلك المسألة والباطل.

359. FT IX, 92:
ولسنا ممن يحكى أقوالهم في أمر ولا أقوال غيرهم وإنما نريد في كتبنا و جميع كتبنا ما يعطيه الكشف ويمليه الحق هذا طريقة القوم

360, FT I, 94:
فمن كان يأخذ عن الله لا عن نفسه كيف ينتهي كلامه أبدا, فشتان بين مؤلف يقول: حدثني فلان رحمه الله عن فلان رحمه الله, وبين من يقول حدثني قلبي عن ربي

> lieferte es von jenem anderen.« Und fragt man: »Wo ist jener andere«, antwortet man: »Auch er ist verschieden.«[361]

In Bezug auf das Unvermögen der Philosophen, seine Rede zu verstehen, sagt Ibn ʿArabī zu seinen Mit-Sufis, Wegbegleitern, Gefährten und Freunden:

> Unser Wissen ist nicht von Menschenworten, Menschenmündern, Seiten von Heften und papiernen Schriftrollen aufgelesen. Im Gegenteil: Unser Wissen ist geboren aus den Spiegelungen unserer Herzen im Augenblick der Herrschaft der Verzückung und des Triumpfs der Entwerdung (*fanāʾ*)[362] über den Körper.[363]

Zweifelsohne ist es schwierig, diese Art des Erkenntnisgewinns nachzuvollziehen. An diesem Punkt verschwimmt das epistemologische Verständnis der Sufis mit ihren ontologischen Ansichten. Denn ihnen zufolge sind sie im Ursprung nicht unabhängig voneinander, sondern eins. Diese von Ibn ʿArabī beschriebene Art der Wissensaneignung durch Entwerden (*fanāʾ*) im Sein (*wuǧūd*) wird von seinem engsten Schüler und wichtigsten Ausleger al-Qūnawī weiter ausgeführt:

361. FT I, 423.

362. »*Fanāʾ* bedeutet auf Arabisch ›Vergänglichkeit‹, ›Vergehen‹, ›Entwerdung‹. Gemeint ist damit das Verlöschen der Dinge in den Augen des Sufis. Das Gegenteil davon ist *baqāʾ* (Fortdauer, Ewigkeit). Es unterscheidet sich vom Nirvana der Hinduisten. In der indischen Mystik bedeutet die Entwerdung das Nichts; im Sufismus des Islams wird der Diener nicht zum Nichts, anstelle des Nichts treten die Attribute Gottes. Dies bedeutet Folgendes: Der Diener gibt alle seine Eigenschaften und Angewohnheiten als Mensch auf, gelangt ins *fanāʾ* und wird vollkommener und reift. An Stelle der schlechten Eigenschaften und Angewohnheiten treten die vollkommenen, guten Eigenschaften und Angewohnheiten Gottes. Das heißt, hier ist nicht wie in der indischen Mystik ein Gang ins Nichts, das Nichts, das Nichtvorhandensein der Fall, sondern im Gegenteil eine Erneuerung und Erhöhung in den vollkommenen Eigenschaften und der vollkommenen Moral Gottes.« (Cebecioğlu, Ethem: *Tasavvuf Terimleri ve Deyimleri Sözlüğü.* 2004. Seite 208). Siehe außerdem Ibn ʿArabī: *Iṣṭilāḥāt aṣ-Ṣūfiyya.* 2001. Seite 410.

363. Ibn ʿArabī: *Kitāb al-Masāʾil.* 2001. Seite 305:
إن علومنا غير مقتنصة من الألفاظ ولا من أفواه الرجال ولا من بطون الدفاتر
والطروس بل علومنا عن تجليات علي القلب عندغلبة سلطان الوجد وحالة الفناء
بالوجود

> Die Realisierung des Wissens von einem Gegenstand und des absoluten Wissens über ihn ist daran gebunden, mit ihm eine Einheit zu bilden, und diese Einheitsbildung ist daran gebunden, dass alles verschwindet, was den Wissenden vom gewussten Gegenstand trennt [...] Der Grund dafür, dass der Mensch von einem Gegenstand kein Wissen hat, liegt in der Vielzahl der Gesetze, welche bewirken, dass beide sich hinsichtlich Beschaffenheit, Rangstufe, Besonderheiten und ähnlicher Dinge voneinander unterscheiden [...] Wenn die Gesetze, die bewirken, dass sich zwei Dinge voneinander unterscheiden, vollständig außer Kraft treten, wird die Weisheit vollkommen und zur Wirklichkeit.[364]

Für Ibn 'Arabī ist alle Existenz eins, und ihm und seinen Anhängern zufolge ist der wahre Inhaber dieser Existenz Gott. Der Mensch wiederum borgt sich die Existenz von Ihm. Wenn jemand den wahren Herrn der Existenz vergisst und seine eigene Existenz von sich selbst wähnt, wird er zum Narren. Die Sufis isolieren sich durch spezielle Gebetspraktiken und Leibesübungen von allem, was sie umgibt, um sich von den Eindrücken der äußeren Welt, die einen diesem Irrtum anheimfallen lassen, zu lösen. Der von allem isolierte Sufi bleibt mit seiner eigenen Existenz allein. Er hat nun auf seinem bisherigen Weg alles hinter sich gelassen, erkennt jetzt den wahren Herrn seiner eigenen mit ihm isolierten Existenz und gibt auch diese auf. Der auf diese Weise sein Sein aufgebende (*fanā'*) Sufi beginnt nun, in allem, was er um sich herum sieht, inklusive seiner selbst, die alleinige und wahre Existenz zu sehen. Auf diese Weise gewinnt er ein vollständiges Wissen vom Entstehen der Welt.[365] Das ontologische Weltbild Ibn 'Arabīs, das in den fol-

364. Konevî, Sadreddin: *İlâhî Nefhalar.* 2004. Seiten 48–49. Ayrica bkz. Konevî, Sadreddin: *Vahdet-i Vücûd ve Esasları.* 2012. Seiten 56–57.

365. »Das Problem des Subjekt-Objekt-Verhältnisses wird im Islam unter dem Begriff ›die Einheit des Wissenden und des Gewussten‹ (*ittiḥād al-'ālim wa-l-ma'lūm*) behandelt und besprochen. Zum höchsten Grad der Erkenntnis gelangt man, wenn der Wissende – also das Subjekt, der Mensch – mit dem Objekt, was immer dieses sein mag, vollständig sich vereint, so dass keinerlei Unterschied mehr zwischen beiden besteht und beide eine Einheit bilden. Denn Unterschied oder Trennung bedeutet Ferne, und die Ferne im Wissensverhältnis ist Unwissenheit oder Ignoranz. Der kleinste Unterschied oder die kleinste Trennung zwischen Subjekt und Objekt bedeutet, dass man nicht zum vollen Wissen gelangt ist [...] Nach den Philosophen dieser Schule ist das hochrangigste Wissensobjekt das

genden Kapiteln aufgeschlüsselt wird, wird uns dabei behilflich sein, dies besser zu verstehen. Der Hauptgrund, warum dieses Thema hier ausführlicher behandelt wird, liegt in der Tatsache, dass zwischen den Möglichkeiten zur Wissensaneignung der möglichen Wesen und dem Problem des Übels ein elementarer Zusammenhang besteht. Dieses Detail werden wir an entsprechender Stelle wieder aufgreifen.

Ibn ʿArabī definiert das Göttliche Wissen, nachdem er festgestellt hat, dass die Weisheit ein Gnadengeschenk Gottes an jemanden ist, folgendermaßen:

> Das Göttliche Wissen ist das Wissen, das Er eine Person durch Eingeben, Einwerfen und Hineinsenden des vertrauenswürdigen Geistes ins Herz lehrt.[366]

Nachdem er den Weg der Wissenserlangung erklärt hat, schreibt er über sein Werk *al-Futūḥāt:*

> Auch dieses Buch ist von dieser Art. Ich schwöre bei Gott. Ohne die Göttliche Anfüllung, die höchstherrliche Einwerfung oder die geistige Einflüsterung ins Herz meines Seins habe ich nicht einen Buchstaben davon [selbst] verfasst.[367]

Ibn ʿArabī scheint verstanden zu haben, dass diese Aussagen gegen ihn verwendet werden könnten und er bezichtigt werden könnte, sich selbst das Prophetentum anzumaßen. Um solchen Einwürfen zuvorzukommen, fügt er den Sätzen oben noch hinzu, dass Mo-

›Sein‹. Einem der Bedeutendsten unter ihnen, Mullā Ṣadrā, zufolge kann man zur eigentlichen Kenntnis über das ›Sein‹ nicht durch rationales Nachdenken gelangen, sondern nur durch eine besondere Form des Verspürens. Nach seinem Verständnis besteht diese zweite Art des Wissens aus der wortwörtlichen ›Einheit des Wissenden und des Gewussten‹, sprich: daraus, dass der Mensch das ›Sein‹ nicht als ein Objekt des Wissens von außen erkennt, sondern selbst zum Sein wird bzw. zur Selbsterkenntnis gelangt« (Izutsu, Toshihiko: *İslam mistik düşüncesi üzerine makaleler.* 2010. Seiten 19–20).

366. FT VI, 233:
فالعلم الإلهى هو الذى كان الله سبحانه معلمه بالإلهام والإلقاء وبإنزال الروح الأمين على قلبه [...]

367. FT VI, 233:
وهذا الكتاب من ذلك النمط عندنا, فوالله ما كتبت منه حرفا إلا عن إملاء إلهي إلقاء رباني أو نفث روحاني في روع كياني [...]

hammed der letzte Prophet sei, dass nach diesem kein Prophet mehr kommen werde und dass man dessen Beispiel folgen müsse.[368]

Ibn ʿArabī betont, dass alles, was er schreibt und sagt, dieselbe Quelle hat wie der Koran und dass aus dieser Quelle nur diejenigen Nutzen ziehen können, mit denen der Allwahre (Gott) selbst spricht:

> Alles, was wir bei unseren Zusammenkünften und in unseren Schriften sagen, ist von der Gegenwärtigkeit (*ḥaḍra*)[369] des Korans selbst und von den geistigen Schätzen, deren Schlüssel zu ihrem Verständnis in ihm geschrieben stehen. Die Hilfe ist von ihm [dem Koran]. Dies alles ist, damit wir die Grenzen des Korans nicht übertreten. Denn er ist die heiligste aller Gaben. Dessen Wert kann nur abschätzen, wer einmal in seinen Genuss kam und wer seine eigene Seele zu dessen Herabsendungsort machen und wahrnehmen kann, wie Gottes Mysterium selbst über ihn [den Koran] mit ihm spricht. Wenn es Gott selbst ist, Der alle Zwischendinge aufhebt, wird das Verständnis [des Korans] dessen Wortlaut begleiten.[370]

Er begründet den Umstand, dass er keiner Rechtsschule folgt, damit, dass die Leute der Eröffnung (*kašf*) stets den Propheten selbst sehen. Denn das Folgen einer Rechtsschule ist für diejenigen obligatorisch, die ihn nie zu Gesicht bekommen. Die Leute der Eröffnung aber beziehen ihre benötigten Direktiven direkt vom Propheten.[371]

368. Vgl. FT VI, 233–234.

369. *Ḥaḍra* ist der Name, der im System Ibn ʿArabīs eine bestimmte ontologische Stufe erhält. Diese wird in späteren Abschnitten noch einmal angesprochen. Für nähere Angaben siehe AL-ḤAKĪM, SUʿĀD: *Al-muʿǧam aṣ-Ṣūfī*. 1981. Seiten 323–326.

370. FT VI, 61 (die letzten Sätze wurden zusammenfassend übersetzt):
فجميع ما نتكلم فيه في مجالسي و تصانيفي إنما هو من حضرة القرآن و خزائنه
أعطيت مفتاح الفهم فيه و الإمداد منه و هذا كله حتى لا نخرج عنه فإنه أرفع ما
يمنح و لا يعرف قدره إلا من ذاقه و شهد منزلته حالا من نفسه و كلمه به الحق في
سره فإن الحق إذا كان هو المكلم عبده في سره بارتفاع الوسائط فإن الفهم
يستصحب كلامه منك فيكون عين الكلام منه عين الفهم منك

371. Vgl. FT VI, 63.

Über die *Fuṣūṣ* äußert er sich ähnlich wie über die *Futūḥāt:*

> In der letzten Dekade des Monats Muḥarram des Jahres 627 sah ich in Damaskus den Propheten in einem Traum. In seiner Hand hatte er ein Buch, und er sagte: »Dies ist das Buch *Fuṣūṣ al-Ḥikam.* Nimm es und bringe es zu den Menschen, auf dass sie Nutzen davon haben.«[372]

Diese Art von Aussprüchen findet man häufig in Ibn ʿArabīs Werken; es ist klar, dass sie mit dem Weg des Erkenntnisgewinns der Sufis zusammenhängen. Diese Wege des Wissensempfangs, die mit Begriffen wie *ilhām, kašf, fatḥ, wahb* und *mušāhada* bezeichnet werden, mögen dem Themenfremden seltsam oder gar unsinnig erscheinen. Es fällt in der Tat schwer, jemandem zu glauben, der behauptet, in seinen Träumen oder im Wachzustand in anderen Sphären mit vor Jahrhunderten Verstorbenen Gespräche zu führen. Es ist nachvollziehbar, wenn ein Atheist, der an keinen Schöpfergott glaubt, auch keinem glaubt, der behauptet, Botschaften von Ihm zu überbringen. Wenn man aber bedenkt, dass auch die Propheten ähnliche Erlebnisse hatten, erscheint es seltsam, wenn ein Theist, der an einen Propheten glaubt, der behauptet, Offenbarungen zu empfangen, die Sufis leugnet. Denn Menschen, die solche Erfahrungen nicht machen, haben bei keinen von beiden die Möglichkeit, ihren Wahrheitsgehalt zu überprüfen. Der Empfang von Botschaften von Gott ist zwar ein für Missbrauch anfälliges Thema, aber aus Sicht eines Theisten im Bereich des Möglichen.

Ibn ʿArabī glaubt, dass die Eröffnung (*kašf*) und die Eingebung (*ilhām*) das Wissen in seiner reinsten Form übermitteln. Die Rolle des Verstandes beim Erkenntnisvorgang leugnet er zwar nicht völlig, jedoch hat er diesbezüglich Bedenken. So wie das Regenwasser, das in reinem und unvermischtem Zustand herabregnet, je nach Gegend und Bodenbeschaffenheit seine Konsistenz ändert, so ändert sich das durch Nachdenken erlangte Wissen mit und in jedem Verstandesinhaber. Aus diesem Grund ist es fast unmöglich, von Menschenwesen reines unverfälschtes Wissen zu beziehen. Denn wenn der Gedanke in einem bestimmten Verstand Platz nimmt, so

372. FS, 47:

فإني رأيت رسول الله صلى الله عليه وسلم في مبشرة أريتها في العشر الآخر من محرم سنة سبع وعشرون وستماءة بمحروسة دمشق وبيده صلى الله عليه و سلم كتاب فقال لي: هذا كتاب فصوص الحكم خذه واخرج به إلى الناس ينتفعون به

färbt jener auf diesen ab. Das *Ladunn*-Wissen[373] hat nur eine Färbung, es ist klar und vollkommen unvermischt.[374]

Nach Ibn ʿArabī benötigt der Verstand der Sinnesorgane, des Intellektes, der Vorstellungkraft und des Gedächtnisses, um einen Gedanken zu fassen. Diese Tatsache ist ein Hinweis darauf, wie vieler Dinge der Verstand bedarf. Andererseits kann auch, wenn die Kräfte diese Wissenseindrücke richtig und fehlerfrei aufnehmen und an den Verstand übergeben, dennoch dieser selbst manchmal Fehler bei ihrer Bewertung machen.[375]

Das Wort *ʿaql* hängt mit dem arabischen Wort *ʿiqāl* zusammen, welches »Strick, der um die Füße des Kamels gebunden wird, um seine Bewegung einzuschränken« bedeutet. Ibn ʿArabī betont diesen etymologischen Hintergrund des Verstandes und verweist so darauf, dass der Verstand vor allem eine Behinderung für das Erblicken der Wahrheit ist.[376] Anders als die Denker und Philosophen, betrachtet Ibn ʿArabī den Verstand als die Geisel eines umgrenzten Feldes. Ihm zufolge kann der Verstand die mit den Sinnen wahrnehmbare physische Welt nicht überwinden und ist deshalb unfähig, die großen Wahrheiten zu begreifen.[377] Nach ihm kann der Verstand den Schöpfer nur zum Teil erkennen. Denn er kann Gott nur durch die Abstraktion (*tanzīh* = Deklarierung der Unvergleichbarkeit Gottes mit irgendetwas anderem)

373. Dieser Ausdruck steht im Koran in den Versen, die die Begegnung von Moses mit Ḫiḍr wiedergeben. In Bezug auf Ḫiḍr steht im Koran: »Einer Unserer Diener, dem von Unsererseits Wissen zuteil wurde« (Sure 18:65). Der arabische Wortlaut hiervon ist *min ladunnā,* und daraus entstand in den späteren Jahren als fester Ausdruck *ʿilm al-ladunn* oder *ʿilm ladunnī* (*Ladunn*-Wissen) unter den Sufis. Damit meinen sie das Wissen um die Wahrheit, in welches Gott Seine auserwählten Diener einweiht. Die Begegnung von Moses mit Ḫiḍr wird auf den kommenden Seiten erläutert. Zu *ʿilm ladunnī* siehe Asad, Muhammad: *Die Botschaft des Koran.* 2009. Seite 567. Ibn Kaṯīr: *Muḫtaṣar Tafsīr Ibn Kaṯīr.* 1981. Seiten 426–427. Ibn Kaṯīr: *Muḫtaṣar Tafsīr Ibn Kaṯīr.* 1990. Seiten 370–374. Yazir, Elmalili Hamdi: *Hak dini Kur'an dili.* Seiten 194–195. Cebecioğlu, Ethem: *Tasavvuf Terimleri ve Deyimleri Sözlüğü.* 2004. Seite 397. Albayrak, İsmail: *Kur'an ve Tefsir Açısından Hızır Kıssası ve Ledün İlmi.* 2003. Seiten 187–210.

374. Vgl. FT I, 501–502.

375. Vgl. FT I, 323, 436. Al-Hakīm: *Akıl Eleştirisi / İbn Arabî'nin Bilgi Tecrübesi Hakkında Bir Görüş.* 2008. Seiten 308–309.

376. Vgl. Ibn ʿArabī: *Kitāb al-Taǧalliyāt.* 2001. Seite 322. Al-Ḥakīm, Suʿād: *Al-muʿǧam aṣ-Ṣūfī.* 1981. Seite 813. Ertuğrul, İsmail Fenni: *Vahdet-i Vücud ve İbn Arabî.* 1991. Seite 41.

377. Vgl. Al-Ḥakīm, Suʿād: *Al-muʿǧam aṣ-Ṣūfī.* 1981. Seite 813.

begreifen[378] und schränkt Ihn auf diese Weise ein.[379] Ibn ʿArabī meint, dass der beste Weg, Gott zu erkennen, darin liegt, das Ihn am wenigsten beschränkende Gleichgewicht zwischen *tanzīh* (Abstraktion) und *tašbīh* (Vergleich, Analogie, Annäherung) herzustellen,[380] und das kann nur den Leuten der Eröffnung erfolgreich gelingen.[381] Sein Zeitgenosse Faḫr ad-Dīn ar-Rāzī war einer der ersten Kalām-Gelehrten, die sich die aristotelische Tradition in der Logik und der Philosophie aneigneten und sie bei theologischen Fragestellungen zur Anwendung brachten.[382] In einem Schreiben an diesen weist Ibn ʿArabī auf die Grenzen und Lücken des Verstandes hin und empfiehlt ihm die sufische Erfahrung.[383]

Wie aber kann man diese Erfahrungen der Sufis, die sie mit Begriffen wie *ilhām, kašf, fatḥ, wahb, mušāhada* und Ähnlichem betiteln, begreifen? Wer sind die Leute wirklich, die auch als »Leute der Lustempfindung« bezeichnet wurden aufgrund der großen Lust, die sie während dieser Erfahrungen verspürten?

Man muss wissen, dass das einzige Ziel im Leben des Sufis ist, den Geliebten zu erreichen. Und sein einziger Geliebter ist Gott. Auf dem Weg, Ihn zu erreichen, überwindet der Sufi alle weltlichen Hürden. Der Genuss, den er empfindet, wenn er am Ende des Weges den Geliebten erreicht, ist grenzenlos und unbeschreiblich. Manchmal ist der Verliebte von diesem Genuss so trunken, dass er den Umstehenden völlig unverständliche Dinge sagt; wobei ihm egal ist, was die Menschen von ihm denken. Denn er ist ans Ende seines Weges gelangt (oder besser gesagt, an den Anfangspunkt seiner Reise). Der Sufi tritt diese Reise unter Anleitung eines Scheichs an, indem er bestimmte leibliche und Gottesdienstliche Übungen vollzieht.[384]

378. Vgl. FS, 181.

379. Vgl. FS, 68.

380. Vgl. FS, 69.

381. Vgl. AKTI, SELAHATTIN: *Die Gott-Welt-Beziehung in der Existenzphilosophie Ibn ʿArabīs.* 2015. Seite 13.

382. Vgl. DORU, NESIM: *İbn Arabî'nin Fahreddin Razi'ye Gönderdiği Mektup.* 2002. Seiten 100–101.

383. Vgl. IBN ʿARABĪ: *Risāla ilā l-Imām ar-Rāzī.* 2001. Seite 187.

384. Zu den Erkenntnisstufen, zu denen der Sufi durch disziplinierte Übungen in seiner Bruderschaft und durch Zügelung seiner Begierden gelangen kann, siehe SCHIMMEL, ANNEMARIE: *Mystische Dimensionen des Islam.* 1995. Seiten 267–322. NASR, SEYYID HÜSEYIN: *Tasavvufî Makaleler.* 2007. Seiten 79–96. KILIÇ, MAH-MUT EROL: *Tasavvufa Giriş.* 2012. Seiten 25–44. Auch Chitticks Werk, in dem er die Vergangenheit und Gegenwart des Sufismus beschreibt und versucht,

Zum besseren Verständnis und zur Illustration wird das Blinden-Beispiel Ibn Ṭufails (1105–1185) hilfreich sein. Ibn Ṭufail berichtet von einem von Geburt an Blinden, der aber bei vollem Verstand und klug ist. Dieser lernt alle Straßen, Moscheen, Häuser und Menschen seiner Geburtsstadt kennen, während er in ihr an ihnen entlangläuft. Eines Tages erlangt dieser Blinde sein Augenlicht. Er sieht sich um und erblickt die Menschen und Dinge. Was immer er sieht, entspricht dem Bild, das er im Gedächtnis hatte. Er kennt und erkennt alles. Dies weckt zwei Gefühle in ihm. Zum einen, dass das zweite Wissen, das er nach der Genesung seiner Augen wahrnimmt, schärfer und klarer ist, zum anderen die große Lust und Genugtuung, die er hierüber empfindet.[385] Ibn Ṭufail vergleicht den Philosophen, der durch Nachdenken Wissen über die andere Welt zu erlangen versuchen, mit diesem Blinden, als er noch blind war. Denn die Philosophen versuchen Kenntnis zu erlangen über eine Welt, die sie (noch) nicht besucht und nicht gesehen haben. Dieses Wissen kann keines der Gewissheit, nur eines der Mutmaßungen sein; es gleicht den verschwommenen Bildern im geistigen Auge des noch Blinden. Den Sufi hingegen vergleicht er mit dem Menschen, der eine große Zufriedenheit und ein unbeschreibliches Lustgefühl verspürt, nachdem ihm die Augen geöffnet wurden. Denn die Sufis gelangen, wie oben beschrieben, nach einer langen und beschwerlichen Reise auf eine Stufe, auf der sie die Wahrheit mit eigenen Augen sehen können, und dies erweckt in ihnen ein unbeschreibliches Lustgefühl.

Da Ibn 'Arabī weiß, dass nach all diesen Erklärungen manche Menschen immer noch Kritik an den Methoden des Erkenntnisgewinns der Sufis üben werden, bringt er als Beispiel die Erzählung von Moses und Ḫiḍr im Koran,[386] welche zeigt, dass es in dieser

den Stellenwert des Sufismus in der heutigen Welt zu erfassen, ist interessant. Chittick erwähnt neben den Praktiken der Sufis in der Vergangenheit auch deren heutige Vertreter. Siehe CHITTICK, WILLIAM: *Sufism: A Short Introduction.* Oxford: Oneworld, 2000.

385. Siehe IBN TUFEYL: *Hayy bin Yakzan.* 2003. Seiten 13–14.

386. Die Geschichte von al-Ḫiḍr steht im Koran in den Versen 60–82 der Sure 18, *al-Kahf.* In dieser Geschichte geht es um die Begegnung zwischen Moses und jemandem, der sagt, dass er mehr Wissen habe als er. Diese im Koran namenlose Person ist ein gläubiger Diener, dem von Gott »Barmherzigkeit« und »Wissen« verliehen wurde. Moses bittet diesen aufrichtigen Gläubigen, ihn an seinem Wissen teilhaben zu lassen. Der Gläubige warnt ihn, dass er den inneren Sinn der Ereignisse nicht verstehen und deswegen keine Geduld zeigen werde. Als Moses

Hinsicht immer zwei Arten von Menschen geben wird, und beendet so aus seiner Sicht die Diskussion:

> Den Leugnern bringen wir als Beleg diese Geschichte höchstselbst. Aber mit ihnen zu streiten, ist indes unmöglich. Zu ihnen sagen wir, wie der aufrichtige Diener einst sagte:[387] ›Dies bedeutet unsere Trennung!‹[388]

Ibn ʿArabī verteidigt zwar die Sufis gegen die, die er »Verstandesleute« und »Formalisten« nennt, in letzter Instanz zieht er es aber vor, dass die Sufis ihr Wissen denjenigen, die nicht würdig sind, es zu erfahren, nicht mitteilen:

> Dieses Wissen, das durch Eröffnungen und Erkenntnisse erlangt wurde, muss, aufgrund der ihm innewohnenden Höhe, vor der Mehrheit der Menschen geheim gehalten werden. Sich darin vertiefen ist weit [schwer], aber daran zugrunde gehen ist nahe [leicht].[389]

Das folgende Kapitel handelt vom Wissen um das Sein, welches ein Sufi, der diese Erfahrungen gemacht hat, erlangt.

weiter darauf besteht, macht dieser zur Bedingung, dass er über alles, was geschehen wird, keine Fragen stellen dürfe. Moses sichert dies zu, und sie beginnen ihre Reise. Moses' Weggefährte versenkt erst das Schiff, auf dem sie fahren, dann tötet er ein Kind und schließlich repariert er eine beinahe eingestürzte Mauer in einem Dorf, in dem sie nicht gut behandelt wurden. Moses verliert jedes Mal die Geduld und fragt seinen Gefährten nach dem Sinn seines Handelns, woraufhin dieser erwidert: »Sagte ich dir nicht: ›Komm nicht mit mir, du erträgst es nicht‹?«, woraufhin Moses sich entschuldigt und die Reise fortgesetzt wird. Nach dem ersten und zweiten Mal akzeptiert er zwar seine Entschuldigung, beim dritten Mal aber sagt er, dass die Zeit des Abschieds gekommen sei: »Dies bedeutet unsere Trennung! Ich will dir jedoch noch deuten, was du nicht ertragen konntest.« Für nähere Angaben zum Thema siehe Çınar, Hüseyin İlker: *Die Reise des Propheten Moses mit Ḫiḍr im Koran.* 2008. Seiten 1–17. Ibn Kaṯīr: *Muḫtaṣar Tafsīr Ibn Kaṯīr.* 1981. Seiten 426–431. Ibn Kaṯīr: *Muḫtaṣar Tafsīr Ibn Kaṯīr.* 1990. Band 8, Seiten 370–388. Yazır, Elmalılı Hamdi: *Hak dini Kur'an dili.* Seiten 194–195. Albayrak, İsmail: *Kur'an ve Tefsir Açısından Hızır Kıssası ve Ledün İlmi.* 2003. Seiten 187–210. Çelebi, İlyas: *Hızır.* 1998. Seiten 406–408. Öztürk, Mustafa: *Bilge Kul-Musa Kıssası ve İslam Kültüründe Hızır Mitosu.* 2003. Seiten 245–281.

387. Koran 18:78.

388. FT I, 56:

وبهذه القصة عينها نحتج علي المنكرين لكنه لا سبيل إلي خصامهم ولكن نقول كما
قال العبد الصالح (هذا فراق بيني وبينك)

III.2 Das Seinsverständnis Ibn ʿArabīs

> Da nun die Wirklichkeit so ist, wie wir es behauptet haben, wisse, dass du und alles, was du [in deiner Umgebung] wahrnimmst und dazu »das bin nicht ich« sagst, eine Einbildung ist. Daher ist alles Sein eine Einbildung in einer Einbildung. Das wahrhaftige [nicht eingebildete] Sein jedoch ist einzig und allein Gott.[390]

EINE DER BESONDERHEITEN, DIE EINEM FORSCHER BEI IBN ʿArabī als Erstes auffällt, ist sein spezifisches Seinsverständnis. Manche, wie ʿAfīfī, denken zwar, dass er nichts Neues gebracht und nur das ihm zur Verfügung stehende Material an Ideen, die in der Geistesgeschichte schon lange vor ihm Bestand gehabt hatten, neu durchmengt habe. Aber dass er über ein eigenes System verfügt, wird übereinstimmend akzeptiert, wenn auch über dessen Originalität diskutiert und behauptet wird, es sei ein eklektizistisch zusammengetragenes. Der Gedanke an das Sein beschäftigt ihn so sehr, dass er in allem, was er schreibt und in jedem seiner Werke dieses, sein eigenes Seinssystem als Referenzrahmen benutzt. Sein Magnum opus *al-Futūḥāt al-Makkiyya* beginnt gleich mit einem Satz, der erste Hinweise auf sein System gibt und den Leser zum Nachdenken über das Sein anregt:

> Gelobt sei Gott, Der alle Dinge aus dem Nichts und aus dem Nichts des Nichts erschuf […] [Gott] der Erhabene erschien und ließ erscheinen, so dass nichts verborgen blieb, und [gleichzeitig] ward Er verborgen und machte verborgen.[391]

389. İbn Arabî: *Kitāb al-Fanā'* (2. 2001). Seiten 17–18:
وهذا الفن من الكشف وعلم يجب ستره عن أكثر الخلق لما فيه من العلو فغوره بعيد والتلف فيه قريب

390. FS, 104:
فأعلم أنك خيال وجميع ما تدركه مما تقول فيه ليس أنا خيال. فالوجود كله خيال في خيال. والوجود الحق إنما هو الله

391. FT I, 15:
الحمد لله الذي أوجد الأشياء عن عدم وعدمه [...] فظهر سبحانه وظهر وأظهر وما بطن، ولكنه بطن وأبطن

In vorherigen Kapiteln wurde bereits erwähnt, dass Ibn ʿArabī sich einer ihm eigenen Terminologie bedient, welche nach ihm jahrhundertelang auch von anderen übernommen wurde. Bevor Ibn ʿArabīs Gedanken zum Sein näher behandelt werden, ist es sinnvoll, zunächst die Bedeutung einiger von ihm verwendeter Begriffe zu erläutern, da das zum Verständnis dieser Gedanken hilfreich sein wird. Dieser Teil der Arbeit ist der Erläuterung dieser Schlüsselbegriffe seines Systems gewidmet.

III.2.1 **Schlüsselbegriffe**

III.2.1.1 *Nichtsein / Nichtexistenz* (ʿadam)

Nach Ibn ʿArabī ist weder Sein noch Nichtsein eine Eigenschaft, die etwas nicht Seiendes später erworben hat oder ihm verliehen wurde:

> Wisse, dass Sein und Nichtsein nicht etwas ist, was an das Seiende und an das Nichtseiende attribuiert wird. Es [das Sein] ist das Seiende und das Nichtseiende selbst. Der vordergründige Gedanke verfällt der Illusion, dass das Sein und das Nichtsein Eigenschaften des Vorhandenen und des Nichtvorhandenen seien.[392]

Etwas existiert oder es existiert nicht. Etwas, was existiert, kann nicht nichtexistent sein, und etwas, was nicht existiert, kann nicht existent sein. Denn die Wahrheiten können nicht ausgetauscht werden.[393] Wenn die Rede ist von der Nichtexistenz von etwas, was vorher da war, ist damit in Wirklichkeit gemeint, dass es von einer Seinsebene in eine andere gewechselt ist. Die Abstufungen des Seins werden später detaillierter erklärt.

In Ibn ʿArabīs Werken tauchen zwei Arten von Nichtexistenz auf. Zum einen die *absolute Nichtexistenz* oder *unmögliche Nicht-*

392. INŠĀʾ 6:
فاعلم أن الوجود والعدم ليسا بشيء زائد على الموجود والمعدوم، لكن هو نفس الموجود والمعدوم. لكن الوهم يتخيل أن الوجود والعدم صفتان راجعتان الى الموجود والمعدوم.

393. Vgl. Konuk, Ahmed Avni: *Fusûsu'l-Hikem Tercüme ve Şerhi.* 2010. Band I, Seite 8. Nablusî, Abdülganî: *Gerçek Varlık.* 2009. Seite 42.

existenz, zum anderen die *relative Nichtexistenz* oder *mögliche Nichtexistenz.* Da die Existenz unendlich und ohne jede Begrenzung ist, gibt es nirgendwo einen Ort, an dem die absolute Nichtexistenz sich manifestieren kann. Da sie keiner der Kategorien des Seins zugeordnet werden kann, ist sie auch nichts Wirkliches und kann daher auch nicht zum Objekt unseres Denkens werden:

> Das andere Bekannte ist die absolute Nichtexistenz. Es ist aus sich selbst heraus nichtexistent und kann in keiner Weise erfasst [beschrieben] werden. Es ist unmöglich. Es ist das Gegenteil der absoluten Existenz.[394]

Die andere, als »relativ« bezeichnete Art der Nichtexistenz wird in der Literatur der Sufis verwendet für den Zustand der augenscheinlichen faktischen Nichtexistenz, die aber das verborgene Potenzial zur Existenz in sich trägt, gleich dem Baum, der in seinem Samen verborgen ist. Es wird vermutet, dass diese Art der Nichtexistenz auf einer Zwischenebene (*barzaḫ*) zwischen der absoluten Existenz und der absoluten Nichtexistenz liegt.[395] Ibn 'Arabī erläutert das am Beispiel von Zaid, einem bei den Arabern sehr häufig vorkommenden Namen, der von Ibn 'Arabī (und anderen) sehr gerne als »Max Mustermann« verwendet wird). Demnach befindet sich Zaid auf dem Markt, weshalb jemand, der ihn in seinem Haus aufsucht, ihn dort nicht vorfindet. Der, der ihn nicht findet, wird über Zaid sagen, dass er nicht (da) ist, während ein anderer, der ihn auf dem Markt sieht, sagen wird, dass er sehr wohl existiert. Eine Person namens Zaid existiert, und sein Zustand der Nichtexistenz bei sich zuhause wird bedingt durch seine Existenz woanders. In diesem Fall haben beide – sowohl der, der sagt, dass Zaid da ist, als auch der, der sagt, dass er nicht da ist – die Wahrheit gesagt.[396] Für Ibn 'Arabī ist es wichtig, von etwas Seiendem sagen zu können, dass es existiert und zugleich nicht existiert. Denn in seiner Auffassung wird alles außer Gott aus dieser Art des Nichtseins erschaffen. Er stimmt zwar mit dem in den Buch-

394. FT V, 68:
والمعلوم الآخر العدم المطلق الذي هو عدم لنفسه وهو الذي لا يتقيد أصلا وهو المحال وهو في مقابلة الوجود المطلق [...]

395. Vgl. Konuk, Ahmed Avni: *Fusûsu'l-Hikem Tercüme ve Şerhi.* 2010. Band I, Seite 8.

396. Vgl. INŠĀ' 7.

religionen gelehrten Konzept der »Erschaffung aus dem Nichts« überein, vergleicht aber die Schöpfungstätigkeit Gottes damit, dass Zaid vom Markt nach Hause zurückkehrt und von denen im Haus gesehen wird. Wie schon erwähnt, wird nichts aus der alleinigen (absoluten) Nichtexistenz in die Existenz und aus der Existenz in die absolute Nichtexistenz transformiert:

> [Gott] erschuf nichts aus der unmöglichen [absoluten] Nichtexistenz heraus. Vielmehr ließ Er in Erscheinung treten, was [vorher] zur Existenz veranlagt war. Dies ist, was wir mit den ersten Zeilen dieses Buches meinten mit den Worten »Gelobt sei Gott, Der alle Dinge aus dem Nichts und aus dem Nichts des Nichts erschuf.« »Nichts« sagten wir, da es keine nach außen hin sichtbare Existenz besaß, und das »Nichts des Nichts« ist die Existenz.[397]

Somit wird klar, dass Ibn ʿArabī mit »relativer Nichtexistenz« etwas meint, das, selbst wenn es kein äußeres Dasein hat, in jedem Fall über eine der im kommenden Teil zu erläuternden Seinsebenen verfügt. Ibn ʿArabī unterteilt in seinem Werk *Inšāʾ ad-dawāʾir* die nichtexistenten (*maʿdūm*) Dinge in vier Arten.[398] Außer der absoluten Nichtexistenz, die er an erster Stelle aufführt, zählen die drei anderen Arten alle zur hier beschriebenen relativen Nichtexistenz.[399]

III.2.1.2 *Sein / Existenz* (wuǧūd)

Izutsu schreibt in einem Artikel über *waḥdat al-wuǧūd,* dass die muslimischen Philosophen das Problem des Seins von den griechischen Philosophen übernommen haben und dass sie sich bei dessen Erörterung getreu der aristotelischen Tradition weniger auf das Sein (*wuǧūd*) als vielmehr auf das Vorhandensein (*mauǧūd*) konzentrierten. Nach ihm konnte der Schwerpunkt der Diskus-

397. FT III, 467:
فما خلق شيء من عدم لا يمكن وجوده بل ظهر في أعيان ثابتة وهو قولنا في أول
هذا الكتاب: الحمد لله الذي أوجد الأشياء عن عدم وعدمه من حيث أنه لم يكن لها
عين ظاهرة، وعدمه وعدم العدم وجود

398. INŠĀʾ 10.

399. Für eine ausführlichere Erläuterung siehe NYBERG, HENRIK SAMUEL: *Kleinere Schriften des Ibn al-ʿArabī.* 1919. Seiten 29–30.

sion erst durch die tiefgründige mystische Erfahrung, die Ibn ʿArabī erlebte und beschrieb, vom *mauǧūd* zum *wuǧūd* verlagert werden.[400]

Philosophen wie Ibn Sīnā (Avicenna) nahmen eine Unterscheidung vor zwischen Quiddität (*māhiyya*) und Akzidenz (*ʿaraḍ*) und glaubten, dass die Existenz eine Akzidenz oder eine Eigenschaft sei, die der Quiddität beigefügt wurde. In der Prämisse »die Blume ist weiß« ist klar, dass »weiß« eine später errungene Eigenschaft der Blume ist. Auch wenn die Blume verdorrt und ihre weiße Farbe verliert, bleibt sie eine Blume, so wie sie auch vorher eine Blume war. Ausgehend von dieser Logik wäre, rein grammatikalisch betrachtet, zu erwarten, dass bei einer zweiten Prämisse wie »die Blume ist existent« die Blume ein Subjekt ist, dass aber das Existentsein als Prädikativ ein einer Wesenheit namens »Blume« später hinzugefügtes Attribut ist. Wenn die Ähnlichkeit in der grammatikalischen Struktur auch diesen Anschein erweckt, ist die Sache anders, als man denkt. Denn während in der ersten Prämisse eine Korrespondenz oder Übereinstimmung zwischen Grammatik und äußerer Wirklichkeit vorliegt, ist dies beim zweiten Satz nicht der Fall. Laut den Adepten der Lehre der Einheit des Seins (*waḥdat al-wuǧūd*) ist in dem Satz »die Blume ist existent« die Blume nicht das wirkliche Subjekt. Das eigentliche Subjekt ist *wuǧūd* (Existentsein, also Existenz). Die Blume oder jedwedes andere Ding sind nur Attribute oder Erscheinungsformen der ewigen Existenz.[401]

Der Widerstand Ibn ʿArabīs dagegen, dass Sein und Nichtsein als an etwas angeheftete Attribute von etwas gesehen werden, wurde bereits erwähnt.[402] Bevor seine Ansichten zum Sein weiter ausgeführt werden, ist es sinnvoll, hier die beiden Begriffe *wuǧūd* und *mauǧūd*, welche er häufig verwendet, zu erläutern. Das Wort *wuǧūd*, das er für »Sein« bzw. »Existenz« benutzt, wird aus der arabischen Wurzel *w-ǧ-d* (وجد) gebildet. Im Wörterbuch stehen folgende Bedeutungen für diese Wurzel: etwas erlangen, finden, reich werden, wütend werden, leidenschaftlich verliebt sein. Das Verbalnomen *wuǧūd* (وجود) bedeutet: die Verwirklichung der Existenz von etwas, das Gegenteil von Nichtsein.[403] Dieses Wort

400. Vgl. Izutsu, Toshihiko: *İslam mistik düşüncesi üzerine makaleler.* 2010. Seite 86.

401. Vgl. ebenda, Seiten 87–88.

402. Vgl. Ibn ʿArabī: *Kitāb al-ʾAzal. 2001.* Seite 118. INŠĀʾ 6–7.

403. Vgl. *Al-Muʿǧam al-ʿarabī al-asāsī.* 1988. Seiten 1290–1291.

zu übersetzen, das Ibn ʿArabī je nach Textstelle in unterschiedlichen Bedeutungen verwendet, ist stets ein Problem gewesen.[404] Dabei darf nicht vergessen werden, dass Ibn ʿArabī dieses Wort manchmal auch für die Beschreibung des teils für »ontologisches Sein« stehenden, teils in der Epistemologie der Sufis elementaren *Waǧd*-Zustandes[405] benutzt. Das heißt, dass das Wort bei ihm sowohl »sich in irgendeinem Status der Existenz befinden« bedeuten kann, als auch, dass der Sufi über dieses Ding »das Wissen aufgefunden (erreicht)« hat. Da das Ziel dieser Arbeit nicht die Aufschlüsselung von Ibn ʿArabīs Seinsverständnis in allen Details ist, folgt jetzt die bei ihm wichtigste und themenrelevante Bedeutung des Wortes *wuǧūd.* Einer seiner bedeutenderen Kommentatoren, al-Qāšānī, gibt folgende allerkürzeste zusammenfassende Beschreibung von *wuǧūd:*

> *Wuǧūd* bedeutet, dass *al-Ḥaqq* (der Allwahre) Sich selbst in Sich selbst findet.[406]

Der später zu behandelnde Begriff *taǧallī* (Manifestation) wird näher erläutern, wie dieses Sich-selbst-Finden vonstattengeht. Im Moment mag es schlicht »sich selbst öffnen / zeigen« heißen. Nur: Wem zeigt und öffnet Er Sich? Denn es heißt:

404. »Marijan Molé hat darauf hingewiesen, wie schwierig es ist, *wuǧūd* richtig zu übersetzen; das Arabische hat wie andere semitische Sprachen kein Verb, um ›sein‹ auszudrücken. Der Ausdruck *wuǧūd,* der meist als ›Sein‹, ›Existenz‹ übersetzt wird, heißt im Grunde ›finden‹, ›gefunden werden‹ und ist damit dynamischer als reine ›Existenz‹« (SCHIMMEL, ANNEMARIE: *Mystische Dimensionen des Islam.* 1995. Seite 379). »*Wuǧūd* wird meistens als *being* oder *existence* ins Englische übersetzt. Der Wortstamm hat die Bedeutung von ›finden‹ oder ›Gefundenes‹, worauf auch Ibn ʿArabī hinweist. Da die englischen Begriffe *being* und *existence* im westlichen Denken auf viele verschiedene Arten verstanden werden können, ist es schwer, das Wort *wuǧūd* genau zu übersetzen« (CHITTICK, WILLIAM: *Hayal Âlemleri.* 2003. Seite 30).

405. »*Waǧd* (الوجد) bedeutet wörtlich: finden, auffinden, zum Erwünschten gelangen, im liebestrunkenen Zustand die Besinnung verlieren, sehr aufgeregt sein. Als Sufismus-Begriff steht es für die geistige Benommenheit, die ohne Zwang oder Absicht als Zuwendung Gottes über einen kommt. Mit dieser Benommenheit verspürt der Adept die Gegenwart des Allwahren, füllt sein Herz mit nichts anderem als Ihm und entkleidet sich aller menschlichen Schwächen« (CEYLAN, SEMIH: *Vecd.* 2012. Seite 583).

406. QĀŠĀNĪ, ʿABD AR-RAZZĀQ: *Muʿǧam Iṣṭilāḥāt aṣ-Ṣūfiyya.* 1992. Seite 74.

Im Sein ist nichts außer Gott.[407]

Für Ibn ʿArabī ist die Antwort auf diese Frage leicht. *Al-Ḥaqq* (der Allwahre) manifestiert Sich selbst aus Sich selbst. Denn im Sein gibt es nichts außer Ihm. Aus diesem Grund kann mit *wuǧūd* nichts anderes als *al-Ḥaqq* (der Allwahre) gemeint sein. Die Existenz ist Seine, und Er ist sie. Außer Ihm gibt es nichts, was über Existenz verfügt. Hiervon ausgehend versteht Ibn ʿArabī das Glaubensbekenntnis des Islams, »Es gibt keinen Gott außer Gott«, als »Es gibt nichts Existentes außer Gott«, so wie schon vor ihm al-Ġazālī.[408]

Wuǧūd ist in Ihm etwas anderes als äußeres oder gedankliches Sein. Es ist weder universell noch partiell, weder generell noch speziell. Es ist auch nicht Essenz, Akzidenz oder Quiddität. Nichts ist Ihm ähnlich, nichts ist Sein Gegensatz. Die Gegensätze werden durch Ihn Wirklichkeit, die Ähnlichkeiten werden durch Ihn manifest. Er ist einer, Teilung und Zerrsplitterung befallen Ihn nicht. Er ist reine Güte und reines Licht. *Wuǧūd* ist nicht eine Eigenschaft von *al-Ḥaqq* (dem Allwahren), es ist Er selbst.[409]

Wuǧūd ist im gesamten Denken Ibn ʿArabīs der vorherrschende und prioritäre Schlüsselbegriff, daher ist seine Philosophie mehr ontologisch denn theologisch.[410] Wie aber erklärt diese ontologische Weltsicht, die alle Existenz Gott selbst zuschreibt, die Existenz von Dingen, die tagtäglich in der Welt zu sehen sind? Ibn ʿArabī nimmt eine Unterscheidung vor zwischen dem wahren Herrn des Seins und den Dingen, die sich ihre Existenz in sehr begrenzter Weise von Ihm geborgt haben. Der nächste Abschnitt handelt von dieser Unterscheidung.

407. FT II, 472:

ما في الوجود إلا الله

408. Vgl. CHITTICK, WILLIAM: *Hayal Âlemleri*. 2003. Seite 31.

409. Vgl. KAYSERÎ, DÂVÛD: *Mukaddemât*. 2011. Seiten 24–41. NABLUSÎ, ABDÜLGANÎ: *Gerçek Varlık*. 2009. Seiten 32–33.

410. Vgl. Izutsu, Toshihiko: IZUTSU, TOSHIHIKO: *İslam mistik düşüncesi üzerine makaleler*. 2010. Seiten 40–1.

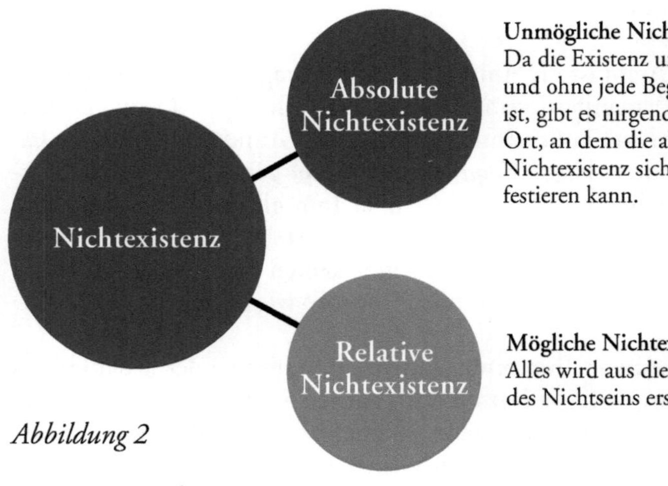

Abbildung 2

Arten von Nichtexistenz

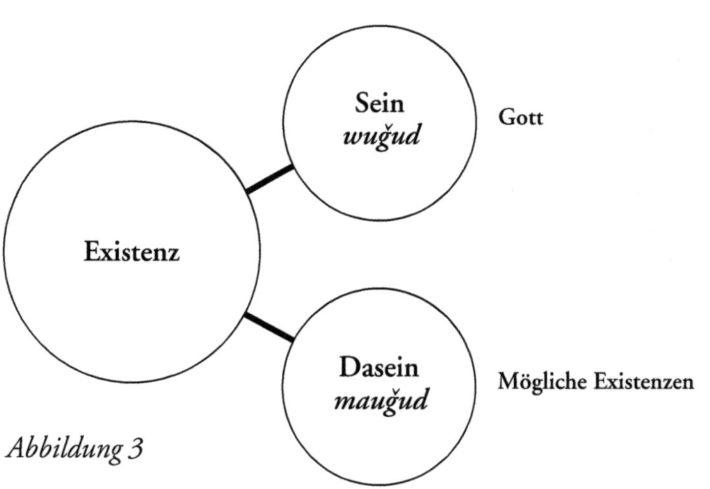

Abbildung 3

Arten von Existenz
Die Existenz gehört zu Gott, und die Welt hat sich die Existenz von Ihm geborgt. Gott benötigt für Seine Existenz niemanden, während die Welt eines anderen bedarf, um zu existieren

III.2.1.3 *Absolute und mögliche Existenz*

Ibn ʿArabī betont in seinen Werken mit Nachdruck, dass die Existenz zu *Ḥaqq* (dem Allwahren, sprich: Gott) gehört und dass diese Welt, in der auch wir Menschen leben, sich die Existenz von Ihm geborgt hat. So betrachtet, benötigt Gott für Seine Existenz niemanden, während die Welt eines anderen bedarf, um zu existieren:

> Der Schöpfer existiert in Sich selbst, in Seiner Existenz. Er ist nur Er, Der über jeden Vergleich Erhabene. Die Welt existiert mit Ihm und hat ihre Existenz von Ihm erhalten. Denn die Welt ist in sich selbst »möglich« und dadurch, dass sie ihre Existenz von jemand anderem erhält, von zwangsläufiger Existenz. Der Schöpfer hingegen ist, ohne Seine Existenz von jemand anderem zu erhalten, aus Sich selbst heraus von zwangsläufiger Existenz.[411]

Aus diesem Grund ist es vonnöten, eine Unterscheidung vorzunehmen zwischen beiden Formen der Existenz und die Begriffe »Existenz« und »Sein« mit Vorbedacht zu benutzen. Im vorherigen Teil wurde gezeigt, dass Ibn ʿArabī das Wort *wuǧūd* für das Sein benutzt. Während er mit diesem Begriff ausschließlich den Allwahren meint, nutzt er für alle anderen Dinge den Begriff *mauǧūd* (Dasein, Vorhandensein, Gegenwärtigsein). Dieser bedeutet wörtlich, dass etwas zu einem bestimmten Zeitpunkt an einem bestimmten Ort zugegen ist, und kann für alles außer dem Allwahren selbst benutzt werden. In seinem vorgenannten Beispiel mit Zaid ist Zaids Aufenthalt in seinem Haus sein Gegenwärtigsein (*mauǧūd*) im Haus. Wenn er für eine Stunde auf den Markt geht, ist er nicht mehr zuhause gegenwärtig (*mauǧūd*), sondern auf dem Markt. In genau derselben Weise ist auch der gesamte Kosmos wie Zaid auf einer bestimmten Stufe des Seins, bevor er auf eine andere Stufe wechselt. So kann beispielsweise etwas nur über intellektuelles Vorhandensein verfügen, bevor es zu äußerem Vorhandensein

411. Ibn ʿArabī: *Kitāb al-'Azal.* 2001. Seite 118:
أن الباري موجود بنفسه غير مستفاد الوجود من أحد فإنه ليس إلا هو سبحانه
والعالم موجود به مستفاد الوجود منه لأنه ممكن بذاته واجب الوجود بغيره من
حيث إنه مستفيد والباري واجب الوجود لذاته غير مستفيد

wechselt, wo es für eine bestimmte Zeit verbleibt, und dann in wieder eine andere Stufe wechselt. Lediglich in Bezug auf den Allwahren (*al-Ḥaqq*) kann von einer solchen Graduierung des Seins nicht die Rede sein.

Ibn ʿArabī setzt verschiedene Maßstäbe an und kategorisiert von Werk zu Werk die Existenz unterschiedlich. Im folgenden Textauszug scheint er sich an die vorherige philosophische Tradition zu halten:[412]

> Und wir sagen: Ja, außer Gott hat alles in seinem Sein vier Stufen. Gott selbst aber können nur drei Stufen zugeeignet werden:
>
> 1. Stufe: das Sein eines Dinges in sich selbst [äußere Existenz] [...],
>
> 2. Stufe: das Sein eines Dinges im Wissen [gedankliche Existenz] [...],
>
> 3. Stufe: das Sein eines Dinges im Wort,
>
> 4. Stufe: das Sein eines Dinges in der Schrift.[413]

Nach Ibn ʿArabī kann aus Sicht des menschlichen Wissens von der Existenz irgendeines Objektes im Äußeren, im Wissen, im Wort und in der Schrift gesprochen werden. Wenn das Objekt der Allwahre selbst ist, können nur die drei Stufen der äußeren, wörtlichen und schriftlichen Existenz beschrieben werden. Seine Existenz im Wissen ist jenseits der Grenzen der menschlichen Auffassungskraft und kann folglich nicht zum Objekt eines Denkvorgangs gemacht werden.[414] Denn Er ist der allerhabene Herr des absoluten Seins. Ibn ʿArabīs nächste Einteilung des Seins führt dies weiter aus (verkürzt wiedergegeben):[415]

> Wisse, die Dinge haben drei Stufen, und eine vierte gibt es nicht. Alles außerhalb dessen kann nicht Gegenstand unseres

412. Für einen ähnlichen Text siehe FT III, 464–465.
413. INŠĀʾ 7–8 (Nummerierung vom Verfasser):
فنقول نعم لكل شيء في الوجود اربع مراتب إلا الله فإن له في الوجود المضاف ثلاث مراتب المرتبة الأولى : وجود الشيء في عينه [...] والمرتبة الثانية : وجوده في العلم [...] والمرتبة الثالثة : وجود في الألفاظ ، والمرتبة الرابعة : وجوده في الرقوم
414. INŠĀʾ 8.

Wissens sein. Denn alle anderen Dinge sind absolute Nichtexistenzen; diese können weder gekannt werden, noch nicht gekannt werden, noch in Zusammenhang mit irgendetwas stehen. Wenn du dies verstanden hast, so sind die drei Stufen, die wir meinen, folgende:

1. [Absolute Existenz:] Diese Stufe ist Der, Der in Sich selbst mit der Existenz identisch ist und Der selbst existent ist. Seine Existenz kann nicht aus der Nichtexistenz entstehen. Im Gegenteil, Er ist die absolute Existenz, die durch nichts anders bedingt ist. [Andernfalls] müsste dieses andere Ding vor Ihm da gewesen sein. Dabei ist Er es, Der alle Dinge erschafft, bestimmt, einteilt und ordnet. Und Er ist die absolute Existenz, die durch nichts begrenzt wird. Er ist der Lebendige, Ewige, Allwissende, Wollende, Allmächtige. Nichts ist Ihm gleich, Er ist der Vernehmende und der Wissende.

2. [Vorhandensein:] Die zweite Stufe ist das, was mit Gott vorhanden und dessen Sein begrenzt ist [...] Es ist nicht aus sich selbst heraus existent. Es ist ohne einen Zeitabstand zwischen ihm und seinem Schöpfer im Sein zustande gekommen. Hier ist es unmöglich, von »vorher« und »nachher« zu sprechen [...]

3. [Die Zwischenwelt:][416] Was das dritte Ding anbelangt: Es ist etwas, das weder mit Sein noch mit Nichtsein, weder mit zeitlicher Gegenwart noch mit Vergangenheit definiert werden kann. Es ist an die Ewigkeit des Allwahren gekoppelt. Es hat weder in Bezug auf den Allwahren noch in Bezug auf die Welt ein Vorher oder ein Nachher. Denn es ist nicht vorhanden. Dieses dritte Ding kann weder mit Existenz noch mit Nichtexistenz attribuiert werden [...]

415. Ein ähnlicher Text findet sich auch in Ibn 'Arabīs *Futūḥāt.* Er nimmt dort eine Einteilung in vier statt drei Teile vor und zählt den Menschen als vierte Seinsstufe. Bei Betrachtung der Details löst sich aber der Widerspruch auf und es wird klar, dass es sich nur um eine andere Erläuterungsweise handelt. Siehe FT I, 183–184.

416. Mehr zu diesem Thema unter Yasa, Metin: *İbn Arabî'nin 'arada olma'yı Anlatımı.* (2. 2009). Seiten 91–108.

> Es nimmt auch keine Eigenschaften wie Vollständigkeit oder Anteilschaft, Überzahl oder Unvollständigkeit an […] Die Welt ist aus diesem dritten Ding in Erscheinung getreten. Dieses dritte Ding ist der vom Verstand angelegte Gesamtkosmos, die in Wahrheit verborgene Wahrheit und das, was mit dem Vergangenen als vergangen, mit dem Gegenwärtigen als gegenwärtig erscheint.[417]

Diese Passage aus Ibn ʿArabīs *Inšāʾ ad-dawāʾir* ist gewissermaßen eine Zusammenfassung seines Seinsverständnisses.[418] Nach ihm besteht das Sein aus drei Stufen / Ebenen, und alles, wovon die Rede sein kann, befindet sich auf einer dieser drei Stufen. Im Kapitel III.2.2 »Seinsstufen« wird dies detailliert behandelt. An dieser Stelle ist es hinreichend zu wissen, dass es entsprechend dieser Passage neben der absoluten Existenz des Allwahren (1. Kategorie) noch eine von Ihm entliehene Existenz des Vorhandenseins (2. Kategorie) gibt. Diese zweite Kategorie wird mehrheitlich als äquivalent zur »möglichen Existenz« der Philosophen gesehen, wobei ʿAfīfī dem aus verständlichen Gründen widerspricht.[419] Denn nach ihm müsste die als »möglich« bezeichnete Existenz eine sein, bei der

417. INŠĀʾ 15–16 (Nummerierung vom Verfasser):
فاعلم أن الأشياء على ثلاث مراتب لا رابع لها والعلم لا يتعلق بسواها وما عداها فعدم محض لايعلم ولا يجهل ولا هو متعلق بشيء فإذا فهمت هذا فنقول إن هذه الأشياء الثلاثة منها ما يتصف بالوجود لذاته فهو موجود بذاته في عينه لا يصح أن يكون وجوده عن عدم بل هو مطلق الوجود لا عن شيء فكان يتقدم عليه ذلك الشيء بل هو الموجد لجميع الأشياء وخالقها ومقدرها ومفصلها ومدبرها وهو الوجود المطلق الذي لا يتقيد سبحانه وهو الله الحي القيوم العليم المريد القدير الذي ليس كمثله شيء وهو السميع البصير. ومنها موجود بالله تعالي وهو الجود المقيد [...] إنه لم يكن موجودا في عينه. ثم كان من غير أن يكون بينه وبين موجده زمن يتقدم به عليه فيتأخر هذا عنه فيقال فيه بعد أو قبل هذا محال وإنما هو متقدم بالوجود [...] وأما الشيء الثالث فما لايتصف بالوجود ولا بالعدم ولا بالحدوث ولا بالقدم وهو مقارن للأزل الحق أزلا فيستحيل عليه أيضا التقدم الزماني علي العالم والتأخر كما استحال علي الحق وزيادة لأنه ليس بوجود [...] وهذا الشيء الثالث الذي لا يتصف بالوجود ولا بالعدم [...] وكذلك لا يتصف بالكل ولا بلبعض ولا يقبل الزيادة والنقص [...] وعن هذا الشيء الثالث ظهر العالم فهذا الشيء هو حقيقة الحقائق العالم الكلية المعقولة في الذهن الذي يظهر في القديم قديما وفي الحادث حديثا [...]

418. Für Näheres zu diesem Abstufungssystem siehe NYBERG, HENRIK SAMUEL: *Kleinere Schriften des Ibn al-Arabī.* 1919. Seiten 32–42. LANDOLT, HERMANN: *Der Briefwechsel zwischen Kāšānī und Simnānī über Waḥdat al-Wuǧūd.* 1973. Seiten 41–54.

419. Vgl. AFÎFÎ, EBU'L-ALÂ: *Muhyiddin İbnü'l-Arabî'de Tasavvuf Felsefesi.* 1999. Seiten 34–35.

Existenz und Nichtexistenz in genau gleicher Gewichtung möglich sind. Ibn 'Arabī sieht die Sachlage etwas anders. Wie auch vorher in dem Zitat aus dem *Kitāb al-'Azal*[420] zu lesen, ist die sekundär entstandene mögliche Existenz abhängig davon, dass die zwangsläufige Existenz sie bedingt. Da sie sie aber bedingt, ist sie selbst ebenfalls zwangsläufig. In einem Vergleich zwischen der zwangsläufigen Existenz und der möglichen Existenz in seinen *Fuṣūṣ* macht Ibn 'Arabī klar, dass die später ins Sein getretenen Existenzen aufgrund der zwangsläufigen Existenz ebenfalls zwangsläufig seien. Dementsprechend haben die später seienden Existenzen nicht die Wahlfreiheit zur Nichtexistenz:

> Und ganz ohne Zweifel ist die Sekundarität der später ins Sein getretenen Existenz und ihr Bedarf nach einem Existenzgeber, der ihr das Sein verleiht, daraus bedingt, dass es sich bei ihr um eine mögliche Existenz handelt. Ihre Existenz ist von einem anderen, und sie ist mit diesem anderen durch das Band des Bedürfnisses verbunden. Die Existenz aber, an die diese spätere Existenz sich anlehnt, muss ihrem Wesen nach eine zwangsläufige Existenz sein. Dadurch, dass diese [zwangsläufige Existenz] die mögliche Existenz bedingte, ist auch diese mögliche Existenz zwangsläufig geworden.[421]

Alles, was äußerlich sichtbar ist, gehört zur Art der möglichen Existenz, und nach Ibn 'Arabī ist diese Art der Existenz sowohl seiend als auch nicht seiend. Denn es hat sowohl eine zur Existenz gerichtete Komponente als auch eine zur Nichtexistenz gerichtete. Der, Der der Realisierung dieser Existenz den Vorzug über ihrer Nichtrealisierung gibt, ist der Allwahre. Die entsprechende Stelle im *Futūḥāt* lautet:

> Wisse, die bekannten Dinge sind dreierlei, und ein Viertes gibt es nicht. Das Erste ist die uneingeschränkte *absolute Existenz.* Sie ist die aus sich selbst notwendige Existenz, sie ist

420. Ibn 'Arabī: *Kitāb al-'Azal.* 2001. Seite 118.
421. FS, 53:

ولا شك أن المحدث قد ثبت حدوثه وافتقاره الى محدث أحدثه لإمكانه لنفسه
فوجوده من غيره، فهو مرتبط به ارتباط افتقار. ولابد أن يكون المستند إليه واجب
الوجود لذاته غنيا في وجوده بنفسه غير مفتقر ، وهو الذي أعطى الوجد بذاته لهذا
الحادث فانتسب إليه ، ولا اقتضاه لذاته كان واجبا به.

> Gottes Existenz. Das Zweite ist die aus sich selbst notwendige und durch nichts einschränkbare *absolute Nichtexistenz.* Sie ist unmöglich und das Gegenstück zur absoluten Existenz [...] Zwischen diesen beiden gegensätzlichen Dingen ist ein Trennendes, damit das eine nicht die Attribute des anderen annimmt und sie sich vermischen [...] Dies ist das Hindernis der Hindernisse. Dessen eine Ausrichtung ist hin zur Existenz, die andere hin zur Nichtexistenz. Es steht mit seinem Wesen jedem der beiden bekannten Dinge gegenüber. Es ist das dritte bekannte Ding. Alle Potenzialitäten liegen in ihm. Es ist ewig, so wie die beiden anderen Existenzen auch ewig sind. In Ausrichtung der absoluten Existenz liegen in ihm festgelegte Typen (*a'yān*), die als »Ding(e)« bezeichnet werden. Und wenn der Allwahre etwas in Existenz setzen will, sagt Er zu ihm:[422] »›Werde!‹, und es wird sogleich.«[423]

Wie bereits gesehen, nimmt Ibn 'Arabī bei der Einteilung des Seins eine Dreiteilung vor. Er beachtet nur das Sein und zählt dessen Stufen auf, ohne weiter auf die absolute Nichtexistenz achtzugeben. Er will aber das Augenmerk auch auf die Zwischenstufe zwischen der Existenz und der Nichtexistenz richten, die bereits in der oben angeführten Dreiteilung erwähnt wurde. Die mögliche Existenz, die sich in einer solchen Schwebestufe befindet, kann nicht aus sich selbst heraus ins Sein treten. Dies kann nur dadurch möglich sein, dass ein Vorranggebender ihrer Existenz den Vorrang über ihre Nichtexistenz gibt. Dieser Vorranggeber ist zweifelsohne der Allwahre.

Bis hierher wurde ersichtlich, dass es »absolutes Nichts« nicht geben kann und es auch nicht Teil unseres Themas sein kann. Bleiben zwei Dinge: zum einen die absolute Existenz, *wuǧūd,* und

422. Koran 16:40.
423. FT V, 68:

اعلم أن المعلومات ثلاثة لا رابع لها ، وهي : الوجود المطلق الذي لايتقيد وهو
وجود الله تعالى الواجب الوجود لنفسه. والمعلوم الآخر العدم المطلق الذي هو عدم
لنفسه وهو الذي لا يتقيد أصلا وهو المحال وهو في مقابلة الوجود المطلق [...]
وما من نقيضين متقابلين إلا وبينهما فاصل به يتميز كل واحد من الأخر وهو المانع
أن يتصف الواحد بصفة الأخر[...] وهو برزخ البرازخ له وجه إلى الوجود ووجه
الى العدم ، فهو يقابل كل واحد من المعلومين بذاته وهو المعلوم الثالث وفيه جميع
الممكنات وهي لاتتناهي كما أنه كل واحد من المعلومين لا يتناهي ، ولها في هذا
البرزخ أعيان ثابتة من الوجه الذي ينظر إليها الوجود المطلق ،ومن هذا الوجه
ينطلق عليها اسم الشئ الذي إذا أراد الحق إجاده قال له كن فيكون

die mögliche Existenz, *mauǧūd.* Mittlerweile ist auch klar, dass Ibn ʿArabī mit »absoluter Existenz« den Herrn allen Seins, den Allwahren, meint. Woraus aber bestehen die Arten von Existenz, die er als *mauǧūd* bezeichnet? Auf diese Frage antwortet Ibn ʿArabī mit einer fünffachen Einteilung. In dieser Gliederung, die unten aufgelistet wird, benennt er eine absolute *wuǧūd* und vier Arten von *mauǧūd:*

> So wie wir von den Nichtexistenzen gesprochen und ihre Arten erläutert haben, wollen wir nun über die Existenz und deren Arten sprechen. Sie sind eingeteilt in:
>
> 1. Absolute Existenz: Deren Beschaffenheit kann nicht vom Verstand erfasst werden, und Ihr darf auch keine Beschaffenheit zugesprochen werden [...] Sie ist Allah, der Erhabene [...]
>
> 2. Vom Stoff gelöste Dinge: [...] die Intellekte, [...] die Engel, [...] die Dschinns [...]
>
> 3. Vorhandene Dinge, die Raum und Zuschreibungen annehmen: physische Körper und Essenzen (*ǧauhar*) [...]
>
> 4. Die Wesen, die nicht aus sich selbst heraus, sondern aufgrund ihres Naturells Zuschreibungen annehmen: Dinge die nicht autark, sondern mit anderen Dingen existieren. Dies sind die Akzidenzien, zum Beispiel Farben wie weiß, schwarz und Ähnliches.
>
> 5. In Korrelation vorhandene Dinge: Diese haben ihren Platz zwischen den Akzidenzien und den oben (bei 1 bis 3) aufgezählten Dingen: wo, wie, Zeit, Anzahl, Menge und Ähnliches.[424]

424. INŠĀʾ 20–21 (verkürzt wiedergegeben; Nummerierung vom Verfasser).

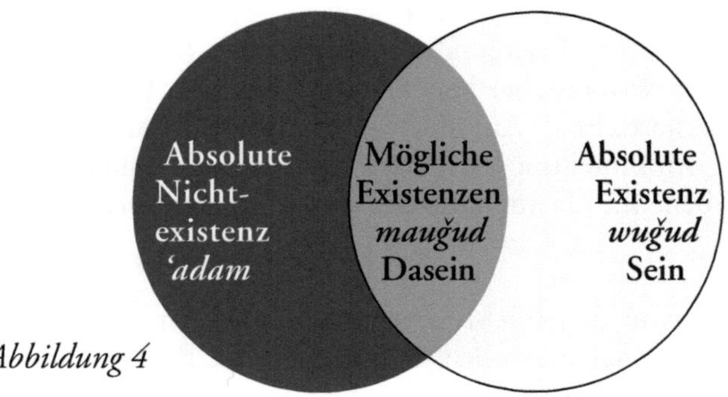

Abbildung 4

Status der möglichen existenten Dinge
Die möglichen Wesen befinden sich zwischen dem Sein und dem Nichts und beherbergen daher die Besonderheiten beider Seiten in sich. Zu beachten ist hierbei jedoch, dass die Zwischenstufe, in der sie sich befinden, nicht die des absoluten Nichts, sondern die der relativen Nichtexistenz ist

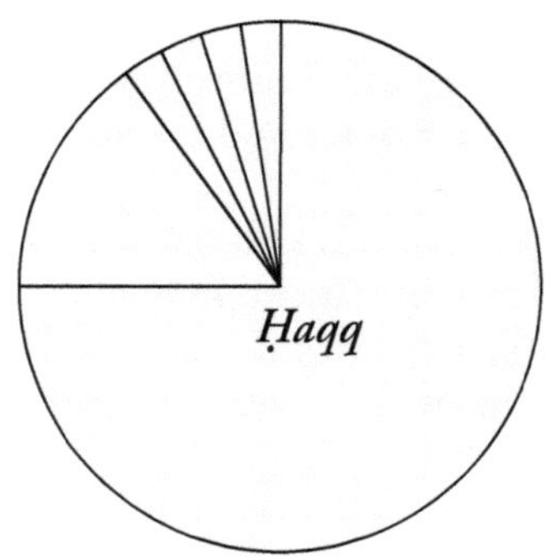

Abbildung 5

***Das Verhältnis des Allwahren zu den möglichen Wesen in Ibn 'Arabīs* Futūḥāt**
Der leere Bereich außerhalb des Kreises ist das Nichts. Der Punkt in der Mitte des Kreises steht für den Allwahren. Von der Kreismitte führen Strecken ins Umfeld, welche an einem bestimmten Punkt enden, und die Verbindung dieser Punkte bildet den Kreis. Auch die Strecken bestehen aus verbundenen Einzelpunkten. Nach Ibn 'Arabī stehen alle diese Punkte zwischen Mittelpunkt und dem Nichts außerhalb des Kreises für die möglichen Wesen. Wichtig ist hierbei, dass sie alle vom Mittelpunkt, dem Allwahren, ihren Ausgang nehmen[425]

III.2.1.4 *Manifestation* (tağallī)

Ibn ʿArabīs Ansicht, dass die Erschaffung aus dem Nichts nicht aus absolutem Nichts, sondern aus relativem Nichts geschieht, wurde bereits behandelt. Demnach kann man nicht sagen, dass die Dinge, die in der Welt existieren, vorher überhaupt nicht existiert haben. Vielmehr sind sie von einer Stufe der Existenz auf eine andere Stufe übergegangen. So gesehen sind die Wirklichkeiten der Dinge, die noch nicht erschaffen wurden, das heißt, denen noch keine äußere Existenz verliehen wurde, in einer Art Dunkelheit eingeschlossen, und ihre Existenzgewinnung wird dadurch möglich, dass der Allwahre (*al-Ḥaqq*) Sich in ihnen manifestiert. Aus diesem Grund ist es wichtig, den Stellenwert des Begriffes *tağallī* (Manifestation) in Ibn ʿArabīs System zu erläutern. Man kann hier ohne Übertreibung sagen, dass Ibn ʿArabīs Philosophie im Grunde genommen eine *Manifestationstheorie* ist.[426]

Von der wörtlichen Bedeutung des Ausdrucks *tağallī* (Manifestation) soll den Leserinnen und Lesern hier anhand eines beispielhaften Gleichnisses, das in der Vergangenheit öfters verwendet wurde, ein erster Eindruck vermittelt und damit das Verständnis erleichtert werden.[427] Man stelle sich einen Raum vor, in dem sich Tische, Stühle, Teppiche und ähnliche Dinge befinden, der aber völlig abgedunkelt ist. Weder die Menschen im Raum noch die draußen haben eine Ahnung davon, was sich darin befindet, denn in ihm herrscht völlige Dunkelheit. Dann schaltet einer die Taschenlampe in seiner Hand ein und hält sie auf die im Raum befindlichen Gegenstände. Auf diese Weise werden die Dinge sichtbar und für die Augen wahrnehmbar. So wenig, wie man in Bezug auf die vor kurzem noch nicht sichtbaren Gegenstände im Raum sagen kann, sie hätten nicht existiert, so wenig kann man in Bezug auf die äußeren Dinge, die zu sehen man gewohnt ist, sagen, dass sie, bevor sie in die äußere Existenz traten, nicht existiert hatten. Ähnlich der Taschenlampe wird auch das Wirklichwerden bzw. Sichtbarwerden der möglichen existenten Dinge dadurch bewerk-

425. Vgl. FT V, 406.

426. Vgl. Izutsu, Toshihiko: *İslam mistik düşüncesi üzerine makaleler.* 2010. Seite 207.

427. Vgl. Aynî, Mehmed Ali: *Şeyh-i Ekber'i Niçin Severim?* 2012. Seite 117.

stelligt, dass Gott sie mit Seinem eigenen Licht[428] erhellt.[429] Man darf hierbei nicht vergessen, dass etwas sichtbar werden kann, wenn es entweder selbst eine Lichtquelle enthält oder es Licht reflektieren kann. Da die endgültige Lichtquelle Gott selbst ist, ist das zur Reflexion befähigte Objekt die Welt. *Taǧallī* wiederum ist die Sichtbarwerdung dieser Lichtquelle.

Wörtlich hat der Begriff *taǧallī* Bedeutungen wie »irgendwo herauskommen«, »eine ungeklärte Sache klären«,[430] »hervortreten«, »sichtbar werden«,[431] »das hinter dem Schleier Liegende hervorlegen, aufdecken«[432] und Ähnliches. Bei den Sufis bedeutet das Wort, dass »der Allwahre Sich selbst für Sich selbst in Sich selbst erscheint«.[433] Sie meinen damit ontologisch, dass »der Allwahre Sich mit Seinen Eigenschaften des Wesens *nach außen hin öffnet*«, und epistemologisch, dass »der Allwahre die Geheimnisse der Verborgenheit im Herzen des Sufis *eröffnet.*«[434] Somit bedeutet der Ausdruck einerseits, dass der Allwahre Sich verschiedenen Stufen der Existenz eröffnet und zeigt, andererseits, dass der Sufi Kenntnis hat / erlangt von der Existenz des Allwahren auf diesen Stufen. Die Welt verdankt ihre Existenz der Tatsache, dass der Allwahre Sich auf diese Weise ihr eröffnet hat. In der Geschichte des Sufismus war es den Überlieferungen zufolge Sahl at-Tustarī (818–896), der dem Begriff diese weitreichende Bedeutung verlieh.[435]

Rahmati verzeichnet, dass der Begriff in verschiedenen Werken auf Deutsch als »Manifestation«, »Enthüllung«, »Strahlung«, »Offenbarwerdung«, »Sichtbarwerden«, »Theophanie« oder »Selbst-

428. Im Koran heißt es dazu: »Allah ist das Licht der Himmel und der Erde. Das Gleichnis Seines Lichts ist eine Nische, in der sich eine Lampe befindet. Die Lampe ist in einem Glas. Und das Glas gleicht einem flimmernden Stern. Es wird angezündet von einem gesegneten Baum, einem Olivenbaum, weder vom Osten noch vom Westen, dessen Öl fast schon leuchtet, auch wenn es kein Feuer berührt. Licht über Licht! Allah leitet zu Seinem Licht, wen Er will. Und Allah prägt Gleichnisse für die Menschen. Und Allah kennt alle Dinge« (Koran 24:35).

429. Vgl. FT III, 456.

430. Vgl. *Al-Muʿǧam al-ʿarabī al-asāsī.* 1. 1988. Seite 257.

431. Vgl. Ceylan, Semih: *Tecelli.* 2011. Seite 241.

432. Vgl. Izutsu, Toshihiko: *İslam mistik düşüncesi üzerine makaleler.* 2. 2010. Seite 42.

433. Vgl. Qāšānī, ʿAbd ar-Razzāq: *Muʿǧam Iṣṭilāḥāt aṣ-Ṣūfiyya.* 1. 1992. Seite 65.

434. Vgl. Ibn ʿArabī: *Iṣṭilāḥāt aṣ-Ṣūfiyya.* 2001. Seite 412. *Al-Muʿǧam al-ʿarabī al-asāsī.* 1988. Seite 257. Chittick, William: *Varolmanın Boyutları.* 1997. S. 316.

435. Vgl. Ceylan, Semih: *Tecelli.* 2011. Seite 241.

manifestation« wiedergegeben wird.[436] In dieser Arbeit wird die Übersetzung »(Selbst)manifestation« bevorzugt. Dieser Begriff kommt auch an mehreren Stellen im Koran vor, wobei die wichtigste für Ibn ʿArabīs Gedankengut der Vers ist, in dem Moses auf einen Berg steigt und mit Gott spricht.[437]

Ibn ʿArabī benutzt den Begriff in seinem Schrifttum auf sehr geschickte Art und Weise. Er unterstreicht, wie die anderen Sufis, dessen ontologische und epistemologische Bedeutungen und führt diese aus. Um das Thema nicht weiter auszudehnen, werde ich mich hier auf einige Auszüge beschränken. Der erste ist die Definition des Erkenntnisgewinns des Sufis. Gott manifestiert Sich im Herzen desjenigen Dieners, den Er zu begünstigen wünscht, und erleuchtet es:

> Manifestation ist das den Herzen sichtbare Licht des Verborgenen.[438]

Ibn ʿArabī bleibt aber hier nicht stehen und stellt den für sein System eminent wichtigen Begriff der Selbstmanifestation in den Mittelpunkt. Nach ihm bedeutet Selbstmanifestation, dass Gott mit Seinem Namen *aẓ-Ẓāhir* (der Offenbare, der Offensichtliche) dem Ding, in dem Er Sich manifestieren will, erscheint. Auf diese Weise gelangt dieses Ding zur Existenz. Die ganze Welt ist auf diese Weise entstanden:

> Selbstmanifestation bedeutet, dass Er (der Allwahre) Sich dem in Ihm zu Manifestierenden zeigt. Und dies ist Sein Name *aẓ-Ẓāhir*.[439]

436. Siehe Rahmati, Fateme: *Der Mensch als Spiegelbild Gottes*. 2007. S. 19.

437. »Und als Moses zu der von Uns festgesetzten Zeit kam und sein Herr mit ihm geredet hatte, sprach er: ›Mein Herr, zeige Dich mir, damit ich Dich betrachten kann.‹ Er sprach: ›Niemals siehst du Mich! Aber schau auf den Berg. Wenn er stehenbleibt, dann sollst du Mich sehen.‹ Doch als Sich sein Herr dem Berg enthüllte, zerfiel er zu Staub. Und Moses stürzte ohnmächtig nieder. Und als er zu sich kam, sprach er: ›Preis sei Dir! Ich kehre mich reuig zu Dir, und ich bin der erste der Gläubigen!‹« (Koran 7:143).

438. Ibn ʿArabī: *Iṣṭilāḥāt aṣ-Ṣūfiyya*. 2001. Seite 412:
التجلي: ما ينكشف للقلوب من أنوار الغيوب

439. FT I, 253:
إذ كان التجلي عبارة عن ظهوره لمن تجلى له في ذلك المجلى وهو الاسم الظاهر

Wie bereits erwähnt, kann man nach Ibn ʿArabīs System die sogenannten möglichen Existenzen nicht wirklich als »mögliche« bezeichnen. Diese Problematik taucht hier im Zusammenhang mit der Selbstmanifestation erneut auf. Denn nach Ibn ʿArabī muss zum Zeitpunkt, in dem die Selbstmanifestation geschieht, sowohl der Allwahre Sich offenbaren, als auch die möglichen Wesen, an denen diese Offenbarungsmanifestation geschieht, diese akzeptieren.[440] Die dauerhafte Existenz der Welt wird möglich durch die unentwegte Selbstmanifestation Gottes in ihr und der Akzeptanz dieser durch jene:

> Ihn bittet, wer in den Himmeln und auf Erden ist. Jeden Tag manifestiert Er Sich neu.[441]

Wenn Gott nur für einen Augenblick Seine Selbstmanifestationen in den vorhanden-seienden Wesen unterbräche, würde die ganze Welt untergehen. Aus diesem Grund geschehen die Selbstmanifestationen unentwegt.[442] Um dies mit dem obigen Beispiel des dunklen Zimmers zu erläutern: So, wie die in dem dunklen Zimmer befindlichen Gegenstände mit dem Einsetzen der Beleuchtung sichtbar geworden sind, bleiben sie es nur, solange die Lichtquelle nicht versiegt. Jedoch ist das Licht, das das Zimmer beleuchtet, nicht stets dasselbe. Da sich die elektrische Energie, die sie speist, stets erneuert, ist auch das Licht stets ein neues, anderes. Dieser Prozess läuft aber so schnell ab, dass er sich der menschlichen Wahrnehmung entzieht. In Ibn ʿArabīs Selbstmanifestationstheorie ist die Sache nicht viel anders. Nach ihm finden die Selbstmanifestationen in einem ununterbrochenen Intervall statt, so dass beispielsweise das existierende Wesen A unentwegt aufs Neue zur Existenz kommt. A, das durch eine Selbstmanifestation ins Sein tritt, entwird mit ihrem Aussetzen und wird erneut existent mit einer neuen Selbstmanifestation. Dies geschieht jedoch so schnell, dass zwischen beiden Selbstmanifestationen keine Zeitspanne liegt und man daher denkt, dass sich A stets an dem Ort und in dem Zustand befindet, in dem man es sieht, wenn man es anschaut. Mit jeder Selbstmanifestation ist A im Grunde genommen aufs Neue erschaffen worden. Da aber die Ähnlichkeit so groß ist, ist diese

440. Vgl. FT III, 173–174.
441. Koran 55:29.
442. Vgl. FT III, 456. FS 49.

Unterscheidung für die menschliche Wahrnehmung unmöglich. Ein weiteres wichtiges Detail ist hierbei, dass jede Selbstmanifestation eine neue ist. Denn nach Ibn ʿArabī manifestiert Sich Gott nicht nur nicht in derselben Person zweimal auf dieselbe Art, sondern es erfolgt auch keine identische Manifestation in zwei verschiedenen Personen.[443]

> Gott wiederholt Seine Manifestation in einer Person nicht, und aufgrund Seiner Unendlichkeit wiederholt Er auch nicht dieselbe Manifestation in zwei Personen. Die Ähnlichkeit [zwischen zwei Schöpfungsakten] täuscht den Sehenden und Hörenden und macht ihm die Unterscheidung schwer, ausgenommen [er gehört] zu den Leuten der Eröffnung.[444]

Ein anderes Wort, das Ibn ʿArabī in ähnlicher Bedeutung benutzt, ist *taʿayyun* (Bestimmung, Determination). Dieses Wort hat eine besondere Bedeutung. Es gibt bestimmte Kenntnisbilder, die man vorläufig am besten mit »Wirklichkeiten der Dinge« wiedergeben kann, und die als *ʿayn* (Plural *aʿyān*) bezeichnet werden; diese werden noch separat erläutert. Der Allwahre, Der über eine unbegrenzte Existenz verfügt, erscheint beim Selbstmanifestationsvorgang diesen Wirklichkeiten der Dinge, und diese Dinge treten durch Sein existenzverleihendes Licht ins Dasein. Den Vorgang, dass der unbegrenzte Allwahre Sich in einem begrenzten Ding manifestiert und mit ihm (in ihm) sichtbar wird und dadurch Sich selbst in ihm begrenzt, wird als *taʿayyun* (das heißt »sich selbst zur Bestimmung machen«) bezeichnet.[445]

In Ibn ʿArabīs Werken taucht noch ein für das Thema wichtiger dritter Begriff auf. Dieser lautet *faiḍ* und wird fast in der gleichen Bedeutung verwendet wie die »Emanation« der Philosophen. Trotz der Ähnlichkeit zwischen beiden sind sie aber nicht das Gleiche. In der Emanationstheorie gibt es ein Ausfließen eines In-

443. Vgl. FT III, 456–457. Konuk, Ahmed Avni: *Fusûsu'l-Hikem Tercüme ve Şerhi.* 2010. Band I, Seite 39; Demirli, Ekrem: *İslam Metafiziğinde Tanrı ve İnsan.* 2009. Seite 199.

444. FT I, 280:

فإن الله تعالى لا يكرر تجليا على شخص واحد ، ولا يشرك بين شخصين للتوسع الإلهي ، وإنما الأمثال والأشباه توهم الرائي والسامع للتشابه الذي يعسر فصله إلا على أهل الكشف

445. Vgl. Izutsu, Toshihiko: *İslam mistik düşüncesi üzerine makaleler.* 2010. Seite 207.

tellekts aus dem absoluten Gott und dann daraus sukzessive das Ausfließen aller anderen Dinge. Auf diese Weise entfernen sich die Dinge nach ihrer Erscheinung von Gott. Nach der Selbstmanifestationstheorie hingegen sind die Dinge in einem permanenten Austausch mit dem Allwahren. Während in der Emanationstheorie die Beziehung zwischen Gott und dem ersten Intellekt besteht, manifestiert Sich der Allwahre nach der *taǧallī*-Theorie in allen Seinsstufen der Welt zugleich. Außerdem erfolgt das Ausfließen in der Emanationstheorie unmittelbar aus Gott selbst, während im Denken Ibn ʿArabīs die Selbstmanifestation über die Namen Gottes erfolgt, während das Wesen des Allwahren selbst verschlossen und unergründbar bleibt.[446]

Aus all dem Bisherigen wird deutlich, dass das Verhältnis des Allwahren zur Welt ein Verhältnis von Erscheinendem und Erscheinung Empfangendem ist. Der nächste Abschnitt behandelt, wie die Welt, in der der Allwahre Sich manifestiert hat, welche Stufen durchschritt, bis sie zur äußeren Existenz gelangte.

III.2.1.5 *Die Schöpfung und die Bewegung der Liebe*

Die Ansichten Ibn ʿArabīs zum Sein und zur Schöpfung wiederzugeben, ist stets sehr problematisch gewesen. Der Forscher hat nicht nur mit der Zersplitterung und Verteilung der Themen auf seine Bücher, mit seiner paradoxen Sprache und mit laufend ihre Bedeutung verändernden Begriffen zu kämpfen, sondern auch mit einem hochkomplizierten verschachtelten System, in dem jedes Thema und jede Überschrift in viele Details aufgeteilt wird und diese Details mit Details, die unter ganz anderen Überschriften behandelt werden, im Zusammenhang stehen. Das letzte Glied in diesem System ist der Mensch, jedoch kann es den Forscher in die Irre führen, wenn er versucht, dieses System vom Menschen ausgehend zu erklären. Denn das System ist ein zirkuläres, sein Beginn und sein Ende sind gleich, und der Mensch steht gleichermaßen an dessen Ende und Anfang.

Die beiden Fundamente in Ibn ʿArabīs ontologischem Bild der Welt sind zum einen *al-Ḥaqq* (der Allwahre) und zum anderen *al-*

446. Mehr zu diesem Thema bei Rahmati, Fateme: *Der Mensch als Spiegelbild Gottes.* 2007. Seiten 40–41. Izutsu, Toshihiko: *İslam mistik düşüncesi üzerine makaleler.* 2010. Seite 210.

insān al-kāmil (der vollkommene Mensch). Da der Mensch als Ebenbild Gottes geschaffen wurde, ist er das vollkommenste unter allen Geschöpfen des Universums.[447] Da der Platz des Übels in der Welt und dessen Beziehung zum Menschen zuletzt behandelt werden, folgt zunächst, wie der Allwahre, Sich selbst öffnend, die Welt ins Leben rief, dann der Platz des Menschen darin und zuletzt seine Beziehung zum Übel.

In Bezug auf die Stunde Null der Schöpfung zitiert Ibn ʿArabī sehr häufig einen bestimmten Hadith. Dieser Hadith, der zugleich auch eine Aussage zum Zweck der Schöpfung macht, bildet das gesamte Fundament seiner Ontologie. Er lautet:

> Ich war ein (verborgener) Schatz. Ich wollte [liebte es,] erkannt [zu] werden und erschuf die Schöpfung. Ich gab Mich ihnen [denen in ihr] zu erkennen, und sie erkannten Mich.[448]

Nach ihm war die Schöpfung der Welt eine Bewegung der Liebe. Im Hadith wird das Verb aus der Wurzel *ḥ-b-b* gebildet, welche sowohl »lieben« als auch »wollen« bedeuten kann. Demnach ist die erste Bedeutung »Ich liebte es, erkannt zu werden.« Der Kontext, in dem dieser Hadith bei Ibn ʿArabī eingebunden ist, handelt davon, wie Moses vom Ort des Geschehens floh, nachdem er einen Ägypter getötet hatte. Nach außen hin erscheint es zwar so, als ob Moses aus Angst geflohen sei, in Wirklichkeit aber floh er, weil er es liebte, sein Leben zu retten. Demnach ist die Richtung der Bewegung klar. Das Vollkommene wird geliebt, und alles bewegt sich in Richtung der Vollkommenheit. Die Welt kann nur Vollkommenheit erlangen, wenn sie von der Nichtexistenz in die Existenz tritt:

> Dem Anschein nach ist Moses aus Furcht geflohen, als er gesucht wurde. In Wirklichkeit aber floh er von dort aus Liebe zur Rettung. Denn eine Bewegung geschieht immer aus Liebe. Lediglich der Zeuge, der diese Bewegung sieht, sieht dies nicht, weil es durch andere vordergründige Erklärungen verschleiert wird [...] In Wirklichkeit ist jede Bewegung eine

447. Vgl. FS 48–49.
448. FT III, 167. FS 203:
كنت كنزاً (مخفيا) لم أعرف فأحببت ان أعرف فخلقت الخلق وتعرفت إليهم فعرفوني

> Bewegung vom ruhenden Nichtsein hin zum Sein. Deswegen wurde auch gesagt: Die Sache ist die Bewegung, die aus der Unbeweglichkeit geboren wird. Diese Bewegung, die aus der Existenz der Welt besteht, ist die Bewegung der Liebe. *Darauf* wies der Gesandte Gottes (Gott segne ihn und schenke ihm Heil) mit den Worten »Ich war ein verborgener Schatz. Ich liebte es, erkannt zu werden« hin. Wäre diese Liebe nicht gewesen, hätte die Welt auch nicht in ihrem äußeren Sein erscheinen können. Daher ist ihre Bewegung vom Nichtsein zum Sein die Bewegung der Liebe Dessen, Der sie hierzu erschuf. In gleicher Weise liebt es auch die Welt, sich in äußerer Existenz zu erschauen, so wie sie sich in [im Göttlichen Wissen] angelegter Weise erschaute. In dieser Weise ist ihre Bewegung vom Nichtsein zum Sein sowohl aus der Sicht des Allwahren als auch aus der Sicht der Welt eine Bewegung der Liebe. Denn das Vollkommene wird um seiner selbst willen geliebt.[449]

Die Welt gelangt, wie man sieht, zur Vollkommenheit, indem sie zusätzlich zu ihrer Existenz in der Wissensstufe auch zur Existenz in der äußeren Stufe gelangt. Aus der Liebe zur Vollkommenheit heraus bewegt sie sich von der Nichtexistenz hin zur Existenz. Worin aber kann die Suche des über allem erhabenen Allwahren in diesem Zusammenhang bestehen? In einer Phase, in der noch keinerlei Manifestation (*taǧallī*) stattgefunden hat, und der Allwahre Sich in der Stufe der Alleinigkeit / Einsheit / Singularität (*martabat al-aḥadiyya*)[450] befand, erkennt Gott Sich selbst in einer Ihm eigenen Art und Weise. Damit aber der Allweise in allen Seinen Aspek-

449. FS 203–204:
إنه لما وقع عليه الطلب خرج فرا خوفا في الظاهر وكان في المعنى حبا للنجاة. فإن الحركة أبدا إنما هي حبية ، ويحجب الناظر فيها بأسباب أخر، وليست تلك. وذلك لأن الأصل حركة العالم من العدم الذي كان ساكنا فيه إلى الوجود، ولذلك يقال إن الأمر حركة عن سكون فكانت الحركة التى هى وجود العالم حركة حب. وقد نبه رسول الله ص. على ذلك بقوله " كنت كنزاً لم أعرف فأحببت ان أعرف" فلولا هذه الحبة ما ظهر العالم في عينه. فحركته من العدم الى الوجود حركة حب الموجد لذلك: ولأن العالم أيضا يحب شهود نفسه وجودا كما شهدها ثبوتا، فكانت بكل وجه حركته من العدم الثبوتي إلى الوجود حركة حب من جانب الحق وجانبه. فإنه الكمال محبوب لذته

450. Wird im nächsten Kapitel behandelt.

ten erkannt und der Erkenntnisprozess abgeschlossen werden kann, ist es auch notwendig, dass Er von sekundär erschaffenen Geschöpfen gekannt werden kann. Auf diese Weise wird das Wissen beiderseitig, nämlich als ewiges Wissen und als geschehendes Wissen, perfektioniert.[451]

Im Grunde genommen ist mit dem Ins-Sein-Treten der Welt auch ein Problem in Bezug auf die Namen Gottes gelöst worden. Denn die Namen Gottes bedürfen eines Betätigungsfeldes als Objekt, um die in ihnen liegenden exekutiven Funktionen ausführen zu können. Die Welt hat diesen Bedarf gedeckt:

> Gott hat die Welt erschaffen, damit die Exekutivität Seiner Namen realisiert wird. Denn eine Macht ohne jemanden, dem gegenüber sie ausgeübt wird, eine Freigiebigkeit ohne jemanden, der sie empfängt, eine Ernährerschaft ohne zu Ernährenden, eine Helferschaft ohne Hilfesuchenden und eine Barmherzigkeit ohne Erbarmenswerten sind alles wirkungslose funktionslose Entitäten.[452]

> Siehst du nicht, wie die Göttlichen Namen das Problem behoben haben, dass sie ihr Wirken nicht an diesem »das Universum« genannten Ort entfalten konnten? Die Ruhe ist deswegen beliebt geworden.[453]

III.2.1.6 *Namenstheorie*

Auf diese Weise hat Gott als Spiegel, in dem Er Sein Geheimnis erblicken und auf dem Er alle Funktionen aller Seiner Namen ausführen kann, die Welt geschaffen.[454]

Im 66. Kapitel der *Futūḥāt* gibt Ibn ʿArabī in Form einer Erzählung ein Gespräch zwischen den möglichen Existenzen und den

451. Vgl. FS 204. FT III, 167.

452. FT I, 185:
فأوجد العالم سبحانه ليظهر سلطان لأسماء ، فإن قدرة بلا مقدور وجودا بلا عطاء
، ورازقا بلا مرزوق ، ومغيثا بلا مغاث ، ورحيما بلا مرحوم ، حقائق معطلة التأثير

453. FS 204:
ألا تراه كيف نفس عن الأسماء الإلهية ما كانت تجده من عدم ظهور آثارها في
عين مسمى العالم ، فكانت الراحة محبوبة له

454. Vgl. FS 48.

Göttlichen Namen wieder. Darin heißt es, dass die möglichen Wesenheiten, die es satt hatten, in der Dunkelheit zu verharren, sich an die Göttlichen Namen wandten und sie um Hilfe baten. Wenn ihr Wunsch erfüllt würde, stiegen sie von der Dunkelheit des Nichts ins Sein auf und die Göttlichen Namen wären von ihrer Passivität befreit. Die Erzählung nimmt mit der Erschaffung der Welt ein glückliches Ende.[455]

In der Geschichte der islamischen Philosophie war es Ibn 'Arabī, der als Erster seine Hypothese von der Erschaffung der Welt an die Göttlichen Namen anlehnte.[456] Es wird auch angenommen, dass er hierbei von Ibn Qasī beeinflusst wurde, der vorher eine eigene Theorie zu den Göttlichen Namen ausgearbeitet hatte.[457] Da Details zu weit führen würden, sei hier einfach konstatiert, dass gemäß Ibn 'Arabī der Allwahre die Welt mit Hilfe Seiner Namen ins Sein gebracht hat.

Jeder Name hat zwei Seiten; während die eine Seite auf sich selbst weist, weist die andere Seite zum Wesen des Allwahren. Da sie mit der Letzteren alle in eine Richtung weisen, weisen sie auch mit dem Allwahren auf dasselbe und sind daher untereinander austauschbar. Andererseits tragen sie in Bezug auf ihre Pflichtwahrnehmung bei der Erschaffung der Welt einen »Verpflichtungsnamen«, mit dem sie sich voneinander unterscheiden. Einige Denker trugen den letzteren Aspekt der Namen sogar so weit, dass sie meinten, diese würden über eine eigene autarke Existenz verfügen.[458]

455. Vgl. FT I, 487–489.

456. Vgl. Alauddin, Bakri: *İbn-i Arabî'de Yaratılış ve Sevgi Teorisi.* 2008. Seiten 28–29.

457. Vgl. Afîfî, Ebu'l-Alâ: *Ebu'l-Kâsim Kasiy.* 2000. Seiten 324–326. Demirli, Ekrem: *Fusûsu'l-Hikem Çeviri ve Şerh.* 2008. Seiten 297, 316, 461.

458. Vgl. Afîfî, Ebu'l-Alâ: *Ebu'l-Kâsim Kasiy.* 2000. Seite 325.

459. Vgl. Izutsu, Toshihiko: *İslam mistik düşüncesi üzerine makaleler.* 2010. Seite 24.

460. FS 99:

ان الناس نيام فاذا ماتوا انتبهوا

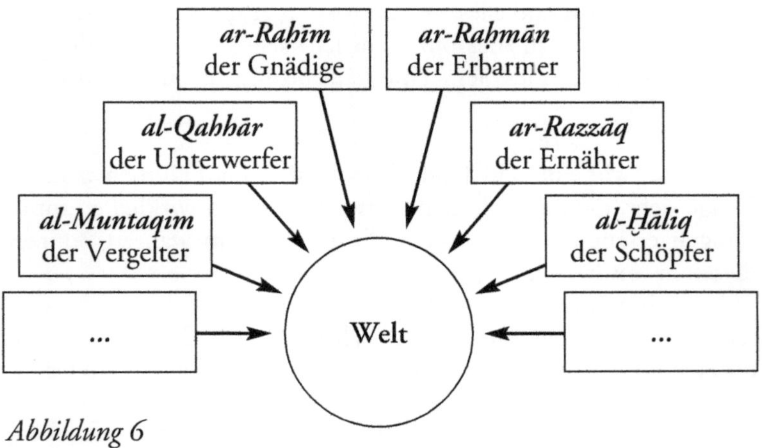

Abbildung 6

Namenstheorie
Die Welt ist ein Ausführungsort der Funktionen der Namen Gottes. Die Zahl der Namen Gottes ist unendlich. Allah hat nicht nur Namen der Güte, wie ar-Raḥīm *(der Gnädige) und* ar-Razzāq *(der Ernährer), sondern auch Namen der Majestät, wie* al-Qahhār *(der Unterwerfer) und* al-Muntaqim *(der Vergelter)*

III.2.1.7 *Die Welt als Einbildung*

Diese Welt, die nach außen hin existiert und in der wir Menschen leben, ist für Ibn 'Arabī in Wirklichkeit nur eine Einbildung. Wirklich ist nur der Allwahre (*al-Ḥaqq*). Er trägt nicht zufällig diesen Namen. Denn *ḥaqq* bedeutet »Wahrheit« und »Wirklichkeit«, und Er wird so genannt, weil Er das *einzig* Wirkliche ist. Diese Welt ist nur eine besondere Erscheinungsform oder gar nur ein Traum des absolut wirklichen Allwahren.[459] Der folgende Hadith ist eine der wichtigsten Referenzen, die Ibn 'Arabī hierbei gebraucht:

> Die Menschen sind im Schlaf, und sie erwachen, wenn sie sterben.[460]

In diesem Fall sind wir Teil dieses Traums, und alles ist eine Einbildung:

> Wisse, dass du und alles, was du [in deiner Umgebung] wahrnimmst und dazu »das bin nicht ich« sagst, eine Einbildung ist. Daher ist alles Sein eine Einbildung in einer Einbildung.[461]

Genau so, wie eine schlafende Person in ihren Träumen manche Dinge sieht, die ihr nach dem Aufwachen wie unwirkliche Einbildungen erscheinen, ist im Verhältnis zu ihrem wahren Besitzer diese um uns herum wahrnehmbare Welt.

Nach Ibn ʿArabī ist zwar die einzige wirkliche Existenz, die diesem Namen gerecht wird, der Allwahre; aber die Dinge, die wir in unserer Umgebung wahrnehmen und für wahr halten, sind dennoch nicht völlig ohne Bedeutung. So wie wir die Dinge, die wir im Traum sehen, für Symbole halten und sie zu deuten versuchen, so muss auch dieses Leben, das für wirklich gehalten wird, gedeutet und zu seinem wahren Sinn zurückgeführt werden. Demnach ist der Mensch nicht für diese Welt erschaffen worden, und seine wahre Heimat ist das Jenseits. Da dem so ist, gilt das diesseitige Leben, das den Menschen von seiner jenseitigen Heimat trennt, als ein Traum. Aus diesem Traum wacht man erst auf, wenn man stirbt und ins Jenseits eintritt. So wie wir unsere Träume nach dem Erwachen deuten lassen, werden auch, wenn wir am Jüngsten Tag vom Diesseits erwachen, die Taten und Handlungen im Diesseits gedeutet werden.[462]

Diese Ansichten Ibn ʿArabīs erinnern an Platons Höhlengleichnis. In dem bekannten Gleichnis glauben Menschen, die in einer Höhle geboren werden und aufwachsen und die Welt außerhalb ihrer Höhle nie zu Gesicht bekommen, dass die Wirklichkeit nur aus den Schatten bestehe, die sie jeden Tag zu sehen bekommen. Diese Schatten waren aber die auf irgendeine Weise in die Höhle geworfenen Schatten der Lebewesen außerhalb der Höhle. Die Höhlenbewohner hatten keine Kenntnis von den eigentlichen Erzeugern der Schatten und glaubten, die Schatten, die sie jeden Tag sahen, seien die einzigen und wirklichen Wesen. In ähnlicher Weise ähneln auch die Dinge, die uns Menschen tagtäglich begegnen, den Schatten an der Höhlenwand, die der in der Höhle Ge-

461. FS 104:
فأعلم أنك خيال وجميع ما تدركه مما تقول فيه ليس أنا خيال. فالوجود كله خيال في خيال

462. FT I, 314–315.

borene und Aufgewachsene zu sehen bekam. Die wirkliche Welt ist aber die Welt der Schatteninhaber, die Ideenwelt.[463]

Die naturwissenschaftliche Forschung hat gezeigt, dass die Dinge, die wir in unserem Umfeld durch Sehen, Riechen, Schmecken und Hören als »wahr« wahrnehmen, aus der Verarbeitung von elektrischen Signalen bestehen, die über die Nervenbahnen ins Gehirn geleitet werden. Die heutige Technologie ist so weit, diese Signale auch künstlich an das Gehirn zu vermitteln und beim Menschen ähnliche Empfindungen hervorzurufen. Von daher besteht kein Grund, nicht anzunehmen, dass alles, was wir mit unseren fünf Sinnen wahrnehmen, eine Bündelung von Sinneseindrücken ist, die unserem Geist vorgespiegelt werden. Es bleibt nur noch zu hinterfragen, was die Quelle dieser elektrischen Signale ist, die dieses Gesamtbild hervorruft. Es kann von Bedeutung sein, das Verhältnis zwischen der in Ibn 'Arabīs Weltsicht als Einbildung geltenden Welt und dem wahren Herrn der Existenz, dem Allwahren, unter diesem Gesichtspunkt neu zu betrachten.

Hiervon ausgehend wäre es dennoch falsch, auch anzunehmen, dass Ibn 'Arabī die Existenz des Stoffes bzw. der Materie leugnet. Wie später zu sehen sein wird, leugnet er die Materie nicht, betrachtet sie aber auch nicht als *ǧauhar* (Kern, Wesen, Substanz). Er ist weit davon entfernt, eine materialistische Weltsicht zu vertreten, und stellt sich denen entgegen, die die Welt nur als aus Stoff bestehend sehen.

III.2.2 Seinsstufen (*ḥaḍarāt*)

Taǧallī (Selbstmanifestation) und *ta'ayyun* (Selbstbestimmung / Determination) wurden beide in dieser Arbeit bereits behandelt. Selbstmanifestation bedeutet, dass der Allwahre, Der als »verborgener Schatz« das »absolut Unerfassbare / Unbekannte« ist, Sich mehr und mehr vom Transzendenten hin zum Konkreten öffnet und in Erscheinung (*ẓāhir*) tritt. Dadurch, dass Seine absolute und unbegrenzte Existenz den Typen (*a'yān*) (in) den möglichen, ihrem Eintreten in das Vorhandensein in der Welt noch harrenden Existenzen erschien, hat Er Sich selbst begrenzt und Sich in deren

463. Für Platons Höhlengleichnis und seine Schlüsse daraus siehe PLATON: *Der Staat.* 1989. Seiten 268–308.

Abbildern determiniert (»*ʿayn*-isiert«). Diese Göttliche Selbstbestimmung in etwas wird *taʿayyun* (Selbstbestimmung / Determination) genannt. Ein dritter Begriff, den Ibn ʿArabī benutzt, ist *faiḍ*, welcher fast gleichbedeutend mit der »Emanation« der Philosophen ist.

Ibn ʿArabī nennt zwei verschiedene Arten von *faiḍ*. Zum einen die, die in der verborgenen Welt stattfindet und die als »heiligste Emanation« (*al-faiḍ al-aqdas*) oder »verborgene Manifestation« (*at-taǧallī al-ġaibī*) bezeichnet wird, zum anderen die »heilige Emanation« (*al-faiḍ al-muqaddas*), die auch »sichtbare Manifestation« (*at-taǧallī aš-šahāda*) genannt wird:

> Gott hat zwei Manifestationen: eine unsichtbare Manifestation und eine sichtbare Manifestation. In Seiner unsichtbaren Manifestation gibt Er dem Herzen, wozu es vorkonditioniert ist. Und diese Manifestation ist die Seiner Essenz, deren Wirklichkeit die Unerkennbarkeit ist. Und diese Manifestation ist das Selbstsein, zu dem Er »er« sagte und ihm so Berechtigung erteilte. Dieses Selbst ist in Ewigkeit im Allwahren festgeschrieben. Wenn diese Vorkonditionierung sich im Herzen einnistet, macht die sichtbare Manifestation sich ihm [dem Herzen] in der sichtbaren Welt bemerkbar, so dass das Herz sie wahrnimmt und sie in der Gestalt, in der sie in dem in ihr manifestierten Bild vorlag, zu Tage tritt, wie wir bereits erwähnt haben.[464]

Die erwähnten Manifestationen sind diejenigen, die die Entstehung der Seinsebenen verursachen, wie noch im Detail zu klären sein wird. Die erste dieser beiden Manifestationen ist die Manifestation des Allwahren in Sich selbst, welche daher auch als »essenzielle Manifestation« (*at-taǧallī aḏ-ḏātī*) bezeichnet wird. Er selbst erscheint und wird sichtbar in Sich selbst, und auf diese Weise kommt das Göttliche Wissen zustande. Dieses Wissen enthält in sich auch die vorstellbaren Bilder der Dinge, deren Details

464. FS 120:

تحرير هذه المسألة أن لله تجليين. تجلي غيب وتجلي شهادة ؛ فمن تجلي الغيب يعطي الإستعداد الذي يكون عليه القلب، وهو التجلي الذاتي الذي الغيب حقيقته ، وهو الهوية التي يستحقها بقوله عن نفسه ‘هو‘[...] فإذا حصل له – أعنى للقلب – هذا الاستعداد، تجلى له التجلي الشهودى في الشهادة فرآه فظهر بصورة ما تجلى له كما ذكرناه

später folgen. Dieser Akt des Allwahren ändert jedoch nichts an der Tatsache der Unerkennbarkeit Seiner ersten Stufe. In Ibn ʿArabīs obigem Zitat bleibt Er weiterhin Er (*huwa* im arabischen Original steht für die dritte Person, also für jemand Abwesenden). Die zweite Art der Manifestation unterscheidet sich hiervon maßgeblich. In dieser Manifestation treten die möglichen Existenzen, deren Abbilder in der ersten Manifestation des Allwahren entstanden, in die wirkliche Existenz in der äußeren Welt. Daher wird diese Art der Manifestation auch »sichtbare Manifestation« (*at-taǧallī aš-šuhūdī*) genannt. Kurz gefasst: In der heiligsten Emanation, die die Manifestation des Allwahren in Sich selbst ist, kommen die unwandelbaren festgelegten Typen (*al-aʿyān aṯ-ṯābita*) der möglichen Existenzen, welche in Zukunft ins Sein eintreten werden, zustande. In der zweiten Manifestation, die die heilige Emanation ist, wird den vernunftgemäßen unter diesen Typen eine äußere Existenz verliehen. Diese Manifestationstheorie mag als eine deterministische Ontologie erscheinen. Denn nach ihr ist jedes Ding, das in der Welt vorhanden ist, nach dem Vorbild dieses in ewiger Urzeit vorgeformten Typen gestaltet.[465] Dies wird noch näher erläutert werden.

Bis hierher ist also von drei Hauptstufen des Seins die Rede. Die erste ist die, in der Sich der Allwahre einzig und absolut unergründbar befindet, die zweite ist die darauf folgende, weiter oben beschriebene, und die letzte ist die, die auf die zweite folgt. Auf diese Dreiteilung wurde bereits mit einem Zitat aus Ibn ʿArabīs Werk *Inšāʾ ad-dawāʾir* hingewiesen.[466]

Das Sein, das Ibn ʿArabī in drei Stufen teilt und erläutert,[467] wird von seinen Nachfolgern und Kommentatoren in vier,[468] fünf,[469] sechs[470] oder manchmal auch in sieben[471] Stufen aufgeteilt und besprochen. Diese Aufgliederung nehmen die Kommentatoren wie-

465. Vgl. Izutsu, Toshihiko: *İslam mistik düşüncesi üzerine makaleler.* 2010. Seite 212.

466. Siehe Kapitel III.2.1.3.

467. Siehe INŠĀʾ 15–16. FT I, 183–184; V, 61.

468. Vgl. Konuk, Ahmed Avni: *Fusûsu'l-Hikem Tercüme ve Şerhi.* 2010. Band I, Seite 67.

469. Siehe Konevî, Sadreddin: *İlâhî Nefhalar.* 2004. Seite 33. Kayserî, Dâvûd: *Mukaddemât.* 2011. Seite 74.

470. Siehe Qāšānī, ʿAbd ar-Razzāq: *Šarḥ al-Fuṣūṣ al-ḥikam.* Seite 239.

471. Siehe Konuk, Ahmed Avni: *Fusûsu'l-Hikem Tercüme ve Şerhi.* 2010. Band I, Seite 10.

Abbildung 7

***Tabellarische Gegenüberstellung der Seinsstufen* (marātib / ḥaḍarāt)**
Die Stufen des Seins, welche bei Ibn ʿArabī noch drei betrugen, wurden durch die Ausleger seiner Werke in den nachfolgenden Jahrhunderten auf vier, fünf, sechs und bisweilen auch auf sieben Stufen erweitert

Drei ***marātib***	**Vier** ***marātib***
ʿālam al-ġaib Welt des Verborgenen	*lāhūt* Divinität
ʿālam al-ḫayāl Welt der Imagination	*ʿālam al-ǧabarrūt* Welt der Allmacht
	ʿālam al-malakūt Welt des Himmelreichs
ʿālam aš-šahāda Welt des Sichtbaren	*ʿālam an-nāsūt* Welt des Irdischen

derum ausgehend von Details in seinen Werken vor. Genau genommen handelt es sich bei diesen nachträglich vervielfältigten Stufen um Unterstufen der drei Stufen, die er vorsieht (siehe Abbildung 7 oben). In dieser Arbeit wird die gängigste, als *al-ḥaḍarāt al-ḫamsa*[472] bezeichnete Einteilung in fünf Stufen verwendet. Diese sind: die Alleinigkeit (*al-aḥadiyya*), die Einheit (*al-wāḥidiyya*), die Welt der Geister (*ʿālam al-arwāḥ*), die Welt der Vorlagen (*ʿālam al-miṯāl*) und die Welt des Sichtbaren (*ʿālam aš-šahāda*) (siehe Abbildungen 8 und 9, Seiten 172–173). Ein wichtiges Detail

472. »Das Göttliche Sein offenbart sich in unzähligen Stufen, die im Wesentlichen in fünf Bereiche oder Ebenen zusammengefasst werden können. Ibn al-ʿArabī bezeichnet diese Bereiche als ›Göttliche Gegenwart‹ (*ḥaḍarāt*). In jeder einzelnen Gegenwart (*ḥaḍra*) gibt sich das unbedingte Göttliche Sein (*al-wuǧūd al-muṭlaq*) kund, das sich in all seinen fünf Formen auf die eine unbedingte Göttliche Wirklichkeit (*al-ḥaqq*) bezieht« (Pietsch, Roland: *Ibn ʿArabī – Grundzüge seiner Lehre von den Göttlichen Urwahrheiten.* 2008. Seiten 28–29).

<table>
<tr><th>Fünf marātib</th><th>Sechs marātib</th><th>Sieben marātib</th></tr>
<tr><td>aḥadiyya
Alleinigkeit / Einzigkeit</td><td>lā taʿayyun
Indeterminiertheit</td><td>lā taʿayyun
Indeterminiertheit</td></tr>
<tr><td rowspan="2">wāḥidiyya
Einheit</td><td rowspan="2">wāḥidiyya
Einheit</td><td>taʿayyun al-awwal
erste Determination</td></tr>
<tr><td>taʿayyun aṯ-ṯānī
zweite Determination</td></tr>
<tr><td>ʿālam al-arwāḥ
Welt der Geister</td><td>ʿālam al-arwāḥ
Welt der Geister</td><td>ʿālam al-arwāḥ
Welt der Geister</td></tr>
<tr><td>ʿālam al-miṯāl
Welt der Vorlagen</td><td>ʿālam al-miṯāl
Welt der Vorlagen</td><td>ʿālam al-miṯāl
Welt der Vorlagen</td></tr>
<tr><td rowspan="2">ʿālam aš-šahāda
Welt des Sichtbaren</td><td>ʿālam al-aǧsām
W.d. physischen Wesen</td><td>ʿālam al-aǧsām
W.d. physischen Wesen</td></tr>
<tr><td>ʿālam al-insān
Welt des Menschen</td><td>ʿālam al-insān
Welt des Menschen</td></tr>
</table>

hierbei ist, dass diese Stufen sowohl verborgen als auch sichtbar sind. Jede obere Stufe ist die verborgene der direkten unteren Stufe, und jede untere Stufe ist die sichtbare der direkten oberen Stufe. Denn die Stufen werden vom Verborgenen zum Sichtbaren, vom Abstrakten zum Konkreten untereinander aufgereiht.

Im Folgenden werden diese Stufen oder Ebenen kurz einzeln erläutert. Damit die Leserinnen und Leser den Zusammenhang dieser Stufen untereinander besser begreifen können, erfolgt am Ende des Abschnitts eine grafische Darstellung der wechselseitigen Beziehungen dieser Ebenen zueinander (siehe Abbildung 10, Seite 174).

III.2.2.1 *Die Stufe der Alleinigkeit / Einzigkeit* (martabat al-aḥadiyya)

Auf dieser Stufe ist Er das Einzige, was ist und existiert, und nichts ist außer Ihm. Eine Vielfalt gibt es nicht auf dieser Ebene. Daher wurde diese Stufe als die der *aḥadiyya* (Einsheit, Alleinigkeit, exklusiven Einheit) bezeichnet. Ibn ʿArabī legt den Prophetenspruch »Gott war, und nichts war mit Ihm« folgendermaßen aus:

> Was aber bedeutet das Wort »Gott war, und nichts war mit Ihm«? Die Antwort: Dinglichkeit begleitet Ihn nicht, und deshalb kann man Ihm eine solche Namensgebung nicht zuschreiben. In gleicher Weise ist kein Ding bei Ihm, und dies ist Seine Wesenseigenschaft.[473]

Auf dieser Stufe hat noch keine Determination (*taʿayyun*) stattgefunden. Auf ihr ist der Allwahre ein verborgener Schatz. Sie ist die absolute Verborgenheit, sie ist das Geheimnis, das das menschliche Wissen nicht ergründen und in keiner Weise kommentieren oder auslegen kann. Sie ist das Areal der Erhabenheit. Selbst über diese Stufe zu sprechen und sie zu benennen, wäre eine Begrenzung und eine Zuschreibung in Bezug auf Ihn, deshalb darf über diese Stufe überhaupt nichts gesagt werden:

> Der Allwahre wird mit der absoluten Existenz attribuiert. Denn Er ist [hier] weder die Ursache von etwas noch die Wirkung von etwas. Er ist vielmehr aus Sich selbst heraus existent. Ihn zu kennen, bedeutet, um Sein Sein zu wissen. Und Sein Sein ist nichts anderes als Sein Selbst, und Sein Selbst kann nicht erkannt werden. Lediglich die Ihm zugeschriebenen Attribute können erkannt werden. Damit meine ich Seine vollkommenen Attribute. Was aber das Wissen um die Wahrheit Seines Selbsts angeht, so kann weder die Beweisführung noch die logische Methodik des Verstandes dazu fähig sein, es zu erkennen. Er gleicht nichts und nichts gleicht Ihm.[474]

Hier bezeichnet Ibn ʿArabī den Allwahren in dieser Stufe als »Selbst«. Dieses Wort ist dasjenige, was Ihn nach *Ḥaqq* (Allwahrer), welches »Wahrheit« bedeutet, am wenigsten eingrenzt. Alle Aussagen in dieser Arbeit zur absoluten Existenz betreffen diese Stufe.[475]

III.2.2.2 *Die Stufe der Einheit* (martabat al-wāḥidiyya)

Der Allwahre vollzieht Seinen ersten Abstieg vom Transzendenten hin zum Konkreten, von der ersten Stufe, in der es außer Ihm nichts gab, zur nächsten, indem Er mit Seinem Wesen in Sich selbst manifestiert. Diese neue Stufe, die durch diesen Abstieg entstand, wurde von manchen wiederum in zwei Teile unterteilt (siehe Abbildung 7).[476] Demnach haben in dieser Stufe zwei Selbstmanifestationen stattgefunden. Mit der ersten erkennt der Allwahre alle Attribute und Namen, die in Seinem Wesen verborgen liegen, als Ganzes und ohne Unterschied. In dieser Stufe wird auch das »Eine aus dem Einen« der Philosophen verwirklicht.[477] Dieses Eine, das bei den Philosophen »die erste Vernunft«, in der Scharia »das Schreibrohr« heißt, nennt Ibn ʿArabī die »mohammedanische Realität« (*al-ḥaqīqa al-Muḥammadiyya*).[478] Nach denen, die diese Stufe in zwei Teile gliedern, erfolgt hier eine zweite Selbstmanifestation, bei der die Abbilder aller generellen und speziellen Be-

473. FT III, 84–85:
ما معنى قوله عليه السلام: كان الله ولا شيء معه ؟الجواب: لا تصحبه الشيئية ولا تنطلق عليه ، وكذلك هو ولا شيء معه ، فإنه وصف ذاتي له

474. FT I, 184:
الحق تعلى هو الموصوف بالوجود المطلق لأنه سبحانه ليس معلولا لشيء ولا علة بل هو موجود بذاته ، والعلم به عبارة عن العلم بوجوده ، ووجوده ليس غير ذاته مع أنه غير معلوم الذات ، لكن يعلم ما ينسب إليه من الصفات ، أعني صفات المعاني وهي صفاة الكمال ، وأما العلم بحقيقة الذات فممنوع لا تعلم بدليل ولا ببرهان عقلي ولا يأخذها حد ، فإنه سبحانه لا يشبه شيئا ولا يشبهه شيئ

475. Für die Auslegungen der Kommentatoren Ibn ʿArabīs zu dieser Ebene siehe Konevî, Sadreddin: *Vahdet-i Vücûd ve Esasları.* 2012. Seiten 9–14. Qāšānī, ʿAbd ar-Razzāq: *Šarḥ al-Fuṣūṣ al-ḥikam.* Seite 3. Kayserî, Dâvûd: *Mukaddemât.* 2011. Seiten 24–41. Konuk, Ahmed Avni: *Fusûsu'l-Hikem Tercüme ve Şerhi.* 2010. Band I, Seiten 4–8.

476. Vgl. Konuk, Ahmed Avni: *Fusûsu'l-Hikem Tercüme ve Şerhi.* 2010. Band I, Seiten 10–15.

477. Ausführliches zu diesem Thema unter: FT I, 70.

478. Vgl. Ibn ʿArabī: *Kitāb al-Masāʾil.* 2001. Seite 307. FT I, 146, 184; dies wird auch unter der Überschrift »Mensch« separat behandelt.

deutungen, die durch die vorher seitens des Allwahren als Ganzes erkannten Namen und Attribute bedingt werden, voneinander getrennt werden. Diese intellektuellen Abbildungen werden als »festgelegte Typen« (*al-a'yān aṯ-ṯābita*) bezeichnet.[479]

Die erste Stufe wurde als die der »Alleinigkeit« (*aḥadiyya*) bezeichnet, weil der Allwahre in ihr allein war. In dieser zweiten Stufe wurde diese Alleinigkeit durchbrochen, indem zwar noch keine äußeren Existenzen, aber intellektuelle Wesenheiten sich zu Ihm gesellten. Von der Alleinigkeit wurde in die Vielfältigkeit gewechselt, aber die Einheit wurde bewahrt. Denn die hiesigen Wesen sind gedankliche Wesenheiten, die noch keinen Anteil an der Existenz und damit kein äußeres Vorhandensein haben. Das Sein bewahrt in dieser Stufe noch seine Einheit. Es ist nicht allein, aber einig, weshalb diese Stufe als die der »Einheit« (*wāḥidiyya*) bezeichnet wird.[480]

Während auf der Stufe der Alleinigkeit (*aḥadiyya*) die Erkenntnis des Wesens des Allwahren völlig unmöglich war, ist auf der Stufe der Einheit (*wāḥidiyya*) die Erkenntnis des Allwahren über Seine Geschöpfe möglich geworden.[481] Denn der Schöpfungsvorgang beginnt in und mit dieser Stufe. Der Allwahre erschafft vermittels der in dieser Stufe zustande gekommenen Namen und Attribute die Welt. Aus diesem Grunde wird sie auch »Stufe der Göttlichkeit« (*ulūhiyya*) genannt. Der Name *Allah* tritt uns Menschen zum ersten Mal in dieser Stufe entgegen.[482] Allah versammelt und vereinigt in dieser Stufe alle Göttlichen Namen und Attribute und alle auf diese Stufe folgenden unteren Stufen.[483] Die Welt wird durch die Wirkung Seiner Namen ins Leben gerufen, und wir Menschen richten unsere Bittgebete an Ihn über Seine Namen. Beispielsweise ist das Gebet eines Kranken um Heilung ein Gebet, das an Seinen Namen *aš-Šāfī* (der Heilende) gerichtet ist, und das Gebet eines Hungernden um Nahrung eines, das an Seinen Namen *ar-Razzāq* (der Versorger) gerichtet ist. Aber nicht nur die Welt ist abhängig von Gott, auch die Göttlichen Namen sind abhängig von der Welt. Denn Gott gibt und erschafft vermit-

479. Vgl. FT III, 83.

480. Vgl. AL-ǦĀMĪ: *Šarḥ al-Ǧāmī 'alā Fuṣūṣ al-ḥikam.* 2009. Seite 50.

481. Vgl. FT I, 68.

482. Vgl. FT I, 71; III, 86. KONEVÎ, SADREDDIN: *Füsûsu'l- Hikem'in Sırları.* 2012. Seite 19.

483. Vgl. FT VII, 289.

tels Seiner Namen.[484] Die Existenz der Welt allein macht es für diese Namen möglich, ihre ihnen zugewiesenen Aufgaben auszuführen. Das Bedürfnis der Göttlichen Namen nach einer Welt, in der sie ihren Funktionen gerecht werden können, macht es erforderlich, dass zwischen Gott und der Welt eine wechselseitige Beziehung zueinander aufgebaut wird.

Die Tatsache, dass auf der Welt auch Unglücksfälle und Katastrophen stattfinden, ist darauf zurückzuführen, dass alle Göttlichen Namen ihren Funktionen voll nachkommen können. Denn unter den Namen Gottes gibt es auch solche wie »der Unterwerfer« (*al-Qahhār*) und »der Vergelter« (*al-Muntaqim*).[485] Ibn ʿArabī erstellt eine Tabelle, in der er die Göttlichen Namen in Namen des essentiellen Wesens, Namen der Attribute und Namen der Tätigkeiten unterteilt und einzeln untersucht.[486]

III.2.2.2.1 Die festgelegten Typen (*al-aʿyān aṯ-ṯābita*)

Die *aʿyān aṯ-ṯābita* (Singular: *ʿayn aṯ-ṯābit*), die im Deutschen mit »unwandelbare Wesensgründe«, »ewige Archetypen«, »festgelegte Typen«, »permanente Wesenheiten«, »gedankliche / intellektuelle Wesen« oder Ähnlichem wiedergegeben werden, haben in der Gedankenwelt Ibn ʿArabīs einen sehr hohen Stellenwert. In der islamischen Geistesgeschichte war, soweit bekannt, Ibn ʿArabī der Erste, der die *aʿyān aṯ-ṯābita* in sein philosophisches System einbrachte.[487] Das Wort *ʿayn*, das auf Arabisch »Auge«, »Quelle« und Ähnliches bedeutet, steht in den Werken Ibn ʿArabīs für Dinge wie Wahrheit, Wirklichkeit, Wesen, Essenz, Selbst, Quiddität und Derartiges. Als fester Terminus stehen die *aʿyān aṯ-ṯābita* für die noch unerschaffenen Wirklichkeiten der vorhanden-seienden Dinge. Als der Allwahre Sich zum ersten Mal in Sich selbst emanierte (*al-faiḍ al-aqdas*), erlangte Er Kenntnis von Seinen Namen, und dies führte dazu, dass in Seinem Wissen sich deren Abbilder

484. Vgl. FT I, 68–70; FS, 105.
485. Vgl. FT I, 70.
486. Siehe INŠĀʾ 28.
487. Vgl. AFÎFÎ, EBUʾL-ALÂ: *İbnüʾl-Arabîʾnin Sisteminde "Aʾyân-ı Sabite".* 2000. Seite 259.

formten.[488] Dies ähnelt dem Bild eines Gegenstandes, das sich im Verstand eines Menschen bildet, sobald dieser den Namen dieses Gegenstandes zu hören bekommt. Das Verhältnis zwischen dem imaginierten Bild im Verstand und dem tatsächlichen Gegenstand ähnelt dem Verhältnis der festgelegten Typen (*al-aʿyān aṯ-ṯābita*) zu den tatsächlich äußerlich existierenden Dingen. Der einzige Unterschied zwischen beiden ist, dass das Bild im Verstand des Menschen dadurch zustande kommt, dass er den Gegenstand vorher bereits einmal gesehen hat. Bei Gott ist es genau umgekehrt. Das Bild, das sich in Seinem Wissen manifestiert, gehört zu etwas, was noch nicht zum Sein gelangt ist. Aber es bittet um das Sein, und dieser Bitte wird durch die heilige Emanation (*al-faiḍ al-muqaddas*) stattgegeben. Dies ist der Grund, weswegen dieser zweiten Emanation auch der Name »sichtbare Manifestation« (*at-taǧallī aš-šuhūdī*) gegeben wurde. Die *aʿyān aṯ-ṯābita* sind die Manifestationsorte, an denen der Allwahre Seine Manifestationen vollzieht.[489]

Diese intellektuellen Abbilder ändern sich, nachdem sie in der ersten Manifestation zustande gekommen sind, nicht mehr. Auch Gott ändert sie nicht mehr. Dies steht auch in engem Zusammenhang mit dem Glauben an das Schicksal; im Kapitel III.4.3 wird das Verhältnis der Typen zum Schicksal noch einmal angesprochen werden.

Die festgelegten Typen befinden sich aufgrund ihrer Stufe in einer Ebene zwischen dem Allwahren und der sichtbaren Welt. In dieser Position sind sie sowohl aktiv als auch passiv. Denn unter dem Allwahren sind sie passiv, aber gegenüber den unter ihnen liegenden vorhandenen Dingen entfalten sie ihre Wirkung. In der äußeren Welt nehmen die vorhanden-seienden Dinge ihre Form gemäß diesen festgelegten Typen an. Wenn man das Sein, ohne dabei zu vergessen, dass der wahre Inhaber des Seins der Allwahre ist, mit Wasser vergleicht, könnte man die festgelegten Typen mit Gefäßen vergleichen, die das Wasser, also das Sein, aufnehmen. In dem Fall wären die vorhanden-seienden Dinge mit Wasser befüllte Gefäße. Obwohl das Wasser stets seine wirkliche Beschaffenheit behält und keinen Änderungen unterliegt, erscheint es durch das

488. Vgl. Konevî, Sadreddin: *Vahdet-i Vücûd ve Esasları*. 2012. Seiten 30–31, 94. Kayserî, Dâvûd: *Mukaddemât*. 2011. Seiten 53–54. Konuk, Ahmed Avni: *Fusûsu'l-Hikem Tercüme ve Şerhi*. 2010. Band I, Seiten 17–18.

489. Vgl. FT III, 141–142; IV, 355.

Gefäß dem von außen Draufschauenden jedesmal in anderer Form. Der Draufschauende wird vom Wahrnehmen des Wassers abgelenkt und von den Besonderheiten des Gefäßes, wie seiner Form, seiner Farbe und so weiter, getäuscht. Das Wasser bleibt aber in jedem Gefäß dasselbe.

Andererseits bedeutet die Wirkmächtigkeit der festgelegten Typen auf die vorhanden-seienden Dinge nicht, dass sie selbst über äußere Existenz verfügen. Ihr Status des Nichtseins ist ein permanenter, in der äußeren Existenz sind nur ihre Wirkungen wahrnehmbar.[490]

Ibn ʿArabīs Typentheorie ist mit ähnlichen Konstrukten anderer Denkschulen verglichen worden. Am häufigsten wurde sie mit Platons »Ideen«, Aristoteles' »Entelechien« (ἐντελέχειαι), den »Äonen« (αἰῶνες) der Gnostiker und den *maʿdūm* (Nichtexistenzen) der *Muʿtazila* verglichen. Trotz der bestehenden Ähnlichkeiten kann man diese Dinge aber nicht gleichsetzen. Während Platons »Ideen« eine Reihe genereller Prototypen sind, sind die festgelegten Typen partikulär und jedes vorhanden-seiende Wesen hat seinen eigenen *ʿayn.* Andererseits kommen die festgelegten Typen durch die erste Selbstmanifestation des Allwahren in Sich selbst zustande, was bei Platons »Ideen« nicht der Fall ist. In dieser Hinsicht gleichen sie noch am ehesten dem »ersten Intellekt« in Plotins System, der aus »dem Einen« entspringt. In diesem System sinniert »der Eine« über Sich selbst, und aus diesem Denken entsteht der erste Intellekt; und dieser erste Intellekt ist die Summe aller intellektuellen Dinge in der Welt.[491]

Kurz zusammengefasst die festgelegten Typen:

1. Sie sind nichtexistente Dinge. Sie haben kein äußeres Sein, sie können gedacht werden.

2. Ihre Essenzen sind nicht erschaffen. Gott hat nur ihren Essenzen Sein verliehen.

490. Vgl. FT III, 240; IV, 355. Qāšānī, ʿAbd ar-Razzāq: *Šarḥ al-Fuṣūṣ al-ḥikam.* Seite 63. Kayserî, Dâvûd: *Mukaddemât.* 2011. Seite 57. Konuk, Ahmed Avni: *Fusûsu'l-Hikem Tercüme ve Şerhi.* Band I, Seite 17.

491. Vgl. Afîfî, Ebu'l-Alâ: *Muhyiddin İbnü'l-Arabî'de Tasavvuf Felsefesi.* 1999. Seiten 64–65. Ders: *İbnü'l-Arabî'nin Sisteminde "A'yân-ı Sabite".* 2000. Seiten 270–271. Izutsu, Toshihiko: *İslam mistik düşüncesi üzerine makaleler.* 2010. Seite 221. Kılıç, Mahmut Erol: *Şeyh-i Ekber.* 2010. Seiten 318–319.

3. Sie sind ewig und dauerhaft, sie haben kein Ende.

4. Ihr Wesen kommt vor ihrer äußeren Existenz.[492]

III.2.2.3 *Die Stufe der Geister* (martabat al-arwāḥ)

Die beschriebenen festgelegten Typen steigen auf diese Stufe hinab, erwerben einen Geist und machen so einen weiteren Schritt weg vom Transzendenten hin zum Konkreten.[493] Aber auch ihr neuer Zustand auf dieser Stufe ist für die in der sichtbaren Welt lebenden Menschen weiterhin nicht sichtbar. Sie sind hier gewisse einfache Essenz-Wesen, die keine Gestalt und keine Farbe haben und nicht an Zeit und Ort gebunden sind. Sie sind nicht teilbar und nicht trennbar.[494] Sie sind keine Körper und haben deshalb auch nicht die Besonderheiten des Stoffes. Andererseits können sie, anders als die festgelegten Typen, die keine Eigenwahrnehmung haben, in dem Status, den sie auf dieser Stufe erreichen, sowohl sich selbst als auch ihren Herrn wahrnehmen.[495] Die Engel und Iblīs gehören zu dieser Stufe.[496]

III.2.2.4 *Die Stufe der Vorlagen / Vorbilder* (martabat al-miṯāl)

Diese Stufe ist die, die innerhalb des Systems Ibn ʿArabīs das meiste Interesse auf sich zieht. Sie wird auch als *barzaḫ* (Zwischenebene, Hindernis, Brücke) oder als *ḫayāl* (Einbildung, Imagination) be-

492. Vgl. Afîfî, Ebu'l-Alâ: *İbnü'l-Arabî'nin Sisteminde "A'yân-ı Sabite"*. 2000. Seiten 270–271.

493. Vgl. FT III, 457; V, 18.

494. Vgl. FT III, 107.

495. Hier gibt es eine Anspielung auf die im Koran vorkommende Frage, die Gott den Seelen der Menschen stellt, bevor sie auf die Welt kommen: »Und als dein Herr aus den Lenden der Kinder Adams ihre Nachkommenschaft zog und für Sich selber als Zeugen nahm [und sprach:] ›Bin Ich nicht euer Herr?‹ sprachen sie: ›Jawohl, wir bezeugen es.‹ Dies, damit sie nicht am Tage der Auferstehung sagen würden: ›Wir hatten davon wirklich keine Ahnung!‹« (Koran 7:172).

496. Nähere Erläuterungen unter Konuk, Ahmed Avni: *Fusûsu'l-Hikem Tercüme ve Şerhi*. 2010. Band I, Seiten 24–33.

zeichnet.[497] *Barzaḫ* nennt man sie, weil sie eine Zwischenstufe zwischen einer völlig immateriellen und einer völlig materiellen Seinsstufe bildet. So wie alles, was Zwischending oder Übergang ist, trägt sie Charakteristika beider Seiten in sich. Sie ist weder vollends körperlich noch vollends geistig. Sie ist konzentriert und gedrungen im Verhältnis zur Stufe vor ihr, aber filigran und anmutig verdünnt im Verhältnis zur nachfolgenden.[498]

Für jedes Ding, das sich auf der Stufe der Geister befindet und nachher in der sichtbaren Welt erscheint, wird zunächst auf dieser Stufe eine Vorlage kreiert, die seiner späteren Gestalt in der sichtbaren Welt ähnelt. Daher auch der Name *miṯāl*, welcher »Vorlage«, »Vorbild«, »Muster« und Ähnliches bedeutet. Diese ontologische Kreatur, die sich irgendwo zwischen der unsichtbaren Welt der Seelen und der sichtbaren materiellen Welt aufhält, die mit den Sinnen halb wahrgenommen werden kann, die weder vollständig transzendent noch vollständig stofflich ist, wird auch *ḫayāl* (Gespinst, Vorstellung, Imagination)[499] genannt. Daher wird diese Stufe auch als »Stufe der Imagination« bezeichnet. Alles, was in der sichtbaren Welt da ist, hat eine Vorlage auf dieser Stufe. Aber das Gegenteil, also dass alles, was sich in der Stufe der Vorlagen befindet, auch einen Gegenpart in der äußeren materiellen Welt hat, muss nicht zwangsläufig stimmen.[500]

Diese ontologische Dimension im System Ibn 'Arabīs ist in der Tat verwirrend. Die Träume gehören dieser Ebene an. Diese Stufe ist, anders als die vorherigen, für den Menschen teilweise wahrnehmbar, ähnlich wie auch die Träume in der materiellen Welt nicht real sind, aber nach dem Aufwachen nicht geleugnet werden können. Ohnehin sind die Träume eine der Wissensquellen, die uns über diese Stufe in Kenntnis setzen und mit ihr verbinden:

> Möge Gott dir hilfreich sein. Wisse, der Schlaf ist ein Zustand, der den Diener von der mit den Sinnen wahrnehm-

497. Vgl. FT III, 464.

498. Vgl. FT I, 459.

499. Für eine ontologische und epistemologische Definition von *ḫayāl* siehe CEYHAN, SEMIH: *Modern Çağda Tahayyül Gücünün Yeniden Keşfi*. 2008. Seiten 249–261.

500. Vgl. KONEVÎ, SADREDDIN: *Fusûsu'l-Hikem'in Sırları*. 2012. Seiten 40–42. KAYSERÎ, DÂVÛD: *Mukaddemât*. 2011. Seite 84. KONUK, AHMED AVNI: *Fusûsu'l-Hikem Tercüme ve Şerhi*. 2010. Band I, Seiten 33–34.

> baren Welt zur Ansicht der Zwischenwelt (*barzaḫ*) führt. Die Zwischenwelt ist die vollkommenste Welt, eine vollkommenere als sie kann es nicht geben. Sie ist der eigentliche Ursprung der Welt. Die wahre Existenz ist ihre, und die Regelung aller Dinge in der Welt obliegt ihr. Die Bedeutungen kleidet sie in Leiber; was nicht autark bestehen kann, lässt sie autark aus sich selbst bestehen. Was kein Abbild hat, erhält von ihr ein Abbild; das Unmögliche macht sie möglich und greift in die Dinge ein, wie es ihr gefällt.[501]

Die Welt der Vorlagen ist seit Ewigkeiten existent und kann jederzeit aufs menschliche Bewusstsein einwirken. Da der Verstand des Menschen jedoch im wachen Zustand unter dem Einfluss der materiellen Kräfte der Außenwelt steht, kann er oft das Wissen aus der Welt der Vorlagen nicht empfangen. Der Mensch kann erst dann mit der Welt der Vorlagen kommunizieren, wenn er sich im Schlaf von den Einwirkungen der äußeren Welt löst, seine Sinnesorgane, die auf die physischen Signale reagieren, ruhen, und seine Imaginationskraft in Aktion tritt. Dies gelingt den Durchschnittsmenschen nur durch die Träume, die sie im Schlaf sehen.[502] Den Sufis hingegen, die sich von dieser Welt zu lösen vermögen, gelingt dies auch im Wachzustand.

Auf dieser Stufe sind somit die Dinge, die auf den vorherigen Stufen nur als Begrifflichkeiten vorhanden waren, zu Bildern transformiert worden, die durch Sinneswahrnehmungen bedingt spürbar sind. Da diese Dinge ohne Raum sind, können sie teilweise Teilbarkeit, Trennbarkeit, Vorhandensein in geringer Menge und in großer Menge annehmen.[503] Die nächste Stufe wird über die äußere Welt dieser in Halbspürbarkeit gewandeten Bedeutungen aufklären.

501. FT III, 275:
اعلم أيدك الله أن النوم حالة تنقل العبد من مشاهدة عالم الحس إلى شهود عالم
البرزخ وهو أكمل العالم فلا أكمل منه ، هو أصل مصدر العالم له الوجود الحقيقي
والتحكم في الأمور كلها يجسد المعاني ويرد ما ليس قائما بنفسه قائما بنفسه ، وما
لا صورة له يجعل له صورة ويرد المحال ممكنا ويتصرف في الأمور كيف يشاء

502. Vgl. FS 99–100. Izutsu, Toshihiko: *İslam mistik düşüncesi üzerine makaleler.* 2010. Seite 32.

503. Vgl. FT III, 100.

III.2.2.5 *Die sichtbare Stufe* (martabat aš-šahāda)

Jede Stufe ist also eine äußere Erscheinungsform ihrer Vorgängerstufe. Die letzte dieser Stufen, die alle durch die Selbstmanifestationen des Allwahren entstehen, ist die Stufe der Wahrnehmbarkeit, und diese ist die äußere Erscheinung aller vorherigen Stufen. Der Allwahre erscheint in dieser Stufe in Gestalt von Körpern. Diese physikalischen Körper sind trennbar, aufteilbar, in kleinere Bestandteile fragmentierbar und brennbar.[504]

Alles in dieser äußeren Welt Sichtbare besteht aus Akzidenzien, die keine zwei Augenblicke bestehen bleiben. Denn das Einzige, was sich nicht ändert und was das eigentliche Wesen ist, ist die Existenz, und die ist der erhabene Allwahre allein. Die Welt hingegen ist die Summe der Akzidenzien.[505]

> Jedes Erscheinungsbild in der Welt ist eine Akzidenz in der Wesensessenz. Was hineingeht und was herauskommt, sind die Akzidenzien, das Wesen aber ist alleinig und all-einig. Die Teilung ist im Erscheinungsbild, nicht im Wesen![506]

Alles in der Welt besteht aus vorhanden-seienden Dingen, die nicht aus sich selbst heraus Bestand haben können und für ihre Existenz des Allwahren bedürfen. Die Welt der Wahrnehmbarkeit ist infolge des stetigen Inkrafttretens der Göttlichen Namen in einem dauerhaften Prozess des Entstehens und Vergehens. Der Allwahre ist unentwegt im Zustand der Manifestation. Keine Manifestation ist von Dauer, und keine Manifestation wird wiederholt. Weil die Manifestationen ständig erneuert werden, vergeht in Wirklichkeit alles in der Welt in einem Augenblick und entsteht im nächsten aufs Neue. Durch ihre Geschwindigkeit allein bleibt dieser Kreislauf für uns Menschen nicht spürbar.[507]

504. Vgl. Konuk, Ahmed Avni: *Fusûsu'l-Hikem Tercüme ve Şerhi.* 2010. Band I, Seite 36.

505. Vgl. FS 126, 188.

506. FT I, 71:

كل صورة في العالم عرض في الجوهر وهي التي يقع عليها الخلع والسلخ والجوهر واحد. والقسمة في الصورة لافي الجوهر.

507. Vgl. FS 126.

Abbildung 8

Abnahme der geistigen Substanz mit dem Abstieg in den Seinsstufen
Die reine Existenz ist abstrahiert. Sie ist ein unergründbarer Ort der Erhabenheit. Je weiter man von der reinen Existenz hin zur stofflichen absteigt, umso weiter steigt der Grad an Verdichtung der in Erscheinung tretenden Wesen. Die Stufen des Seins steigen von der Abstraktion hin zur Verdichtung / Konkretisierung / Stofflichkeit ab

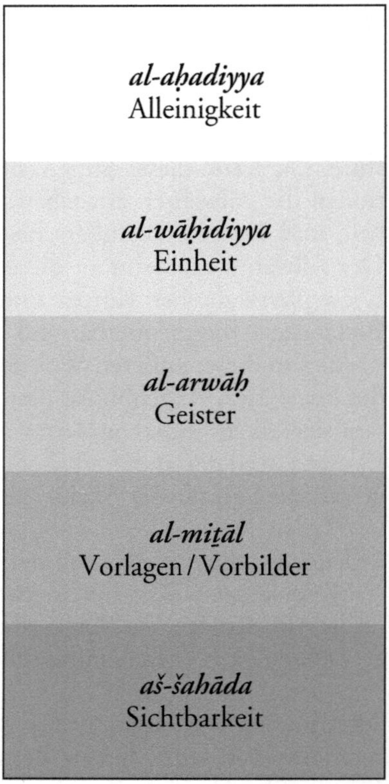

al-aḥadiyya Alleinigkeit
al-wāḥidiyya Einheit
al-arwāḥ Geister
al-miṯāl Vorlagen / Vorbilder
aš-šahāda Sichtbarkeit

Abbildung 9

Das Verhältnis von Verborgenheit zu Sichtbarkeit in den Seinsstufen
Der Allwahre (al-Ḥaqq) *ist in der ersten Stufe ein verborgener Schatz. Diese Stufe ist die der absoluten Verborgenheit. Im Vergleich zu dieser Stufe sind die anderen Seinsebenen sichtbar. Ein wichtiges Detail hierbei ist, dass diese Stufen sowohl verborgene als auch sichtbare*

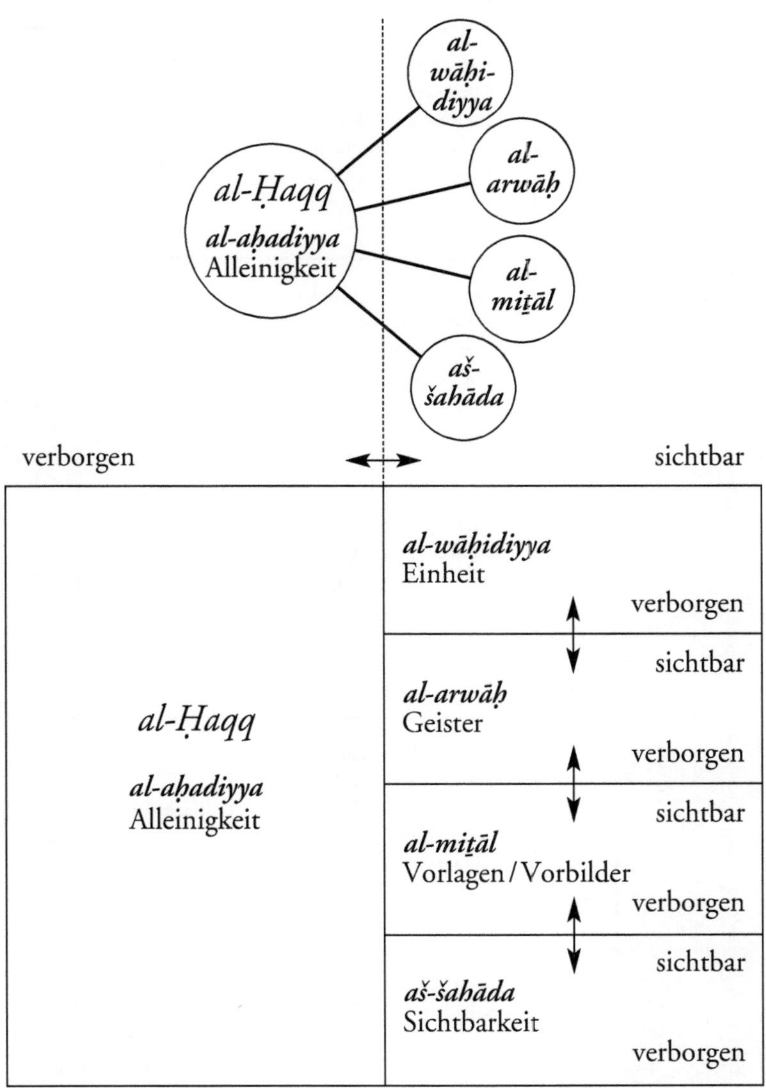

Stufen sind. Jede obere Stufe ist die verborgene der direkten unteren Stufe, und jede untere Stufe ist die sichtbare der direkten oberen Stufe. Denn die Stufen werden vom Verborgenen zum Sichtbaren, vom Abstrakten zum Konkreten untereinander aufgereiht. Hier wurde versucht, dies durch zwei Abbildungen, die den gleichen Inhalt verschieden wiedergeben sollen, darzustellen

	al-aḥadiyya (Alleinigkeit) · Schlüsselbegriff: Alleinigkeit. · Im absoluten Sein ist der Allwahre all-einzig. · Er ist ein ünergründbares unbekanntes Mysterium. · In dieser Stufe erfolgt noch keine Manifestation.
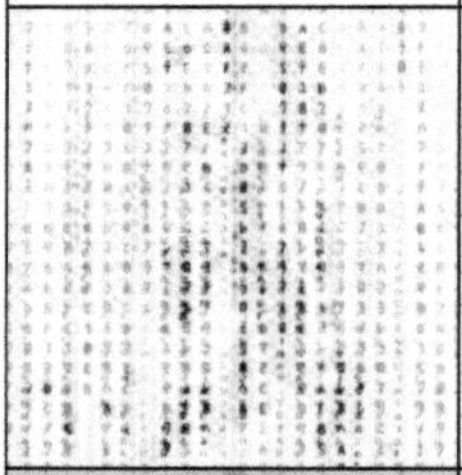	*al-wāḥidiyya* (Einheit) · Schlüsselbegriff: Einheit. · Der Allwahre manifestiert Sich als Gott / Allah. · Die festgelegten Typen, die Archetypen der möglichen Wesen sind, treten hier in Erscheinung. Sie sind gewissermaßen der Code der Dinge, die später äußere Existenz erlangen werden.
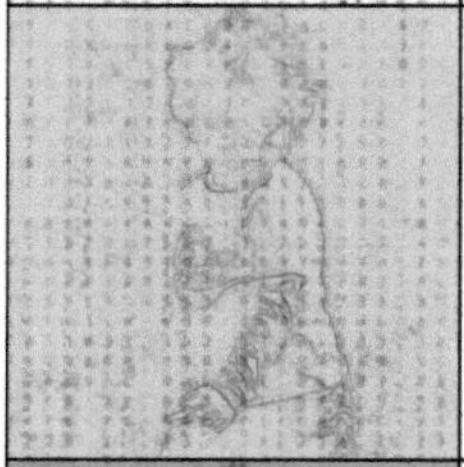	*al-arwāḥ* (Geister) · Schlüsselbegriff: Geist. · Die in der vorangegangenen Stufe denkbaren und intelligiblen Wesen erlangen hier einen Geist. · Die Seinswelt beginnt hier, sich zu formen.
	*al-miṯāl* (Vorlagen / Vorbilder) · Schlüsselbegriff: Imagination. · Jedes aus der Welt der Geister hierhin herabsteigende individuelle Wesen erlangt hier ein Abbild, das seiner körperlichen Form ähnelt, die es später in der Welt der Körper erlangen wird.
	*aš-šahāda* (Sichtbarkeit) · Schlüsselbegriff: Konkretisierung / Stofflichkeit. · Stufe der sinnlichen Wahrnehmbarkeit: Die möglichen Wesen, die vorher über keine äußere Existenz verfügten, werden in der mit den fünf Sinnen wahrnehmbaren äußeren Welt existent.

Abbildung 10

Schematischer Überblick über die Seinsstufen

III.2.3 Einheit des Seins / der Existenz *(waḥdat al-wuǧūd)*

In Wissenschaftskreisen ist das Erste, was beim Namen Ibn ʿArabī einfällt, seine Theorie von der Einheit des Seins (*waḥdat al-wuǧūd*). Im Grunde genommen waren es jedoch seine Kommentatoren in den Jahrhunderten nach ihm, die, ausgehend von der Idee, dass alle Existenz eine Einheit ist, diesen Terminus prägten.[508] Ibn ʿArabī selbst hat die beiden Wörter in ihrer lexikalischen Bedeutung verwendet, allerdings unabhängig von dieser Theorie und unabhängig voneinander. Der Erste, der diese Wortkombination über ihre Grundbedeutung hinaus im spezifischen Sinn gebrauchte, war sein erster Kommentator Ṣadr ad-Dīn al-Qūnawī. Nach al-Qūnawī war es dessen Schüler Saʿīd ad-Dīn al-Farġānī (gest. 1296), der den Begriff häufig verwendete und somit für dessen Verbreitung und heutige Bedeutung sorgte.[509] Manche meinten, dass diese Theorie ein Pantheismus sei. Aber dieser Gedanke fand keine allgemeine Akzeptanz und wurde in Dutzenden publizierten Arbeiten widerlegt.[510]

Der Hauptgedanke bei der Theorie der Einheit des Seins ist, dass, entsprechend der Unterscheidung zwischen Wesen und Akzi-

508. Die Ansicht von der *Einheit des Seins* ist zwar in den Kreisen der Sufis mehrheitlich auf Akzeptanz gestoßen, manche Sufi-Meister wie beispielsweise Aḥmad al-Sirhindī (1564–1624) aber übten Kritik an ihr. Zu Sirhindīs Kritik an der Einheit des Seins und seiner Alternativtheorie von der *Einheit des Wahrnehmbaren* siehe ÇELIK, İSA: *İmam Rabbânî perspektifinden İbnül-Arabî'ye tenkidî bir yaklaşım.* 2009. Seiten 149–179. TOSUN, NECDET: *İmam Rabbâni'ye göre Vahdet-i Vücûd ve Vahdet-i Şühûd.* 2009. Seiten 181–192.

509. Vgl. CHITTIK, WILLIAM: *Varolmanın Boyutları.* 2008. Seiten 198–201. AKTI, SELAHATTIN: *Die Gott-Welt-Beziehung.* 2015. Seiten 5–6.

510. Mehr zu diesem Thema unter GOLDZIHER, IGNAZ: *Die Richtungen der islamischen Koranauslegung.* 1920. Seite 223. SCHIMMEL, ANNEMARIE: *Mystische Dimensionen des Islam.* 1995. Seiten 279, 282, 285. RAHMATI, FATEME: *Der Mensch als Spiegelbild Gottes.* 2007. Seite 28. KAM, FERIT: *Vahdet-i Vücûd.* 1984. Seiten 11–48, 56. KONUK, AHMED AVNI: *Fusûsu'l-Hikem Tercüme ve Şerhi.* 2010. Band I, Seiten 58–62. ERTUĞRUL, İSMAIL FENNI: *Vahdet-i Vücud ve İbn Arabî.* 1991. Seiten 65–86, 96. YASA, METIN: *İbn Arabî ve Spinoza'da Varlık.* 2003. Seite 73. AYNÎ, MEHMED ALI: *Şeyh-i Ekber'i Niçin Severim?* 2012. Seite 119. ALMOND, IAN: *İbn Arabî ve Derrida.* 2012. Seite 27. NASR, SEYYID HÜSEYIN: *Üç Müslüman Bilge.* 2009. Seiten 135–136. SCHUON, FRITHJOF: *İslam'ın Metafizik Boyutları.* 2010. Seite 62. NABLUSÎ, ABDÜLGANÎ: *Gerçek Varlık.* 2009. Seiten 20, 26, 60.

denz, das Sein (*wuǧūd*) ein einziges Wesen ist und dass die Welt die Summe aller Akzidenzien innerhalb dieses Wesens ist. Die Dinge in der Welt sind nur eine Widerspiegelung des absoluten Seins. Anders als die sichtbare Vielfalt in der Welt, ist die Existenz eine Einheit. Die Zerteilung besteht nicht im Wesen, sondern im Erscheinungsbild.[511]

Der vom großen Sufi-Denker Ǧunaid al-Baġdādī (835–910) stammende und weiter oben bereits erwähnte Satz »die Farbe des Wassers ist die Farbe des Gefäßes«,[512] den Ibn ʿArabī sehr häufig verwendet, ist ein sehr gutes Gleichnis, um diese Theorie zu erklären. Demnach gleichen die Gefäße den Akzidenzien und das Wasser dem Sein, welches die Essenz ist. Das Wasser wird in jedem Gefäß, in das es gefüllt wird, eine andere Form und Farbe annehmen. Bei jedem Wiederausschütten wird aber klar, dass das Wasser sich nicht verändert hat und dieselben Besonderheiten aufweist. Ein anderes Gleichnis, das Ibn ʿArabī benutzt, um diesen Sachverhalt zu erläutern, ist das Licht, das durch farbiges Glas scheint. In diesem Beispiel, in dem das Licht für die Allexistenz des Allwahren steht, sind die Dinge in der Welt wie Licht, das durch farbiges Glas scheint. Das Licht selbst bleibt immer dasselbe und unveränderlich, auch wenn es durch jedes andersfarbige Glas in einer anderen Farbe hindurchscheint. Im unten folgenden Zitat erläutert Ibn ʿArabī nur, wofür das Licht und der Schatten, der von dem durch das farbige Glas scheinende Licht geworfen wird, stehen, aber nicht, wofür das Glas selbst steht. Im Gesamtkontext der Theorie gedacht, steht das Glas für die festgelegten Typen:

> Das Verhältnis des Allwahren zu jedem Schatten, ob groß oder klein, ob rein oder reiner, ist wie das Glas zwischen dem Licht und dem, der ins Licht schaut. Dieses Licht nimmt die Farbe des Glases an. Es hat aber in Wirklichkeit keine Farbe. Du aber wirst es [das Licht] farbig sehen. Dies ist ein Beispiel über deine Wirklichkeit gegenüber deinem Herrn. Wenn du über das Licht sagst, es sei grün, wegen des grünen Glases, so

511. Vgl. FT I, 171, 283. Ibn ʿArabī: *Kitāb al-ʾAlif.* 2001. Seite 39.

512. FS 225. Diesen Satz verwendet Ibn ʿArabī sehr häufig. Aber er verwendet ihn nicht jedes Mal in der gleichen Bedeutung. An manchen Stellen benutzt er ihn, um auf eine ontologische Tatsache hinzuweisen, und manchmal, um die Epistemologie der Sufis anzudeuten. In seinem Denken geht beides ohnehin ineinander über.

> sagst du die Wahrheit. In diesem Falle sind deine Sinne deine Zeugen. Wenn du dich aber an die Beweise hältst und sagst, es sei nicht grün und es habe keine Farbe, dann sagst du ebenfalls die Wahrheit. Diesmal ist deine richtige logische Schlussfolgerung dein Zeuge.[513]

Wie bereits erwähnt, glaubt Ibn ʿArabī, dass diese Welt keine wirkliche sei und nur aus einer Vorstellung bestehe. In seinem Vergleich der Welt mit einem Lichtstrahl, der durch farbiges Glas scheint und dessen Farbe annimmt, greift er diesen Gedanken wohl neu auf. In diesem Beispiel verfügt das sichtbare grüne Licht nicht über eine eigene Existenz und verdankt sein Dasein der Lichtquelle. Die grüne Farbe ist eine Akzidenz, die die menschlichen Sinne anspricht und nur Sichtbarkeit erlangen kann durch das Wesen des Lichts. Die menschlichen Sinne aber vermögen das dahinterliegende Wesen nicht wahrzunehmen, verleihen der grünen Reflexion eine Existenz und glauben, in ihr eine wirkliche Existenz zu erblicken. Eigentlich stimmt dieses Beispiel Ibn ʿArabīs auch mit den empirischen Naturwissenschaften überein. Denn die Farben, die man in der Natur zu sehen scheint, bestehen in Wirklichkeit, wie wir mittlerweile wissen, aus den unterschiedlichen Brechungen des Sonnenlichts.

Ein weiteres Beispiel, das Ibn ʿArabī verwendet, um zu zeigen, dass die Welt, obwohl mit den Sinnen wahrnehmbar, nicht wirklich existiert, ist sein Vergleich der Welt mit dem Schatten des Allwahren. Der Schatten ist zwar mit den Augen erkennbar, aber nicht mit Händen greifbar. Der Schatten hängt unmittelbar vom schattenwerfenden Gegenstand ab. Ohne diesen kann der Schatten nicht existieren.

> Wisse: Alles, was »außer dem Allwahren (*al-Ḥaqq*)« genannt wird oder was als »Welt« bezeichnet wird, ist dem Allwahren gegenüber genau so, wie der Schatten gegenüber der Person.

513. FS 103:

فالحق بالنسبة إلى ظل خاص صغير وكبير، وصاف وأصفي، كالنور بالنسبة إلي حجابه عن الناظر في الزجاج يتلون بلونه، وفي نفس الأمر لالون له. ولكن هكذا تراه. ضرب مثال لحقيقتك بربك. فإن قلت: إن النور أخضر لخضرة الزجاج صدقت وشاهدك الحس، وإن قلت إنه ليس بأخضر ولا ذي لون لما أعطاه لك الدليل، صدقت وشاهدك النظر العقلي الصحيح.

> Sie [die Welt] ist Gottes Schatten. Und dies ist auch das Verhältnis der wahren Existenz gegenüber der Welt. Denn auch der Schatten ist zweifelsohne etwas, was mit den Sinnen wahrgenommen werden kann.[514]

Das häufigste Beispiel, dass Ibn 'Arabī anführt, um zu zeigen, dass dieses Sein ein einziges ist und diese Welt eine unendliche Anzahl von Trugbildern in ihm, ist das Beispiel des Spiegels. In diesem Beispiel werden sowohl die Einheit des Seins als auch die eingebildete Existenz dieser Welt betont. Manchmal benutzt er dieses Beispiel, um eine ontologische Ebene zu erläutern, und manchmal auch bei epistemologischen Erklärungen.[515] Mitunter ist in diesem Beispiel der Allwahre selbst der Spiegel und mitunter sind als Erscheinungsort die festgelegten Typen der Spiegel. Im Spiegelbeispiel führt er drei Komponenten an: den Spiegel, den Hineinschauenden und das Spiegelbild. Wenn der Hineinschauende nicht schauen würde, entstünde auch kein Spiegelbild. Es gibt also einen Wunsch und eine Bestrebung danach hineinzuschauen. Wenn der Hineinschauende im Spiegel sein Spiegelbild erblickt, weiß er, dass dies seine eigene Reflexion ist. Dennoch sind der Hineinschauende und das reflektierte Bild nicht dasselbe. Wenn demnach der Allwahre der Spiegel ist, sind die Hineinschauenden die festgelegten Typen der möglichen Wesen, die ihr eigenes Spiegelbild erblicken. Auf diese Weise entsteht das Spiegelbild, das diese Welt ausmacht. Wenn nicht der Spiegel des Allwahren wäre, würde auch nicht das Spiegelbild der nichtexistenten festgelegten Typen, sprich: diese Welt, entstehen. Wenn nun die Rollen vertauscht würden und die festgelegten Typen der möglichen Existenzen der Spiegel wären, würde der Allwahre in den Spiegel des Nichts hineinschauen und die im Göttlichen Wissen vorhandenen Dinge erblicken.

Dieses Beispiel wird umso anschaulicher, wenn man bedenkt, dass die möglichen Existenzen ohnehin auf einer Seite ins Sein und auf der anderen Seite ins Nichts gerichtet sind. Denn auch die im

514. FS 101:

إعلم أن المقول عليه "سوى الحق" أو مسمى العالم هو بالنسبة إلى الحق كالظل للشخص، وهو ظل الله ، وهو عين نسبة الوجود إلى العالم لأن الظل موجد بلا شك في الحس

515. Für das Spiegelbeispiel in unterschiedlichen Zusammenhängen siehe FS 61, 184. FT I, 459; V, 116–117; VI, 196–197; VIII, 47.

alltäglichen Leben gebrauchten Spiegel sind auf einer Seite leuchtend reflektierend, auf ihrer Rückseite aber abgedunkelt. Wenn in einem dunklen Raum mit einem Lichtpointer direkt auf den Spiegel gehalten wird, kann dessen Lichtstrahl nicht reflektiert werden, wenn er auf die Rückseite des Spiegels auftrifft. Nur wenn der beschichtete Teil des Spiegels getroffen wird, wird das Licht auch reflektiert. Genauso können die möglichen Wesen hinsichtlich ihrer Hinwendung zum Allwahren als »festgelegte Typen« und hinsichtlich ihrer Hinwendung zum Nichts als *maʿdūm* (nichtexistent) bezeichnet werden.[516]

Der Spiegel mag der Allwahre sein oder die Wahrheiten der möglichen Existenzen; eigentlich ist in beiden Fällen die Manifestation des Allwahren der Fall. Der Allwahre manifestiert (zeigt) Sich in den festgelegten Typen. Hieraus folgen mehrere Schlüsse. Der erste lautet: In beiden Varianten ist das Spiegelbild, das erscheint, nicht die Person selbst, die hineinschaut, sondern nur ein ihr sehr ähnliches Trugbild. Hieraus wiederum folgt, dass die Welt eine Einbildung ist. Der zweite Schluss lautet: Sobald der Hineinschauende sich vom Spiegel fortbewegt, verschwindet auch das Spiegelbild. Hieraus folgt, dass die Welt zu ihrem Sein des Allwahren bedarf. Der dritte und letzte Schluss lautet: Auch wenn die festgelegten Typen in unendlicher Zahl vorhanden sind, ist die Existenz des Allwahren, Der Sich in ihnen manifestiert, doch eine einzige. Denn auch wenn im Spiegel genauso viele Spiegelbilder wie festgelegte Typen sichtbar werden, so ist der Spiegel doch nur einer.[517]

Das letzte Beispiel ist ein zahlentheoretisches. Ibn ʿArabī glaubt, dass die Vielfalt in der Welt eine Täuschung und alles in Wirklichkeit unterschiedliche Widerspiegelungen der Eins sind. Nach ihm ist die Eins in der Mathematik nicht eine Zahl, sondern der Ursprung aller Zahlen.[518] Beispielsweise sind mit »zwei« oder »drei« zwei oder drei Einsen gemeint. Dies ist wiederum wie die eine Existenz des Allwahren, die sich in verschiedenen Abbildern in der Welt wiederholt. Man darf dabei auch nicht vergessen, dass Zahlen wie Zwei, Drei oder Vier über keine äußere Existenz verfügen und nur in Gedanken vorkommende, virtuell existente Dinge

516. Vgl. FT V, 69–70.
517. Vgl. FT VIII, 47. Mehr zu dieser Metapher unter Ögke, Ahmet: *İbnü'l-Arabî'nin Fusûsu'l-Hikeminde Ayna Metaforu.* 2009. 75–89.
518. Vgl. FT I, 283. FS 77–78. Ibn ʿArabī: *Kitāb al-ʾAlif.* 2001. Seite 39.

sind. Wenn man auf dem Tisch drei Stifte sieht, sagt man: »Auf dem Tisch liegen drei Stifte.« Was man aber wirklich sieht, sind nur Stifte. Die Zahl Drei in dem Satz ist rein gedanklich vorhanden.[519]

III.2.4 Die Theorie über den vollkommenen Menschen (*al-insān al-kāmil*)

Im ontologischen Weltbild Ibn 'Arabīs spielen, wie bereits erwähnt, zwei Fundamente eine entscheidende Rolle. Bisher wurden das erste Fundament, nämlich der Allwahre (*al-Ḥaqq*), und die ontologischen Stufen des Seins, die durch Seine Erscheinung in Selbsteröffnungen zustande kommen, behandelt. Das Thema dieses Abschnitts ist das zweite Fundament, nämlich der Mensch und sein Platz innerhalb dieses Systems. Denn ohne das Verständnis des Platzes des Menschen innerhalb des Systems wird die im kommenden Kapitel zu erörternde Sinngebung für das Übel in der Welt und dessen Platz darin deutlich erschwert sein.

Nach Ibn 'Arabī ist der Mensch das zuletzt erschaffene Geschöpf und versammelt in sich die Besonderheiten aller vor ihm erschaffenen Geschöpfe. Aus diesem Grund wurde er als ein eigenes ontologisches Wesen erachtet und manche Kommentatoren Ibn 'Arabīs, die das Sein nicht in fünf, sondern in sechs oder sieben Stufen einteilten, werteten ihn als die letzte Stufe (siehe Abbildung 7).

Bevor wir fortfahren, ist es von großer Bedeutung festzustellen, dass Ibn 'Arabī, wenn er »Mensch« sagt, nicht immer dasselbe meint. Begriffe wie »Adam«, »Mensch«, »vollkommener Mensch«, »mohammedanische Realität« oder »Wahrheit aller Wahrheiten«, die er in seinen Werken benutzt, können die Leserinnen und Leser extrem verwirren. Daher ist dieses Thema dasjenige, welches den Wissenschaftlern, die über Ibn 'Arabī forschen, am meisten Kopfzerbrechen bereitet. Letztendlich ist das, was er »mohammedanische Realität« nennt, dasselbe wie das, was die Philosophen als

519. Zur Metaphysik der Zahlen und Buchstaben bei Ibn 'Arabī siehe KÜÇÜK, OSMAN NURI: *İbnü'l-Arabî düşüncesinde varlığın tasavvufî yorumunun sayı Metafiziğinde uzanan yansımaları.* 2009. Seiten 373–411. MIFTÂH, ABDÜLBÂKÎ: *Fusûsu'l-Hikemde Sayılar.* 2009. Seiten 641–655. CHITTICK, WILLIAM: *The Wisdom of Animals.* 2008. Seite 297. LORY, PIERRE: *The Symbolism of Letters and Language in the Work of Ibn 'Arabī.* 1998. Seiten 32–42.

»ersten Intellekt« bezeichnen und der Koran als »Schreibrohr«. Nach ihm ist diese Realität die Quelle, in der alle Wahrheiten versammelt werden und aus der die Welt ihren Anfang nimmt.[520] Das Thema hat nicht nur eine mystische, sondern auch eine ontologische, eine epistemologische, eine ethische und eine anthropologische Seite.[521] Dieses hochkomplexe Thema, das allein schon ein würdiger Gegenstand einer eigenen Doktorarbeit wäre, kann hier nicht in allen Details behandelt werden. Deshalb wird der Aspekt der mohammedanischen Realität hier innerhalb der Theorie Ibn ʿArabīs vom vollkommenen Menschen beiseite gelassen, um den Fokus auf die themenrelevanten Teile darin zu richten.[522]

Zunächst soll daran erinnert werden, dass es in Ibn ʿArabīs System zwei Beschreibungen des Menschen gibt. Die erste ist der Mensch als biologische Spezies. Diese Spezies, die nach dem Ebenbild Gottes (*imago Dei*) erschaffen wurde, steht über allen anderen Lebewesen der Welt. Dieses Wesen, das man vielleicht auch als »Menschheit« abkürzen könnte, nennt Ibn ʿArabī *al-insān al-kāmil* (der vollkommene Mensch). Zwar hat es in der Geschichte verschiedene Kulturen und Religionen gegeben, die an einen »überlegenen Menschen« glaubten, jedoch war es Ibn ʿArabī, der diesen Begriff in der Geschichte des Sufismus zum ersten Mal systematisch verwendete und dadurch ein Gesamtentwurf von Gott, Welt und Mensch lieferte.[523] Als universelles Wesen gleicht der *insān al-kāmil,* der vollkommene Mensch, auf dieser Ebene den »Ideen« Platons. Ibn ʿArabīs zweite Herangehensweise an den Menschen

520. Vgl. FT I, 146, 184. Ibn ʿArabī: *Kitāb al-Masāʾil.* 2001. Seite 307.

521. Vgl. Rahmati, Fateme: *Der Mensch als Spiegelbild Gottes.* 2007. Seite 97. Karadaş, Cağfer: *Muhyiddin İbn ʿArabî'ye göre İnsan-ı Kamil.* 1998. Seiten 453–465.

522. Ibn ʿArabīs Theorie vom vollkommenen Menschen stieß in den Jahren nach ihm auf reges Interesse und wurde Thema ausschließlich ihr gewidmeter separater Werke. Das bekannteste darunter ist das von ʿAbd al-Karīm al-Ǧīlī, der selbst in der Tradition Ibn ʿArabīs stand. In seinem Werk mit dem Titel *Der vollkommene Mensch* räumt er diesem auf den Seiten 372–382 einen besonderen Platz ein, wobei eigentlich das ganze Buch dazu dienen soll, den vollkommenen Menschen zu erläutern. Siehe al-Ǧīlī: *İnsan-ı Kâmil.* 2002. Seiten 372 ff. Auf der anderen Seite schreibt ʿAfīfī, der im vergangenen Jahrhundert über die philosophischen Quellen dieser Theorie forschte, dass Ibn ʿArabī diese Theorie von al-Ḥallāǧ übernommen, weiter ausgebaut und mit Hilfe der griechischen Philosophie vielschichtig gemacht habe. Siehe Afîfî, Ebu'l-Alâ: *Muhyiddin İbnü'l-Arabî'de Tasavvuf Felsefesi.* 1999. Seiten 83–101.

523. Vgl. Aydin, Mehmet S.: *İnsân-ı Kâmil.* 2000. Seite 330.

geschieht über die einzelnen Individuen der Spezies Mensch. Die erste Beschreibung behandelt den Menschen im Ganzen, die zweite den Menschen im Besonderen. Entsprechend behandeln wir zunächst den vollkommenen Menschen, anschließend den Menschen als Individuum.

Wie bereits beschrieben, war es notwendig, dass der Allwahre die Welt erschuf, damit Seine Göttlichen Namen und Attribute hervortreten und ihre Funktionen erfüllen konnten. Der Allwahre, Der ein verborgener Schatz war, hat die Welt als einen unpolierten Spiegel erschaffen, damit Er Sein eigenes Geheimnis Sich selbst enthüllen konnte, indem Er Seine schönsten Namen offenbarte.[524] Damit aber das Bild in diesem Spiegel ein klares sein konnte, musste die Welt poliert werden. Als Politur und Seele der Welt wurde der Mensch erschaffen.[525] Während die Welt mit all ihren unzähligen verschiedenen Arten als Ganzes zum Manifestationsort für die Göttlichen Namen wurde, ist der Mensch allein der Manifestationsort für alle Göttlichen Namen.

> [Dieses] vorgenannte [Wesen] erhielt die Namen »Mensch« und *ḫalīfa* [Statthalter]. Sein Name »Mensch« rührt daher, dass seine Entstehung eine allgemeine war und er alle Wahrheiten in sich trägt. Der Mensch ist für den Allwahren wie der Augapfel, der das Sehen ermöglicht. Daher wurde ihm der Name »Mensch« [*insān* {was »Augapfel« bedeutet}] verliehen. Denn der Allwahre schaut durch ihn auf alle Seine Geschöpfe und lässt Mildtätigkeit walten für sie.[526]

Aus diesem Grund sagte [der Prophet] in Bezug auf die Schöpfung des Menschen, welcher alle Eigenschaften der aus Seinem Wesen, Seinen Attributen und Seinen Taten bestehenden erhabenen Ebene der Göttlichkeit in sich vereinte: »Gott schuf Adam nach Seinem Ebenbild.« Sein Ebenbild ist nichts anderes als die Stufe der Göttlichkeit. Und [Gott] hat in diesem ehrenvollen Mikrokosmos, welcher der vollkom-

524. Vgl. FS 48.
525. Vgl. FS 49.
526. FS 49–50:

[...] فسمي هذا المذكور إنسانا وخليفة ، فأما إنسانيته فلعموم نشأته وحصره الحقائق كلها. وهو للحق بمنزلة إنسان العين الذي يكون به النظر ، وهو المعبر عنه بالبصر. فلهذا سمي إنسانا ؛ فإنه به ينظر الحق إلى خلقه فيرحمهم .

> mene Mensch ist, alle Seine Göttlichen Namen und alle Wahrheiten, die sich von Ihm lösten und in dem großartigen Universum sich manifestierten, erschaffen. Und Er machte ihn zur Seele der Welt und hieß alle hohen und niederen Dinge sich vor ihm niederbeugen ob der Vollkommenheit seines Angesichts.[527]

Der Statthalter Gottes zu sein, konnte nur möglich sein, wenn man Gott selbst ähnlich war. Und dies wurde realisiert, indem Gott Sich mit allen Seinen Namen im Menschen manifestierte und ihn nach Seinem eigenen Bild schuf. Ibn ʿArabī führt an, dass der Mensch der Manifestationsort aller Göttlichen Namen sei und dass er Ihm deswegen ähnlich sehe, wobei er das Prophetenwort »Gott schuf Adam nach Seinem Bilde« als Beleg nutzt. Auf der Welt gelang es nur dem Menschen, alle Göttlichen Attribute auf sich zu versammeln. Denn Gott benutzte nur bei der Erschaffung des Menschen Seine beiden Hände.[528] Ibn ʿArabī glaubt, dass mit den »beiden Händen« im Koran die beiden Gottesnamen *al-Ǧamāl* (Schönheit) und *al-Ǧalāl* (Majestät) gemeint sind.[529] Während Namen wie *ar-Raḥmān* (der Barmherzige) und *ar-Razzāq* (der Versorger) zu den Namen des Schönen (*Ǧamāl*) gehören, rechnen Namen wie *al-Qahhār* (der Unterwerfer) und *al-Muntaqim* (der Vergelter) zu den Namen der Majestät (*Ǧalāl*). Auf diese Weise bringt Ibn ʿArabī einen Beleg aus dem Koran dafür, dass der Mensch der Erscheinungspunkt aller Göttlichen Namen ist. Andererseits bedeutet »mit beiden Händen erschaffen« nach ihm auch, dass der Mensch in zwei verschiedenen Angesichtern geschaffen wurde. Das eine davon ist das Angesicht Gottes, das andere das Angesicht der Welt. Während der Mensch einerseits alle Besonderheiten der Welt in sich vereint, spiegelt er andererseits in sich selbst alle Besonderheiten Gottes. Aus diesem Grund wurde unter allen Ge-

527. FS 199:

ولذلك قال في خلق آدم الذي هو البرنامج الجامع لنعوت الحضرة الإلهية التي هي الذات والصفات والأفعال "إن الله خلق آدم على صورته" وليست صورته سوى الحضرة الإلهية . فأوجد في هذا المختصر الشريف الذي هو الإنسان الكامل جميع الأسماء الإلهية وحقائق ما خرج عنه في العالم الكبير المنفصل، وجعله روحا للعالم فسخر له العلو والسفل لكمال الصورة.

528. »Er fragte: ›Oh Iblis! Was hinderte dich daran, dich niederzuwerfen vor dem, was Ich mit Meinen Händen erschuf?‹« (Koran 38:75).

529. Vgl. FS 55.

schöpfen nur dem Menschen die Ehre zuteil, Statthalter (*ḫalīfa*) Gottes zu sein.[530]

Auf diese Weise wird in der Ontologie Ibn ʿArabīs ein dreidimensionales Bild erkennbar. Die erste Dimension ist die Welt als Manifestationsort der Namen Gottes. Die Welt ist allerdings nicht als Ganzes, sondern durch das Zusammenkommen der Einzelteile ein Abbild Gottes. Andererseits ist die Welt nicht nur nach dem Bild Gottes, sondern auch nach dem Bild des Menschen geschaffen:

> Die gesamte Welt ist nach dem Bild des Menschen geschaffen. Und sie ist zugleich nach dem Bild [Gottes], nach dem auch der Mensch erschaffen wurde, geschaffen.[531]

Die zweite Dimension des Bildes lautet: Der Mensch ist allein der Manifestationspunkt aller Namen Gottes. Da der Mensch zugleich alle Wahrheiten der Welt in sich versammelt, ist er auch nach ihrem Bild erschaffen.[532] Aus diesem Grund sagte man, der Mensch sei die Welt im Kleinen (*Mikrokosmos*) und die Welt der Mensch im Großen (*Makrokosmos*).[533] Die dritte Dimension in diesem Bild ist Gott. So wie die Welt und der Mensch nach dem Bild Gottes sind, so ist Er auch nach deren Bild. Dies ist die zwangsläufige Schlussfolgerung aus dem Spiegelbeispiel des vorherigen Kapitels. Denn so, wie Gott der Spiegel des Menschen und der Welt ist, sind auch der Mensch und die Welt ein Spiegel Gottes, und jedes Spiegelbild bleibt gleich, auch wenn die Spiegel sich ändern:

> Denn die Welt ist der Spiegel des Allwahren und Er der Spiegel des vollkommenen Menschen. Das Bild wird in den Spiegeln rückreflektiert, und in dem einem Spiegel wird sichtbar, was in dem anderen Spiegel ist.[534]

530. Vgl. FS 55.
531. INŠĀʾ 13:
والعالم كله بأسره على صورة الإنسان ، فهو أيضا على صورة التي خلق الإنسان عليها
532. Vgl. FS 49–50, 199.
533. Vgl. FS 49. Ibn ʿArabī: *Kitāb an-Naqš al-Fuṣūṣ.* 2001. Seite 394. Qāšānī, ʿAbd ar-Razzāq: *Šarḥ al-Fuṣūṣ al-ḥikam.* Seite 11.
534. FT VIII, 213:
لأن العالم مرآة الحق والحق مرآة الرجل الكامل وينعكس النظر في المرآة فيظهر في المرآة ما هو في المرآة الأخرى

Demnach ist alles eine gegenseitige Widerspiegelung voneinander. In Wirklichkeit gibt es nichts außer der Existenz selbst, und diese drei Spiegelbilder sind verschiedene Dimensionen der Existenz. Die Existenz selbst ist aber allein vom Allwahren.

An genau diesem Punkt drängt sich dem Leser der Begriff des Pantheismus auf, was jedoch nicht gerechtfertigt ist. Bei aufmerksamer Lektüre wird es nicht entgangen sein, dass es hieß, die Welt und der Mensch seien nach dem Bild *Gottes* (*Allah*) geschaffen, nicht nach dem Bild *des Allwahren* (*al-Ḥaqq*). In islamischer Tradition sind zwar *al-Ḥaqq* und Allah gemeinhin als Synonyme verstanden worden und auch Ibn 'Arabī benutzt sie an manchen Textstellen in austauschbarer Bedeutung, aber in diesem Zusammenhang ist hier explizit Allah gemeint. Die Stufe der Existenz, in der Allah Sich befindet, ist nicht die erste, sondern die zweite. Daher ist Gott/Allah eine erscheinende Form des verborgenen Allwahren, *al-Ḥaqq*. Die Welt und der Mensch sind nach dieser erscheinenden Form des Allwahren erschaffen. Während Allah Sich selbst über Sein Wirken in der Welt offenbart, bleibt der Allwahre stets in der Verborgenheit.

Angesichts dieser Tatsachen wird, um auf den Menschen zurückzukommen, eine Besonderheit an ihm klar und auffällig. Diese Besonderheit besteht darin, dass der Mensch aufgrund seines Verhältnisses zu Gott auf der einen und zur Welt auf der anderen Seite ein zweiseitiges Wesen ist. Die eine, sichtbare Seite zeigt ihn als ein körperliches Wesen, das alle Besonderheiten der Welt in sich trägt, während er auf der anderen, nicht sichtbaren Seite ein Wesen ist, das von Gott den Geist empfangen hat.[535] Auf diese Weise ist der Mensch sowohl Schöpfung als auch Spiegelbild des Allwahren oder Sein Stellvertreter auf Erden.[536] Hierbei ist es wichtig zu wissen, dass *Allah* ein Name ist, der die zahllosen Göttlichen Namen in sich versammelt. Während jedes Wesen in der Welt das Erscheinungs- oder Ausführungsobjekt eines oder einiger dieser Göttlichen Namen ist, ist der Mensch allein der Manifestationsort des einen, alle anderen in sich vereinenden Namens *Allah*.

Bis hierher ging es stets um den vollkommenen Menschen, wenn vom Menschen die Rede war. Was den Menschen als Individuum angeht, so trägt zwar jeder einzelne das Potenzial in sich, ein

535. Vgl. FS 55–56. IBN 'ARABĪ: *Kitāb an-Naqš al-Fuṣūṣ*. 2001. Seite 394.
536. Vgl. FS 56. FT II, 383; VI, 6.

vollkommener Mensch zu sein, jedoch ist es nicht jeder. Ibn ʿArabī denkt, dass – so wie verschiedene farbige Gläser das durch sie hindurchfallende Licht unterschiedlich färben – die Menschen aufgrund der verschiedenartigen Besonderheiten ihres Naturells die Manifestation des Allwahren in ihnen unterschiedlich wiedergeben.[537] Darum gibt es auch beim Menschen viele unterschiedliche Abstufungen: auf der obersten Stufe den vollkommenen Menschen und an unterster Stelle den sogenannten tierischen Menschen.[538]

Die Menschen kommen als Anwärter auf die Statthalterschaft Gottes auf die Welt, und zur Statthalterschaft gelangen sie durch Vervollkommnung.[539] Und dies ist nur möglich, wenn man zum Manifestationsort aller Namen Gottes werden kann. Denn nur diejenigen, die alle Göttlichen Namen in vollem Umfang auf sich versammeln können, vollenden ihr Menschentum und können ab dann erst als »vollkommener Mensch« bezeichnet werden. Dieser Zustand als vollkommener Mensch ermöglicht es dem Betreffenden allein, Gott in Seiner vollen Wirklichkeit und Wahrheit erkennen/erfassen zu können. Denn nach Ibn ʿArabī eröffnet dem Menschen die Selbsterkenntnis den Weg zur Gotteserkenntnis:

> Wer sich selbst kennt, kennt seinen Herrn.[540]

Der Mensch trägt die Besonderheiten Gottes in sich, da er nach Seinem Bild geschaffen wurde. Daher ist es für den Menschen, der seinen Herrn erkennen will, ausreichend, wenn er in sich kehrt und versucht, seinen eigenen Besonderheiten auf die Spur zu kommen. Letztendlich war es auch diese Göttliche Besonderheit im Menschen, die in dieser Welt ihn als Einzigen dazu veranlasste, sich Göttlichkeit anzumaßen.[541] Unter den Menschen wiederum können nur die vollkommenen Menschen Gott vollständig und richtig erfassen.[542] Denn nur die vollkommenen Menschen können das in ihnen ruhende Potenzial der Besonderheiten Gottes ak-

537. Vgl. FS 103.
538. Vgl. FT II, 383; V, 46–47; VI, 6.
539. Vgl. FT V, 46–47.
540. FS 69, 81, 215:

من عرف نفسه عرف ربه

541. Vgl. Ibn ʿArabī: *Kitāb an-Naqš al-Fuṣūṣ*. 2001. Seite 394.
542. Vgl. FS 50.
543. Vgl. Ibn ʿArabī: *Kitāb an-Naqš al-Fuṣūṣ*. 2001. Seite 394.

tivieren, so ihr Menschsein komplettieren und damit zu einem vollumfänglichen Manifestationsort Gottes werden.

Die volle und richtige Erkenntnis Gottes ist zugleich auch eine Notwendigkeit. Denn die Schöpfung ist nicht abgeschlossen, solange dies nicht geschieht. Wie bereits erwähnt, bestand der Zweck der Schöpfung darin, dass der Allwahre, Der ein verborgener Schatz war, erkannt werden wollte. Diese Erkenntnis Seiner kann aber nur den vollkommenen Menschen gelingen. Denn nur ein vollkommener Mensch kann zum Spiegel werden, in dem Gott Sich selbst erblicken kann. In diesem Fall bedeutet das auch, dass es auf der Welt jederzeit vollkommene Menschen gibt. Die Welt ist keinen Augenblick lang von ihnen unbewohnt. Sie sind der Schöpfungszweck der Welt, und mit ihrem Verschwinden geht auch die Welt zu Ende.[543] Nach Ibn 'Arabī sind unter den individuellen Menschen alle Propheten und alle Gottesfreunde (*walī*, Plural: *auliyā'*) vollkommene Menschen.

Mit den für das Erreichen dieses Stadiums notwendigen Handlungen der individuellen Menschen wurde bereits das Thema des nächsten Kapitels gestreift. Denn die Prüfung der in einer Welt voller Übel lebenden Einzelindividuen mit eben jenen Übeln hängt direkt zusammen mit den Pfaden, die sie auf dem Wege zum vollkommenen Menschen durchschreiten.

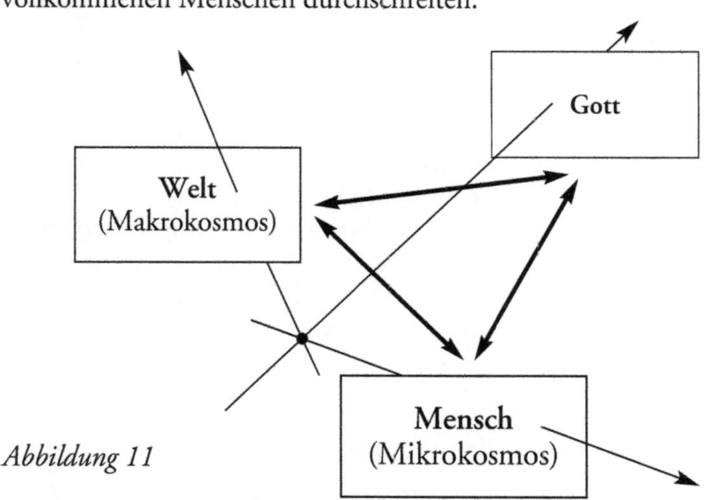

Abbildung 11

Dreidimensionales Bild

Im System Ibn 'Arabīs sind Gott, die Welt und der Mensch wie die drei Dimensionen eines Bildes

III.3 Die Bedeutung des Übels in der Philosophie Ibn ʿArabīs

ALLES, WAS IN DIESER ARBEIT BIS HIERHER ÜBER DIE PHILOsophie des Seins bei Ibn ʿArabī geschrieben wurde, ist dazu gedacht, Vorarbeit für dieses Kapitel zu leisten und seine Verständlichkeit zu erleichtern. Daher wird, was in ihm zu den ontologischen Fundamenten des Übels geschrieben wird, auf die Erklärungen und Ausführungen der vorherigen Kapitel aufgebaut werden. Wiederholungen und Abschweifungen sollen dadurch nach Möglichkeit vermieden werden.

Wie lässt sich in einem ontologischen Weltbild, in dem alles Sein eins ist und diese Einheit wiederum zum Allwahren gehört, das Auftreten des Übels begründen? Ist auch das Übel eine Erscheinung Seiner, gleich wie alles eine Manifestation von Ihm ist? Und wenn dem so ist, wie kann es dann nachvollziehbar sein, dass der Allwahre weiterhin als allgütig gelten kann? Wie bereits erwähnt, ist in diesem System die Existenz eine Güte. Da der Allwahre reine Existenz ist, ist Er auch reine Güte. Wenn man nun aber bedenkt, dass Er auch der *wahre* Schöpfer der Taten der Menschen ist,[544] wie lassen sich dann die Übel von und ohne Menschenhand in der Welt erklären? Das Problem wurde erkannt, und wie in allen anderen theistischen Glaubenssystemen wurde es auch in Ibn ʿArabīs ontologischem Weltbild erörtert.

Eigentlich ist, wenn man von Ibn ʿArabīs im vorigen Kapitel erläuterten Ansichten zur Welt und zum Menschen ausgeht, offensichtlich, wie er über die Übel denkt. In einem System, in dem Gott als schön und absolut gut angesehen wird, wäre zu erwarten, dass auch der Mensch und die Welt in ihrer Eigenschaft als Gottes Ebenbilder als gut und schön angesehen werden.

> Wisse: Gott hat die Welt als eine außerordentlich beständige erschaffen. Sie ist, mit den Worten Abū Ḥāmid al-Ġazālīs, die »eine Welt, wie sie vollkommener nicht möglich ist«.

544. Vgl. FT I, 261; VI, 376; VIII, 18.

> Gott ließ uns auch wissen, dass Er Adam, der eine All-Zusammenfassung der Welt ist, nach Seinem Bild erschuf. Gottes Wissen über die Welt ist gleich Seinem Wissen um Sich selbst. Da aber im Sein nur Er ist, ist auch sie [die Welt] nach Seinem Bild erschaffen. Als nun ihr [der Welt] auch die äußere Existenz verliehen wurde, wurde sie zu einem Ort, an dem Gott Sich manifestierte. Gott sah in ihr [der Welt] nichts anderes als Seine eigene Schönheit, und Ihm gefiel diese Schönheit. Die Welt ist Gottes Schönheit. *Er ist der Schöne, und Er liebt das Schöne.* Wer immer diese Welt auf diese Weise liebt, liebt sie, wie Gott sie liebt, und er liebt nichts als Gottes Schönheit in ihr. Die Schönheit eines Kunstwerks wird nicht ihm, sondern dem Künstler zugeeignet. Daher ist die Schönheit der Welt die Schönheit Gottes.[545]

Mit diesem ersten Zitat, in dem er die Welt als gut und schön bewertet, lässt sich gleich zu Beginn feststellen, dass es sich bei Ibn ʿArabī um einen Optimisten handelt. Das Postulat von der »besten aller möglichen Welten«, das vor ihm schon von al-Ġazālī und nach ihm von Leibniz vertreten wurde, wiederholt er an mehreren Stellen.[546]

Ausgehend von dieser seiner Ansicht wäre es jedoch falsch zu denken, er würde das Übel leugnen. Gott ist gleichzeitig auch der Schöpfer der übel scheinenden Dinge in der Welt:

> Zugleich ist Er auch der Schöpfer der missliebigen, schädlichen, der Natur und den Absichten widersprechenden Dinge.[547]

545. FT III, 517:

فاعلم أن العالم خلقه الله في غاية الإحكام والإتقان كما قال الامام أبو حامد الغزالي
من أنه لم يبق في الإمكان أبدع من هذا العالم، فأخبر أنه تعالى "خلق آدم على
صورته" والإنسان مجموع العالم، ولم يكن علمه بالعالم تعالى إلا علمه بنفسه إذ
لم يكن في الوجود إلا هو فلابد أن يكون على صورته، فلما أظهره في عينه كان
مجلاه فما رأى فيه إلا جماله فأحب الجمال، فالعالم جمال الله فهو الجميل المحب
للجمال فمن أحب العالم بهذا النظر فقد أحبه بحب الله ، وما أحب إلا جمال الله ، فإن
جمال الصنعة لا يضاف إليها وإنما يضاف إلى صانعه ، فجمال العالم جمال الله

546. Für Wiederholungen dieser Aussage in variierendem Wortlaut siehe FS 172. FT II, 440; III, 517; V, 16; VI, 33.

547. FT III, 518:

[...] مع خلقه المكروه والمضار وما لا يلائم الطباع ولا يوافق الأغراض

Ibn ʿArabī geht noch weiter und sieht das Fehlen als eine Notwendigkeit der Vollkommenheit:

> Wisse: Dass sich Unvollständigkeit in der Existenz vorfinden lässt, ist Teil Seiner Vollkommenheit. Denn wenn sich nicht das Fehlen im Sein befände, wäre Seine Vollkommenheit unvollständig. Gott sagt zur Vollständigkeit aller Dinge außer Sich selbst: »Er verlieh jedem Ding sein Schöpfungscharakteristikum«.[548] Nichts ist hiervon ausgenommen, so dass Er auch dem Fehlen seine Schöpfungscharakteristika verlieh. Und dies ist die Vollkommenheit der Welt, die »alles außer Gott selbst« bedeutet.[549]

Letztendlich akzeptiert Ibn ʿArabī das Vorhandensein von manchen Dingen in der Welt, die als »hässlich« oder »abstoßend« bezeichnet werden können. Er sieht diese Dinge aber aus einer anderen Perspektive. Nach ihm ist die Meinung darüber, ob etwas abstoßend und hässlich ist, eine relative. Etwas, was dem Menschen schlecht erscheint, kann für ein anderes Lebewesen gut und angenehm sein. Als Beispiel führt er den Mistkäfer an, dessen Lebensraum bei den Menschen Abscheu erregt, der aber selbst wiederum den Duft von Rosen meidet, welcher seinerseits den Menschen überaus angenehm ist. Demnach können Wesen, die die Menschen als hässlich und übel ansehen, ihrerseits alle von den Menschen positiv konnotierten Dinge als hässlich und übel empfinden. Aus alledem folgt, dass das Übel nach Maßgabe der Empfindungen oder der Regeln der Menschen als Übel gewertet wird. In Wirklichkeit aber gibt es nichts außer dem Schönen und dem Reinen.[550]

Darüber hinaus ist alles auf der Welt gemäß einem Schöpfungszweck zustande gekommen und nichts ohne Sinn:

548. Koran 20:50.
549. FT III, 461:
اعلم أنه من كمال الوجود وجود النقص فيه، إذ لو لم يكن لكان كمال الوجود ناقصاً بعدم النقص فيه، قال تعالى في كمال كل ما سوى الله "أعطي كل شيء خلقه" فما نقصه شيأ أصلاً حتى النقص أعطاه خلقه، فهذا كمال العالم الذي هو كل ما سوى الله إلا الله

550. Vgl. FS 221–222.

> Was die Leute der Eröffnung und des Daseins [die Sufis] angeht: Nach ihnen hat Gott jedes Ding und jedes Teil in der Welt ins Dasein gebracht. Und deshalb ist in jedem auch Göttliche Weisheit. Wer immer ein Ding gering schätzt oder herabsetzt, der hat zweifelsohne dessen Schöpfer gering geschätzt und herabgesetzt. Jedes Ding im Sein ist ganz gewiss entsprechend einer Weisheit, die Gott für es vorsah, entstanden, denn in Gottes Erschaffen liegt stets Weisheit. Etwas kommt nur zustande, wenn es gebraucht wird, wofür es gebraucht wird, wie es gebraucht wird. Wer die Weisheit der Dinge nicht zu erkennen vermag, wird zweifellos auch dies nicht verstehen. Wer nicht sieht, dass in aller Schöpfung Weisheit liegt, der wird ganz sicher auch nicht den Allweisen (*al-Ḥakīm*), Der alles so in Erscheinung treten ließ, erkennen können. Und es gibt nichts Hässlicheres als die Ignoranz.[551]

Ibn ʿArabī erläutert das Verhalten Gottes Seinen Geschöpfen in der Welt gegenüber, in dem er ein Erlebnis aus seiner Vergangenheit als Beispiel angibt. Er lief durch die Straßen der Stadt und hatte dabei einen Gegenstand in der Hand, der in den Augen der einfachen Leute wertlos war und der ihn dem Spott des gemeinen Volkes aussetzen würde, wenn es ihn sähe. Da ihm der Spott gewiss wäre, wird er gefragt, wieso ein Mann seines Ranges sich dem Risiko dieser Erniedrigung aussetzt. Er ist diesbezüglich sorglos und hat darauf eine einfache Antwort. Die Göttliche Allmacht hat nach ihm nicht nur die in den Augen der Menschen wertvollen Dinge erschaffen, sondern auch die, die wertlos zu sein scheinen. In diesem Fall ist es unmöglich, irgendetwas Erschaffenes als wertlos und schlecht zu betrachten.[552] Während Gott der Erhabene das Ding für wertvoll genug befand, es zu erschaffen, wie können die Menschen da das Gegenteil denken? Nichts ist wertlos oder nicht notwendig.

551. FT VI, 337:
وأما عند أهل الكشف والوجود فكل جزء في العالم بل كل شيء في العالم أوجده الله
لا بد أن يكون مستنداً في وجوده إلى حقيقة إلهية، فمن حقره أواستهان به فإنما
حقر خالقه واستهان به ومظهره وكل ما في الوجود فإنه حكمة أوجدها الله لأنه
صنعة حكيم ، فلا يظهر إلا ما ينبغي لما ينبغي كما ينبغي، فمن عمى عن حكمة
الأشياء فقد جهل ذلك الشيء، ومن جهل كون ذلك الأمر حكمة فقد جهل الحكيم
الواضع له ولا شيء أقبح من الجهل.

552. Vgl. FT I, 431.

Im Islam wird in vielen Koranversen und Hadithen sehr häufig daran erinnert, dass die *Barmherzigkeit Gottes* alles umfasst.[553] Ibn 'Arabī legt großen Wert auf die allumfassende Gültigkeit dieses Attributes und sagt, dass das gesamte Sein von diesem Attribut umgeben ist. Nach ihm sind selbst der Zorn und die Leiden Objekt dieses Attributes. Die Göttliche Barmherzigkeit hat nichts außer Betracht und nicht außen vor gelassen. Er trat in Beziehung zu allem, was Ihn um Existenz ersuchte, und überführte es zur Existenz. Dies ist eine Bedingung Seiner Allumfassung. Dementsprechend erfahren auch die in dieser Welt wahrnehmbaren leidbringenden Dinge wie Naturkatastrophen und Ähnliches die Barmherzigkeit Gottes und werden ohne Diskriminierung von Ihm mit der Existenz beschenkt.

> Wisse wohl: Die Barmherzigkeit Gottes hat alles Sein und jedes Urteil umfasst. Selbst der Zorn ist entstanden aus der Barmherzigkeit Gottes ihm gegenüber. »Seine Barmherzigkeit hat Seinen Zorn überflügelt«; das bedeutet, dass Ihm die Barmherzigkeit vorranging vor dem Zorn zugeschrieben wird. Da jeder *'ayn* [Typus] bei Gott ein Bittsteller um seine Existenz ist, hat Gottes Barmherzigkeit alles Seiende umfasst. Und mit dieser Barmherzigkeit gibt Er der Bitte des Typus um Existenz statt und lässt ihn entstehen. Darum sagten wir, dass Seine Barmherzigkeit im Sein und im Urteil alles mit einschließt. Und hierfür [für die Verwirklichung der Tat, die der Ausdruck dieser Barmherzigkeit ist] wird nicht nach der Zweckmäßigkeit oder der Naturgemäßheit gefragt. Vielmehr schließt die Göttliche Barmherzigkeit alles mit ein, ob es der Natur entspricht oder nicht […] Alles, was die Barmherzigkeit mit Namen anspricht, ist zweifellos glücklich, und im Sein ist nichts, was die Barmherzigkeit nicht mit Namen anspricht. Und die namentliche Ansprache der Dinge durch die Barmherzigkeit ist nichts Geringeres als deren Erschaffung. In dem Fall ist alles, was existiert, etwas, dessen sich [vonseiten Gottes] erbarmt wurde […] Wisse zuvorderst, dass die

553. Zum Beispiel: »Diejenigen, welche den Thron tragen, und die, welche ihn umgeben, lobpreisen ihren Herrn und glauben an Ihn und bitten um Verzeihung für die Gläubigen: ›Oh unser Herr! Du umfaßt alle Dinge in Barmherzigkeit und Wissen. So vergib denen, die sich bekehren und Deinem Pfad folgen; und bewahre sie vor der Strafe der Hölle‹« (Koran 7:40).

> Barmherzigkeit im Erschaffen für alles gleich gilt. Indem Er zu den Schmerzen barmherzig war, erschuf Er sie.[554]

Dies hängt sehr eng mit der bereits angesprochenen »Bitte um Existenz« zusammen.[555] Gott hat den nichtexistenten möglichen Wesen gegenüber barmherzig gehandelt und deren Bitte um Existenz stattgegeben. Aber diese Barmherzigkeit gilt nicht nur ihnen. Genauso hat Gott davor Seinen eigenen Namen und Attributen gegenüber barmherzig gehandelt, indem Er ihrer Bitte um eine Welt, in der sie ihre exekutiven Funktionen voll ausführen können, stattgegeben hat.[556] Hiervon stammt die Allumfassung Seines Attributes der Barmherzigkeit. Denn dieses eine Attribut steht über allen anderen Attributen und schließt alle mit ein.

Es wäre kaum denkbar gewesen, dass in Ibn 'Arabīs System das Übel nicht mit den Göttlichen Namen in Zusammenhang gebracht werden würde. Denn nach ihm kann die Gestaltung der Welt nur dadurch zur Vollkommenheit gelangen, dass nicht nur die Namen der Schönheit exekutiv in Erscheinung treten, sondern auch die Namen der Majestät.

> Nach Gott und nach denen, die um Seine in den Geschöpfen verborgenen Geheimnisse wissen, ist alles in der Welt völlig richtig, so wie es ist. Dies offenbarte uns Gott im Koran mit dem Vers »Er verlieh jedem Ding sein Schöpfungscharakteristikum«. Dieses ist der Typus der Vollkommenheit dieses Dinges. Nichts hat Er unvollendet gelassen. Der Grund hierfür ist, dass wir nach dem Bild des Herrn in absoluter Vollkommenheit erschaffen wurden […] Etwas, das etwas Vollkommenem entspringt, tritt in einer diesem Vollkommenen

554. FS 177–178:
إعلم أن رحمة الله وسعت كل شيء وجودا وحكما ، وأنّ وجود الغضب من رحمة الله بالغضب. فسبقت رحمتُه غضبَه، أي سبقت نسبةُ الرحمة إليه نسبة الغضب إليه. ولما كان لكل عين وجود يطلبه من الله ، لذلك عمت رحمته كل عين. فإنه برحمته التي رحمه بها قبل رغبته في وجود عينه ، فأوجدها . فلذلك قلنا إن رحمة الله وسعت كل شيء وجودا وحكما. ولا يعتبر فيها حصول غرض ولا ملاءمة طبع ، بل الملائم وغير الملائم كله وسعته الرحمة الإلهية وجودا [...] فكل من ذكرته الرحمة فقد سعد ، وما ثمة إلا من ذكرته الرحمة. ونكر الرحمة الأشياء عين إيجادها إياها. فكل موجود مرحوم [...] فأعلم أولا أن الرحمة إنما هي في الإيجاد عامة. فبالرحمة بالآلام أوجد الآلام.

555. Siehe Kapitel III.2.2.2.1.

556. Vgl. FS 177.

> gebührenden eigenen Vollkommenheit zutage. In der Welt ist mit Bestimmtheit nichts an Unvollständigkeit [...] [Die Welt] ist der Garten Gottes, und die Namen sind dessen gemeinsame Eigentümer. Auf diese Weise hat jeder Name seinen Anteil an der Welt.[557]

Wenn dies aber der Fall ist, ist auch klar, dass die Welt nicht nur der Erscheinungsort der Namen der Schönheit, wie *ar-Razzāq* (der Versorger) und *al-Ġafūr* (der Allverzeihende), ist, sondern gleichzeitig auch der der Namen der Majestät, wie *al-Qahhār* (der Unterwerfer) und *al-Muntaqim* (der Vergelter). Auf diese Weise kommen auf der Welt die Heimsuchungen und Unglücksfälle zustande. Alles andere wäre gleichbedeutend damit, dass manche der Göttlichen Namen funktionslos verblieben, und das ist unmöglich. So etwas anzunehmen, würde zu einem eingeschränkten Gottesverständnis führen:

> Die Göttlichkeit macht es erforderlich, dass es in der Welt Heimsuchung und Wohlbefinden gibt. Es besteht kein Grund dafür, dass der Name »der Rachenehmende« (*al-Muntaqim*) verschwindet, während die Namen »der Verzeihende« (*al-Ġāfūr*), »der Herr der Vergebung« (*Ḏū l-ʿafuw*) oder »der Gunstverleiher« (*al-Munʿim*) weiter bestehen sollten. Jeder Name ohne Macht der Ausführung ist ein funktionsloser Name. Dabei ist Funktionslosigkeit bei Göttlichkeit undenkbar. Daher ist es auch undenkbar, dass irgendein Name ohne Wirkung bleibt.[558]

Dementsprechend ist es unumgänglich, dass ein Teil der Welt glücklich und ein Teil unglücklich ist:

557. FT II, 440:
فما في العالم إلا مستقيم عند العلماء بالله الواقفين على أسرار الله في خلقه فإنه قد بين لنا ذلك في قوله تعالى: "أعطى كل شيء خلقه" وهو عين كمال ذلك الشيء، فما نقصه شيء، وسبب ذلك كوننا مخلوقين على من له الكمال المطلق [...] فما يصدر عن الكامل شيء إلا وذلك على ماله اللائق به فما في العالم ناقص أصلاً [...] فإنه بستان الحق والأسماء ملاكه بالإشتراك ، فكل اسم له فيه حصة

558. FT I,70:
الألوهية تقضي أن يكون في العالم بلاء وعافية ، فليس إزالة المنتقم من الوجود بأولى من إزالة الغافر وذي العفو والمنعم ، ولو بقي من الأسماء ما لا حكم له لكن معطلا والتعطيل في الألوهية محال فعدم أثر الأسماء محال.

> Aufgrund der Göttlichen Namen ist die Welt in Glückliche und Unglückliche aufgeteilt. Denn die Stufe der Göttlichkeit will für Sich selbst, dass in der Welt Wohlbefinden und Heimsuchung Platz haben […] Als wir in der Welt Heimsuchung und Wohlbefinden sahen, sagten wir: Diese müssen eine Bedingung haben. Diese Bedingung ist, dass der Allwahre Der ist, Der auch als »der die Heimsuchung Schickende«, »der Strafende« und »der Ernährende« bezeichnet wird.[559]

Somit wird klar, dass Ibn ʿArabī das Übel in der Welt nicht leugnet, wenn er es auch anders bewertet, sondern dass er ganz im Gegenteil das Übel für notwendig hält, damit manche der Göttlichen Namen nicht funktionslos bleiben. Auf mögliche Einwände scheint er vorbereitet zu sein. Ein solcher Einwand könnte lauten: Wenn Gott, wie erwähnt, das Übel in der Natur zulässt und mehr noch, dieses Übel als eine Notwendigkeit Seiner Namen entsteht, bedeutet dies nicht, dass Gott jemand Mitleidloses ist? Ibn ʿArabī denkt da anders. Er verfolgt zwei Annäherungsweisen an diese Fragestellung. Die erste hängt mit Gott als Handelndem zusammen. Gott bewegt Sich nicht auf fremdem Territorium, sondern auf Seinem eigenen Gut. Daher kann man nicht von Ungerechtigkeit sprechen.

> Wenn Er Nahrung gibt und ernährt, so ist das Seine Gutmütigkeit. Wenn Er eine Sorge gibt und prüft, so ist das Seine Gerechtigkeit. [Gott] hat ja nicht auf dem Grundbesitz eines anderen geboten, als dass man Ihm Unrecht und Willkür vorwerfen könnte.[560]

Die zweite Näherungsweise hängt mit den augenscheinlich üblen Dingen zusammen. Demnach kann das Übel in seinem eigenen Wesen gut, in dem Urteil von anderen jedoch ein Übel sein. Dementsprechend ist das Übel also nicht objektiv, sondern subjektiv.

559. FT I, 397:
إنما انقسم العالم إلى شقي وسعيد للأسماء الإلهية، فإن الرتبة الإلهية تطلب لذاتها أن يكون في العالم بلاء وعافية [...] فلما رأينا البلاء والعافية قلنا: لابد لهما من شرط وهو كون الحق إلها يسمى بالمبلي والمعذب والمنعم

560. FT I, 64:
إن أنعم فنعم فذلك فضله، وإن أبلى فعذب فذلك عدله، لم يتصرف في ملك غيره فينسب إلى الجور والحيف

Wenn man die Sache aus dem Blickwinkel des Übels selbst betrachtet:

> Aus Sicht eines üblen Dinges ist es selbst gut und das Gute übel.[561]

Gott ist es, Der am besten weiß, was gut und was übel ist. Darüber hinaus gibt es auch Dinge, die selbst Übel, aber deren Konsequenzen gut sind, genauso wie auch das Gegenteil davon möglich ist:

> Was schön und was hässlich ist, weiß der Allwahre, nicht wir. Andererseits bedeutet die Hässlichkeit von etwas nicht, dass seine Wirkung auch hässlich sein muss; sie kann manchmal auch schön sein. Und auch das Schöne kann mancherorts hässliche Konsequenzen haben. Zum Beispiel ist die Ehrlichkeit etwas Schönes, aber ihre Folgen können hässlich sein; und die Lüge ist schlecht, kann aber manchmal Schönes bewirken.[562]

Als weitere Möglichkeit gibt er zu bedenken, dass es sein kann, dass etwas im Kern nicht übel ist, seine Auswirkungen aber als hässlich gesehen werden können, und führt als Beispiel hierfür das Missfallen des Propheten für den Knoblauch an, dessen Geruch er nicht mochte. In den folgenden Sätzen legt er dar, aus welchen Gründen etwas als Übel angesehen wird:

> So kann etwas, das nicht gefällt, nicht in dessen wahrem Gehalt liegen, sondern in etwas, was daraus entsteht. Aus diesem Grund kann Hässlichkeit dadurch verursacht werden, dass etwas nicht der Tradition, der Natur, dem beabsichtig-

561. FS 222:

والخبيث عند نفسه طيب والطيب عنده خبيث.

562. FT I, 76:

فقد علم الحق ما كان حسناً وما كان قبيحاً ونحن لا نعلم ثم إنه لا يلزم من الشيء
إذا كان قبيحاً أن يكون أثره قبيحاً قد يكون أثره حسناً والحسن أيضاً كذلك قد يكون
أثره قبيحاً كحسن الصدق وفي مواضع يكون أثره قبيحاً وكقبح الكذب وفي مواضع
يكون أثره حسناً

563. FS 221:

فالعين لاتكره ، وإنما يكره ما يظهرمنها. والكراهة لذلك إما عرفا بملاءمة طبع أو
غرض، أو شرع، أو نقص عن كمال مطلوب

ten Zweck oder der Scharia entspricht oder es von dem anvisierten Grad an Vollkommenheit zu sehr abweicht.[563]

Die Dinge, die Ibn ʿArabī als mögliche Ursachen dafür aufzählt, dass etwas als Übel angesehen wird, erinnern an die im ersten Kapitel aufgeführte und in der Geistesgeschichte als »Arten des Übels« bezeichnete Einteilung. Dies waren die als »metaphysische Übel«, »natürliche Übel« und »moralische Übel« beschriebenen Kategorien. Auch im Weltbild Ibn ʿArabīs scheint es eine solche Einteilung zu geben, wenn er auch andere Namen benutzt. Die obige und die beiden folgenden Textstellen werden hier hilfreich sein:

> Güte und Übel sind zwei Eigenschaften, die aus den Wesen der guten und der üblen Dinge stammen. Bei manchen von diesen kann deren Güte oder Übel auf logischem Weg ermittelt werden: durch ihre Vollständigkeit oder Unvollständigkeit, durch ihre Entsprechung zum Zweck oder zur Natur oder durch ihren Status oder den Hass, den sie erfahren. Bei manchen Dingen kann indes deren Güte oder Übel nur auf dem Wege der Aufklärung durch den Allwahren, und das ist die Scharia, erfahren werden. Daher sagen wir »dies ist übel«, »das ist gut« und »dies ist eine Aufklärung [keine Direktive] der Scharia«. Deswegen sprechen wir gemäß den Bedingungen, die durch die Zeit, die Person und die Umstände aufgestellt werden, davon [von Güte und Übel].[564]

> Wisse, dass in Wirklichkeit die »Übel« und »Güte« genannten Dinge entweder über die Scharia bestimmt werden oder darüber, ob sie dem Temperament einer Person entsprechen, dann sind sie gut, oder nicht entsprechen, dann sind sie übel; oder darüber, ob sie über die notwendige Vollständigkeit verfügen, was sie gut macht, oder nicht verfügen, was sie schlecht macht; oder davon abhängen, ob sie einer Absicht dienlich sind, was sie [aus Sicht des Beabsichtigenden] gut macht,

564. FT I, 75:

الحسن والقبح ذاتي للحسن والقبيح ، لكن منه ما يدرك حسنه وقبحه بالنظر إلى كمال أو نقص أو غرض أو ملايمة طبع أو منافرته أو وضع ، ومنه ما لا يدرك قبحه ولا حسنه إلا من جانب الحق الذي هو الشرع فنقول: هذا قبيح وهذا حسن وهذا من الشرع خبر لا حكم ، ولهذا نقول بشرط الزمان والحال والشخص

> oder ihr nicht dienlich sind, was sie dann übel macht. Wenn jemand seinen Blick von all diesen [subjektiven] Umständen erhebt, bleiben nur noch Wahrheiten zurück, die nicht als Gut oder Übel klassifiziert werden. Und dies ist der Punkt, an den man durch sein Gewissen und durch reifliche Überlegung gelangt. Gott aber hat Dinge des Seins, wie Vollständigkeit, Unvollständigkeit, Entsprechung und Gegensätzlichkeit, gemacht [erschaffen]. Er hat neben den Göttlichen Gesetzen, die Gutes und Übles festlegen, auch Ziele für die Triebseele erschaffen, die manchmal erreicht und manchmal nicht erreicht werden können.[565]

Die drei Textauszüge lassen verschiedene Schlussfolgerungen zu. So kann man etwa daraus schließen, dass es drei Autoritäten gibt, die etwas als übel beurteilen. Diese sind die Religion (Scharia), der Verstand und die Tradition. So betrachtet die Scharia den Geschlechtsverkehr, der in sich selbst nicht übel ist, als gut, wenn er mit dem eigenen Ehepartner stattfindet, aber als übel, wenn er außerhalb der Ehe stattfindet.[566] In gleicher Weise bewertet der Verstand manche Dinge, die in sich selbst nicht übel sind, aufgrund ihrer Auswirkungen und Konsequenzen als übel. Das Maß, das der Verstand bei dieser Bewertung anwendet, ist in der Regel die Nachfrage, ob dieses Ding oder dieses Ereignis der Natur des Menschen entsprechend und ob es zweckdienlich ist. Daher werden auch die Krankheiten als Übel betrachtet. Es gibt allerdings noch eine dritte Richtvorgabe bei der Bewertung von etwas als gut oder übel, nämlich die Moral und die Traditionen. Eine Verhaltensweise, die in der einen Gesellschaft als normal oder gar als positiv angesehen wird, kann in einer anderen Gesellschaft als übel gesehen werden. Hierfür gibt es viele Beispiele. Dieser Umstand,

565. FT IV, 307:
واعلم أن مسمى الشر على الحقيقة ومسمى الخير إنما هو راجع إما لوضع إلهي جاءت به ألسن الشرائع، وإما لملائمة مزاج فيكون خيرا في حقه، أو منافرة مزاج فيكون شرا في حقه ، وإما لكمال مقرر اقتضاه الدليل فيكون خيرا، أو نقص عن تلك الدرجة فيكون شرا، وإما لحصول غرض فيكون خيرا في نظره ، أو عدم حصوله فيكون شرا في نظره. فإذا رفع الناظر نظره عن هذه الأشياء كلها لم تبق إلا أعيان موجودات لا تتصف بالخير ولا بالشر، هذا هو المرجوع إليه عند الإنصاف والتحقيق، ولكن ما فعل الله سبحانه إلا ما قد حصل في الوجود من كمال ونقص وملائمة ومنافرة وشرائع موضوعة بتحسين وتقبيح، وأغراض موجودة في نفوس تنال وقتا ولا تنال وقتا

566. Vgl. FT I, 75.

dass ein und dasselbe Verhalten je nach Gesellschaft unterschiedlich oder gar gegensätzlich als gut oder übel bewertet wird, zeigt, dass im Kern der Dinge, die als »moralische Übel« bezeichnet werden, kein Übel liegt.

Nach dieser allgemeinen Bewertung der Ansichten Ibn ʿArabīs zum Übel folgt jetzt – seine bis hierhin zitierten Texte lassen dies zu – eine detailliertere Darstellung nach der in der Religionsphilosophie üblichen Dreiteilung. Ibn ʿArabī weist mit dem Sein, das er als gut bewertet, auf das metaphysische Übel, mit der Frage, inwieweit Dinge oder Ereignisse der menschlichen Natur entsprechen, auf das natürliche Übel und mit der Wertung menschlicher Beziehungen im Licht religiöser, traditioneller oder ethischer Normen auf das moralische Übel hin.

In den folgenden Abschnitten werden die Sichtweisen dieser drei Arten des Übels in Ibn ʿArabīs Werken einzeln betrachtet und im darauffolgenden Teil seine Antwort und Erklärung für diese Arten des Übels (oder seine Theodizee) erörtert.

III.3.1 Metaphysisches Übel

Ibn ʿArabīs Ansichten zum metaphysischen Übel weisen eine grundsätzliche Ähnlichkeit zu den im Teil I dargelegten Meinungen der anderen theistischen Denker auf. Der Unterschied zwischen ihnen und ihm besteht darin, dass er, in Einklang mit der Aufteilung in Sein und Vorhandensein (*wuǧūd* und *mauǧūd*) entsprechend seiner Manifestationstheorie, auch die als Übel angesehenen Dinge als Einbildungen und als in Wirklichkeit nicht existent betrachtet. Da seine Theodizee im nächsten Kapitel folgt, werden hier nur die Ausschnitte wiedergegeben, die Hinweise enthalten auf die metaphysischen Ursprünge des Übels und darauf, womit diese zusammenhängen.

Wie bereits erwähnt, ist für Ibn ʿArabī *wuǧūd,* also die absolute Existenz, auch absolute Güte. Und da sie absolute Güte ist, ist sie auch nur gut. Das Übel hingegen verfügt über keine Existenz und es gehört zum Nichts:

> »Das Nichts ist absolutes Übel.« Dieser Satz, der aufgrund seiner Verschlossenheit von manchen Menschen nicht verstanden wird, ist der Kernsatz aller wahren Weisen, die

> kamen und gingen. Sie benutzten diesen Satz, aber sie erläuterten dessen Bedeutung nicht. Manche Reisende des wahren Weges machten Rast an dunklen und an hellen Orten und sagten zu uns: »Das Gute ist im Sein, und das Übel ist im Nichts.« [Auf diese Weise] lernten wir, dass der Allwahre der unbegrenzte absolute Herr des Seins ist. Er ist die absolute Güte, in der sich in keiner Weise Übel befindet. Das Gegenteil hiervon ist die absolute Nichtexistenz, die reines Übel ist, in dem sich nichts Gutes befindet.[567]

> Der Ursprung dieser Dinge [Güte und Übel] ist einerseits der rein Gute, in Dem sich kein Übel befindet und Dessen Existenz aus Sich selbst heraus notwendig ist, andererseits das absolute Nichts, das sich gegenüber dieser absoluten Existenz befindet. Dieses ist das reine Übel, in dem sich keine Güte befindet. Wenn in der Welt ein Übel geschieht, dann liegt dessen Ursprung in diesem Nichts. Denn es [das Übel] ist eine Unvollständigkeit, ein dem Temperament Nichtentsprechen oder eine Nichterfüllung des Zweckes. Dies aber sind Zuschreibungen. Es gibt nichts Gutes, was geschieht, dessen Ursprung nicht die »absolute Existenz« ist.[568]

Auf diese Weise legt Ibn ʿArabī dar, dass das Gute in der Welt vom Sein, das Übel aber vom Nichtsein ausgeht. Nach ihm hängen die Übel in der Welt damit zusammen, dass die Welt ein mögliches Wesen ist. Wie in den vorherigen Kapiteln dargelegt, haben mög-

567. FT I, 78:

أن العدم هو الشر المحض: لم يعقل بعض الناس حقيقة هذا الكلام لغموضه وهو قول المحققين من العلماء المتقدمين والمتأخرين، لكن أطلقوا هذه اللفظ ولم يوضحوا معناها، وقد قال لنا بعض سفراء الحق في منازلة في الظلمة والنور: إن الخير في الوجود والشر في العدم في كلام طويل علمنا أن الحق تعالى له إطلاق الوجود من غير تقييد وهو الخير المحض الذي لا شر فيه، فيقابله إطلاق العدم الذي هو الشر المحض الذي لا خير فيه

568. FT IV, 307:

[...] ثم أصل هذا الأمر كله إنما هو من جانب وجود واجب الوجود لذاته وهو الخير المحض الذي لا شر فيه ، ومن جانب العدم المطلق الذي في مقابلة الوجود المطلق، وهذا العدم هو الشر المحض الذي لا خير فيه ، فما ظهر من شر في العالم فهذا أصله لأنه عدم الكمال أو عدم الملايمة أو عدم حصول الغرض فهي نسب، وما ظهر من خير فالوجود المطلق فاعله

liche Wesen zwei Seiten: eine, die zur Existenz schaut, und eine, die zur Nichtexistenz schaut.[569] Die Nichtexistenz ist eine im Wesen des Möglichen verankerte Eigenschaft, und dieses ist deswegen dauernd darum bemüht, zu ihr zurückzukehren. Um es im Sein zu halten, befindet Sich Gott in einem unentwegten Schöpfungsprozess. Das Mögliche, dem durch die Manifestation Existenz gegeben wurde, ist im nächsten Augenblick nichtexistent. Die Phase der Nichtexistenz ist die Phase der zweiten Manifestation ins Sein. Das bedeutet, dass die möglichen Existenzen kurzfristig nichtexistent werden und im gleichen Augenblick wieder existent werden. Dies hängt zusammen mit Ibn ʿArabīs Manifestationstheorie, in der die Schöpfung permanent und ununterbrochen stattfindet.

> Im Möglichen ist das Nichtsein stärker als das Sein, denn das Mögliche ist dem Nichtsein näher als dem Sein. Daher ist dessen [des Möglichen] Existenz dadurch bedingt, dass jemand seine Existenz gegenüber seiner Nichtexistenz bevorzugt hat. Da es zuerst nichtexistent war, ist seine Stufe auch die des Nichtseins. Das Sein hingegen ist für das Mögliche akzidentiell. Darum ist der Allwahre ein permanenter Schöpfer, denn das Nichtsein ist dominant über die Typen der möglichen Dinge und stets auf dem Sprung, diese – im wahrsten Sinne des Wortes – zu ver-nichten und aus dem Weg [aus dem Sein] zu räumen. Für das Mögliche ist die Umkehr zum Nichts etwas in seinem Wesen Liegendes […] Von daher befinden sich die möglichen Dinge zwischen dem Zu-Nichte-Machen des Nichts und dem Sein-Lassen von Dem, Dessen Sein notwendig ist [Gott].[570]

Das Übel, das beim Möglichen in seinem Wesen angelegt ist, ist somit weder das Gebot noch der Wille Gottes. Aber Er spricht Sein Urteil darüber. Dies ähnelt einem Richter im Gerichtssaal. Dieser Richter hat weder befohlen noch gewollt, dass der vor ihm stehende Delinquent ein Verbrechen begeht. Aber es ist dennoch

569. Hierfür können die Zitate in Kapitel III.2.1.3 (»Absolute und mögliche Existenz«) noch einmal zu Rate gezogen werden.

570. FT VI, 239:
كما أنه تعالى لم يأمر بالفحشاء كذلك لا يريدها ، لكن قضاها وقدرها بيان كونه لا يريدها ، لأن كونها فاحشة ليس عينها بل هو حكم الله فيها ، وحكم الله في الأشياء غير مخلوق ، وما لم يجر عليه الخلق لا يكون مراداً

der Richter, der ihn aufgrund der Beweise, die gegen ihn vorliegen, für sein Verbrechen (beispielsweise Diebstahl) verurteilt. Andererseits ist der Diebstahl auch nicht etwas, was im Wesen des Menschen liegt, der ihn begeht. Die Schuld ist etwas, was ihm später akzidentiell angeheftet wird.

> Gott der Erhabene hat das Übel weder befohlen noch gewollt. Er hat aber über sein Dasein geurteilt und es definiert. Dass Gott es nicht gewollt hat, können wir folgenderweise verstehen: Dass etwas übel ist, ist nicht die eigene Wirklichkeit in dem Ding, sondern der Urteilsspruch Gottes darüber, dass es übel ist. Das Urteil Gottes über Dinge ist aber nichts Erschaffenes. Und etwas, an dem keine Erschaffung vollzogen wird, ist etwas Ungewolltes.[571]

Darüber hinaus hat die Sache auch eine die festgelegten Typen (*al-aʿyān aṯ-ṯābita*) betreffende Seite. Die festgelegten Typen als die Wahrheiten der möglichen Wesen verfügen über die Eigenschaft, deren Sein zu beeinflussen. Wie bereits erwähnt, ist es der Allwahre, Der Sich in den festgelegten Typen manifestiert und ihnen somit zum Sein verhilft. Aber auch wenn diese Manifestation in dieser unendlichen Anzahl von festgelegten Typen immer auf die gleiche Weise verläuft, so entstehen doch dadurch unendliche viele voneinander verschiedene mögliche Existenzen. Der Grund dafür, dass die möglichen Wesen sich voneinander unterscheiden, obwohl doch das Sein als Ganzes eine unveränderliche Wesenheit ist, liegt darin, dass die festgelegten Typen über unterschiedliche Kapazitäten verfügen. Als Manifestationsort lässt jeder festgelegte Typus das Sein im Rahmen seiner eigenen Kapazität widerscheinen. Daher ist es, in Gestalt des festgelegten Typus, die Wirklichkeit des möglichen Wesens selbst, die einen Teil des Seins annimmt und einen anderen Teil davon nicht annimmt und dadurch unvollendet bleibt.

> Wisse, dass die Hinderungsstufe du selbst bist! Die Göttliche Freigiebigkeit ist unbegrenzt. »Hinderung« aber bedeutet die

571. FT I, 73:
كما أنه تعالى لم يأمر بالفحشاء كذلك لا يريدها ، لكن قضاها وقدرها ببيان كونه لا
يريدها ، لأن كونها فاحشة ليس عينها بل هو حكم الله فيها ، وحكم الله في الأشياء
غير مخلوق ، وما لم يجر عليه الخلق لا يكون مراداً

> Nichtannahme […] Auf diese Weise hast du von den Gottesgeschenken nur dasjenige angenommen, was davon die dir eigene Annahmefähigkeit zuließ. Wenn als Ergebnis davon etwas zustande kam, was dir Schmerzen bereitet, so ist das nur durch das nicht hinreichende Maß an Annahmefähigkeit in dir zustande gekommen. Genauso wie auch diejenigen Dinge, die dir ein Segen sind, nur von deiner Annahmefähigkeit abhängen.[572]

Man darf nicht vergessen, dass nach Ibn ʿArabī ebenfalls die gemeinhin als »natürliche« und »moralische« definierten Übel ihren Ursprung in der Metaphysik haben, ohne deren Verständnis auch sie nicht erfasst werden können. Seine Theodizee, die er auf seinem Erklärungsansatz für die metaphysischen Wurzeln des Übels aufbaut, wird nach einer kurzen Erläuterung seiner Ansichten zum natürlichen und zum moralischen Übel im darauffolgenden Abschnitt ausführlich erläutert werden.

III.3.2 Physisches / natürliches Übel

Für Ibn ʿArabī sind also die Wurzeln der natürlichen und moralischen Übel ontologisch, weshalb er sich kaum direkt mit dem natürlichen Übel beschäftigt. In seinen Werken kommen von der Natur ausgehende und den Menschen Leid bereitende Dinge, wie Erdbeben, Überschwemmungen, Trockenperioden, Vulkanausbrüche oder Brände, nur selten vor. Seine Erklärung für diese Dinge würde sich aber nicht von der des metaphysischen Übels unterscheiden. Darin hieß es, dass das Übel dadurch entsteht, dass die möglichen Wesen aufgrund der ihnen innewohnenden Wirklichkeit nicht in der Lage sind, das Sein vollständig widerzuspiegeln, und dies wäre nach seiner Logik auch die erste Erklärung, die einem für die Unregelmäßigkeiten in der Natur einfiele. Andererseits deutete er auch an, dass wir Krankheiten und Katastrophen auch als für den Menschen notwendig betrachten können,

572. FT VIII, 38:
اعلم أن حضرة المنع أنت ، فإن الجود الإلهي مطلق ، فالمنع عدم القبول [...] فقد قبلت من العطاء ما أعطاه استعدادك ، فإن تألمت بما حصل لك فما كان إلا قبولك ، و إن تنعمت فما كان إلا قبولك

oder zumindest manche dieser Vorkommnisse, wenn man sie statt aus subjektiver aus objektiver Perspektive betrachtet. In einem Abschnitt über Bienen schreibt er, dass man nicht zu dem Urteil der Schädlichkeit des Honigs gelangen könne, nur weil er für manche Menschen schädlich ist. Das Gleiche gilt für den Regen:

> Auch wenn manche Temperamente [Körper] durch die Aufnahme von Honig Schaden nehmen, so hat Gott dennoch nicht von seiner Schadhaftigkeit gesprochen. Sein Seinszweck ist nicht dieser [Schaden], sondern im Gegenteil die Heilsamkeit. Ebenso wie es der Zweck des Regens ist, durch sein Herabregnen die Versorgung zu gewährleisten. Wenn der Regen das Haus eines alten und schwachen Menschen einreißt, ist er dadurch kein Segen für ihn. Aber der Einsturz des Hauses ist nicht geschehen, weil dies im generellen Sinn des Regens liegt, sondern weil es wegen seiner schwachen Bauweise [ohnehin] einsturzgefährdet war. Genauso verhält es sich mit dem Menschen, der nach dem Essen von Honig Schaden nimmt, weil das in seinem Temperament [seiner Konstitution] liegt; dieser Schaden ist nicht, was generell mit [dem Honig] bezweckt wird.[573]

Demgegenüber schreibt Ibn ʿArabī an anderer Stelle auch, dass die Leiden oder Heimsuchungen, die Gott den Menschen gibt, eine Vergeltung für eine vorher begangene und vergessene Übeltat sein können. Allerdings gibt es hier ein Detail, auf das geachtet werden muss. Das Leid, von dem hier die Rede ist, ist ein Leid, das als »Sühne« gedacht ist. Kann man nun, ausgehend von diesem Gedanken, auch annehmen, dass jedes leidvolle Ereignis, das dem Menschen widerfährt, eine Bestrafung ist? Die Antwort hierauf ist unklar.

> Und hierin liegt die Weisheit in der Strafe Gottes als Vergeltung für eine [Schandtat]. Ist dies nun generell der Fall? Oder

573. FT V, 178:

[...] وما ذكر له مضرة وإن كان بعض الأمزجة يضره يضره استعماله ولكن ما تعرض لذلك أي أن المقصود منه الشفاء بالوجود كما المقصود بالغيث إيجاد الرزق الذي يكون عن نزوله بالقصد ، وإن هدم الغيث بيت الشيخ الفقير الضعيف فما كان رحمة في حقه من هذه الجهة الخاصة ولكن ما هي بالقصد العام الذي له نزل المطر، وإنما كان ما كان من استعداد القابل للتهدم لضعف البنيان ، كما كان الضرر الواقع لآكل العسل من استعداد مزاجه لم يكن بالقصد العام.

> lässt Er auch ein Kind oder einen Unschuldigen Leid erdulden? Ist die Sachlage so, wie sie derjenige darstellt, der da sagt: »Er ist unschuldig an dem, was ihm vorgeworfen wird«? [Womöglich] ist er nicht unschuldig, sondern hat eine Schuld, [beispielsweise] an einem Tier oder an etwas anderem, von der allein Gott weiß [...] Auf Gottes Ebene erfolgt Bestrafung nur als Vergeltung für etwas, was sich die Person hat zuschulden kommen lassen. [Jedoch] ist die Bestrafung dieser Schuld verzögert worden und zu einem Zeitpunkt über sie gekommen, wo sie [für] unschuldig [gehalten] wurde. Die Bestrafung erfolgt immer wegen eines Ereignisses aus der Vergangenheit.[574]

Ausgehend von diesen Worten könnte man annehmen, dass die Naturkatastrophen, die einem Menschen in seinem Leben widerfahren, ihn immer aufgrund einer vorher begangenen Untat treffen. Jedoch ist die Sache nicht ganz so einfach, wie noch im Theodizee-Abschnitt erläutert werden wird.

III.3.3 Moralisches Übel

Die moralischen Übel sind, wie bereits erläutert, diejenigen Übel, die vom Menschen begangen werden. Hierzu zählen Lüge, Verleumdung, Mord, Diebstahl, Feigheit, Krieg, Völkermord und Ähnliches.

Die Zustände und Handlungen, die dazu führen, das ein Mensch als barmherzig oder mitleidlos, freigiebig oder geizig, gerecht oder ungerecht bezeichnet wird, stehen in engem Zusammenhang mit seinem Charakter. Ibn ʿArabī weist in einem Buch, in dem er angehenden Sufis, welche sich in sufischer Askese üben und so zum vollkommenen Menschen werden wollen, Ratschläge dazu gibt, auf die schlechten Charaktereigenschaften der Menschen hin.

574. FT V, 258:

وفيه علم حكمة الأخذ الإلهي جزاء هل يعم أو يؤلم ابتداء من غير جزاء كإيلام
البريء والصغير فهل هو كما قاله القائل أو ليس الأمر كذلك وإنما هو بريء في
ظاهر الأمر مما نسب إليه. وما هو بريء عند الله من أمر آخر وقع منه في حق
حيوان أم ما لا يعلمه إلا الله [...] ولم يكن عند الله الأخذ إلا من أمر عمله استحق به
هذه العقوبة فانتظر قضاء زمان المهملة فانقضى عند دعوى عليه غير صادقة هو
منها بريء فأخذ عندها ، وإنما كان الأخذ بما تقدم

Nach ihm ist die Zahl der Menschen mit üblem Charakter bedauernswerterweise höher als die derjenigen mit gutem:

> Was den schlechten Charakter angeht: Dieser ist bei vielen Menschen zu finden. Geiz, Feigheit, Unrecht, Übeltat und Dergleichen sind bei der Mehrheit der Menschen vorhanden und beeinflussen sie. Es gibt nur sehr wenige Menschen, die von schändlichen Übeln, von unerwünschtem Charakter völlig frei sind.[575]

Was aber ist die Quelle dieser Eigenschaften, die den Charakter des Menschen formen? Ibn ʿArabīs Antwort auf diese Frage ähnelt seinen Antworten auf die anderen Fragen und birgt keine Überraschung für den aufmerksamen Leser. Er weist, wie immer, auf den ontologischen Ursprung hin:

> Denn das Übel ist in der Natur des Menschen dominant.[576]

Bevor Ibn ʿArabīs Ansichten weiter erörtert werden, soll hier kurz auf ein Detail im arabischen Wort für »Moral« eingegangen werden. Auf Arabisch wird für »die Summe aller guten oder schlechten Taten und Eigenschaften eines Menschen«[577] das Wort *aḫlāq* (أخلاق) benutzt, das aus der Wurzel *ḫ-l-q* (خلق) gebildet wird, die »schöpfen«, »erschaffen« bedeutet. Ein Satz, in dem zum Lob des Charakters eines Menschen der Singular dieses Wortes, also *ḫuluq*, verwendet wird, kann mehrere Bedeutungen haben. Zum einen kann damit gemeint sein, dass die Person über einen guten Charakter verfügt, zum anderen aber, dass sie von guter Schöpfung ist, zum dritten beides zugleich. Die Sufis nehmen einen beschwerlichen und langen Ausbildungsweg auf sich, um zum vollkommenen Menschen werden zu können, weil sie glauben, dass dem Menschen, der nach dem Ebenbild Gottes geschaffen wurde, dies nur gelingen kann, wenn er Ihm ähneln kann. Und dies wird nur

575. Ibn ʿArabī: *Tahḏīb al-aḫlāq*. 1986. Seite 13:
فأما الأخلاق المذمومة ، فإنها موجودة في كثير من الناس، كالبخل ، والجبن ،
والظلم ، والشر. فإن هذه العادات غالبة على أكثر الناس ،مالكة لهم. بل قلما يوجد
في الناس من يخلو من خلق مكروه ، ويسلم من جميع العيوب.

576. Ibn ʿArabī: *Tahḏīb al-aḫlāq*. 1986. Seite 13:
لأن الغالب على طبيعة الإنسان الشر.

577. *Al-Muʿǧam al-ʿarabī al-asāsī*. 1988. Seite 419.

möglich dadurch, dass der Mensch die Göttlichen Attribute in sich selbst verwirklicht. Diesen Prozess beschreiben sie als »den Charakter nach den Attributen Gottes formen« (*taḫalluq billāh*). Dieses Wort *taḫalluq,* das die Sufis benutzen, wird wörtlich für den Prozess der »Ausformung des Embryos im Mutterleib« verwendet.[578] Kurz gesagt: Das Wort *aḫlāq* (Moral) kann gleichzeitig auch »Charakter« oder auch »Schöpfung« bedeuten. Wie man sieht, wurde in der arabischen Sprache eine enge Verbindung zwischen der Moral und der Schöpfung hergestellt und damit auf die ontologische Grundlage der Moral hingewiesen.

Diese enge sprachliche Nähe zwischen beiden ist kein Zufall, und dementsprechend gibt Ibn ʿArabī auch auf die oben gestellte Frage nach der Quelle des Charakters eine ontologische Antwort:

> In Bezug auf die Göttlichen Eigenschaften [{verwendet wird hier *aḫlāq,* womit die spezifischen Charakteristika gemeint sind}] ist es wahr, dass diese alle in der Schöpfungsbeschaffenheit des Menschen vorhanden sind. Für die Wissenden treten diese bei jedem Menschen genauso in Erscheinung, wie sie auf Göttlicher Stufe in Erscheinung treten.[579]

In langen Ausführungen mahnt Ibn ʿArabī, seine Worte nicht falsch zu verstehen. So wie beispielsweise Gott absolut freigiebig ist, ist auch der Mensch absolut freigiebig. Jedoch können diese und ähnliche Attribute nicht immer zur gleichen Zeit verwendet werden. So wie etwa Gott »der Freigiebige« (*al-Karīm*) ist, ist Er auch »der Verhinderer« (*al-Māniʿ*) und »der Schaden Zufügende« (*aḍ-Ḍārr*). Während Er manchmal gibt, lässt Er manchmal leiden. Das gleiche gilt auch für diese Attribute beim Menschen.[580] Demnach kann man sagen, dass diese Attribute sowohl bei Gott als auch beim Menschen zumindest als Potenzial angelegt sind, aber nicht alle zur gleichen Zeit zur Anwendung kommen. Ibn ʿArabī führt weiter aus, dass diese Attribute beim Menschen nicht geborgt und mit seiner Schöpfung bei ihm vorhanden sind. Wie bereits

578. *Al-Muʿǧam al-ʿarabī al-asāsī.* 1988. Seite 419.

579. FT III, 364:
والصحيح في هذه الأخلاق الألهية انها كلها في جبلة الانسان، وتظهر لمن يعرفها
في كل انسان على حد ما تظهر في الجناب الألهي

580. Vgl. FT III, 364.

vielfach erwähnt, hat in Ibn 'Arabīs Lehre jedes mögliche Wesen eine transzendente Wirklichkeit (einen *'ayn aṯ-ṯābit* oder festgelegten Typus). Die Charaktereigenschaften, die beim Menschen bei seiner Erschaffung vorliegen, sind Teile dieses seines festgelegten Typus' und unveränderlich. Demnach hat jeder Mensch einen eigenen festgelegten Typus und damit auch einen eigenen, von allen anderen verschiedenen Charakter.

Dieser Punkt ist ein sehr kritischer. Die Frage, die man hier stellen muss, lautet: Bedeutet dies nicht auch, dass der Mensch mit einem festgelegten und unveränderlichen Charakter auf die Welt kommt? Wenn dies tatsächlich der Fall ist, hat die Diskussion darüber, ob bei der Charakterbildung des Menschen die Veranlagung oder die Umwelt entscheidend ist, sich erledigt, noch bevor sie begonnen hat.

Was auf den ersten Blick so zu sein scheint, klärt sich bei weiterer Lektüre auf, wenn Ibn 'Arabī schreibt, dass die moralische Beschaffenheit des Menschen zwei Quellen hat. Demnach ist alles bisher Geschriebene sein/e von der Schöpfung an ontologisch vorhandene/r Charakter/Moral (*ḫuluq*), nicht sein/e später pädagogisch-psychologisch erworbene/r Charakter/Moral (*taḫalluq*).

> In Wirklichkeit ist dies *ḫuluq* [Charakter / Moral], nicht *taḫalluq* [Charakterbildung/Moralgewinnung]![581]

> Die Scharia weist darauf hin, dass die Moral aus zwei Teilen besteht: Der erste ist der, der dem Menschen mit seiner Erschaffung eigen ist [...]; der zweite ist erworben. Der erworbene Teil wird als *taḫalluq* [Moralgewinnung] bezeichnet und bedeutet, dass man [versucht], dem von Geburt an moralisch Höherstehenden zu ähneln.[582]

581. FT III, 366. Das Wort خلق, das hier als »Moral« übersetzt wird, wird *ḫuluqun* gelesen. Wenn es als *ḫalqun* gelesen wird (was ebenfalls möglich ist), bedeutet es »Schöpfung«. Nach Ibn 'Arabīs Ansichten gehen beide Bedeutungen aber ohnehin ineinander über, und keine von beiden wäre falsch:

فهو في الحقيقة خلق لا تخلق

582. FT III, 366:

إن الشرع قد نبه على أنها على قسمين : من الأخلاق ما يكون في جبلة الانسان
[...] ومنها مكتسبة ، فالمكتسب هو الذي يعبر عنه بالتخلق وهو التشبه بمن هي
فيه هذه الأخلاق الكريمة جبلية في أصل خلقه

Wie man sieht, legt Ibn ʿArabī bei der Charakterbildung des Menschen neben den angeborenen Göttlichen Besonderheiten auch auf die im irdischen Leben erworbenen Angewohnheiten wert. Auch wenn es bisweilen in seiner Lehre, insbesondere beim Determinismus seiner festgelegten Typen, anders zu lauten scheint, schreibt Ibn ʿArabī doch, dass einer, der mit schlechten Charaktereigenschaften auf die Welt kommt, durch seinen Kampf (gegen sie) die Glückseligkeit erlangen kann.[583] Wie im letzten Zitat gesehen, wäre es hierbei eine gute Strategie, sich den moralisch Höherstehenden zum Vorbild zu nehmen und ihm nachzueifern. Der Höchststehende unter diesen ist der vollkommene Mensch, welcher alle Göttlichen Eigenschaften auf die schönste Weise in sich verwirklicht hat. Im nächsten Abschnitt wird erklärt, wie ihm dies gelingen kann, wieso das moralische Übel nur relativ ist und welchen Sinn dessen Dasein in der Welt hat.

III.4 Ibn ʿArabīs Lösung des Theodizee-Problems

AUF DER SUCHE NACH DER BEDEUTUNG DES ÜBELS IN DER Philosophie Ibn ʿArabīs haben wir zunächst sein Seinssystem erläutert und anschließend hinterfragt, ob das Übel in diesem System einen Platz hat oder nicht. Im vorigen Abschnitt wurde aufgezeigt, dass in seinem Seinsverständnis das Übel nicht geleugnet und es definiert wird unter Zuhilfenahme der klassischen Dreiteilung der Religionsphilosophen. Aber ein zum Verständnis wichtiges Thema ist hier noch nicht angesprochen und erläutert worden, nämlich die Frage nach der Begründung und dem Zweck, den die Existenz des Übels auf der Welt aus Sicht Gottes und des Menschen hat. Auch wurde noch nicht geklärt, wie ein absolut guter Gott mit der Existenz des Übels logisch in Einklang zu bringen ist. Im ersten Teil wurden aus der Geistesgeschichte viele Philosophen erwähnt

583. Vgl. IBN ʿARABĪ: *Tahḏīb al-aḫlāq*. 1986. In diesem Buch erläutert Ibn ʿArabī, wie der Mensch seine üblen Angewohnheiten aufgeben muss und wie er Zufriedenheit und innere Ruhe finden kann.

und zitiert, die behaupteten, dass der Glaube an einen absolut guten Gott nicht mit der Logik vereinbar sei, solange es auf der Welt das Übel gibt.

III.4.1 Ibn ʿArabīs Standpunkt zum metaphysischen und natürlichen Übel

Bevor wir Ibn ʿArabīs Theodizee in Angriff nehmen, wird es hilfreich sein, das bis hierhin zu den metaphysischen Ursprüngen des Übels Geschriebene stichpunktartig zusammenzufassen. Wenn auch gemeinhin eine Dreiteilung vorgenommen wird, so ist in Ibn ʿArabīs ontologischem System doch das in der Metaphysik wurzelnde Übel das über die anderen Arten dominierende. Von daher ist es wichtig, diese metaphysische Quelle des Übels genau abzugrenzen und zu definieren. Wenn wir uns alles bisher zum Sein (*wuǧūd*), zur Nichtexistenz (*ʿadam*), zur möglichen Existenz (*mauǧūd*), zum festgelegten Typus (*al-ʿayn aṯ-ṯābit*), zum Guten und zum Übel Gesagte vor Augen halten, gelangen wir zu folgender Zusammenfassung:

1. Das Gute entstammt dem Sein, das Übel dem Nichts / der Nichtexistenz.

2. Die möglichen Existenzen haben zwei Seiten; die eine schaut in Richtung des Seins, die andere in Richtung des Nichts.

3. Die möglichen Existenzen beziehen das Gute vom Sein, während das Übel dem Nichts entspringt.

4. Jedes mögliche Wesen hat einen festgelegten Typus, und jeder festgelegte Typus verfügt über unterschiedliche Fähigkeiten und Kapazitäten.

5. Jedes mögliche Wesen kann die Existenz von der Göttlichen Gnade nur entsprechend seiner eigenen Kapazität empfangen.

6. Die Übel treten in Erscheinung als Ergebnis davon, dass der festgelegte Typus eines möglichen Wesens das Sein nur unvollständig annehmen kann.

Nach dieser Erinnerung wenden wir uns der klassischen Theodizee-Formel zu. Die Analyse, ob in dieser Formulierung genannte Sätze wie »Gott ist allmächtig« und »Gott ist allgütig« tatsächlich, wie behauptet, der Prämisse »das Übel existiert« widersprechen, soll mit dem Wort »Gott« beginnen.

Es ist sinnvoll, hier alles einzubringen, was wir bisher zum Sein gesagt haben, und dabei Schritt für Schritt vorzugehen. Gemäß Ibn ʿArabīs Manifestationstheorie weist das Sein verschiedene Stufen auf, deren erste eine auf ewig unergründbare und deren letzte diese sichtbare physische Welt ist. Alles, was als Gutes oder Übel definiert wird, ist ein Element dieser letzten Welt. Da diese nach dem Bild Allahs geschaffen ist, liegt die Lösung des logischen Widerspruchs der gleichzeitigen Anwesenheit von Gott und Übel darin, nicht den Begriff »der Allwahre« (*al-Ḥaqq*) zu Felde zu führen, sondern den Begriff *Allah.* Denn die Welt wurde nicht nach dem Bild des Allwahren erschaffen, sondern nach dem Bild Allahs.

In Ibn ʿArabīs Terminologie wird das wahre Sein als *wuǧūd* bezeichnet und es gehört dem Allwahren (*al-Ḥaqq*). Er ist die erste Stufe, die stets ein Geheimnis bleiben wird. Da Er in dieser transzendenten Stufe reines Sein ist, ist Er auch reine Güte. So sehr auch der Allwahre für den Menschen unergründbar ist, ist Allah für den Menschen doch nicht unergründbar. Er ist erkennbar in Seinen Werken. Ohnehin ist die Welt nur ins Leben gerufen worden, um als Ausführungsort für Seine Namen zu dienen. Daraus kann man folgende Aussage ableiten: Mit Gott, mit Dessen Existenz die Existenz von Übel in der Welt einen Widerspruch zu bilden scheint, ist nicht die absolute Existenz des Allwahren gemeint. Er bleibt weiterhin als reine Güte bestehen. Hier wiederum stellt sich eine weitere Frage: Da die Übel in der Welt ein Teil der Welt sind und die Welt nach dem Bild Allahs geschaffen ist, kann man dann auch daraus schließen, dass »Allah nicht allgütig ist«?

Zur Antwort soll von hinten mit einer Gegenfrage begonnen werden: Ist denn die Welt übel, als dass ihr Schöpfer übel sein soll? Wie lässt sich definieren, was genau Übel ist? Wenn man eine Gazelle sieht, die von einem Löwen gejagt wird, was denkt man? Worin besteht in diesem Beispiel das Gute? Ist es gut, dass der Löwe verhungert, damit die Gazelle leben kann? Ibn ʿArabī weist häufig darauf hin, dass das Übel relativ ist. Wenn wir Menschen, so sein Argument, irgendeinem Ding in dieser Welt, das von uns als Übel klassifiziert wird, diese Frage stellen könnten, würde es vielleicht antworten, dass es selbst gut ist, wir Menschen aber übel seien.[584] Für Ibn ʿArabī ist die Welt vollkommen[585] und Bestandteile in ihr, die als Übel gesehen werden, sind Teil und Bedingung dieser Vollkommenheit. Wenn die Welt das Übel nicht in sich beheimaten würde, wäre sie unvollständig, daher ist ihre Beherbergung des Übels Teil dieser Vollkommenheit.[586]

Beim logischen Problem des Übels ist die Bedeutung, die dem Guten aufgefrachtet wird, die eigentliche Schwierigkeit. Das Feuer kann nicht als Übel klassifiziert werden, weil es die Haut des Menschen verbrennt und ihm Schmerzen zufügt. Der Mensch hätte, wie allgemein bekannt, ohne das Feuer niemals den heutigen Stand der Technologie erreichen können. Da dem so ist, kann nicht das Feuer selbst als Übel qualifiziert werden, sondern dessen unbeabsichtigtes Resultat. In diesem Fall kann man von keinem der Dinge im Universum als »in seinem Wesen übel« sprechen; Übel sind nur deren unbeabsichtigten Ergebnisse.[587] Andererseits würde das bedeuten, dass man nicht nur Gottes Gerechtigkeit, sondern auch Seine Barmherzigkeit hinterfragen müsste, wenn Er diesen Dingen, die nicht in sich selbst übel sind, ihre Bitte um Existenz abschlagen und sie diskriminieren würde. Dieses Abschlagen würde einen Schatten werfen auf die Allumfassung der Barmherzigkeit Dessen, Der sagte: »Meine Barmherzigkeit hat alles umfasst.«[588]

Dennoch könnte man hier die Frage stellen: Hätte Gott, als Er die möglichen Existenzen schuf, sie nicht so beschaffen können, dass ihre Ergebnisse dem Menschen nicht schaden können? Schließlich sind solche Fragen wie, ob nicht eine Welt ohne Leid und Sorgen hätte erschaffen werden können, in der Philosophiegeschichte des Öfteren und insbesondere von atheistischen Philosophen gestellt worden. Diese Frage kann man beantworten, wie man mag, der Atheismus wird immer einen Kritikpunkt am Gottesbild finden. Wenn man diese Frage bejahend beantwortet, werden die Atheisten den Gott der Theisten als übel darstellen, da Er eine bessere Welt nicht erschaffen hat, obwohl dies in Seiner Macht lag. Wenn man verneinend antwortet, werden sie Ihn als »machtlos« bezeichnen.

584. Vgl. FS 221–222. FT I, 75.
585. Vgl. FS 172. FT II, 440; III, 517; V, 16; VI, 33.
586. Vgl. FT III, 461.
587. Vgl. FS 221. FT I, 75; IV, 307; V, 178.
588. Vgl. FS 177–178.

Bevor diese Frage beantwortet wird, sollte man wissen, dass Ibn 'Arabī gegen Vorstellungen ist, die nach Alternativen zur bestehenden Welt suchen. Nach ihm ist diese mögliche Welt vollkommen, und sich eine vollkommenere vorzustellen, würde dazu führen, dass man sich auch eine vollkommenere als diese vollkommenere vorstellen könnte, und dies würde *ad infinitum* weitergehen:

> Das Mögliche ist aufs Idealste und Vortrefflichste zum Sein geworden. Etwas Vollkommeneres [als das Mögliche] gibt es nicht. Wenn es Vollkommeneres gäbe, wäre auch die Vollkommenheit als schöpfbar vorstellbar, und dies würde unendlich weitergehen. Das Mögliche ist auf der Stufe des Vollkommenen existent geworden, und es ist vollkommen geworden.[589]

Die Herangehensweise Ibn 'Arabīs an die Frage: »Hätte Gott die möglichen Existenzen nicht so beschaffen können, dass ihre Ergebnisse dem Menschen nicht schaden können?« ist beachtenswert. Nach ihm hätte Gott bei der Erschaffung der Welt nicht nach Gutdünken handeln können. Es gibt eine Reihe von Wahrheiten, denen auch Gott während Seines Erschaffens Sich nicht entziehen kann. Dieses Erschaffen ist einer Hierarchie unterworfen. Von den Göttlichen Attributen, die den Erschaffungsprozess durchführen, unterliegt die Macht dem Göttlichen Willen, der Wille dem Göttlichen Wissen, das Wissen dem Gewussten. Dieses Gewusste wiederum, das erste Glied der Kette, ist nichts anderes als die festgelegten Typen der möglichen Wesen der Welt. Demnach teilen diese festgelegten Typen, die Wirklichkeiten der möglichen Wesen, Gott das Wissen über sich selbst mit. Auf diese Weise gelangt das Göttliche Wissen zum Detailwissen über die möglichen Wesen. Wenn der Göttliche Wille etwas entstehen lassen will, so nutzt er die im Göttlichen Wissen nun vorliegenden Informationen. Die Göttliche Macht ist dann die Kraft, die den bekundeten Willen des Göttlichen Willens wirklich werden lässt.[590] Wie bereits gesehen, ändern sich diese Wirklichkeiten der möglichen Wesen niemals. Da auch Gott diese nicht zu ändern vermag, erschafft Er die

589. FT I, 75:
فقد وجد الممكن على أقصى غايته وأكملها فلا أكمل منه ، ولو كان الأكمل لا يتناهى
لما تصور خلق الكمال وقد وجد مطابقا للحضرة الكمالية فقد كمل.

590. Vgl. FS 60, 83, 96. FT I, 74.

möglichen Wesen entsprechend dem Wissen, dass diese Wirklichkeiten jener möglichen Wesen Ihm zur Verfügung gestellt haben.

Wenn man nun noch einmal die Frage: »Wieso hat Gott nicht anders erschaffen« aufgreift, kommt man zu dem Ergebnis, dass das Sein reine Güte ist und dass Gott unterschiedslos jedem möglichen Wesen dieses Sein schenkt. Aber die Wirklichkeiten der möglichen Wesen unterscheiden sich voneinander. Manche unter ihnen sind nicht in der Lage, das Sein voll aufzunehmen, und bleiben deshalb zur Hälfte im Dunkeln. Das unbeabsichtigte Übel entsteht in diesen im Dunkel verbleibenden Arealen. Manchmal passiert es auch, dass die möglichen Existenzen das ihnen dargebotene Sein nicht mit einem Mal aufnehmen, was gleichfalls zu Problemen führt.[591]

Nach all dem wäre es jedoch außerordentlich falsch zu denken, dass Ibn ʿArabī die Verantwortung für das Dasein des Übels in der Welt in der Unfähigkeit der möglichen Wesen sieht und diese zu Schuldigen erklärt. Er analysiert die Ausgangslage, die zu erklären und zu durchschauen den Menschen schwer fällt, und erläutert, wie was zustande kommt, aber er sucht dabei nicht nach Schuldigen. Denn nach ihm gibt es keinen Zustand, der nach einer Schuldfrage verlangt. Alles ist so, wie es sein soll, und alles wird in der Welt benötigt. Denn die Welt ist vollkommen, so wie sie jetzt ist. Dies beschreibt er anhand des Beispiels von zwei Wesen, die unterschiedliche Befähigungen bei der Aufnahme der Sonnenstrahlen an den Tag legen:

> Dies ist geradeso wie beim Wäscher und den Wäschestücken unter der Sonne: Während die Wäsche unter der Sonne ausbleicht, wird das Gesicht des Wäschers dunkler. Der mit Weisheit gesegnete Mensch sagt über sie: »Das Licht ist immer dasselbe, während aber das Temperament des Wäschers vom Sonnenlicht nur die Dunkelheit annimmt, hat die Wäsche das Temperament, das Weiß anzunehmen. Dein Temperament hat dich davon abgehalten, das Weiß anzunehmen.« Zur Wäsche sagt man: »Dein Temperament hat dich davon abgehalten, das Dunkle anzunehmen.« Jeder von ihnen könnte in seiner Sprache des Zustands die Frage stel-

591. Vgl. Ibn ʿArabī: *Kitāb Manzil al-quṭb wa-maqāmahu wa-ḥālahu.* 2001. Seite 251.

> len: »Wieso hast Du mir kein Temperament gegeben, das das Dunkle annehmen kann?«, und der Wäscher wird fragen: »Wieso hast Du mir kein Temperament gegeben, das das Weiß annehmen kann?« Und wir sagen: In der Welt sind die Wäsche und ihr Wäscher notwendig. Denn in der Welt ist ein Temperament, das das Weiß annehmen kann, genauso notwendig wie ein Temperament, das das Dunkle annehmen kann. Wer immer ihr auch sein mögt, ihr seid beide in der Welt notwendig. Alles in der Welt ist notwendig, und jedes Temperament muss in der Welt vertreten sein. Der erhabene Allwahre vollbringt Seine Taten nicht entsprechend den Absichten, die Er in Seinen Dienern geschaffen hat, sondern entsprechend den Erfordernissen der in ihnen liegenden Weisheit. Und das, was die Weisheit erfordert, ist das, was in der Welt zustande kommt.[592]

Wenn man den Gedanken, dass alles in der Welt notwendig ist, auf das Leben in der Natur anwendet, erscheint er als eine leicht verständliche und annehmbare Theorie. Kann man aber auch in Bezug auf das Vorhandensein von Taten, die als moralische Übel beschrieben werden, ähnlich denken? Im folgenden Abschnitt soll die Antwort auf diese Frage erörtert werden.

592. FT VI, 340–341:

كالشقة والقصار في فيض الشمس نورها فتبيض الشقة وتسود وجه القصار إن كان أبيض فيقول لهما الحكيم النور واحد ولكن مزاج القصار لا يقبل من نور الشمس إلا السواد والشقة على مزاج يقبل البياض فمزاجك منعك من قبول البياض، ويقال للشقة مزاجك منعك من قبول السواد ، فلكل واحد من المذكورين أن يقول فالمسئلة بحالها لم لم تعطني المزاج الذي يقبل السواد؟ والقصار يقول: لم لم تعطني المزاج الذي يقبل البياض؟ قلنا: لابد في العالم من شقة وقصار، فلابد من مزاج يقبل البياض ومزاج يقبل السواد فلابد منكما كنتما ما كنتما فإن العالم لابد فيه من كل شيء فلابد أن يكون فيه كل مزاج والحق تعالى ما هو فعله مع الأغراض التي أوجدها في عباده وإنما هو مع ما تطلبه الحكمة، والذي اقتضته الحكمة هو الواقع في العالم

III.4.2 Ibn ʿArabīs Standpunkt zu den moralischen Übeln

Das Trio Gott–Welt–Mensch entspricht den Dimensionen eines dreidimensionalen Bildes. Nach Ibn ʿArabī ist Gott absolut gut und die Welt vollkommen. Als dritte Dimension bleibt noch die Situation des Menschen zu klären. Kann dieser, der Übeltaten wie Diebstahl, Mord, Vergewaltigung, Folter und Ähnliches begeht, gleichermaßen als »gut« und »vollkommen« beschrieben werden?

Zunächst muss hierbei geklärt werden, was genau mit »Mensch« gemeint ist. Wie wir bereits gesehen haben, unterscheidet Ibn ʿArabī zwischen der »Spezies Mensch« und dem »individuellen Menschen«. Zur kurzen Rekapitulation: Die Spezies Mensch ist nach dem Bild Gottes geschaffen und steht als Lebewesen über allen anderen Lebewesen in der Welt. Derjenige innerhalb dieser Spezies, der alle ihre Besonderheiten vollständig und lückenlos in sich verwirklicht, wird als *al-insān al-kāmil,* »der vollkommene Mensch«, betitelt. Der erste Mensch, Adam, war ein solcher vollkommener Mensch,[593] und bis an den Jüngsten Tag wird es in der Welt weiter vollkommene Menschen geben. Aber nicht jeder Mensch ist ein solcher vollkommener. Die Menschen unterscheiden sich voneinander in ihrem Vermögen, diesem vollkommenen Menschen, gewissermaßen einer Idee (im Sinne Platons) des Menschseins, zu gleichen. Sie stehen diesbezüglich auf unterschiedlichen Stufen, wobei auf der obersten Stufe diejenigen stehen, die ihr Menschsein haben vervollkommnen können, während auf der untersten Stufe diejenigen stehen, denen jegliche Menschlichkeit abhanden gekommen ist und die Ibn ʿArabī deshalb als »tierische Menschen« bezeichnet. Demgemäß sieht er neben den »vollkommenen Menschen« auch »individuelle Menschen«, die sich in verschiedenen Stadien der Vervollkommnung befinden.

Der Mensch, um den es unter der Überschrift »moralische Übel« gehen soll, ist nicht der vollkommene, sondern der individuelle. Denn es ist undenkbar, dass die vollkommenen Menschen Übeltaten wie Lügen, Mord, Diebstahl und anderes begehen. Dementsprechend ist auch an dem obengenannten Trio Gott–

593. Mehr zu diesem Thema bei Erginli, Zafer: *İbn Arabî'ye göre Hz. Adem'de temel insan nitelikleri.* 2008. Seiten 161–197.

Welt–Mensch nichts, was nicht vollkommen und gut ist, denn schließlich sind auch bei dieser Dreiteilung nicht die individuellen Menschen gemeint, sondern als Idealbilder der Menschheit die vollkommenen Menschen.

Dieser Teil unserer Darlegung, in dem es darum geht, Ibn ʿArabīs Standpunkt in Bezug auf das Übel herauszuarbeiten, ist der schwierigste und herausforderndste. Denn seine Ansichten auf diesem Gebiet sind nicht ganz eindeutig. Die Stellen in seinen Werken, in denen er sich zu diesem Themengebiet äußert, scheinen zwei voneinander verschiedene Herangehensweisen zu zeigen. Das Interessante ist, dass fast alle Forscher, die über Ibn ʿArabī publizierten, eine der beiden Herangehensweisen als Grundlage nahmen und die andere nicht weiter beachteten. So denkt beispielsweise der Ibn-ʿArabī-Experte ʿAfīfī, dass Ibn ʿArabī, in Einklang mit dem Gedanken von der Einheit des Seins, in Bezug auf das moralische Übel eine deterministische Sicht vertritt. Nach ihm ist in Ibn ʿArabīs System, in dem es keinen Platz für den freien Willen gibt, ein Mensch für seine üblen Taten genauso verantwortlich, wie ein Stein, der aufgrund der Gravitation einem Menschen auf den Kopf fällt, für dessen Tod verantwortlich ist.[594] Andere, wie Chittick, legen den Schwerpunkt auf die zweite Herangehensweise, welche noch erläutert werden wird. Nach ihr kommen die Menschen in die Welt, um in diesem Leben ein vollendeter Manifestationsort der Göttlichen Namen zu sein, um, diese miteinander im Gleichgewicht haltend, eine perfekte Harmonie zu schaffen und so ein vollkommener Mensch zu werden. In diesem Leben werden jene Menschen glücklich, denen dies gelingt.[595]

Zu Beginn sollen zunächst beide Herangehensweisen, die sich zu widersprechen scheinen, kurz skizziert werden. Die erste ist ein strenger Determinismus, der sich aus Ibn ʿArabīs ontologischem System ergibt. Nach diesem Determinismus haben die Menschen nicht die Möglichkeit, ihre Veranlagung zu verändern, und jeder Mensch erfüllt nur, was in der Schöpfung für ihn vorgeplant ist. Denn die menschlichen Wahrheiten, die in die festgelegten Typen eingeschrieben sind, sind gleichbleibend und unveränderlich. Aus

594. Vgl. Afîfî, Ebu'l-Alâ: *Muhyiddin İbnü'l-Arabî'de Tasavvuf Felsefesi.* 1999. Seiten 149–158.

595. Vgl. Chittick, William: *Hayal Âlemleri.* 2003. Seiten 54–57, 65–66. Chittick, William: *Varolmanın Boyutları.* 1997. Seiten 124–125, 207.

diesem Grund kann nicht davon die Rede sein, dass man die Möglichkeit habe, sich in der diesseitigen Welt darum bemühen zu können, ein moralisch besserer Mensch zu werden, und dementsprechend auch nicht von einem freien Willen hierzu.

Andererseits ermöglichen die Ansichten Ibn ʿArabīs zu den ontologischen Grundlagen des Menschen auch eine zweite Perspektive. Der nach dem Bild Gottes geschaffene vollkommene Mensch ist der Prototyp und die Grundlage der Menschheit. Der erste Mensch, Adam, war ein vollkommener Mensch, aber seine Nachkommen entfernen sich mit der Zeit immer weiter von dieser Vollkommenheit. Die Fehler, die beim Menschen als moralische Übel auftreten, können behoben werden, wenn er sich darum bemüht, dem ersten Vorbild, dem vollkommenen Menschen, zu gleichen. Demnach ist der Zweck der Anwesenheit der Menschen auf dieser Welt dieses Bemühen. Der Mensch, der sich entsprechend bemüht, muss dann zwangsläufig auch über einen freien Willen hierzu verfügen.

Nach dieser kurzen Skizzierung soll nun das Thema anhand von Ibn ʿArabīs Aussagen bewertet und festgestellt werden, ob es zwischen diesen widersprüchlich scheinenden Herangehensweisen einen gemeinsamen Nenner gibt oder nicht.

III.4.2.1 *Erste Herangehensweise*

Bevor erklärt wird, wie diese Ansicht zustande kommt und woher sie stammt, wird es von Nutzen sein, die beiden in Ibn ʿArabīs System bedeutenden Begriffe *mašīʾa* und *amr* zu erläutern. Ibn ʿArabī glossiert diese und ähnliche Begriffe im ersten Band seiner *Futūḥāt.* Nachdem er Das aus Sich selbst heraus notwendige Wesen als »Gott(-heit)« (*Ilāh*) benannt hat, bezeichnet er Dessen Wissen um Sich selbst und von den möglichen Wesen als *ʿilm* (Wissen). Die Präsenz dieses Wissens um die möglichen Wesen bei Gott vor ihrer (äußeren) Existenz wird *mašīʾa* genannt. Der Wille, das mögliche Wesen entsprechend dieser *mašīʾa* in die Existenz zu bringen, wird *irāda* genannt.[596] Eigentlich haben die beiden Begriffe *mašīʾa* und *irāda* im Arabischen die gleiche Bedeutung, nämlich »wollen«, »wünschen«, »Wille«. Ibn ʿArabī aber unterscheidet

596. Vgl. FT I, 74.

zwischen beiden und bezeichnet mit *mašīʾa* den Willenswunsch des ewigen Göttlichen Bewusstseins, dass die möglichen Wesen entsprechend ihren Wirklichkeiten (den festgelegten Typen) existent werden. *Irāda* wiederum ist der Wille, welcher die äußere Existenz der in Urzeiten durch das Göttliche Wollen (*mašīʾa*) ausdefinierten möglichen Wesen ihrer Nichtexistenz vorzieht.

Um zu diesem verworrenen Thema noch etwas weiter auszuholen, muss an das bereits behandelte Verhältnis der möglichen Wesen mit Gott erinnert werden. Der Leitsatz dort lautete: Das Wissen ist abhängig vom Gewussten. Gott erschafft jedes mögliche Wesen, das erschaffen werden soll, entsprechend den Informationen, die Er von dessen unveränderlicher Wirklichkeit, also von dessen festgelegtem Typus, erhält. Das heißt, dass das mögliche existente Wesen, das sich noch im Zustand der relativen Nichtexistenz befindet, alle Informationen über sich selbst Gott übergibt, und Gott es (äußerlich) erschafft. Dieses Göttliche Wissen über die noch nicht existenten Wesen, das auf diesem Weg des Informationsflusses bei Gott zustande kommt, ist die *mašīʾa*. Die ebenso als »Gottes urewiges Wollen« bezeichenbare *mašīʾa* ist im eigentlichen Sinn auch das Geheimnis, das sich hinter der Vorsehung (*qadar*) verbirgt. Alles wird entsprechend diesem Wollen erschaffen. Der Göttliche Wille (*irāda*) wiederum ist der Wunsch, dass das mögliche existente Wesen entsprechend der *mašīʾa* zu äußerer Existenz gelangt. Der Unterschied zwischen Wollen (*mašīʾa*) und Wille (*irāda*) kann auch folgenderweise grob zusammengefasst werden: Ersteres legt die Regeln fest, während Letzteres diesen Regeln äußere Existenz verleiht.

Für den Prozess, in dem die möglichen Wesen äußere Existenz erlangen, kann man folgende Hierarchie aufstellen: Die festgelegten Typen der möglichen Wesen übergeben dem Göttlichen Wissen die Informationen über sich selbst. Das sich im Göttlichen Wissen in Bezug auf sie formierende Wissen ist das Göttliche Wollen (*mašīʾa*). Dagegen ist es der Göttliche Wille (*irāda*), der wünscht, dass irgendein mögliches Wesen entsprechend der *mašīʾa* zur äußeren Existenz gelangt. Dem Wunsch des Göttlichen Willens wird seitens der Göttlichen Macht Folge geleistet, die den möglichen Wesen den Befehl zum Sein / Werden erteilt (كن, *kun* = Sei! / Werde!).[597] Dieser Seinsbefehl (*amr* = Befehl, Gebot, Direk-

597. Vgl. FT I, 74.

tive) ist der zweite Begriff, den auszuführen für das Verständnis von Ibn ʿArabīs erster Herangehensweise an das moralische Übel wichtig ist. Ibn ʿArabī teilt *amr* wiederum auf und unterscheidet zwischen zwei Arten. Die erste Art Gebot ist der oben beschriebene Befehl zum Sein (كن), der in Einklang mit dem Göttlichen Willen an das mögliche Wesen ergeht. Daher wird dieses Gebot auch als »Seins- oder Schöpfungsgebot« (*al-amr at-takwīnī*) bezeichnet, aber auch als »unmittelbares Gebot«, denn es erging ohne irgendeine Vermittlung direkt an das mögliche Wesen. Demgegenüber steht das »mittelbare Gebot«, mit dem Ibn ʿArabī die Gebote meint, die Gott vermittels Seiner Propheten offenbart. Dieses wird auch als »auferlegtes Gebot« (*al-amr at-taklīfī,* Scharia) bezeichnet.[598]

Nach dieser Erläuterung von *amr* und *mašīʾa* soll nun erörtert werden, welcher Zusammenhang zwischen diesen beiden Begriffen und den Handlungen der Menschen besteht. Ibn ʿArabī behauptet, dass in der Welt alles Entstehen und Bewegen entsprechend dem Göttlichen Wollen (*mašīʾa*) geschieht. Auf den Menschen bezogen bedeutet das, dass die *mašīʾa* vom körperlichen Erscheinungsbild bis zum Charakter alles im Menschen bestimmt. Hierzu zählen auch sämtliche Handlungen, die die Menschen in ihren zwischenmenschlichen Beziehungen begehen. Dies alles ist Teil des Schöpfungsgebots (*al-amr at-takwīnī*) im Einklang mit dem Göttlichen Wollen (*mašīʾa*). Andererseits gibt es auch noch die auferlegten Gebote, die Gott vermittels Seiner Propheten herabsendet. In diesen sind Handlungen wie Lügen, Diebstahl und Mord verboten und als sündhaft bestimmt worden. Genau hierin liegt ein ernsthaftes Problem. Denn Untaten der Menschen, wie Lügen, Diebstahl und Mord, kommen als zwangsläufige Folge der ersten Art von Geboten und in Übereinstimmung mit der *mašīʾa* zustande, und hiervon gibt es auch kein Entrinnen. Welchen Sinn hat es dann, dass diese Taten, die die Menschen infolge der ersten Art Gebot zu begehen gezwungen sind, mit der zweiten Art von Gebot verboten und als sündhaft deklariert werden?

Zunächst einmal Ibn ʿArabīs Worte hierzu:

> Daher wissen wir, dass alle vollstreckten Urteile in der Welt Urteile Gottes sind, selbst wenn sie den Urteilssprüchen der

598. Vgl. FT I, 74. Afîfî, Ebu'l-Alâ: *Muhyiddin İbnü'l-Arabî'de Tasavvuf Felsefesi.* 1999. Seite 157. Konuk, Ahmed Avni: *Fusûsu'l-Hikem Tercüme ve Şerhi.* 2011. Band III, Seiten 280–282.

> als »Scharia« bezeichneten, im Äußeren etablierten Direktiven widersprechen. In der Wirklichkeit können nur die Urteile Gottes ausgeführt werden. Denn alles, was in der Welt geschieht, geschieht nicht nach den Urteilen der etablierten Scharia, sondern nach des Göttlichen Wollens Spruch [...] Im Sein kann nichts entstehen und nichts vergehen ohne das Wollen Gottes. Wenn daher vom »Ungehorsam« gegenüber den Geboten Gottes die Rede ist, so sind damit nur die mittelbaren, auferlegten Gebote (*al-amr at-taklīfī*) gemeint, nicht die Gebote der Schöpfung (*al-amr at-takwīnī*). Daher hat sich niemand mit seinen Handlungen in Bezug auf Sein Wollen Gott widersetzt. Zu widersetzen vermag man sich nur dem mittelbaren Gebot (*al-amr at-taklīfī*). Begreife [dies]![599]

Um das Thema noch weiter zu vereinfachen, kann man folgendes Beispiel anführen: Die Person A ist der Sohn der Personen B und C, die beide von weißer Hautfarbe sind. Er hat sein Jura-Studium abgeschlossen und ist Anwalt geworden. Auf dem Rückweg von seiner Kanzlei begegnet er an einem Tag einem alten Bekannten und beginnt einen Streit mit ihm, der mit dessen Tod endet. Nach den von Gott über Seine Propheten offenbarten Religionen gilt die Person A als schuldig und gehört sowohl im Diesseits als auch im Jenseits bestraft. Denn diese Tat dieser Person widerspricht der Scharia, welche zur Kategorie der zweiten Art von Geboten gehört (*al-amr at-taklīfī*). Ibn ʿArabī akzeptiert dies zwar, führt aber gleichzeitig an, dass die Person A nicht anders hätte handeln können. Denn ihre Eltern, ihre Hautfarbe und die von ihr besuchten Ausbildungsstätten wurden entsprechend der *mašīʾa* festgelegt. Als der Anwalt seinem alten Bekannten begegnete, hatte er keine Möglichkeit, sich anders zu verhalten, denn niemand kann sich dem Gebot des Göttlichen Wollens, also dem Schöpfungsgebot (*al-amr at-takwīnī*) widersetzen. Aus dieser Perspektive betrachtet

599. FS 165:

[...] ومن هنا نعلم أن كل حكم ينفذ اليوم أنه حكم الله عز وجل، وإن خالف الحكم المقرر في الظاهر المسمى شرعا إذ لاينفذ حكم إلا لله في نفس الأمر ، لأن الأمر الواقع في العالم إنما هو علي حكم المشيئة الإلهية لا على حكم الشرع المقرر [...] فلا يقع في الوجود شيء ولا يرتفع خارجا عن المشيئة فإن الأمر الإلهى إذا خولف هنا بالمسمى معصية فليس إلا الأمر بالواسطة لا الأمر التكويني . فما خالف الله أحد قط في جميع ما يفعله من حيث أمر المشيئة ، فوقعت المخالفة من حيث أمر الواسطة فافهم.

tun alle Menschen in letzter Instanz nur, wozu sie gezwungen sind, wie sehr auch manche Taten in der Religion als Sünde und Ungehorsam gelten. Denn dem Göttlichen Wollen kann man sich nicht widersetzen. Wenn die Taten, die die Menschen unter dem Zwang der *mašī'a* begehen, in Einklang mit der Scharia stehen, wird dies »Gehorsam«, wenn sie das nicht tun, »Ungehorsam« und »Sünde« genannt.[600]

Hieraus wiederum ergibt sich Folgendes: Das Urteil der Menschen über etwas als »gut« oder »übel« wird gefällt nach den Maßgaben der Scharia, nicht nach denen der *mašī'a.* In vorangegangenen Abschnitten wurde bereits mehrfach betont, dass die Dinge, die den Menschen als Übel erscheinen, in ihrem Kern gut sind, dass das Übel in ihnen relativ ist und dass sie durch die Scharia oder die Traditionen der Menschen als »übel« angesehen werden.

Diese Ansichten Ibn 'Arabīs zur Welt und zu den Ereignissen in ihr führen zu einer Reihe von Fragen. Die erste hiervon ist die Frage, ob der Mensch nach und in dieser Ordnung über einen freien Willen verfügen kann oder nicht. Eine weitere, die direkt damit zusammenhängt, ist die, ob der Mensch für seine Taten zur Rechenschaft gezogen werden wird oder nicht. Und die letzte Frage, die sich stellt, falls die ersten beiden mit Nein beantwortet werden, lautet: Wenn der Mensch nicht frei und nicht verantwortlich ist, weshalb schickt Allah dann Propheten und verheißt Lohn und droht mit Strafe als Gegenleistung für seine guten oder schlechten Handlungen?

Auf diese Fragen gibt es keine einfachen Antworten. In Ibn 'Arabīs System ist, soweit zu sehen, kein im klassischen und heutigen Sinn freier Wille vorgesehen. Wie bekannt, ist nach ihm der eigentliche Täter aller Taten, einschließlich sämtlicher Handlungen der Menschen, Allah selbst. Darüber hinaus geht er auch davon aus, dass niemand, auch kein Mensch, bei der Wahl seiner Handlungen Entscheidungsfreiheit hat.[601]

600. Vgl. FS, 165–166. FT VI, 119.

601. Ibn 'Arabīs Ansichten zur Freiheit des Menschen sind sehr ausführlich in einem Aufsatz behandelt worden, den Prof. Mohamed Mesbahi (al-Miṣbāḥī) beim *International Ibn 'Arabī Symposium* 2008 in Istanbul vorgetragen hat. Kurz zusammengefasst heißt es darin: Im Sein ist niemand frei als nur der Allwahre. Denn Er ist über allem *sondergleichen sublim.* Gott (Allah) und der Herr, welche die Aspekte der Göttlichkeit und Herrschaft des Allwahren sind, sind aber nicht frei. Denn Gott bedarf eines Gottesanbeters, und der Herr bedarf eines, der Ihn

> So wie es keine Tat gibt, die nicht eine Tat Allahs ist, gibt es im Sein auch keine Tat, die zu begehen vorher ein Entscheidungsprozess stattfand. Alle denkbaren Entscheidungen in der Welt geschehen durch Zwang, und jeder ist gezwungen zu der Entscheidung, die er trifft. In der eigentlichen wahren Handlung aber gibt es weder Zwang noch Entscheidungsfreiheit, denn es ist Er selbst, Der sie sowohl bedingt als auch ausführt.[602]

Laut Ibn ʿArabī ist es also unmöglich, von einem freien Willen zu sprechen. Er bleibt aber auch hier nicht stehen und geht noch einen gewagten und überraschenden Schritt weiter, indem er sagt, dass auch Allah nicht frei sei. Im letzten Satz des obigen Textausschnittes benennt er »Ihn selbst« als Den eigentlichen Täter aller wahren Handlungen, die ohne Zwang oder Freiheit begangen werden, womit er die erste, oberste Seinsstufe meint. Diese Stufe, die Stufe der Alleinigkeit, ist, wie bereits ausgeführt, ein ewiges und unergründbares Geheimnis. Er ist Der, Der in dieser Stufe nichts bedarf. Die Stufe, in der der Allwahre den Aspekt der Göttlichkeit und den Namen Allah annimmt, ist hingegen bereits die zweite Stufe, die Stufe der Einheit. Das Besondere an dieser zweiten Stufe ist, dass die Gottheit, Die Sich samt Ihrer sämtlichen Namen in ihr befindet, eines Objektes bedarf, an dem Sie Ihre Göttlichkeit ausführen kann.

> Wir machten Ihn zu[m] Gott, indem wir Ihn als Gott annahmen. Wenn wir nicht erkannt werden, wird [auch] Er nicht erkannt. Der Prophet sagte: »Wer sich selbst kennt, kennt

zum Herrn nimmt. Demnach kann man nicht von der »Freiheit« eines Dieners, welcher seine Existenz dem Allwahren verdankt, sprechen. Im Verhältnis Gott–Diener ist der Diener ein Sklave. Von der Freiheit des Menschen kann nur die Rede sein bei seinem Verhältnis zu anderen. Wenn der Mensch seine Dienerschaft gegenüber Gott bekräftigt, wird er gegenüber den anderen Dingen in der Welt umso freier. Das Gegenteil hiervon ist genauso möglich: Wenn der Mensch zum Sklaven anderer Dinge wird, entfernt er sich von der Dienerschaft gegenüber Gott. Siehe Al-Mesbahî, Mohamed: "Tezatlar Üzerinden Yazmak: İbn-i Arabî'de Hürriyetin Derin Tecellileri". 2008. Seiten 155–189.

602. FT III, 106:

فلا فعل لأحد سوى الله ، ولا فعل عن اختيار واقع في الوجود ، فالاختيارات
المعلومة في العالم من عين الجبر ، فهم المجبورون في اختيارهم ، والفعل الحقيقي
لا جبر فيه ولا اختيار لأن الذات تقتضيه فتحقق ذلك

> seinen Herrn«, und er war fürwahr der, der Allah am allerbesten kannte.[603]

Die Welt ist der Vollstreckungsort der Funktionen der Namen Gottes. Auf diese Weise bedarf sowohl die Welt Allahs als auch Allah in Seiner Eigenschaft als Gott der Welt. Die Welt ist gewissermaßen die Nutrition Gottes.[604] In diesem Fall aber sind weder die Welt frei noch Allah. Ibn ʿArabī beschreibt dies wie folgt:

> Gott möge dich mit Erfolg segnen. Wisse, dass die Freiheit sich nicht in der Seinsebene der Göttlichkeit befindet, sondern in der [darüber liegenden] des Selbstseins [{= Stufe der Alleinigkeit}]. Für den Diener ist keinerlei [Freiheit] vorgesehen. Denn der Diener ist der Sklave Gottes, der selbst keine Freiheit annimmt. [Auch] für den Allwahren in Seiner Erscheinungsform als »Gottheit« haben wir die Freiheit als unmöglich erachtet. Denn genauso wie der Herr an Seinen Diener, der Eigentümer an seinen Besitz, der Herrscher an sein Imperium gekettet ist, so ist auch die Gottheit an die Gottesanbetung gebunden.[605]

Zweifelsohne ist der Allwahre allfrei und hat keinen Bedarf an nichts. Bei dem beschriebenen Sachverhalt bezieht sich Ibn ʿArabī explizit auf die (zweite) Seinsstufe der Göttlichkeit.[606]

Wer aber ist, aus diesem Blickwinkel, in Verantwortung zu ziehen für die guten und die schlechten Taten in dieser Welt? Auch hierzu hat Ibn ʿArabī eine Überraschung parat. Während er auf der einen Seite die Verantwortung dem Menschen aufbürdet, weist er auf der anderen Seite auf den Allwahren. ʿAfīfī sieht dies als eine logisch zwingende Folge seiner Theorie von der Einheit allen Seins (*waḥdat al-wuǧūd*). Nach ihm kann der Mensch gleichermaßen

603. FS 81:
فنحن جعلناه بمألوهيتنا إلها ، فلا يعرف حتى نعرف. قال عليه السلام :" من عرف نفسه عرف ربه" وهو أعلم الخلق بالله.

604. Vgl. FS 81.

605. FT III, 341:
اعلم وفقك الله أن الحرية مقام ذاتي لا إلهي ولا يتخلص للعبد مطلقا فإنه عبد الله عبودية لا تقبل العتق ، وأحلناها في حق الحق من كونه إلها لارتباطه بالمألوه ارتباط السيادة بوجود العبد والمالك بالملك والملك بالملك

606. Vgl. FT III, 342.

und ohne Unterschied »ich bin verantwortlich« oder »der Allwahre ist verantwortlich« sagen.[607]

Die Aussagen Ibn ʿArabīs hierzu scheinen ʿAfīfī zu bestätigen. Die erste dieser Aussagen trifft er in einem Abschnitt, in dem er die Vorsehung (*qadar*) erläutert. Nach ihm ist diese ein Geheimnis, das er jedoch, wenn nicht vollständig, so doch teilweise, vor denen seiner Diener, die zur Erkenntnis gelangt sind (*ʿārif*), lüftet. Auch an anderen Stellen äußert er sich hierzu. Diese Leute der Erkenntnis sollen durch Einsicht in die Geheimnisse die Wahrheiten gesehen haben. Diesen Wahrheiten zufolge sollen alle Taten, von denen die Menschen behaupten, sie würden vom Allwahren begangen, gar nicht von Ihm ausgehen, sondern von den Wahrheiten der Menschen.[608]

> Dies ist etwas, was die Erleuchteten (*ʿārif*) [in dieser Welt] entschleiern [erkennen]. Sie sehen, dass das, wovon sie [vorher] behaupteten, dass der Allwahre es ihnen antue, nicht Seine Taten waren, sondern dass es von ihnen selbst ausgeht. Er setzt sie lediglich darüber in Kenntnis, worin sie selbst sich befinden [...] Sein Wollen (*mašīʾa*) ist nur an eine Sache gekoppelt. Und diese ist die Abhängigkeit vom Wissen. Das Wissen hängt seinerseits vom Gewussten ab. Das Gewusste wiederum sind du und dein Zustand. Das Wissen hat keinen Einfluss auf das Gewusste. Im Gegenteil, das Gewusste hat einen Einfluss auf das Wissen. Es [das Gewusste] setzt das Wissen in Kenntnis über den Status seiner ihm innewohnenden Wahrheit.[609]

Die Menschen sind also selbst die Quelle aller Handlungen, die sie begehen. Gott richtet Sich in Seinem Handeln nach dem Wissen, das Er von den festgelegten Typen, welche die Wahrheiten der

607. Vgl. Afîfî, Ebu'l-Alâ: *Muhyiddin İbnü'l-Arabî'de Tasavvuf Felsefesi.* 1999. Seite 152.

608. Vgl. FS 59–60, 81–83.

609. FS 82:

وهو الأمر الذي كشفه العارفون هنا فيرون أن الحق ما فعل بهم ما ادعوه أنه فعله
وأن ذلك منهم ، فإنه ما علمهم إلا على ما هم عليه [...] فمشيئته أحدية التعلق
وهي نسبة تابعة للعلم. والعلم نسبة تابعة للمعلوم والمعلوم أنت وأحوالك فليس
للعلم أثر في المعلوم ، بل للمعلوم أثر في العلم فيعطيه من نفسه ما هو عليه في
عينه.

Menschen sind, bezieht. Er bekundet den Willen (*irāda*), dass die Handlungen entsprechend diesem Wissen (*mašīʾa*) entstehen und stattfinden. Der einzige Beitrag Gottes bei den Handlungen, die von den Menschen selbst ausgehen, ist, dass Er dieser Handlungsausführung Existenz verleiht, sprich: Er jede dieser Taten erschafft. Diese Handlung aber, die in ihrem Wesen keinerlei Übel in sich birgt, wird, je nachdem, wo sie ausgeführt wird, als »gut« oder als »übel« beurteilt. Da der eigentliche Urheber dieser als gut oder schlecht gewerteten Taten der Mensch ist, ist auch allein der Mensch für sie zu loben oder zu tadeln:

> Wenn nun der Urteilende der Allwahre ist, so geht von Ihm nichts Weiteres aus als das, dass Er dich mit der Existenz beschenkte. Daher ist jegliches Urteil über dich auch von dir verursacht. Deshalb lobe niemanden außer dich selbst und rüge niemanden außer dich selbst! Der Lobpreis des Allwahren steht Ihm dafür allein zu, dass Er dir die Existenz verlieh; denn dies steht nicht dir zu, sondern Ihm. Demnach bist du hinsichtlich der Urteilssprüche Seine Nahrung, und Er ist hinsichtlich der Existenzvergabe deine Nahrung. Er ist bestimmt durch das, was auch dich bestimmt. Deswegen ergeht das Gebot von dir an Ihn und von Ihm an dich. Du aber bist als »Verantwortlicher« tituliert worden. Der Grund, weswegen du für »verantwortlich« erklärt wurdest, liegt darin, dass du mit deinem Verhalten und deinem Zustand die Aufforderung »mache mich verantwortlich« geäußert hast. Er aber kann nicht als »verantwortlich« tituliert werden.[610]

> Das, was von den möglichen Dingen zum Allwahren zurückkehrt, sind die [Erkenntnisse], die deren ureigene Wesen bezüglich ihrer selbst Ihm mitteilen […] [Daher] vergibt dem möglichen Wesen niemand anderes das Gute als es selbst, ebenso wie auch dessen Gegenteil nur es sich selbst vergibt. Sowohl das Wohlbefinden als auch den Schmerz verleiht es

610. FS 83:

وإن كان الحاكم الحق ، فليس له إلا إفاضة الوجود عليك و الحكم لك عليك. فلا تحمد إلا نفسك ولا تذم إلا نفسك. وما يبقى للحق إلا حمد إفاضة الوجود لأن ذلك له لا لك. فأنت غذاؤه بالأحكام، وهو غذاؤك بالوجود. فتعين عليه ما تعين عليك. فالأمر منه إليك ومنك إليه. غير أنك تسمى مكلفا وما كلفك إلا بما قلت له كلفني بحالك وبما أنت عليه، ولا يسمى مكلفا اسم مفعول.

> sich selbst. [Deshalb] soll es niemand anderen rühmen und niemand anderen rügen als nur sich selbst.[611]

Wie aus diesen Auszügen ersichtlich, werden die Taten der Menschen von Gott erschaffen, Der Sich dabei an die normativen Vorgaben der Wahrheiten des Menschen hält. Mit dieser Begründung erklärt Ibn ʿArabī den Menschen für verantwortlich. Die Sache ist jedoch noch viel komplizierter, als sie hier scheint.

Hierzu sollte man sich noch einmal in Erinnerung rufen, wo die festgelegten Typen, die Archetypen aller möglichen Wesen inklusive der Menschen, ihren Ursprung haben. Wenn die festgelegten Typen völlig unabhängig vom Allwahren von einer parallelen Wesenheit stammten und Gott entsprechend diesen Informationen ihre Handlungen in dieser Welt ins Leben riefe, wäre es nur natürlich, dass dem Menschen als möglichem Wesen Verantwortung übertragen würde. Aber das Sein ist in diesem System eins, wie schon ʿAfīfī richtigerweise feststellte, und es gehört dem Allwahren. Es gibt nichts, was von außerhalb eindringt, dem man die Verantwortung aufbürden könnte. Die Wahrheiten, die als »die festgelegten Typen« bezeichnet werden, entstammen vielmehr dem Allwahren und sind durch Seine erste Manifestation entstanden. Daher ist die Kritik am Menschen für seine Handlungen nur vorgeschoben, während der Allwahre Der eigentlich Angesprochene ist.

Aber auch in diesem Fall kann man wegen dieser Handlungen nicht sagen, dass der Allwahre Übeltaten begeht. Denn diese Taten sind in ihrem Wesenskern nicht übel, sie werden es erst im Urteil des Ortes, der Zeit, der Tradition und der Religion, in dem oder in der sie von Menschenhand ausgeführt werden. Hinter dem Schleier aber gibt es nichts Übles, und daher kann man auch nicht sagen, dass Gott das Übel erschaffen hat. Aber auch wenn diese Dinge hinter dem Schleier nicht übel sind, so werden sie doch im Vordergrund in dieser Welt gelobt oder gerügt. Da es aber im Sein nichts gibt außer dem Allwahren selbst, kehrt alles, auch alles von den Menschen Gelobte oder Gerügte, zum Allwahren zurück. Denn es

611. FS 96:

فلا يعود على الممكنات من الحق إلا ما تعطيه ذواتهم في أحوالها [...] فما أعطاه الخير سواه ولا ضد الخير غيره ؛ بل هو منعم ذاته ومعذبها. فلا يذمن إلا نفسه ولا يحمدن إلا نفسه.

ist niemand anderes als der Allwahre selbst, Welcher Sich in den Attributen der erschaffenen möglichen Wesen manifestiert.

> Siehst du denn nicht, wie der Allwahre mit den Eigenschaften der Geschöpfe, mit unvollkommenen und ungeliebten Attributen Sich selbst sichtbar macht und dies uns auch mitteilt? Siehst du nicht, wie alles Erschaffene von Anfang bis Ende sich mit den Attributen des Allwahren zeigt? Und ebenso, wie diese Attribute des Allwahren sind, so gehören auch alle Attribute der Geschöpfe zu den Attributen des Allwahren. Gelobt sei Gott. Von jedem Gelobten und jedem Lobenden kehren alle Lobesbekundungen und deren Auswirkungen zum Allwahren zurück. »Und aller Dinge Rückkehr ist zu Ihm.«[612] Dieser Satz umfasst alles Gelobte und alles Gerügte; und etwas anderes als entweder Gelobtes oder Gerügtes gibt es nicht.[613]

Ibn ʿArabī schrieb zwar vorher, dass alles, was den möglichen Wesen in dieser Welt widerfährt, dem Wissen in ihren Wahrheiten entspricht und sie daher auch zur Verantwortung gezogen werden; an dieser Stelle aber scheint er auf den Allwahren hinzudeuten. Er selbst erklärt dies damit, dass die vorherigen Texte in einer für das Volk verständlichen, oberflächlichen Sprache verfasst worden sind. Eine bessere Erklärung für seine letztere Äußerung und auch eine mögliche Auflösung des Geheimnisses bietet er mit Folgendem:

> Ein noch größeres Geheimnis [als das Erzählte] in dieser Sache ist folgendes: Die möglichen Wesen verharren im Nichts, welches ihr Ursprung ist. Die Existenz aber ist nichts anderes als die Existenz des Allwahren selbst, die in Gestalt des Zustandes, in dem die Wahrheiten der möglichen Wesen sich befinden, in Erscheinung tritt. Hiermit hast du nun erfahren, Wer es ist, Der Wohlbefinden oder Leid verspürt.[614]

612. Koran 11:123.
613. FS 80–81:

ألا ترى الحق يظهر بصفات المحدثات ، وأخبر بذلك عن نفسه ، وبصفات النقص وبصفات الذم ؟ ألا ترى المخلوق يظهر بصفات الحق من أولها إلى آخرها وكلها حق له كما هى صفات المحدثات حق للحق. الحمد لله : فرجعت إليه عواقب الثناء من كل حامد ومحمود "وإليه يرجع الأمور كله" فعم ما دم وما ثم إلا محمود أو مذموم.

Womit das Rätsel letztendlich gelöst wurde. Ohnehin wäre es im Seinsverständnis Ibn 'Arabīs nicht anders möglich gewesen. Wenn es im Sein in Wirklichkeit nichts anderes gibt als den Allwahren, kann auch niemand anderes als Er Leid oder Genuss erfahren.

Diese Herangehensweise birgt aber auch manche Gefahren. Die Tatsache, dass der Allwahre allein existent ist und deshalb Er allein das Leid verspürt, ist etwas, was sich sehr leicht missbrauchen lässt. Während einige den Sachverhalt nicht vollends begreifen und dies deshalb mit dem Pantheismus durcheinanderbringen, gehen andere einen Schritt zu weit und betrachten, da sie ein Bestandteil des Allwahren sind, für sich selbst alles als erlaubt. Denn nach solchen sind, was immer sie tun, nicht sie selbst die Handelnden, sondern der Allwahre. Aber ganz so einfach ist die Sache nicht.

Die Tatsache, dass jedes mögliche Wesen in der Welt seine Existenz vom Allwahren geborgt hat, bedeutet nicht, dass es auch ein Bestandteil des Allwahren ist. Die sichtbaren Texte und Bilder auf dem Computerbildschirm verdanken ihr Dasein der elektrischen Energie. Dies bedeutet aber keinesfalls, dass das auf dem Bildschirm Sichtbare und die elektrische Energie dasselbe sind. Wenn das Bild aufgrund von Softwarefehlern verzerrt oder unscharf ist, so ist nicht der elektrische Strom dafür verantwortlich und folglich der Schuldige, sondern das Programm. Nichtsdestotrotz ist es in letzter Instanz der Strom, der, durch das Gerät laufend, das defekte Programm betätigt und als schlechtes Bild auf dem Monitor erscheint. In dieser Allegorie seien die elektrische Energie das Sein, die Software die festgelegten Typen der möglichen Wesen, der Bildschirm die sichtbare Welt und das schlechte Bild die Übel in ihr. So wenig wie das Programm etwas (für den Nichtinformatiker) Sichtbares ist, so wenig können die Wahrheiten der möglichen Wesen gesehen werden; und genauso, wie die den Bildschirm erleuchtende Kraft nicht das Programm, sondern der es betätigende elektrische Strom ist, sind die in der Welt sichtbaren möglichen Wesen nicht die festgelegten Typen, sondern das durch die festgelegten Typen ausgestaltete Sein. Und dieses Sein ist der Allwahre. So wenig wie der elektrische Strom und das Monitorbild eins sind,

614. FS 96:

ثم سر الذي فوق هذا في هذه المسألة أن الممكنات على أصلها من العدم وليس وجود إلا وجود الحق بصور أحوال ما هي عليه الممكنات في أنفسها وأعيانها. فقد علمت من يلتذ ومن يتألم.

sind auch der Allwahre und die möglichen Wesen in der Welt nicht eins. *Der Diener bleibt der Diener, und der Herr der Herr.*[615] Daher sind in diesem Beispiel die Verantwortlichen die Wahrheiten der möglichen Wesen.

Auch Ibn ʿArabīs Aussage, dass »der Leidende wie der Genießende der Allwahre selbst« sei, lässt sich aus diesem Blickwinkel bewerten. In vorherigen Kapiteln wurde bereits angesprochen, dass Wahrnehmungen dieser Art Reaktionen des Gehirns auf elektrische Impulse sind, die von den Sinnesorganen ausgesendet werden. Die Sinneswahrnehmung, die das menschliche Gehirn als Schmerz deutet, geht von einer Aktion in der äußeren Welt aus. Auch das Gehirn selbst, das dieses Urteil fällt, ist Teil dieser äußeren Welt. Die Wesen der äußeren Welt gehören aber in Wirklichkeit nicht den Menschen, sondern dem Allwahren. Von daher ist es durchaus statthaft, wenn man sagt, dass es im eigentlichen Sinne der Allwahre als wahrer Inhaber des Seins ist, Welcher den Schmerz verspürt. Aber es ist nicht nur die äußere Existenz, die den Menschen zum Menschen macht. Man kann in der Tat, ausgehend von der Ansicht, dass alle Existenz eins ist und diese zum Allwahren gehört, zu dem Schluss gelangen, dass der Mensch als ein Wesen mit äußerer (körperlicher) Existenz ein Bestandteil des Allwahren sei. Hiervon wiederum kann man darauf schließen, dass Ibn ʿArabī ein Pantheist ist. Dabei wird aber ein wichtiger Punkt übersehen. Im Kapitel über die Stufen des Seins wurde bereits ausgeführt, dass der Allwahre allerhaben ist. Der Prozess der Schöpfung der Welt hingegen wird von Allah, Der Sich in der Stufe der Göttlichkeit befindet, in die Wege geleitet. Daher hat der allerhabene Allwahre in Seiner ersten Seinsstufe im Wesen keine Identität mit der Welt. Die Welt ist eine Manifestation der Namen Allahs, Welcher Seinerseits der Aspekt der Göttlichkeit des Allwahren ist; und Dieser (Allah) ist es auch, Der mit all dem Beschriebenen gemeint ist. Daher besteht auch eine klare Trennlinie zwischen dem System Ibn ʿArabīs und dem Pantheismus.

Der Mensch, um auf ihn und das Thema zurückzukommen, hat zwar seine (äußere) Existenz vom Allwahren geborgt, er besteht aber nicht nur aus dieser äußeren Existenz. Was den Menschen zum Menschen macht, und was auch die Grundlage seiner Ich-

615. »*Ḥaqq* ist der Herr, *Ḥaqq* ist der Diener.
Wenn ich nur wüsste, wem die Verpflichtung obliegt.« (FT I, 15).

Wahrnehmung ist, ist seine »Einsicht«. Wie alles andere, was den Menschen bestimmt, ist auch diese Einsicht in seinem festgelegten Typus angelegt. Hier stellt sich nun die Frage: Diese Wahrheiten haben, wie beschrieben, keinen anderen, fremden Ursprung und kommen zustande mit der ersten Manifestation des Allwahren; dreht man sich dann hier nicht im Kreis und landet wieder dort, wo man angefangen hat? Mit der folgenden Antwort möge dieses Thema abgeschlossen werden.[616] Die erste der Seinsstufen wurde als ein unergründbares Mysterium beschrieben. Die festgelegten Typen als Archetypen der möglichen Wesen treten mit der ersten Manifestation erst in der zweiten Seinsstufe in Erscheinung. Welcher Natur und Beschaffenheit sie vorher, in der für den Menschen ganz und gar unergründbaren ersten Seinsstufe, waren, bleibt unerschlossen. Aus diesem Grund können wir Menschen uns darüber auch kein Urteil erlauben. Ibn ʿArabī sieht dies als »das Geheimnis der Vorsehung« an.

> Dass wir das Erscheinen der äußeren Erscheinung erkennen, ist das Erkennen des Allwahren höchst selbst. Die Vorsehung aber ist in ihrem Erscheinen auf einer unergründbaren Stufe zwischen dem Allwahren und Seinem Selbst angesiedelt.[617]

Diejenigen, welche dieses letzte unergründbare Geheimnis aufspüren wollten, sind von Allah gerügt worden. Im Kapitel III.4.3 über die Göttliche Vorsehung wird dies weitergehend erläutert, aber in Kürze lässt sich sagen: die Verantwortlichen für die Handlungen, die aus unterschiedlichen Gründen als Übel definiert werden, sind wir Menschen selbst. Denn der Ausgangspunkt dieser Übel sind unsere ureigenen Wahrheiten, die festgelegten Typen. Wie diese zustande kommen, ist das Geheimnis der Vorsehung.

616. Für ausführlichere Erläuterungen Ibn ʿArabīs hierzu siehe außerdem: FS 60, 80–83, 96. FT II, 451; V, 376; VI, 160; VII, 68, 257.

617. FT III, 96:

فإن علمنا بظهور في العين هو عين علمنا بالحق والقدر مرتبة بين الذات وبين الحق من حيث ظهوره لا يعلم أصلا

III.4.2.2 *Zweite Herangehensweise*

Der Grund dafür, dass in dieser Arbeit Ibn ʿArabīs Ansichten zum Übel in zwei Abschnitte aufgeteilt und separat betrachtet werden, liegt nicht darin, dass der Autor diese beiden Herangehensweisen als zueinander im Widerspruch stehend betrachtet, sondern in dem Versuch, die verschiedenen Ansätze derjenigen, die über ihn forschen, darzulegen. So schreibt etwa ʿAfīfī, ausgehend von den im vorangegangenen Kapitel dargelegten Ansichten, dass Ibn ʿArabī der Nachwelt weniger ein moralisches System, an dem man sich orientieren kann, als vielmehr die metaphysische Erläuterung einer Determinismustheorie hinterlassen hat. Nach ihm lehrt Ibn ʿArabī nicht, wie wir uns verhalten *sollen,* sondern *wie* wir uns bei der Ausführung unserer Taten verhalten, und *wer* der eigentliche Täter bei diesen Handlungen ist.[618]

Es ist schwer zu begreifen, was ʿAfīfī dazu veranlasste, dies zu schreiben. Denn ein Blick in Ibn ʿArabīs Werke *Tahḏīb al-Aḫlāq* und *Futūḥāt* sollte ausreichen, um zu erkennen, dass dies so nicht zutrifft. In diesen Werken erteilt er Adepten auf dem Weg des Sufismus' Ratschläge, wie sie ihre Triebseele disziplinieren können. Die Ansichten Ibn ʿArabīs, die soeben unter der Überschrift »Erste Herangehensweise« erklärt wurden, bieten zwar eine metaphysische Erklärung für die moralischen Übel, jedoch ist es keineswegs so, dass er sich, wie ʿAfīfī behauptet, mit dieser Erklärung begnügt und sich zurückzieht. Vielmehr offeriert er eine »Moral mit Vorbildcharakter«, deren Wurzeln gleichfalls in der Metaphysik liegen.

Am Beispiel des farbigen Glases wurde erläutert, dass nach Ibn ʿArabī die Menschen nicht alle gleich sind und sich in ihrem Charakter voneinander unterscheiden.[619] So glaubt er auch, dass es Menschen gibt, die von Geburt an einen schlechten Charakter haben. Dies liegt in der Natur des Menschen. Bedauerlicherweise sind die Menschen, die ihrer Natur nachgeben und schlechte Angewohnheiten an den Tag legen, in der Mehrheit. Nichtsdestotrotz sind die meisten Menschen auch dazu befähigt, sich eine positive

618. Siehe AFÎFÎ, EBU'L-ALÂ: *Muhyiddin İbnü'l-Arabî'de Tasavvuf Felsefesi.* 1999. Seite 158.

619. Vgl. FS 103.

Moral anzueignen, wenn sie dies nur wollen, hinreichend darauf hinarbeiten und sich darum bemühen.[620] Je nachdem, wie erfolgreich sie dabei sind, teilen sich die Menschen in verschiedene Gruppen: auf höchster Ebene die vollkommenen Menschen und auf niedrigster Ebene die tierischen Menschen.[621]

Von dem bisher Geschriebenen ist die Ansicht Ibn ʿArabīs zum metaphysischen Ursprung des moralischen Übels klar geworden. Nebst diesen Quellen, die bei der Charakterbildung des Menschen eine ihm angeborene Komponente bilden, wurde auch auf die charakterlichen Besonderheiten hingewiesen, die später erworben werden können.[622] Im direkt vorangegangenen Abschnitt wurde erläutert, dass Gott die Handlungen des Menschen entsprechend den Angaben in den menschlichen Wahrheiten erschafft und daher der Mensch volle Verantwortung hat. Der Ursprung dieser menschlichen Wahrheiten, sprich: der festgelegten Typen, in der ersten Seinsstufe wiederum ist das für uns Menschen unergründbare Vorsehungsmysterium.[623] Da die Möglichkeit besteht, dass dieses nicht zu ergründende Mysterium den Menschen für seine Handlungen in Haftung nimmt, verfügt dieser nicht über den Luxus, ein verantwortungsloses Leben nach Gutdünken zu führen. Daher besteht für den Menschen die Notwendigkeit, in seinem Leben nicht in seinen Fehlern zu verharren, sondern zu versuchen, sich zu vervollkommnen. Schließlich ist die Herabsendung der Menschen vom Paradies auf die Erde nicht als Strafe geschehen, sondern damit diese sich vervollkommnen. Die Menschen sollen sich auf der Erde vervollkommnen, zu den »Statthaltern Gottes auf Erden« werden und als glückliche Menschen ins Paradies zurückkehren:

> Die Schöpfung hat im Paradies begonnen und ist auf der Erde weitergegangen. Der Grund hierfür war nicht die Strafe, sondern die Statthalterschaft. Denn die Strafe wurde bereits mit der Entblößung des Leibes vollstreckt […] Bleibt als Grund für den Abstieg nur die Statthalterschaft. In diesem Fall war dieser Abstieg ein Abstieg zur Ehrbekundung und

620. Vgl. Ibn ʿArabī: *Tahḏīb al-Aḫlāq*. 1986. Seiten 13–15.
621. Vgl. FT II, 383; V, 46–47; VI, 6.
622. Vgl. FT III, 366.
623. Vgl. FT III, 96.

> zur Beschenkung, an dessen Ende eine Rückkehr ins Jenseits in Begleitung von glücklichen Nachfahren aus den Reihen der Propheten, Gottesfreunde, Verkünder und Gläubigen steht.[624]

Andererseits liegt die größte Versuchung des Menschen darin, dass er nach dem Bild Gottes geschaffen wurde. Denn mit diesen Besonderheiten ist der Mensch »der Statthalter Gottes auf Erden« und steht über allen anderen Geschöpfen. Aber anders als die anderen Geschöpfe kann er diese Überlegenheit in der Schöpfung auch missbrauchen und vergessen, dass er ein Diener ist.

> Eine der größten Versuchungen, mit denen Gott den Menschen auf die Probe stellt, liegt darin, dass Er ihn wissen lässt, dass er nach Seinem Bild geschaffen ist. Damit will Er Folgendes erfahren: Wird der Mensch sich mit seiner Dienerschaft und seinem Möglichsein zufrieden geben? Oder wird er darüber in Übermut verfallen? Der Anteil [des Menschen] an diesem Bild ist lediglich das Urteil der Namen, und damit herrscht er über die Welt als ein voll bevollmächtigter Statthalter.[625]

Diese Besonderheit in der Schöpfung des Menschen verleitet ihn zu manchen Fehlern. So hat beispielsweise niemand in der Welt außer ihm für sich selbst Göttlichkeit beansprucht.[626] Der Verstand, der ihn über alle anderen Lebewesen erhebt, webt um ihn herum mit der Zeit ein dichtes Geflecht aus seinem Ego.[627] Dieser Umstand lässt ihn sich von seinem Herrn entfernen, und der

624. FT V, 73–74:
و لما كانت النشأة ظهرت في الجنان أولا واتفق هبوطها إلى الأرض من أجل
الخلافة لا عقوبة المعصية فإن العقوبة حصلت بظهور السوآت [...] فلم يبق
النزول إلا للخلافة ، فكان هبوط تشريف و تكريم ليرجع إلى الآخرة بالجم الغفير من
أولاده السعداء من الرسل و الأنبياء و الأولياء و المؤمنين

625. FT III, 284:
ومن أعظم الفتن التي فتن الله بها الانسان تعريفه إياه بان خلقه على صورته ليرى
هل يقف مع عبوديته وامكانه أو يزهو من أجل مكانة صورته ، إذ ليس له من
الصورة إلا الحكم الاسماء فيتحكم في العالم تحكم المستخلف القائم بصورة الحق
على الكمال.

626. Vgl. Ibn ʿArabī: *Kitāb an-Naqš al-Fuṣūṣ*. 2001. Seite 394.

627. Vgl. Izutsu, Toshihiko: *İslam mistik düşüncesi üzerine makaleler*. 2010. Seiten 321–322.

Mensch, der sich von seinem Herrn entfernt, entfernt sich auch vom guten moralischen Charakter. Den Sufis zufolge kann dieser Missstand behoben werden, wenn der Mensch zu seinem ursprünglichen Schöpfungszustand zurückgeführt wird. Da der Mensch nach dem Bild Gottes geschaffen ist, ist für diese Rückführung erforderlich, dass er sich die Attribute Gottes zu eigen macht und versucht, Ihm zu gleichen. Sie bezeichnen dies als »den Charakter mit den Namen Gottes bilden« (*at-taḫalluq billāh*). Ibn ʿArabī ist der Meinung, dass die Philosophen die gleiche Ansicht vertreten, wenn sie sich auch einer anderen Wortwahl bedienen:

> Aus diesem Grund sagten die Philosophen, dass für den Diener das angestrebte Ziel lautet, Gott zu ähneln. Die Sufis sagen dazu »den Charakter bilden mit den Namen Gottes«. So bleibt die Bedeutung die gleiche, wenn auch die Begriffe verschiedene sind. Wir beten bei unserer Charakterbildung mit den Namen Gottes zu Gott und erbeten von Ihm, dass uns unsere Dienerschaft dabei nicht unsere Sicht verschleiert.[628]

Wie aber soll dieser Vorgang, den die Philosophen »der Gottheit gleichen« und die Sufis »mit den Namen Gottes den Charakter bilden« nennen, vonstattengehen? Nach Ibn ʿArabī kann dies nur gelingen, indem man dem vollkommenen Menschen mit seiner einwandfreien Moral gleicht.[629] Es ist bereits bekannt, dass Ibn ʿArabī die Propheten und die Gottesfreunde als vollkommene Menschen betrachtet. In einem Abschnitt in den *Fuṣūṣ,* in dem er über die Propheten und Gottesfreunde schreibt, erläutert er, wie die Gottesfreundschaft (*wilāya*) zustande kommt. Dies ist zugleich ein Modus Operandi zur Erlangung des Status' des vollkommenen Menschen. Nach ihm ist der Name *Walī* (Freund, Gefährte, Vormund) auf ewig mit Gott verbunden, während die Diener ihn sich verdienen müssen, indem sie drei Dinge verwirklichen:

> Der Name *Walī* ist in Unendlichkeit bei Gott. Für die Diener wird dessen Erlangung möglich durch Charakterbildung

628. FT III, 187:
و لهذا تشير الحكماء بأن الغاية المطلوبة للعبد التشبه بالإله ، و تقول فيه الصوفية التخلق بالأسماء ، فاختلفت العبارات و توحد المعنى ، و نحن نرغب إلى الله و نضرع أن لا يحجبنا في تخلقنا بالأسماء الإلهية عن عبودتنا.

629. Vgl. FT III, 366.

(*taḫalluq*), Realisierung (*taḥaqquq*) und Anhängung / Festhalten (*ta'alluq*).[630]

Diese drei mehrdeutigen Begriffe, die Ibn 'Arabī als Vorbedingung für die Erlangung der Freundschaft anführt, werden von seinen Kommentatoren al-Qāšānī, Mullā Ǧāmī und Bālī Efendī konkret erläutert. Diese Begriffe stehen zugleich für Etappen, die der auf dem Sufi-Pfad wandelnde und reisende Adept zu bewältigen sich bemüht. Demnach muss jemand, der sich auf den Weg macht, ein vollkommener Mensch zu werden, zunächst mit der Moral Gottes seinen Charakter bilden (*taḫalluq*), wozu er, so die Kommentatoren, seine eigenen Eigenschaften ablegt und die Attribute Gottes sich zu eigen macht. Danach gibt der Adept auch sein Selbst auf und realisiert die Einheit und Einigkeit mit dem Selbst Gottes (*taḥaqquq*). Auf diese Weise vernichtet er sich selbst und geht völlig im Sein Gottes auf. Diese ersten beiden Erfahrungen werden im Sufismus mit dem Begriff »Entwerden in Gott« (*fanā' fīllāh*)[631] beschrieben. Die dritte und letzte Erfahrung, die darauf folgt, wird als *baqā'* bezeichnet. Der Adept, der sich seiner eigenen Eigenschaften und seines eigenen Selbsts entledigt und erkannt hat, dass er über keine eigene wahre Existenz verfügt, erfährt auf dieser Stufe, dass auch seine Handlungen im Allwahren ihren eigentlichen Inhaber (Ausführer) haben.[632]

Der Sufi, der aufbricht, um seinen Herrn zu erkennen und mit Seinen Attributen seinen Charakter zu bilden, tut eigentlich nichts anderes, als sich selbst zu erkennen. Denn:

> Wer sich selbst kennt, kennt seinen Herrn.[633]

Wie bereits mehrfach angeführt, ist der Mensch nach dem Bild Gottes geschaffen und trägt deshalb Dessen Besonderheiten in sich. Der leichteste Weg für den, der seinen Herrn erkennen will, ist, zu und in sich selbst zu kehren und zu versuchen, seine eigenen

630. FS 136:

والولي اسم باق لله تعالى ؛ فهو لعبيده تخلقا وتحققا وتعلقا.

631. Siehe Fußnote 360.

632. Vgl. Qāšānī, 'Abd ar-Razzāq: *Šarḥ al-Fuṣūṣ al-ḥikam*. Seiten 169–170. Al-Ǧāmī, Mullā 'Abd ar-Rahmān: *Šarḥ al-Ǧāmī 'alā Fuṣūṣ al-ḥikam*. 2009. Seite 321.

633. FS 69, 81, 215:

من عرف نفسه عرف ربه

Besonderheiten zu ergründen. Der, der über sich selbst die volle Erkenntnis erlangt und alle vorgenannten Stufen durchläuft, erkennt seinen Herrn und wird zum vollkommenen Menschen. Denn nur die vollkommenen Menschen können Gott gebührend erkennen.[634] Auf diese Weise erfüllen sie die in ihnen als Potenzial vorhandenen Besonderheiten Gottes, vervollkommnen ihr Menschsein und werden so zu einem vollendeten Manifestationsort Gottes. Der Mensch, der zu einer solchen vollendeten Manifestation wird, hat es sich verdient, Statthalter Gottes zu werden.[635] Wie bereits erwähnt, kommen die Menschen auf die Welt, um Statthalter Gottes zu werden, und der Weg zur Statthalterschaft führt über die Vollkommenheit. Auf diese Weise wird ein Daseinszweck erfüllt.

Ein weiterer Daseinszweck war, Gott so zu erkennen, wie es Ihm zusteht; denn wenn dies nicht geschieht, bleibt auch die Schöpfung unvollendet. Wie beschrieben, bestand dieser Zweck der Schöpfung darin, dass der Allwahre, Der ein verborgener Schatz war, erkannt zu werden wünschte. Zu dieser Gotteserkenntnis können jedoch nur vollkommene Menschen gelangen.

An dieser Stelle ist es Zeit, das bisher Geschriebene zu sichten und die Lücken auszufüllen. Denn der erreichte Punkt wird den für den Menschen hinsichtlich der Moral angestrebten Zweck darlegen. Damit, dass der Mensch als Ergebnis seiner Charakter bildung mit der Moral Gottes zum vollkommenen Menschen wird, werden drei Ziele verwirklicht, und diese drei Ziele hängen zusammen mit dem vorgenannten dreidimensionalen Bild. Das erste dieser Ziele hängt mit Gott zusammen, und seine Verwirklichung besteht, wie erwähnt, in der »Gotteserkenntnis«.[636] Den Allwahren, Der ein verborgener Schatz ist, kann nur erkennen, wer als vollkommener Mensch erfolgreich zu Seiner vollendeten Manifestation geworden ist. Auf diese Weise wird er zum Spiegel, in dem Gott Sich selbst sieht. Das andere Ziel ist die »Statthalterschaft auf Erden«, welches mit der Welt in Zusammenhang steht. Mit des Menschen Statthalterschaft Gottes in der Welt wurde die Welt vervollkommnet und der Mensch wurde zur Seele und zum Glanz der Welt.[637] Eine Welt ohne den Menschen wäre eine unvollkommene geblieben.

634. Vgl. FS 50.
635. Vgl. FT V, 46–47.
636. Vgl. FT III, 167. FS 203.
637. Vgl. FS 49.

Das dritte Ziel hängt mit dem Menschen selbst zusammen. Mit der Erlangung der Erkenntnis des Allwahren durch die Vollkommenwerdung des Menschen erfährt dieser einen tief empfundenen Genuss und gelangt zur Glückseligkeit.[638] Das für den Menschen vorgesehene Ziel ist, dass er sowohl in dieser als auch in der jenseitigen Welt glücklich wird, und dies steht in Proportionalität zu seinem Näherungsgrad an den vollkommenen Menschen. Der Mensch, der nach dem Bild Gottes geschaffen ist, trägt zwar die Attribute Gottes als Veranlagung in sich, aber der Weg zum Glück in dieser und in jener Welt führt darüber, dass er die Namen, deren Manifestationsort er ist, anteilsmäßig in sich selbst, mit sich selbst und miteinander in Einklang herauskristallisieren und harmonisieren lässt. Wenn ihm dies nicht gelingt, wird durch das Ungleichgewicht der Namen ein Chaos produziert, das ihn zahllose Fehler und diejenigen Übeltaten, die gemeinhin als »Sünde« bezeichnet und als »schandhaft« betrachtet werden, begehen lässt.[639] Diesen erwähnten Gleichklang und Einklang vermag am besten der vollkommene Mensch zu realisieren, da dieser Gott, Der der Quell dieser Namen ist, am innigsten kennt.

Ibn ʿArabī schreibt, dass jemand, der die Vollkommenheit erreicht hat, ein unbeschreibliches Glücksgefühl verspürt. Diesen Genuss verspürt ein Mensch nur, wenn er entweder zur Vollkommenheit gelangt oder ein Wesen antrifft, das ihm selbst aufs Äußerste ähnelt. Alles in der Welt trägt nur einen Teil des Menschen in sich, und deshalb verfällt er niemals bis zum Selbstverlust in Liebe zu einem dieser Dinge. Anders verhält es sich mit einem anderen Menschen, einem Artgenossen, der ihm sehr ähnelt:

> Das stärkste Glücksgefühl verspürt der Mensch durch seine eigene Vollkommenheit und durch [etwas], was ihm am ähnlichsten sieht. Der Beweis hierfür ist, dass der Mensch den Genuss nie voll verspürt, dass [der Genuss] sich seiner nie ganz bemächtigt, dass er sich nie zur Gänze selbst verliert beim Anblick einer Sache oder dass die Liebe und die Leidenschaft nie seinen ganzen Körper und seine ganze Seele erfasst,

638. Vgl. FT III, 285.

639. Das Glück des Menschen hängt davon ab, dass er die anteilsmäßig in ihm enthaltenen Göttlichen Namen im Einklang zueinander zusammenfügt. Siehe hierzu CHITTICK, WILLIAM: *Varolmanın Boyutları*. 2008. Seiten 124–125, 207. CHITTICK, WILLIAM: *Hayal Âlemleri*. 2003. Seiten 54–56, 61, 65–69.

> außer bei der Entflammung in Liebe zu einem Mann oder einer Frau. Der Grund dafür ist, dass der Mensch dem Menschen aufs Äußerste ähnelt, da sie nach dem gleichen Bild geschaffen sind. In der Welt ist alles ein Teil des Menschen. Aber diese Dinge gleichen als Gegenstück nur Teilen des Menschen. Daher verliebt sich der Mensch in nichts bis zur Selbstaufgabe – außer in das, was ihm am Allerähnlichsten sieht![640]

Alles in der Welt gleicht einem bestimmten Aspekt des Menschen, aber nichts gleicht ihm vollends. Deswegen verspürt er das meiste Glück von der Gegenwart seines ihm am ähnlichsten sehenden Artgenossen, also eines anderen Menschen. Ibn ʿArabī berichtet aber von einem noch größeren Genuss. Der Mensch gleicht zwar den anderen Menschen in seiner Umgebung, aber das Bild, dem alle Menschen am meisten ähneln, ist das Göttliche Ebenbild. Wenn der Mensch dieses Bild zu erblicken vermag, erfährt er einen Genuss, der so groß ist, dass sich nicht einmal der Genuss Maǧnūns, der wegen seiner Liebe zu Laila seinen Verstand verlor, mit ihm messen kann:

> Siehst du nicht den besessenen Qais, der ob seiner Liebe zu Laila sich selbst verloren hat? In gleicher Weise sahen wir, dass die, die vor lauter Liebe zu Gott sich selbst verloren, einen Genuss erfahren, der noch viel größer und von ganz anderer Natur ist, als der derjenigen, die in Liebe zu einem Artgenossen entbrannt sind. [Der Grund hierfür liegt darin, dass] das Abbild Gottes im Menschen von noch vollkommenerer Ähnlichkeit ist als das Abbild des Mitmenschen in ihm.[641]

640. FT III, 285:
وإلتذاذ الإنسان بكماله أشد الالتذاذ ، فالتذاذه بمن هو على صورته أشد التذاذ، برهان ذلك أن الإنسان لا يسرى في كله الالتذاذ و لا يفنى في مشاهدة شيء بكليته و لا تسري المحبة و العشق في طبيعة روحانيته إلا إذا عشق جارية أو غلاما، و سبب ذلك أنه يقابله بكليته لأنه على صورته، و كل شيء في العالم جزء منه فلا يقابله إلا بذلك الجزء المناسب ، فلذلك لا يفنى في شيء يعشقه إلا في مثله

641. FT III, 285:
ألا ترى إلى قيس المجنون في حب ليلى كيف أفناه عن نفسه لما ذكرناه؟ و كذلك رأينا أصحاب الوله و المحبين أعظم لذة و أقوى محبة في جناب الله من حب الجنس ، فإن الصورة الإلهية أتم في العبد من مماثلة الجنس

Aus diesem Grund führt der Weg, der den Menschen den größten Genuss verschafft und ihnen in dieser Welt die Tür zum Glück öffnet, über die Gotteserkenntnis. Gotteserkenntnis und Gotteserfahrung sind nur möglich über die Selbsterkenntnis und Selbsteinsicht. Der Mensch, der sich selbst erkennt, erlernt auch, was gut und was schlecht für ihn ist. Der Mensch, der dies erlernt und sich danach richtet, vervollkommnet sein Menschsein und wird zum vollkommenen Menschen. So wie die Welt sich aus Liebe zur Vollkommenheit in Bewegung hält, so muss auch der Mensch Zuneigung zu seiner Vollkommenheit zeigen und sich zu ihr hinbewegen. Denn alle Bewegung geschieht aus Liebe.

III.4.3 **Die Göttliche Vorsehung**

Alles, was ist, und alles, was euer, ist von ewig festgeschrieben
Alles Gut' und alles Schlechte von Ihm in die Welt getrieben

Vorgezeichnet Zeit und Akt, dies allein der Psalmen Kunde
Ein verdicht'tes Gift der Tod, das Nachleben noch bitt'rer im Munde

Eure Leiber sind eure Barken, die das Meer, das diese Welt, befahren
Und ihr die Schiffer und Matrosen, belauert von Unbill und Gefahren

Außer Schicksal und Vorsehung kein and'res Ufer in Sicht
So seid tüchtig und erbittet Aufschub, denn Allah entrinnt ihr nicht[642]

Die Vorsehung ist zwar kein vorrangiges Thema dieser Arbeit, da aber ein Zusammenhang besteht zwischen dem, was den Menschen widerfährt, und dem Glauben an die Vorsehung, ist es an dieser Stelle notwendig, Ibn 'Arabīs Ansichten zur Vorsehung, wenn auch nur kurz, wiederzugeben. Da seine Ansichten dazu ohnehin größtenteils aus seinen bisherigen Ausführungen ersichtlich sind, werde ich mich mit einer überblicksmäßigen Zusammenfassung begnügen.

Zweifellos lässt sich sein Verständnis von Vorsehung leicht rekonstruieren, indem man Schritt für Schritt zurückgeht. Das Umfeld und die Bedingungen, in der die Menschen in dieser Welt geboren werden und aufwachsen, mit wem sie Freundschaft schließen und mit welcher Verhaltensweise sie den ihnen widerfahrenden Ereignissen begegnen werden, steht von Vornherein fest. Dies alles wird durch das Göttliche Wollen (*mašīʾa*) festgeschrieben. Der Mensch kann sich nicht entgegen diesem Wollen verhalten. Die *mašīʾa* wiederum ist das Göttliche Wollen, das seine Urteile entsprechend den Angaben, die es von den festgelegten Typen der möglichen Wesen bezieht, fällt. Die Schlüsselkomponente in Ibn ʿArabīs Vorsehungsverständnis sind die festgelegten Typen, welche in der ersten Manifestation in Erscheinung treten. Der Verbleib und die Natur dieser festgelegten Typen vor der ersten Manifestation aber ist für uns Menschen ein Rätsel. Dieses Wollen ist die letzte Instanz, und hierin liegt das Mysterium der Vorsehung. Dieses Mysterium kann niemals gelöst werden.[643] Jeder, der ab hier insistiert und sich beharrlich zeigt, handelt vergebens, selbst wenn es sich bei ihm um einen Propheten handelt.[644]

Nach Ibn ʿArabī liegt die Absicht der Verbergung der Erkenntnis um die Vorsehung darin, dass der Allwahre bei der Einsicht in die Wahrheiten der Dinge keinen Mitwisser duldet. Ibn ʿArabī argumentiert, dass der Diener, welcher, wenn er die Entscheidungen seiner Vorsehung kannte, unabhängig wäre und Gottes nicht bedürfte, dadurch, dass er über keinerlei Wissen über sich selbst verfügt, abhängig bleibt und deshalb sich niederbeugt und Ihn anfleht. Zudem könnte der Mensch, dem das Wissen um seine eigene Vorsehung verliehen wird, darüber in Hochmut verfallen.[645]

Die festgelegten Typen, über deren Beschaffenheit und Verbleib in der ersten Seinsstufe beim Menschen keinerlei Erkenntnisse vorliegen, treten in der zweiten Seinsstufe als in den in ihnen enthaltenen Informationen und Besonderheiten abgeschlossene und festgemeißelte virtuelle Wesenheiten in Erscheinung. Diesen nun unabänderlichen Status der festgelegten Typen und die in ihnen enthaltenen Informationen teilt Gott manchen der Gottesfreunde

642. FT V, 168.
643. Vgl. FT III, 96.
644. Vgl. FS 136. FT III, 96–97.
645. Vgl. FT III, 97–98.

unter Seinen Dienern mit.[646] Diese mit diesem Wissen ausgestatteten auserwählten Diener Gottes haben Kenntnis darüber, wann, wo und wie die sie selbst betreffenden Ereignisse stattfinden werden. Aufgrund dieses Wissens, das ihnen verliehen wurde, bitten sie nicht um Dinge, von denen sie wissen, dass sie ohnehin nicht geschehen werden. Denn alles ist festgelegt und wird sich auch nicht ändern. Wenn sie beten, bitten sie um Dinge, von denen sie ohnehin wissen, dass sie passieren werden. Diese Dinge werden in jedem Fall geschehen, egal ob sie darum beten oder nicht. Dessen ungeachtet ist aber ihr Bittgebet ein Erfordernis ihrer Dienerschaft. Die Lage, in der sie sich befinden, erfordert es, dass sie beten, deshalb beten sie, und andernfalls schweigen sie und überantworten ihre Angelegenheiten Gott. Sie haben nur eine Absicht, und diese lautet, den Geboten ihres Gebieters Folge zu leisten.[647]

646. Vgl. FS 60, 82.
647. Vgl. FS 59.

Schlussbemerkung

Ḥaqq ist der Herr, *Ḥaqq* ist der Diener
Wenn ich nur wüsste, wem die Verpflichtung obliegt
Wenn du »dem Diener« sagst, der ist sterblich
Wenn du »dem Herrn« sagst, wie kann man Ihn verpflichten?[648]

AUFBAUEND AUF DAS OBEN DARGELEGTE ONTOLOGISCHE System Ibn ʿArabīs ist es nun möglich, folgende Thesen über die Bedeutung des Übels bei Ibn ʿArabī aufzustellen:

These 1 – Einheit des Seins: Das Sein, das Ibn ʿArabī in seinen Werken als *wuǧūd* bezeichnet, ist ein einziges Wesen und gehört, als Einheit des Seins, zu Gott.

These 2 – Metaphysisches Übel: Das Übel entsteht dadurch, dass die möglichen Wesen aufgrund ihrer Wahrheiten nicht in der Lage sind, das Sein / die Existenz vollständig widerzuspiegeln.

These 3 – Physisches oder natürliches Übel: Da Gott vollkommen ist, ist auch die nach Seinem Bild geschaffene Welt vollkommen.

These 4 – Moralisches Übel: Während die Welt nicht als Ganzes, sondern durch das Zusammenkommen der Einzelteile ein Abbild Gottes ist, ist der Mensch allein der Manifestationspunkt aller Namen Gottes und vollkommen.

These 5 – Relativität: Das Übel ist nicht objektiv, sondern subjektiv.

Die Existenz des Übels in der Welt ist unter den Menschen des Öfteren Gegenstand kontroverser Diskussionen gewesen. Einige Menschen sahen dabei diese Existenz als einen Beleg für die Nichtexistenz Gottes an, da das Postulat eines absolut guten Gottes

648. FT I, 15.

einen krassen Widerspruch zu all den Übeln in der Welt darstellt. Es ist kein Zufall, dass dieses Problem beinahe so alt ist wie die Geistesgeschichte der Menschheit, denn es beschäftigt nicht nur die Philosophen, sondern direkt oder indirekt jeden, der sich auf geistiger Ebene um den Fortschritt der Menschheit bemüht. Jeder Wissenschaftler, gleich welcher Fachrichtung, kämpft im Grunde genommen einen Kampf gegen das Übel. Ein Arzt, der Krankheiten zu besiegen versucht, und ein Jurist, der sich um Gerechtigkeit bemüht, verfolgen das gleiche Ziel: Sie versuchen, die Dinge, die sie als Übel betrachten, zu bannen und auf diese Weise zur Vollkommenheit zu gelangen. In diesem Zusammenhang wäre es nicht verfehlt zu sagen, dass das Leben in dieser Welt ein einziger Kampf der Menschen gegen die von ihnen als Übel wahrgenommenen Dinge ist. Dieser Kampf trägt die Menschen hin zu einer Vollkommenheit, in der das Übel keinen Platz hat.

Das Vorhandensein des Übels in der Welt und die Notwendigkeit seiner Bekämpfung durch die Menschen sorgt für Verwirrung in den Köpfen, denn Gott hätte sehr wohl eine Welt erschaffen können, die dem in den heiligen Schriften beschriebenen Paradies gleicht, und so das Leiden der Menschen verhindern können. Nichtsdestotrotz hat Gott Seine Entscheidung gefällt, und anders als die atheistischen versuchen die theistischen Denker zu ergründen, welche Bedeutung hinter dieser Wahl Gottes steckt. Einer der zahllosen Denker, die sich auf diesem Gebiet geäußert haben, ist der muslimische Sufi Ibn ʿArabī. Ibn ʿArabī ist ein Systemphilosoph; seine Bedeutung für die Geschichte des Sufismus liegt in dem von ihm herausgearbeiteten Seinssystem. Ohne eine Einsicht in dieses System ist es nicht möglich, seine Ansichten zu jedwedem Thema zu begreifen. Dieses von ihm entwickelte System speist sich aus vielen ineinandergreifenden Theorien. Innerhalb dieses Systems finden sich neben einer »Theorie der Einheit des Seins« auch eine »Manifestationstheorie« und eine »Namenstheorie«. Demnach ist alles Sein eins, und Ibn ʿArabī gibt dieser Einheit den Namen *al-Ḥaqq* (»der/die/das Allwahre«). Nach ihm gibt es nur *Ḥaqq*, und außer Ihm gibt es keinen Platz für irgendetwas anderes. Daraus folgt, dass die »absolute Nichtexistenz« keinen Ort für ihr Vorhandensein vorfinden kann und daher auch nicht Gegenstand von Überlegungen darüber sein kann.

Der Allwahre, Der ein verborgener Schatz war, schuf die Welt, als Er erkannt werden wollte. Nach Ibn ʿArabī ist die Schöpfung keine Erschaffung aus dem Nichts, denn die absolute Nichtexistenz ist etwas, was gar nichts ist. Die Schöpfung geschieht, indem der Allwahre Sich in virtuellen Wesen, die sich im Zustande der relativen Nichtexistenz befinden, und die Ibn ʿArabī als »festgelegte Typen« bezeichnet, manifestiert. Manifestation bedeutet, dass der Allwahre Sich diesen Wesen zeigt, sprich: ihnen Existenz verleiht. Dies gleicht dem eigenen Abbild, das jemand zu Gesicht bekommt, der in einen Spiegel schaut. Der Allwahre erblickte im Spiegel des (relativen) Nichtseins Sein eigenes Bild. Daher ist die Welt ein Abbild des Allwahren. Mit diesem Blick in den Spiegel erblickte der Allwahre Sich selbst in Sich selbst und hörte auf, ein verborgener Schatz zu sein. Nach Ibn ʿArabī ist es jedoch nicht richtig, den Allwahren und das Abbild im Spiegel für Dasselbe zu halten; daher wurde der bisweilen gemutmaßte Pantheismus in seiner Lehre verworfen. So wenig, wie das Spiegelbild einer Person identisch ist mit der vor ihm stehenden Person selbst, so wenig sind die Welt und der Allwahre eins. Wenn ein Objekt, das vor einem Spiegel steht, sich von diesem fortbewegt, verschwindet das Spiegelbild des Objekts, es selbst bleibt aber weiterhin bestehen. Hiervon ausgehend gelangt Ibn ʿArabī zu einer Reihe von Schlussfolgerungen. So ist die einzige wirkliche Existenz der Allwahre, während die Welt gleich dem Spiegelbild eine eingebildete ist und über keine wirkliche Existenz verfügt. Die Welt verdankt ihre Existenz stets dem Allwahren. Wenn der Allwahre auch nur für einen Augenblick Seine Manifestationen (sprich: Sein Erscheinen im Spiegel) unterbräche, ginge die Welt unter.

Die Manifestationen des Allwahren sind ewig und unendlich. Die Welt des Seins, die durch Seine Manifestationen zustande kommt, unterteilt und beschreibt Ibn ʿArabī in drei Teilen, während seine Nachfolger in den folgenden Jahrhunderten nach ihm eine Einteilung in vier, fünf, sechs oder sieben Teile vornahmen. Die gebräuchlichste Einteilung, die auch in dieser Arbeit zugrunde gelegt wurde, ist eine fünfgliedrige, welche als *al-ḥaḍarāt al-ḫamsa* bezeichnet wird. Demnach ist der Allwahre in der ersten Seinsstufe über alles erhaben, unergründbar und ein verborgener Schatz. In der zweiten Seinsstufe, die sich durch Seine erste Manifestation / Determination bildet, tritt Er hingegen in Seinem Aspekt als Gott in Erscheinung. In dieser Stufe ist Sein Name Allah, und die Welt wird nach Seinem Bild geschaffen. Der Allwahre schaute als Allah in den Spiegel der Nichtexistenz und erblickte Sich selbst, und dieses Spiegelbild ist die Welt. So wie Allah fern von allen Fehlern und vollkommen ist, so ist auch die Welt als Sein Spiegelbild vollkommen. Der Gedanke, dass eine vollkommenere als diese Welt möglich sein könnte, führt einen *ad infinitum,* da dann auch eine noch vollkommenere als jene denkbar sein müsste. Ibn ʿArabī ist ebenso wie al-Ġazālī vor ihm und Leibniz nach ihm ein Optimist und bezeichnet wiederholt diese Welt als »die beste aller möglichen Welten«[649].

Ibn ʿArabīs Optimismus basiert nicht darauf, dass er die Anwesenheit der Übel in der Welt leugnet. Vielmehr ist nach ihm deren Vorhandensein ein Teil der Vollkommenheit. Eine Welt ohne Übel wäre eine unvollständige. Gottes Eigenschaft der Barmherzigkeit umfasste so wie alles andere auch die üblen Dinge, weshalb Er ihnen Existenz verlieh. Denn andernfalls wäre das Postulat Seiner allumfassenden Barmherzigkeit nichtig.

Andererseits ist die Welt gemäß der Namenstheorie im System Ibn ʿArabīs ein Ausführungsort der Funktionen der Namen Gottes. Allah hat nicht nur Namen der Güte, wie »der Ernährer« (*ar-Razzāq*) und »der Barmherzige« (*ar-Raḥmān*), sondern auch Namen der Majestät, wie »der Unterwerfer« (*al-Qahhār*) und »der Vergelter« (*al-Muntaqim*). Aufgrund der bedingungslosen Ausführung der Funktionen der Namen Gottes in dieser Welt kommt es auf ihr nicht nur zu glücksbringenden Gnadengaben, sondern auch zu leidbringenden Heimsuchungen und Katastrophen. Alles andere würde bedeuten, dass ein Teil der Namen Gottes brachliegen würde, und so etwas ist nicht möglich. Eine solche Annahme wäre gleichbedeutend mit einem unvollkommenen Gott.

Ibn ʿArabī sieht diese Übel zugleich nur als relativ an. Nach ihm gibt es nichts, was seinem Wesen nach übel ist. Dinge, die als Übel angesehen werden, erhalten diese Bewertung nur dadurch, dass sie entweder nicht dem Naturell / Temperament einer Person entsprechen oder mit den Sitten und Gebräuchen im Widerspruch stehen oder religionsrechtlich so kategorisiert werden. So betrachtet beispielweise die Scharia den Geschlechtsverkehr, der in seinem Wesen nicht übel ist, als gut, wenn er mit dem Ehepartner vollzogen wird, aber als übel, wenn er außerhalb der Ehe geschieht. Dies ändert nichts daran, dass der Geschlechtsverkehr in seinem Wesen rein und gut ist. Gott erschafft nur das Gute. Er ist auch der

649. FS 172. FT II, 440; III, 517; V, 16; VI, 33.

Schöpfer aller Handlungen. Daher hat Er auch die in sich gute Handlung des Geschlechtsverkehrs geschaffen. Übel ist nur der missbräuchliche Vollzug dieser Handlung in der Hand eines Menschen. In ähnlicher Weise gibt es auch Dinge, die der Verstand als Übel ansieht, die gleichfalls in ihrem Kern nicht übel sind. Der Verstand mag es als Übel bewerten, wenn der Regen das Haus einer alten und kranken Frau einreißt. Jedoch gilt das Letztgenannte auch hier. Das Übel liegt nicht im Regen, sondern in der schwachen Konstruktion des Hauses. Auch glaubt er, dass die Dinge, die den Menschen als übel und ekelhaft erscheinen, wie beispielsweise die Mistkäfer, wenn sie gefragt werden könnten, sich selbst als gut und rein, die Menschen jedoch als übel und hässlich ansehen würden. So findet der Mistkäfer etwa Missfallen am Rosenduft, der dem Menschen überaus angenehm ist. Nach Ibn ʿArabī sind in ihrem Wesen weder der Mistkäfer noch die Rose übel. Ein ähnliches von ihm angeführtes Beispiel ist das eines Menschen, der Honig isst und allergisch darauf reagiert. Der Honig ist seinem Wesen nach gut und nützlich; das Problem liegt darin, dass das Naturell des Allergikers diesen Nutzen nicht aufnehmen kann. Das Übel liegt in diesem Beispiel darin, dass das Naturell des Subjektes nicht dem Objekt komplementär ist. Ibn ʿArabī betrachtet daher das Übel in der Welt nicht als objektiv, sondern nur als subjektiv und benennt mit diesen und ähnlichen Beispielen drei autoritative Instanzen bei der Bestimmung dieser subjektiven Übel. Diese sind: der Verstand, die Traditionen und das religiöse Recht.

Wie generell in der Philosophiegeschichte, so kann man auch in Ibn ʿArabīs System die Übel in drei Teile aufteilen und abhandeln. Diese sind: metaphysische Übel, natürliche Übel und moralische Übel. Den Vorrang vor den anderen Arten des Übels haben in seinem System die metaphysischen Wurzeln des Übels.

Ibn ʿArabī stimmt mit den theistischen Denkern darin überein, dass die Ursache für die metaphysischen Übel in der Natur der Dinge zu suchen ist. Nach ihm entstammt das Gute dem Sein, das Übel aber dem Nichtsein. Da der Allwahre die absolute Existenz ist, ist Er auch absolut gut. Selbiges gilt aber nicht für die möglichen Existenzen, welche diese Welt bilden. Denn diese befinden sich in einer Zwischenebene zwischen Sein und Nichtsein und bedürfen einer Entscheidungsinstanz, die ihrer Existenz den Vorzug vor ihrer Nichtexistenz gibt. Diese Entscheidungsinstanz ist der

Allwahre. Die möglichen Wesen der Zwischenebene schauen in der einen Richtung ins Sein, in der anderen ins Nichts. Sie beziehen das Gute vom Sein, während sie die Übel vom Nichts erhalten.

Andererseits hat jedes mögliche Wesen einen festgelegten Typus und jeder festgelegte Typus eine andere Aufnahmekapazität. Die Existenz, die durch die Göttliche Barmherzigkeit erzeugt wird, kann jedes mögliche Wesen nur im Umfang der Aufnahmekapazität seines eigenen festgelegten Typus' empfangen. Die Missstände, die als Übel zutage treten, haben ihre Ursache darin, dass die festgelegten Typen der möglichen Wesen die Existenz nur unvollständig empfangen können. Dies ist eine zwangsläufige Konsequenz dessen, dass sie nur begrenzte Wesen sind. Unbegrenzt und daher allgütig ist nur der Allwahre.

Ibn ʿArabī beschäftigt sich nicht direkt mit den natürlichen Übeln, da er ihre Ursache in der Metaphysik verortet. Den Menschen bedrückende Naturereignisse, wie Erdbeben, Brände, Überschwemmungen und Dürren, spricht er nur sporadisch an. Nach ihm unterscheidet sich die Erklärung für diese Dinge nicht von den Erläuterungen zum metaphysischen Übel. Denn die Ursachen der Übel liegen, wie im Abschnitt zu den metaphysischen Übeln gesehen, darin, dass die möglichen Wesen aufgrund ihrer Wahrheiten die Existenz nicht zur Gänze widerspiegeln können. Auch der Unbill, der in der Natur regelmäßig auftritt, hängt hiermit zusammen. Eine weitere Erklärung von ihm für manche natürliche Übel lautet entsprechend den Beispielen des Regens, der das Haus der alten Frau einreißt, und des Honig-Allergikers. Das Übel in diesen Beispielen ist kein objektives, sondern ein subjektives. Weder der Regen noch der Honig sind ihrem Wesen nach übel.

Auch hinsichtlich der moralischen Übel folgt Ibn ʿArabī diesem bekannten Muster. Menschengemachte moralische Übel, wie Lüge, Nachrede, Mord und Krieg, sind nach ihm ontologischer Natur und entstammen der Er- und Beschaffenheit des Menschen. Der Mensch ist, anders als alle anderen Geschöpfe in der Welt, nach dem Bild Gottes geschaffen und der Manifestationsort aller Seiner Namen. Demnach birgt der Mensch alle Göttlichen Namen als Potenzial in sich. Diese sind sowohl die Namen der Güte als auch die Namen der Majestät, welche beide miteinander im Widerstreit stehen. Der Mensch muss sich in diesem Leben darum bemühen, dass diese widerstreitenden Namen, die sich zeitgleich in und auf ihm befinden, hierdurch kein Chaos verursachen. Der Mensch, dem es gelingt, diese Namen in sich miteinander in Einklang zu bringen und zusammenzufügen, kann die Glückseligkeit erlangen. So gesehen hat nach Ibn ʿArabī der Charakter des Menschen nicht nur eine ontologische Basis (*ḫuluq*), sondern es gibt auch einen zweiten Faktor, der auf dessen Formung Einfluss nimmt. Nach ihm ist es die Anstrengung, die er unternimmt, um in diesem Leben zur Glückseligkeit zu gelangen (*taḫalluq*), welche seinem Charakter den letzten Schliff verleiht. Einen guten moralischen Charakter kann man nur erlangen, wenn man sich darum bemüht, dem vollkommenen Menschen zu gleichen.

Nach Ibn ʿArabī war der Abstieg des Menschen aus dem Paradies keine Strafe. Die Bestrafung wurde bereits vollzogen, indem seine zu bedeckende Nacktheit entblößt wurde. Die Herabsendung der Menschen auf die Erde erfolgte vielmehr, damit sie hier sich selbst fortentwickeln, ihr Menschsein vervollkommnen und ins Paradies zurückkehren. Dieser Ansatz Ibn ʿArabīs weist Parallelen zum Irenäischen »seelenbildenden« Theodizee-Ansatz auf.

Für Ibn ʿArabī ist der Mensch der Zweck der Schöpfung. Denn als der Allwahre, noch im Zustand eines verborgenen Schatzes, erkannt werden wollte, erschuf Er die Welt. Während diese Welt als Ganzes ein Abbild Gottes ist, ist der Mensch allein gleichfalls ein Abbild Gottes. Er ist als Einziger der Manifestationsort aller Seiner Namen und kann daher als Einziger Gott gebührend erkennen. Wenn daher der Mensch nicht gewesen wäre, wäre auch keine Gotteserkenntnis möglich gewesen und damit der Zweck der Schöpfung nicht verwirklicht worden. Andererseits wäre auch die Welt unvollständig geblieben ohne die Schöpfung des Menschen. Der Mensch ist die Seele und der Glanz der Welt. Er ist zugleich der Statthalter Gottes auf Erden.

Im System Ibn ʿArabīs sind Gott, die Welt und der Mensch wie die drei Dimensionen eines Bildes. Da Gott vollkommen ist, ist auch die nach Seinem Bild geschaffene Welt vollkommen, und vollkommen ist auch der Mensch, der alle Besonderheiten der Welt in und auf sich vereint. Von diesen drei haben der Erstere einen Bezugspunkt zum Bedeutungsfeld der metaphysischen, die Mittlere zu dem der natürlichen und der Letztere zu dem der moralischen Übel.

Sich stets vor Augen halten muss man hierbei, dass mit »Mensch« der vollkommene Mensch gemeint ist. Der vollkommene Mensch ist gewissermaßen die Idee (im Platon'schen Sinne) oder der Prototyp des Menschen. Bedauerlicherweise schaffen es die Menschen als Individuen nicht immer erfolgreich, diesem vollkommenen Modell zu entsprechen. Die Menschen werden vollkommener, je mehr sie sich diesem Modell nähern, und glücklicher, je vollkommener sie werden. Der Sufi Ibn 'Arabī veröffentlicht in seinen Werken die Gründe für die Notwendigkeit der Menschen, diesem perfekten Menschen zu gleichen, und gibt damit eine vorbildhafte Moral vor. Dieser Moralansatz stellt Gott in den Mittelpunkt. Ein Mensch kann sich vervollkommnen, indem er versucht, Gott zu gleichen. Der leichteste Weg hierzu ist, sich die Menschen, die den Status des vollkommenen Menschen erreicht haben, zum Vorbild zu nehmen. Die Propheten und die Gottesfreunde sind solche vollkommenen Menschen. Der Mensch kann am Ende eines langen Weges, der im Sufismus mit *fanā'*(Entwerdung in Gott) und *baqā'*(Fortdauer in Gott) beschrieben wird, die Vollkommenheit erreichen. Wenn der Mensch seine Vervollkommnung abschließt und zum vollkommenen Menschen wird, erlebt er einen Genuss, der mit nichts anderem auf der Welt zu vergleichen ist, und gelangt zur Glückseligkeit. Hierin liegt auch der Grund, weshalb die Sufis als »Leute des Genusses« bezeichnet wurden.

Zusammenfassend lässt sich sagen, dass Ibn 'Arabī mit vielen der Theisten darin übereinstimmt, dass diese Welt, in der wir Menschen leben, unter allen möglichen die beste und die allen Ansprüchen hinreichend genügende ist. Nach ihm ist alles Übel nur relativ und im Kern sind alle Dinge gut, denn alle Dinge entstammen dem Allwahren. In Ibn 'Arabīs Ausführungen bleibt jedoch ein wichtiger Punkt offen und unbeantwortet. Er führt alles, was die Menschen auf dieser Welt tun, auf die festgelegten Typen, welche ihre urewigen eigenen Wahrheiten sind, zurück, versäumt es dabei jedoch, den letztendlichen Ursprung der Genese dieser festgelegten Typen zu benennen. Die Göttliche Macht, die diese Welt erschafft, ist abhängig vom Göttlichen Willen und dieser vom Göttlichen Wissen; das Göttliche Wissen wiederum ist abhängig vom Gewussten. Das Gewusste sind die festgelegten Typen. Gott erschafft alles in der Welt entsprechend dem Wissen, das Er von den Wahrheiten der zu erschaffenden Dinge, also den festgelegten Typen, erhält. Dementsprechend sind im System Ibn 'Arabīs die festgelegten Typen der Dreh- und Angelpunkt. Diese kommen mit der ersten Selbstmanifestation des Allwahren zustande. Jedoch wie, auf welche Weise und nach welchen Maßgaben diese festgelegten Typen entstehen sowie ihr Zustand vor ihrem Zutagetreten bleibt unbekannt. Ibn ʿArabī bezeichnet dies als das Mysterium der Vorsehung. Hier gelangt er an den Punkt, an dem jeder Theist innehalten muss und keinen Schritt weitergehen kann: den Punkt der Unergründbarkeit der Vorsehung (Siehe Abbildung 12).

Abbildung 12

Mysterium der Vorsehung
Gott erschafft alles in der Welt entsprechend dem Wissen, das Er von den Wahrheiten der zu erschaffenden Dinge, also den festgelegten Typen, erhält. Diese kommen mit der ersten Selbstmanifestation Gottes zustande. Jedoch wie, auf welche Weise und nach welchen Maßgaben diese festgelegten Typen entstehen sowie ihr Zustand vor ihrem Zutagetreten bleibt unbekannt

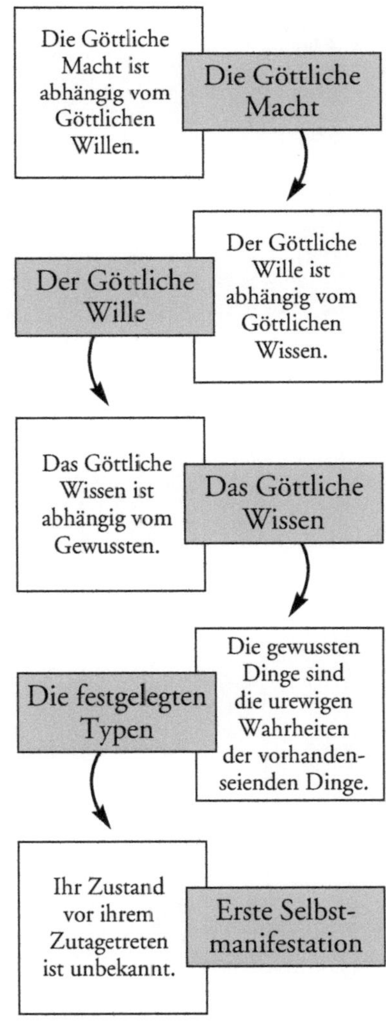

Literaturverzeichnis

Abdülhamit, İrfan: "Cebriyye". In: DİA; Band 7. 1993. Seiten 205–208.

Abdülhamit, İrfan: "Eş'arî, Ebü'l-Hasan". In: DİA; Band 11. 1995. Seiten 444–447.

Abū Zaid, Naṣr Ḥāmid: *Hākaḏā takallam Ibn 'Arabī.* Kairo: al-Hay'at al-Miṣriyya al-'Āmma li-l-Kitāb, 2002.

Adam, Hüdaverdi: *İbn Arabī, Kaza ve Kader.* Istanbul: Ferşat Yayınları, o. J.

Addas, Claude: *İbn Arabī, Kibrit-i Ahmer'in Peşinde.* Vom Französischen ins Türkische übersetzt von Atilla Ataman. Istanbul: Gelenek Yayınları, 2004.

Afîfî, Ebu'l-Alâ: "Ebu'l-Kâsım Kasiy ve Hal'un-Na'leyn isimli eseri". In: *İslâm Düşüncesi Üzerine Makaleler.* Herausgegeben von Ekrem Demirli. Istanbul: İz Yayıncılık, 2000. S. 301–338.

Afîfî, Ebu'l-Alâ: "İbnü'l-Arabî'nin Fütûhâtü'l-Mekkiyye isimli eseri". In: *İslâm Düşüncesi Üzerine Makaleler.* Herausgegeben von Ekrem Demirli. Istanbul: İz Yayıncılık, 2000. Seiten 273–300.

Afîfî, Ebu'l-Alâ: "İbnü'l-Arabî'nin Sisteminde 'A'yân-ı Sabite' ve Mu'tezile'deki 'Ma'dûmât'". In: *İslâm Düşüncesi Üzerine Makaleler.* Herausgegeben von Ekrem Demirli. Istanbul: İz Yayıncılık, 2000. Seiten 259–272.

Afîfî, Ebu'l-Alâ: "İbnü'l-Arabî'nin Tasavvuf Felsefesinin Kaynakları". In: *İslâm Düşüncesi Üzerine Makaleler.* Herausgegeben von Ekrem Demirli. Istanbul: İz Yayıncılık, 2000. S. 213–258.

Afîfî, Ebu'l-Alâ: *Muhyiddin İbnü'l-Arabî'de Tasavvuf Felsefesi.* Vom Arabischen ins Türkische übersetzt von Mehmet Dağ. Istanbul: Kırkambar Yayınları, 1999.

Afîfî, Ebu'l-Alâ: "Müslümanların Logos Kelime/Nazariyeleri". In: *İslâm Düşüncesi Üzerine Makaleler.* Herausgegeben von Ekrem Demirli. Istanbul: İz Yayıncılık, 2000. Seiten 61–106.

Akti, Selahattin: »Die Gott-Welt-Beziehung in der Existenzphilosophie Ibn 'Arabīs«. In: *Journal für Religionskultur* (online Zeitschrift); 203. 2015. Seiten 1–17. URL: http://web.uni-frankfurt.de/irenik/relkultur203.pdf (Stand: 19.03.2015).

ALAUDDIN, BAKRI: "İbn-i Arabî'de Yaratılış ve Sevgi Teorisi". In: *Modern Çağ ve İbn-i Arabî – Ibn 'Arabi and Modern Era.* Herausgegeben von Nevzat Özkaya. Istanbul: Kültür A.Ş. Yayınları, 2008. Seiten 27–42.

ALBAYRAK, İSMAIL: "Kur'an ve Tefsir Açısından Hızır Kıssası ve Ledün İlmi". In: *Kur'an ve Tefsir Araştırmaları Dergisi;* 5. 2003. Seiten 187–210.

ALMOND, IAN: *İbni Arabî ve Derrida – Tasavvuf ve Yapısöküm [Sufism and Deconstruction: A Comparative Study of Derrida and Ibn Arabi].* Vom Englischen ins Türkische übersetzt von Kadir Filiz. Istanbul: Ayrıntı Yayınları, 2012.

ALPER, ÖMER MAHIR: "İbn Sînâ". In: DİA; Band 20. 1999. Seiten 319–322.

ALPER, ÖMER MAHIR: *İbn Sînâ.* Istanbul: ISAM Yayınları, 2010.

ALTINTAŞ, HAYRANI: "Dehriyye". In: DİA; Band 9. 1994. Seiten 107–109.

ALTINTAŞ, HAYRANI: *Tasavvuf Tarihi.* Ankara: Ankara Üniversitesi İlahiyat Fakültesi Yayınları, 1986.

ANTES, PETER: »›Warum gerade ich?‹ – Leid als Herausforderung für das monotheistische Gottesbild«. In: *Prüfung oder Preis der Freiheit? Leid und Leidbewältigung in Christentum und Islam.* Herausgegeben von Andreas Renz [u.a.]. Regensburg: Friedrich Pustet, 2008. Seiten 21–30.

ASAD, MUHAMMAD: *Die Botschaft des Koran.* Übersetzung und Kommentar. Düsseldorf, Patmos Verlag, 2009.

ATEŞ, SÜLEYMAN: *İşari Tefsir Okulu.* Ankara: Ankara Üniversitesi İlahiyat Fakültesi Yayınları, 1974.

AUGUSTINUS, AURELIUS: »Enchiridion oder Buch vom Glauben, von der Hoffnung und von der Liebe [De fide, spe et caritate]«. In: *Des heiligen Kirchenvaters Aurelius Augustinus ausgewählte Schriften,* aus dem Lateinischen übersetzt (*Des heiligen Kirchenvaters Aurelius Augustinus ausgewählte Schriften,* Band 8; Bibliothek der Kirchenväter, 1. Reihe, Band 49). Kempten, München: J. Kösel & F. Pustet, 1925. URL: www.unifr.ch/bkv/buch172.htm (Stand: 04.06.2014, 13:49).

AYDIN, MEHMET S.: *Din Felsefesi.* Izmir: Izmir İlahiyat Fakültesi Vakfı Yayınları, 2002.

AYDIN, MEHMET S.: "İnsân-ı Kâmil". In: DİA; Band 22. 2000. Seiten 330–331.

AYDINLI, YAŞAR: *Fârâbî.* Istanbul: İSAM Yayınları, 2008.

Aynî, Mehmed Ali: *Şeyh-i Ekber'i Niçin Severim?* Istanbul: Büyüyenay Yayınları, 2012.

Bardakçı, Mehmet Necmettin: "İbnü'l-Arabî Öncesi Endülüste Tasavvuf". In: *Tasavvuf Dergisi* (İbnü'l-Arabî Özel Sayısı-2); 23. 2009. Seiten 325–355.

Bardakoğlu, Ali: "Hüsn Ve Kubh Konusunda Aklın Rolü Ve İmam Maturidî". In: *Erciyes Üniversitesi İlahiyat Fakültesi Dergisi;* 4. 1987. Seiten 59–75.

Bataille, Georges: *Edebiyat ve Kötülük [Die Literatur und das Böse].* Vom Französischen ins Türkische übersetzt von Ayşegül Sönmezay. Istanbul: Ayrıntı Yayınları, 1997.

Die Bibel. Gute Nachricht Bibel. Stuttgart: Deutsche Bibelgesellschaft, 2000. URL: http://www.bibleserver.com/index.php?language=1&s=1 (Stand: 12.2.2015, 23:23).

Brockelmann, Carl: *Geschichte der arabischen Literatur.* Leipzig: C. F. Amelangs Verlag, 1909.

Bulaç, Ali: *İslam Düşüncesinde Din-Felsefe/Vahiy-Akıl ilişkisi.* Istanbul: Beyan Yayınları, 1994.

Bünting, Karl-Dieter: *Deutsches Wörterbuch.* Chur: Isis Verlag, 1996.

Câbirî, Muhammed Âbid: *Arap-İslâm Aklının Oluşumu.* Istanbul: Kitabevi, 2001.

Çağrıcı, Mustafa: "Gazzâlî". In: DİA; Band 13. 1996. Seiten 489–505.

Çakmaklıoğlu, M. Mustafa: *İbn Arabî'de Ma'rifetin İfadesi.* Istanbul: İnsan Yayınları, 2007.

Cebecioğlu, Ethem: "Stephen Hirtenstein ile Ibn Arabî Society (İbn Arabi Topluluğu) Hakkında Söyleşi". In: *Tasavvuf, İlmî ve Akademik Araştırma Dergisi* (İbnü'l-Arabî Özel Sayısı-1); 21. 2008. Seiten 557–567.

Cebecioğlu, Ethem: *Tasavvuf Terimleri ve Deyimleri Sözlüğü.* Istanbul: Anka Yayınları, 2004.

Çelebi, Emin: "İbn Arabî'nin Epistemolojisinde Duyu ve Akıl". In: *Dinbilimleri Akademik Araştırma Dergisi;* 10,3. 2010. Seiten 43–56.

Çelebi, İlyas: "Hızır". In: DİA; Band 17. 1998. Seiten 406–409.

Çelebi, İlyas: "Mu'tezile". In: DİA; Band 31. 2006. Seiten 391–401.

ÇELEBI, İLYAS: "Usûl-i Hamse". In: DİA; Band 42. 2012. Seite 211.
ÇELIK, İSA: "İmam Rabbânî perspektifinden İbnül-Arabî'ye tenkidî bir yaklaşım". In: *Tasavvuf Dergisi* (İbnü'l-Arabî Özel Sayısı-2); 23. 2009. Seiten 149–179.
CEVIZCI, AHMET: *Felsefe Sözlüğü*. Istanbul: Paradigma Yayınları, 2002.
CEVIZCI, AHMET: *Felsefe*. Istanbul: Sentez Yayıncılık, 2007.
CEYHAN, SEMIH: "Modern Çağda Tahayyül Gücünün Yeniden Keşfi: İbn-i Arabî'de Hayalin Ontolojik ve Epistemolojik Gerçekliği". In: *Modern Çağ ve İbn-i Arabî – Ibn Arabī and Modern Era*. Herausgegeben von Nevzat Özkaya. Istanbul: Kültür A.Ş. Yayınları, 2008. Seiten 249–261.
CEYHAN, SEMIH: "Vârid". In: DİA; Band 42. 2012. Seiten 519–520.
CEYHAN, SEMIH: "Tecelli". In: DİA; Band 40. 2011. Seiten 241–243.
CEYHAN, SEMIH: "Vecd". In: DİA; Band 42. 2012. Seiten 583–584.
CHITTICK, WILLIAM C.: *Science of the Cosmos, Science of the Soul.* Oxford: Oneworld Publications, 2007.
CHITTICK, WILLIAM: *Tasavvuf.* Vom Englischen ins Türkische übersetzt von Turan Koç. Istanbul: İz Yayıncılık, 2011.
CHITTICK, WILLIAM: "The Wisdom of Animals". In: *Modern Çağ ve İbn-i Arabî – Ibn Arabī and Modern Era.* Herausgegeben von Nevzat Özkaya. Istanbul: Kültür A.Ş. Yayınları, 2008. Seiten 295–306.
CHITTICK, WILLIAM: *Hayal Âlemleri – İbn Arabi ve Dinlerin Çeşitliliği Meselesi [Imaginal Worlds: Ibn Al-'Arabī and the Problem of Religious Diversity].* Vom Englischen ins Türkische übersetzt von Mehmet Demirkaya. Istanbul: Kaknüs Yayınları, 2003.
CHITTICK, WILLIAM: *Ibn 'Arabi: Erbe der Propheten.* Zürich: Edition Shershir, 2012.
CHITTICK, WILLIAM: *The Sufi Path of Knowledge: Ibn al-'Arabī's Metaphysics of Imagination.* Albany: State University of New York Press, 1989.
CHITTICK, WILLIAM: *The Sufi Path of Love: The Spiritual Teachings of Rumi.* Albany: State University of New York Press, 1983.
CHITTICK, WILLIAM: *Varolmanın Boyutları [The Dimensions of Existence].* Vom Englischen ins Türkische übersetzt von Turan Koç. Istanbul: İnsan Yayınları, 1997.
CHODKIWICZ, MICHEL: *Sahilsiz bir Umman Muhyiddin İbn Arabî [Un océan sans rivage. Ibn Arabî, le Livre et la Loi].* Vom Fran-

zösischen ins Türkische übersetzt von Atilla Ataman. Istanbul: Gelenek Yayıncılık, 2003.

El-Cîlî, Abdülkerîm: *İnsan-ı Kâmil.* Vom Arabischen ins Türkische übersetzt von Abdülaziz Mehdi Tolun. Istanbul: İz Yayıncılık, 2002.

Çinar, Aliye: "Leibniz'de Kötülük Problemi Ve Teodise". In: *Uludağ Üniversitesi İlâhiyat Fakültesi Dergisi;* 14, 1. 2005. Seiten 161–177.

Çinar, Hüseyin İlker: »Die Reise des Propheten Moses mit Ḫiḍr im Koran«. In: *Journal für Religionskultur* (online Zeitschrift); 98. 2008. Seiten 1–18. URL: http://web.uni-frankfurt.de/irenik/relkultur98.pdf (Stand: 15.02.2015, 17:20).

Corbin, Henry: *Creative Imagination in the Sufism of Ibn 'Arabī.* Translated from the French by Ralph Manheim. Princeton: Princeton University Press, 1969.

Demirli, Ekrem: *Fusûsu'l-Hikem Çeviri ve Şerh.* Istanbul: Kabalcı Yayınevi, 2008.

Demirli, Ekrem: *İslam Metafiziğinde Tanrı ve İnsan, İbnü'l-Arabî ve Vahdet-i Vücûd Ekolü.* Istanbul: Kabalcı Yayınevi, 2009.

Doru, Nesim: "İbn Arabî'nin Fahreddin Razi'ye Gönderdiği Mektup". In: *Diçle Üniversitesi İlahiyat Fakültesi Dergisi;* 4, 1. 2002. Seiten 99–105.

Dostoyevski, Fyodor Mihayloviç: *Suç ve Ceza [Schuld und Sühne].* Vom Russischen ins Türkische übersetzt von Mazlum Beyhan. Istanbul: Türkiye İş Bankası Kültür Yayınları, 2012.

Durusoy, Ali: "İbn Sînâ". In: DİA; Band 20. 1999. Seiten 322–331.

Eraydin, Selcuk: *Tasavvuf ve Tarikatlar.* Istanbul: IFAV Yayınları, 2008.

Erginli, Zafer: "İbn Arabî'ye göre Hz. Adem'de temel insan nitelikleri". In: *Tasavvuf Dergisi* (İbnü'l-Arabî Özel Sayısı-1); 21. 2008. Seiten 161–197.

Ertuğrul, İsmail Fenni: *Vahdet-i Vücud ve İbn Arabî.* Istanbul: İnsan Yayınları, 1991.

Fischer, Peter: *Philosophie der Religion.* Göttingen: Vandenhoeck & Ruprecht; UTB [u.a.], 2007.

AL-ǦĀMĪ, MULLĀ 'ABD AR-RAHMĀN: *Šarḥ al-Ǧāmī 'alā Fuṣūṣ al-Ḥikam.* Herausgegeben von 'Āṣim Ibrāhīm Kayyālī. Beirut: Dār al-kutub al-'ilmiyya, 2009.

GARRIDO, PILAR: "The Ladder of Interpretation: Reason and Revelation in Ibn Masarra Al-Jaballi from Cordoba, the Predecessor of Ibn Arabī". In: *Modern Çağ ve İbn-i Arabî – Ibn Arabī and Modern Era.* Herausgegeben von Nevzat Özkaya. Istanbul: Kültür A.Ş. Yayınları, 2008. Seiten 221–237.

AL-ĠAZĀLĪ, ABŪ ḤĀMID MUḤAMMAD B. MUḤAMMAD: *Iḥyā''Ulūm ad-Dīn.* Bände 1–4. Kairo: Dār aš-Ša'b, o.J.

GIESE, ALMA: *Ibn 'Arabī: Urwolke und Welt: Mystische Texte des Größten Meisters.* München: C.H. Beck Verlag, 2002.

AL-ǦĪLĪ 'ABD AL-KARĪM: *Šarḥ al-Muškilāt al-Futūḥāt al-Makkiya.* Ed. Yūsuf Zaidān. Kairo: Dar al-amīn, 1999.

GOETHE, JOHANN WOLFGANG: *West-östlicher Divan.* Herausgegeben von Michael Holzinger. Berliner Ausgabe, 2013.

GOLDZIHER, IGNAZ: *Die Richtungen der islamischen Koranauslegung.* Leiden: E. J. Brill, 1920.

GÖRGÜN, TAHSIN: »Leid als Teil der Welt des Lebens. Gibt es ein Theodizee-Problem aus islamischer Perspektive?« In: *Prüfung oder Preis der Freiheit? Leid und Leidbewaltigung in Christentum und Islam.* Herausgegeben von Andreas Renz [u.a.]. Regensburg: Verlag Friedrich Pustet, 2008. Seiten 31–48.

GÜÇ, AHMET: "Konfüçyanizm". In: *Yaşayan Dünya Dinleri.* Herausgegeben von Şinasi Gündüz. Ankara: Diyanet İşleri Başkanlığı Yayınları, 2010. Seiten 384–399.

GÜÇ, AHMET: "Taoizm". In: *Yaşayan Dünya Dinleri.* Herausgegeben von Şinasi Gündüz. Ankara: Diyanet İşleri Başkanlığı Yayınları, 2010. Seiten 401–409.

GÜNDÜZ, ŞINASI: "Maniheizm". In: *Yaşayan Dünya Dinleri.* Herausgegeben von Şinasi Gündüz. Ankara: Diyanet İşleri Başkanlığı Yayınları, 2010. Seiten 493–505.

GÜNDÜZ, ŞINASI: "Mecusilik". In: *Yaşayan Dünya Dinleri.* Herausgegeben von Şinasi Gündüz. Ankara: Diyanet İşleri Başkanlığı Yayınları, 2010. Seiten 507–527.

GÜNER, GÜNAY: "Kötülük izleği bağlamında Necip Fazıl Kısakürek Şiiri". In: *Gökyüzü Dergisi.* 2007. URL: http://gunayguner.blogcu.com/kotuluk-izlegi-baglaminda-necip-fazil-kisakurek-siiri/2365420 (Stand: 16.03.2014, 16:11).

GÜNEŞ, MERDAN: »Begriffliche Entwicklung des Sufismus«. In: *Journal für Religionskultur* (online Zeitschrift); 158. 2012. Seiten 1–11. URL: http://web.uni-frankfurt.de/irenik/relkultur158.pdf (Stand: 17.09.2014).

AL-ḤAKĪM, SU'ĀD: "Akıl Eleştirisi / İbn Arabî'nin Bilgi Tecrübesi Hakkında Bir Görüş". In: *Modern Çağ ve İbn-i Arabî – Ibn 'Arabi and Modern Era.* Herausgegeben von Nevzat Özkaya. Istanbul: Kültür A.Ş. Yayınları, 2008. Seiten 307–319.

AL-ḤAKĪM, SU'ĀD: *Al-Mu'ǧam aṣ-Ṣūfī.* Beirut: Dandara, 1981.

HAKLI, ŞABAN: "Kötülük Problemi, Yaklaşımlar Ve Eleştiriler". In: *Çorum İlahiyat Fakültesi Dergisi;* 2. 2002. Seiten 195–211.

HALLAC-I MANSUR: *Tavasin.* Çev. Yaşar Günenç. Istanbul: Yaba, 2008.

HASKER, R. WILLIAM: "Tanrı Risk Alır" [God Takes Risks]. Vom Englischen ins Türkische übersetzt von Emine Gören. In: *Din Felsefesine Dair Okumalar I.* Herausgegeben von Recep Alpyağıl. Istanbul: İz Yayıncılık, 2011. Seiten 830–842.

HAVVA, SAID: *El-Esâs fi't-Tefsir.* Bände 1–16. Vom Arabischen ins Türkische übersetzt von M. Beşir Eryarsoy. Istanbul: Şamil Yayınevi, 1990.

HICK, JOHN: "Ruh-Yapma Teodisesi" [The 'Soul-Making' Theodicy]. Ins Türkische übersetzt von Ferhat Akdemir. In: *Din Felsefesine Dair Okumalar I.* Herausgegeben von Recep Alpyağıl. Istanbul: İz Yayıncılık, 2011. Seiten 768–779.

HIRTENSTEIN, STEPHEN: *Der grenzenlos Barmherzige: Das spirituelle Leben und Denken des Ibn Arabi.* Vom Englischen ins Deutsche übersetzt von Karin Monte. Zürich: Chalice Verlag, 2008.

HIZMETLI, SABRI: "Karmatiler". In: DİA; Band 24. 2001. Seiten 510–514.

HOERSTER, NORBERT: »Zur Unlösbarkeit des Theodizee-Problems«. In: *Theodizee in den Weltreligionen. Ein Studienbuch* von Alexander Loichinger und Kreiner Armin. Paderborn: Verlag Ferdinand Schöningh, 2010. Seiten 13–26.

IBN 'ARABĪ, MUḤYĪDDĪN MUḤAMMAD: *Al-Futūḥāt al-makkiyya.* Bände 1–10. Herausgegeben von Ahmad Šams ad-Dīn. Beirut: Dār al-Kutub al-'ilmiya, 1999.

IBN 'ARABĪ, MUḤYĪDDĪN MUḤAMMAD: *Fuṣūṣ al-Ḥikam.* Herausgegeben von Abū l-'Alā' 'Afīfī. Beirut: Dār al-Kitāb al-'Arabī, 1946.

IBN 'ARABĪ, MUḤYĪDDĪN MUḤAMMAD: *Fuṣūṣ al-Ḥikam. Die Weisheit der Propheten.* Übersetzung aus dem Französischen von Wolfgang Herrmann. Zürich: Chalice Verlag, 2005.

IBN 'ARABĪ, MUḤYĪDDĪN MUḤAMMAD: «Inšā' ad-Dawā'ir». In: *Kleinere Schriften des Ibn 'Arabī.* Herausgegeben von H. S. Nyberg. Leiden: E. J. Brill, 1919.

IBN 'ARABĪ, MUḤYĪDDĪN MUḤAMMAD: «Iṣṭilāḥāt aṣ-Ṣūfiyya». In: *Rasā'il Ibn 'Arabī.* Herausgegeben von Muḥammad 'Abd al-Karīm an-Namrī. Beirut: Dār al-Kutub al-'ilmīya, 2001. Seiten 407–417.

IBN 'ARABĪ, MUḤYĪDDĪN MUḤAMMAD: «Kitāb al-'Alif wa-huwa Kitāb al-aḥadiyya». In: *Rasā'il Ibn 'Arabī.* Herausgegeben von Muḥammad 'Abd al-Karīm an-Namrī. Beirut: Dār al-Kutub al-'ilmīya, 2001. Seiten 37–45.

IBN 'ARABĪ, MUḤYĪDDĪN MUḤAMMAD: «Kitāb al-'Azal». In: *Rasā' il Ibn 'Arabī.* Herausgegeben von Muḥammad 'Abd al-Karīm an-Namrī. Beirut: Dār al-Kutub al-'ilmīya, 2001. Seiten 115–122.

IBN 'ARABĪ, MUḤYĪDDĪN MUḤAMMAD: «Kitāb al-Fanā'». In: *Rasā'il Ibn 'Arabī.* Herausgegeben von Muḥammad 'Abd al-Karīm an-Namrī. Beirut: Dār al-Kutub al-'ilmīya, 2001. Seiten 17–23.

IBN 'ARABĪ, MUḤYĪDDĪN MUḤAMMAD: «Kitāb al-Masā'il». In: *Rasā'il Ibn 'Arabī.* Herausgegeben von Muḥammad 'Abd al-Karīm an-Namrī. Beirut: Dār al-Kutub al-'ilmīya, 2001. Seiten 303–321.

IBN 'ARABĪ, MUḤYĪDDĪN MUḤAMMAD: «Kitāb an-Naqš al-Fuṣūṣ». In: *Rasā'il Ibn 'Arabī.* Herausgegeben von Muḥammad 'Abd al-Karīm an-Namrī. Beirut: Dār al-Kutub al-'ilmīya, 2001. Seiten 394–400.

IBN 'ARABĪ, MUḤYĪDDĪN MUḤAMMAD: «Kitāb at-Tağalliyāt». In: *Rasā'il Ibn 'Arabī.* Herausgegeben von Muḥammad 'Abd al-Karīm an-Namrī. Beirut: Dār al-Kutub al-'ilmīya, 2001. Seiten 322–350.

IBN 'ARABĪ, MUḤYĪDDĪN MUḤAMMAD: «Kitāb Manzil al-Quṭb wa-maqāmahu wa-ḥālahu». In: *Rasā'il Ibn 'Arabī.* Herausgegeben von Muḥammad 'Abd al-Karīm an-Namrī. Beirut: Dār al-Kutub al-'ilmīya, 2001. Seiten 250–261.

Ibn 'Arabī, Muḥyīddīn Muḥammad: *Kitab'ul-Yakîn*. Vom Arabischen ins Türkische übersetzt von Abdülvehhab Öztürk. Istanbul: Sultan Yayınevi, o. J.

Ibn 'Arabī, Muḥyīddīn Muḥammad: «Risālatun 'ilā l-'imām ar-Rāzī». In: *Rasā'il Ibn 'Arabī*. Herausgegeben von Muḥammad 'Abd al-Karīm an-Namrī. Beirut: Dār al-Kutub al-'ilmīya, 2001. Seiten 184–187.

Ibn 'Arabī, Muḥyīddīn Muḥammad: *Tahḏīb al-aḫlāq*. Herausgegeben von 'Abd ar-Raḥmān Ḥasan Maḥmūd. O. O.: 'Ālam al-fikr, 1986.

Ibn 'Arabī, Muḥyīddīn Muḥammad: *Tarǧumān al-Ašwāq*. Beirut: Dār Sader Publishers, 2003.

Ibn Kaṯīr: *Muḫtaṣar Tafsīr Ibn Kaṯīr*. Herausgegeben von Muḥammad 'Alī aṣ-Ṣābūnī. Bände 1–2. Beirut: Dār al-Qur'ān al-Karīm, 1981.

Ibn Sevdekîn: *İdrîs Fassı*. Vom Arabischen ins Türkische übersetzt von Veysel Akkaya. Istanbul: İlk Harf Yayınevi, 2013.

İbn Sînâ: *Kitâbu'ş-Şifâ – Metafizik*. Band 2. Herausgegeben von Muhittin Macit. Istanbul: Litera Yayıncılık, 2005.

Ibn Tufeyl: *Hayy bin Yakzan*. Vom Arabischen ins Türkische übersetzt von Yusuf Özkan Özburun [u. a.]. Istanbul: İnsan Yayınları, 2003.

İkbal, Muhammed: *İslam'da Dini Tefekkürün Yeniden Teşekkülü*. Vom Englischen ins Türkische übersetzt von Sofi Huri. Istanbul: Kırkambar Yayınları, 1999.

İlhan, Avni: "Bâtiniyye". In: DİA; Band 5. 1992. Seiten 190–194.

Irenäus: *Des heiligen Irenäus fünf Bücher gegen die Häresien*. Aus dem Griechischen übersetzt von E. Klebba. München 1912. (*Bibliothek der Kirchenväter*, 1. Reihe, Band 3). URL: http://www.unifr.ch/bkv/buch62.htm (Stand: 31.08.2014, 14:05).

Izutsu, Toshihiko: *İbn Arabî'nin Fusûs'undaki Anahtar Kavramlar [A Comparative Study of the Key Philosophical Concepts in Sufism and Taoism: Ibn 'Arabī and Lao-tzŭ, Chuang-tzŭ]*. Vom Englischen ins Türkische übersetzt von Ahmed Yüksel Özemre. Istanbul: Kaknüs Yayınları, 2005.

Izutsu, Toshihiko: *İslam mistik düşüncesi üzerine makaleler [Creation and the Timeless Order of Things: Essays in Islamic Mystical Philosophy]*. Vom Englischen ins Türkische übersetzt von Ramazan Ertürk. Istanbul: Ağaç Kitapevi Yayınları, 2010.

KAKAIE, GHASEM: "Interreligious Dialogue: Ibn Arabi and Meister Eckhart". In: *Modern Çağ ve İbn-i Arabî – Ibn Arabī and Modern Era.* Herausgegeben von Nevzat Özkaya. Istanbul: Kültür A.Ş. Yayınları, 2008. Seiten 93–112.

KAM, FERIT: *Vahdet-i Vücûd.* Istanbul: Diyanet İşleri Başkanlığı Yayınları, 1994.

KANT, IMMANUEL: »Über das Misslingen aller philosophischen Versuche in der Theodizee«. In: *Akademieausgabe von Immanuel Kants Gesammelten Werken,* Bände und Verknüpfungen zu den Inhaltsverzeichnissen; Band 8. Seiten 253–271. URL: http://www.korpora.org/kant/verzeichnisse-gesamt.html (Stand: 2.6. 2014, 10:30).

KARA, İHSAN: "İbnü'l-Arabî'nin Tasavvuf Istılahlarına Etkisi ve Seyyid Mustafa Rasim Efendi'nin Istılâhât-ı İnsan-ı Kâmil'i Örneği". In: *Tasavvuf Dergisi* (İbnü'l-Arabî Özel Sayısı-2); 23. 2009. Seiten 583–600.

KARADAŞ, CAĞFER: "Muhyiddin İbn 'Arabî'ye göre İnsan-ı Kamil". In: *Uludag Üniversitesi İlahiyat Fakültesi;* 7, 7. 1998. Seiten 453–465.

KAYA, MAHMUT: "Fârâbî". In: DİA; Band 12. 1995. Seiten 145–162.

KAYSERÎ, DÂVÛD: *Mukaddemât – Fusûl Hikem'e Giriş.* Istanbul: İnsan Yayıncılık, 2011.

KEATS, JOHN: *The Letters of John Keats.* Editor M. B. Forman. 4th ed. London: Oxford University Press, 1952.

KILIÇ, MAHMUT EROL: "El-Fütûhât'ul-Mekkiyye". In: DİA; Band 13. 1996. Seiten 251–258.

KILIÇ, MAHMUT EROL: *Şeyh-i Ekber İbn Arabî Düşüncesine Giriş.* Istanbul: Sûfi Kitap, 2010.

KILIÇ, MAHMUT EROL: *Tasavvufa Giriş.* Istanbul: Sûfi Kitap, 2012.

KONEVÎ, SADREDDIN: *Füsûsu'l-Hikem'in Sırları.* Vom Arabischen ins Türkische übersetzt von Ekrem Demirli. Istanbul: İz Yayıncılık, 2012.

KONEVÎ, SADREDDIN: *İlâhî Nefhalar / en-Nefehâtü'l-ilâhiyye.* Vom Arabischen ins Türkische übersetzt von Ekrem Demirli. Istanbul: İz Yayıncılık, 2004.

KONEVÎ, SADREDDIN: *Vahdet-i Vücûd ve Esasları / en-Nusûs fî Tahkîki Tavri'l-Mahsûs.* Vom Arabischen ins Türkische übersetzt von Ekrem Demirli. Istanbul: İz Yayıncılık, 2012.

KONUK, AHMED AVNI: *Fusûsu'l-Hikem Tercüme ve Şerhi.* Bände 1–8. Herausgegeben von Mustafa Tahralı u. Selçuk Eraydın. Istanbul: Marmara İlahiyat Fakültesi Vakfı Yayınları, 2010–2011.

Der Koran. Aus dem Arabischen von Max Henning. Überarbeitet und herausgegeben von Murad Wilfried Hofmann. München: Heinrich Hugendubel Verlag, 1999.

KÜÇÜK, OSMAN NURI: "İbnü'l-Arabî düşüncesinde varlığın tasavvufî yorumunun sayı Metafiziğinde uzanan yansımaları". In: *Tasavvuf Dergisi* (İbnü'l-Arabî Özel Sayısı-2); 23. 2009. S. 373–411.

LAKTANZ (LACTANTIUS), LUCIUS CAECILIUS FIRMIANUS: »Vom Zorne Gottes [De ira dei]. 13. Alles in der Welt dient zum Nutzen des Menschen«. In: *Des Lucius Caelius Firmianus Lactantius Schriften.* Aus dem Lateinischen übersetzt von Aloys Hartl. München 1919. (*Bibliothek der Kirchenväter,* 1. Reihe, Band 36). URL: http://www.unifr.ch/bkv/kapitel501-12.htm (Stand: 20. 08.2014, 18:32).

LANDOLT, HERMANN: »Der Briefwechsel zwischen Kāšānī und Simnānī über *Waḥdat al-Wuǧūd*«. In: *Der Islam;* 50. 1973. Seiten 29–81.

LEIBNIZ, GOTTFRIED WILHELM: *Die Theodicee [Essais de théodicée sur la bonté de dieu, la liberté de l'homme et l'origine du mal].* Übersetzung durch Julius Heinrich von Kirchmann. Leipzig: Dürr, 1879. (Ed. Michael Holzinger, Berliner Ausgabe 2013).

LOICHINGER, ALEXANDER; KREINER, ARMIN: *Theodizee in den Weltreligionen – Ein Studienbuch.* Paderborn: Ferdinand Schöningh, 2010.

LORENZ, STEFAN: »Theodizee«. In: *Historisches Wörterbuch der Philosophie.* Herausgegeben von Joachim Ritter, Karlfried Gründer und Gottfried Gabriel. Neu bearbeitete Ausgabe von Rudolf Eisler. Band 10. Basel: Schwabe Verlag, 1971–2007. Seiten 1066–1073.

LORY, PIERRE: "The Symbolism of Letters and Language in the Work of Ibn 'Arabī". In: *Journal of the Muhyiddin Ibn 'Arabī Society;* 23. 1998. Seiten 32–42.

MANAFOV, RAFIZ: *John Hick'in Din Felsefesinde Kötülük Problemi ve Teodise.* Istanbul: İz Yayıncılık, 2007.

MANAFOV, RAFIZ: "Meşşâî Felsefe ve Kelâm Düşüncesinde 'Adl-i İlâhî' (Teodise) Meselesi". In: SÜİFD; 28. 2009. Seiten 105–124.

MASEK, MICHAELA: *Geschichte der antiken Philosophie.* Wien: Facultas Verlag, 2012.

MÂTURÎDÎ, EBU MANSUR: "Risâlet'ul-Akâid". In: *Akâid Risâleleri.* Herausgegeben von Ali Nar. Istanbul: Beyan Yayınları, 1998.

MAYER, CORNELIUS: *Gestalt und Werk Augustinus – eine Hinführung* von Prof. Dr. Dr. Cornelius Mayer. URL: www.augustinus.de/bwo/dcms/sites/bistum/extern/zfa/augustinus/einfuehrung/index.html (Stand: 04.06.2014, 11:40).

AL-MESBAHÎ, MOHAMED: "Tezatlar Üzerinden Yazmak: İbn-i Arabî'de Hürriyetin Derin Tecellileri". In: *Modern Çağ ve İbn-i Arabî – Ibn 'Arabi and Modern Era.* Herausgegeben von Nevzat Özkaya. Istanbul: Kültür A.Ş. Yayınları, 2008. Seiten 155–189.

MIFTÂH, ABDÜLBÂKÎ: "Fusûsu'l-Hikemde Sayılar". In: *Tasavvuf Dergisi* (İbnü'l-Arabî Özel Sayısı-2); 23. 2009. Seiten 641–655.

Al-Mu'ğam al-'arabī al-'asāsī. Tunis: Larous, 1988.

MUTAHHARI, MURTAZA: *Adl-i İlâhi.* Vom Persischen ins Türkische übersetzt von Hüseyin Hatemi. Istanbul: Kevser Yayıncılık, 2005.

NABLUSÎ, ABDÜLGANÎ: *Gerçek Varlık – Vahdet-i Vücûd'un Müdafaası.* Çev. Ekrem Demirli. Istanbul: İz Yayıncılık, 2009.

NASR, SEYYID HÜSEYIN: *Tasavvufi Makaleler [Sufi Essays].* Vom Englischen ins Türkische übersetzt von Sadık Kılıç. Istanbul: İnsan Yayınları, 2007.

NASR, SEYYID HÜSEYIN: *Üç Müslüman bilge: İbn Sînâ, Suhreverdi, İbn Arabî [Three Muslim Sages: Avicenna-Suhrawardi-Ibn Arabī].* Vom Englischen ins Türkische übersetzt von Ali Ünal. Istanbul: İnsan yayınları, 2009.

NESEFI, ÖMER IBNI MUHAMMED: "Metn-i Akâid". In: *Akâid Risâleleri.* Hersg. von Ali Nar. Istanbul: Beyan Yayınları, 1998.

NYBERG, HENRIK SAMUEL: *Kleinere Schriften des Ibn al-'Arabī.* Leiden: E.J. Brill, 1919.

Ohne Verfasser: »Übel«. In: *Historisches Wörterbuch der Philosophie.* Herausgegeben von Joachim Ritter, Karlfried Gründer und Gottfried Gabriel. Neu bearbeitete Ausgabe von Rudolf Eisler. Band 11. Basel: Schwabe Verlag, 1971–2007. Seiten 1–4.

ÖGKE, AHMET: "İbnü'l-Arabî'nin Fusûsu'l-Hikem'inde Ayna Metaforu". In: *Tasavvuf Dergisi* (İbnü'l-Arabî Özel Sayısı-2); 23. 2009. Seiten 75–89.

Öngören, Reşat: "Tasavvuf". In: DİA; Band 40. 2011. S. 119–126.

Ormsby, Eric Lee: *İslam Düşüncesinde 'İlahi Adalet' Sorunu (Teodise) [Theodicy in Islamic Thought. The Dispute Over al-Ghazālī's "Best of All Possible Worlds"].* Vom Englischen ins Türkische übersetzt von Metin Özdemir. Ankara: Kitâbiyât, 2001.

Özdemir, Metin: *İslam Düşüncesinde Kötülük Problemi.* Istanbul: Furkan Kitaplığı, 2001.

Özdemir, Metin: "Kötülük Problemine Eleştirel Bir Yaklaşım". In: *Cumhuriyet Üniversitesi İlâhiyat Fakültesi Dergisi;* 4. 2000. Seiten 225–257.

Özköse, Kadir: "Muhyiddin İbnü'l-Arabî'nin İbn Rüşd ile görüşmesi". In: *Tasavvuf Dergisi* (İbnü'l-Arabî Özel Sayısı-2); 23. 2009. Seiten 221–240.

Öztürk, Mustafa: "Bilge Kul-Musa Kıssası ve İslam Kültüründe Hızır Mitosu". In: *OMÜ İlahiyat Fakültesi Dergisi;* 14–15. Samsun, 2003. Seiten 245–281.

Öztürk, Mustafa: "İblis'in Trajik Hikayesi – Allah, Şeytan, İnsan ve Kötülüğe Dair". In: *Cumhuriyet Üniversitesi İlâhiyat Fakültesi Dergisi;* 5, 1. 2005. Seiten 40–65.

Pietsch, Roland: »Ibn 'Arabī – Grundzüge seiner Lehre von den Göttlichen Urwahrheiten«. In: *Spektrum Iran;* 2. 2008. S. 26–45.

Plantinga, Alvin: *God, Freedom and Evil.* Michigan: William B. Eerdmans Publishing Co., 2002.

Plantinga, Alvin: "Özgür İrade Savunması". In: *Din Felsefesine Dair Okumalar I.* Herausgegeben von Recep Alpyağıl. Istanbul: İz Yayıncılık, 2011. Seiten 780–796.

Platon: *Der Staat: Über das Gerechte.* Übersetzt und erläutert von Otto Apelt. Hamburg: Felix Meiner Verlag, 1989.

Qāšānī, 'Abd ar-Razzāq: *Mu'ǧam Iṣṭilāḥāt aṣ-Ṣūfiyya.* Herausgegeben von 'Abd al-'Āl Šāhīn. Kairo: Dar al-manār, 1992.

Qāšānī, 'Abd ar-Razzāq: *Šarḥ al-Fuṣūṣ al-Ḥikam.* Kairo: Maṭba'at al-Mimniyya, o. J.

Rahmati, Fateme: *Der Mensch als Spiegelbild Gottes in der Mystik Ibn 'Arabīs.* Wiesbaden: Harrassowitz Verlag, 2007.

Renz, Andreas [Herausgegeben / u. a.]: *Prüfung oder Preis der Freiheit? Leid und Leidbewältigung in Christentum und Islam.* Regensburg: Friedrich Pustet, 2008.

Ritter, Joachim; Gründer, Karlfried; Gabriel, Gottfried: *Historisches Wörterbuch der Philosophie.* Neu bearbeitete Ausgabe von Rudolf Eisler. Basel: Schwabe Verlag, 1971–2007.

Es-Sâbûnî, Nûreddin: *Matürîdiyye Akaidi.* Herausgegeben von Bekir Topaloğlu. Ankara: Diyanet İşleri Başkanlığı Yayınları, 1991.

Schimmel, Annemarie: *Mystische Dimensionen des Islam.* Frankfurt am Main; Leipzig: Insel Verlag, 1995.

Schimmel, Annemarie: *Sufismus.* München: Verlag C. H. Beck, 2003.

Schuon, Frithjof: *İslam'ın Metafizik Boyutları [Dimensions of Islam].* Vom Englischen ins Türkische übersetzt von Mahmut Kanık. Istanbul: İz Yayıncılık, 2010.

Şeyh Mekkî (Ebü'l-Feth), Muhammed b. Muzafferuddin: "El-Cânibü'l-garbî fi halli müşkilâti'ş-şeyh Muhyiddîn İbni'l-Arabî". In: *İbn Arabî Müdafaası.* Istanbul: Harf Yayınları, 2011.

Sinanoğlu, Mustafa: "Seneviyye". In: DİA; Band 36. 2009. Seiten 521–522.

Swinburne, Richard: *Tanrı Var mı? [Is There a God?]* Vom Englischen ins Türkische übersetzt von Muhsin Akbaş. Bursa: Arasta Yayınları, 2001.

Taji-Farouki, Suha: "Ibn 'Arabi meets New Age? Sufism and Sufi Spirituality in the Contemporary West: The Case of the Beshara Movement". In: *Modern Çağ ve İbn-i Arabî – Ibn Arabī and Modern Era.* Herausgegeben von Nevzat Özkaya. Istanbul: Kültür A.Ş. Yayınları 2008. Seiten 275–294.

Takim, Abdullah: *Koranexegese im 20. Jahrhundert: islamische Tradition und neue Ansätze in Süleyman Ateş's »Zeitgenössischem Korankommentar«.* Istanbul: Yeni Ufuklar, 2007.

Tek, Abdurrezzak: "İbnü'l-Arabî'yi Müdâfaa Amacıyla Kaleme Alınan Fetvalar". In: *Tasavvuf Dergisi* (İbnü'l-Arabî Özel Sayısı-2); 23. 2009. Seiten 281–301.

Topaloğlu, Bekir: "Mâtürîdî". In: DİA; Band 28. 2003. Seiten 157–159.

Tosun, Necdet: "İmam Rabbâni'ye göre Vahdet-i Vücûd ve Vahdet-i Şühûd". In: *Tasavvuf Dergisi* (İbnü'l-Arabî Özel Sayısı-2); 23. 2009. Seiten 181–192.

ULFIG, ALEXANDER: *Lexikon der philosophischen Begriffe.* Köln: Komet Verlag, 2003.

ULUÇ, TAHIR: "İbn Arabi'de Mistik Sembolizm". In: *Türk-İslam Medeniyeti Akademik Araştırmalar Dergisi;* 1. 2006. Seiten 147–183.

ULUDAĞ, SÜLEYMAN: "Halvet". In: DİA; Band 15. 1997. Seiten 386–387.

VON SCHELIHA, ARNULF: »Zwischen Annahme und Rebellion. Christlicher Umgang mit Leid in biblischer und theologiegeschichtlicher Perspektive«. In: *Prüfung oder Preis der Freiheit? Leid und Leidbewältigung in Christentum und Islam.* Herausgegeben von Andreas Renz [u.a.]. Regensburg: Friedrich Pustet, 2008. Seiten 64–79.

VORLÄNDER, KARL: *Geschichte der Philosophie.* I. Band, 2. Auflage. Leipzig: Verlag der Dürr'schen Buchhandlung, 1908.

VORLÄNDER, KARL: *Geschichte der Philosophie.* II. Band, 3. Auflage. Leipzig: Verlag der Dürr'schen Buchhandlung, 1911.

WARBURTON, NIGEL: *Felsefeye Giriş [Philosophy: The Basics].* Vom Englischen ins Türkische übersetzt von Ahmet Cevizci. Istanbul: Paradigma Yayınları, 2000.

WELTER, PATRICK; MIHM, ANDREAS: »Kanada zieht sich aus Kyoto-Protokoll zurück«. In: *Frankfurter Allgemeine Zeitung.* 13.12.2011. URL: http://www.faz.net/aktuell/politik/nach-der-weltklimakonferenz-kanada-zieht-sich-aus-kyoto-protokoll-zurueck-11560807.html (Stand: 13.08.2014, 12:25).

YARAN, CAFER SADIK: *Kötülük ve Teodise.* Ankara: Vadi Yayınları, 1997.

YASA, METIN: *İbn Arabî ve Spinoza'da Varlık.* Ankara: Elis Yayınları, 2003.

YASA, METIN: "İbn Arabî'nin 'arada olma'yı Anlatımı". In: *Tasavvuf Dergisi* (İbnü'l-Arabî Özel Sayısı-2); 23. 2009. Seiten 91–108.

YASA, METIN: "Tanrı hakkında paradoksal konuşmak. İbn Arabi ve Karl Barth Örneği". In: *Ondokuz Mayıs Üniversitesi İlahiyat Fakültesi Dergisi;* 17. 2004. Seiten 147–157.

YASA, METIN: *Tanrı ve Kötülük.* Ankara: Elis Yayınları, 2003.

YAVUZ, YUSUF ŞEVKI: "Eş'arîyye". In: DİA; Band 11. 1995. Seiten 447–455.

Yavuz, Yusuf Şevki: "Kelam". In: DİA; Band 25. 2002. Seiten 196–203.

Yazır, Elmalılı Hamdi: *Hak Dini Kur'an Dili.* Band 5. Istanbul: Şura yayınları, o. J.

Yazoğlu, Ruhattin: "Süreç Teolojisinde Kötülük Sorunu". In: *Din Felsefesine Dair Okumalar I.* Herausgegeben von Recep Alpyağıl. Istanbul: İz Yayıncılık, 2011. Seiten 816–825.

Zaidān, Yūsuf: »Vorwort und Einführung«. In: *Šarḥ al-Muškilāt al-Futūḥāt al-Makkiyya.* Kairo: Dār al-Amīn, 1999. Seiten 7–67.

SELAHATTIN AKTI

Über den Autor

Selahattin Akti, geboren 1972, promovierte im Jahr 2015 an der Johann Wolfgang Goethe-Universität Frankfurt als Doktor der Philosophie im Fachbereich Sprach- und Kulturwissenschaften und publizierte unter anderem zur Gott-Welt-Beziehung bei Muḥyīddīn Ibn ʿArabī sowie über die Moses-Ḫiḍr-Erzählung im Koran und deren Verhältnis zur sufischen Koranexegese. Als weiterer Titel von Selahattin Akti erschien 2016 das Werk *Ibn ʿArabīs Lexikon der sufischen Terminologie als Schlüssel zum Einstieg in seine Gedankenwelt,* München: GRIN Verlag.

Register und Glossar

A

H

I

N

T

U

Der Chalice Verlag widmet sich
der Publikation von wertvollen Texten
aus verschiedenen spirituellen Traditionen

Unser Verlagsprogramm und weitere Informationen
finden Sie auf unserer Website

www.chalice-verlag.com

Dieser Band vereinigt drei grundlegende Texte, die einen Einstieg erlauben in die universelle Schau und das tiefe Verstehen des andalusischen Mystikers Ibn Arabi, dessen Titel wie »größter Meister«, »Pol des Wissens« oder »Doktor Maximus« von seiner außerordentlichen, noch heute verbreiteten Anerkennung in Ost und West zeugen. Wie kein zweiter Sufi vor oder nach ihm, lehrte er mit großer Klarheit der Vision die Einheit des Seins und die Wege Göttlicher Selbstoffenbarung. Seine Existenzphilosophie erklärt auch den berühmten Hadith des Propheten Mohammed, in welchem Gott sagt: »Ich war ein verborgener Schatz und liebte es, erkannt zu werden; also erschuf Ich die Welt, auf dass Ich erkannt werde.«

Die vorliegende Sammlung beinhaltet (1) das Traktat *Der innerste Kern,* das *Lubbul Lubb,* die von Ismail Hakki Bursevi (1653–1725), einem der bedeutendsten Schüler Ibn Arabis, übertragene und kommentierte, gut verständliche Zusammenfassung der komplexen Grundlehren des Größten Scheichs. Weiter umfasst der Band (2) die sogenannten *Neunundzwanzig Seiten,* eine klassische Einführung in das Studium Ibn Arabis, sowie (3) einen wichtigen Schlüsseltext zum Thema Selbsterkenntnis: Ibn Arabis Kommentar über die Aussage des Propheten »Wer sich selbst kennt, kennt seinen Herrn« aus seiner *Abhandlung vom Sein,* dem *Risalat al-Wujudiyah.*

ISBN 978-3-905272-72-7
152 Seiten

Die Weisheit der Propheten (Fusus al-Hikam) ist eines der populärsten Werke von Muhyiddin Ibn Arabi und handelt von der einen grenzenlosen Weisheit, die gleichzeitig einzigartig in sich selbst ist und vielgestaltig in ihrer Verkörperung durch die Linie der Propheten: von »der Göttlichen Weisheit im Wort Adams« über »die Weisheit selbstverlorener Liebe im Wort Abrahams«, »die erhabene Weisheit im Wort von Moses« und »die Weisheit der Weissagung im Wort von Jesus« bis hin zur »Weisheit der Einzigartigkeit im Wort von Mohammed«. Dieses außergewöhnliche Werk ist ebenso eine Darlegung der innersten Bedeutung der Existenz des Menschen und seiner Fähigkeit zur Vervollkommnung wie auch eine esoterische Auslegung des Korans und wirft ein erhellendes Licht auf die gemeinsame innere Essenz aller drei abrahamitischen Religionen. Es vermittelt eine Botschaft, der gerade in Zeiten aufkeimender religiöser Intoleranz und fundamentalistischer Verblendung ein unschätzbares Potenzial für die interkulturelle Verständigung innewohnt.

»Auf diese Weise verlangte die Göttliche Ordnung nach der Klärung des Spiegels der Welt; und Adam wurde zur Klarheit dieses Spiegels und zum Geiste dieser Form selbst [...] und wurde ›Mensch‹ und ›Stellvertreter Gottes‹ genannt.«

ISBN 978-3-905272-71-0
178 Seiten

»Ich sah dich nicht auf meinem Weg. Gibt es da noch einen anderen Pfad?« // »Ein jeder hat seinen Weg, den niemand sonst als nur er beschreitet.« // »Und wo befinden sich diese verschiedenen Wege?« // »Sie entstehen durch das Reisen selbst.«

Zwei Texte Ibn Arabis, die – in Anspielung auf die berühmte »nächtliche Reise« oder Himmelfahrt des Propheten Mohammed – die Umstände und Erfahrungen des völligen Aufgehens in Gott beschreiben. Ibn Arabis Bearbeitung dieses Themas widerspiegelt seinen besonderen Zugang zum Koran und den Hadithen wie auch die ganze Spannweite seiner metaphysisch-theologischen Lehren und seines Interesses an praktischer Spiritualität.

Im engeren Sinn eine Erläuterung von *khalwa,* einer Sufi-Übung zur Erlangung der Gegenwart Gottes durch absolute Aufgabe der Welt, beschreibt die *Reise zum Herrn der Macht* den geistigen Aufstieg durch alle Stufen der Existenz bis hin zur Göttlichen Gegenwart. Ibn Arabi ruft den, der den mystischen Weg der Sufis gehen will, dazu auf, sein Herz zu reinigen und eins zu werden mit seiner inneren Essenz. Mit großer Klarheit und der Überzeugungskraft autobiografischer Passagen schildert Ibn Arabi die Erfahrung seiner eigenen Himmelfahrt auch im Text *Meine Reise verlief nur in mir selbst,* einer hier erstmals auf Deutsch vorliegenden, kommentierten Übersetzung des Kapitels 367 aus seinen umfangreichen *Futuhat al-Makkiyah.*

ISBN 978-3-905272-73-4
164 Seiten

Im spirituellen Schrifttum des Islams stellt die *Abhandlung über die Liebe* einen Höhepunkt dar; sie ist im Ganzen wie im Detail ein vollendetes Meisterwerk. Alles, was vor Ibn Arabi zu diesem, insbesondere für das esoterische Verständnis des Korans so zentralen Thema gesagt wurde, fasst der »Größte Meister« hier zusammen, geht aber noch weit darüber hinaus. Kein spiritueller Lehrer hat seither derart wirklichkeitsgetreue, ursprüngliche, tiefgründige und vollständige Sichtweisen auf das Wesen und die Essenz der Liebe dargestellt.

In dem hier zum ersten Mal auf Deutsch vorliegenden Kapitel 178 seiner umfangreichen *Mekkanischen Eröffnungen* beleuchtet der »Lehrer der Sufis« alle Formen der Liebe, die natürliche oder physische, die spirituelle und die Göttliche. Die falsche, im Westen – heutzutage wie auch in der Vergangenheit – verbreitete Meinung, der Islam sei lediglich eine Religion der Strenge und formaler Vorschriften, in der Göttliche Transzendenz alles derart aufsauge, dass ein menschliches Wesen nicht einmal mehr an der Liebe teilhaben könne, wird hier mit großer Einblickskraft in die tiefsten Zusammenhänge und in poetischer Sprache richtiggestellt.

ISBN 978-3-905272-74-1
280 Seiten

Eine ebenso spannende wie humorvolle, tiefgründige wie lehrreiche Liebes- und Abenteuergeschichte über Verlust und Neubeginn, über den Auszug aus der eigenen kleinen Welt und das Erwachen im großen Unbekannten. Es treten auf: Daud, ein erfolgreicher Kaufmann von der Mittelmeerinsel Aruad; Takla, eine junge Köchin im berühmten Nonnenkloster von Saidnaya; und Shams, ein alter Ziegenbock aus den Hügeln über Damaskus. Diese drei Unerschrockenen begleitet die *Damaszener Trommel* durch die syrische Landschaft des neunzehnten Jahrhunderts, mit ihrem vielgesichtigen Kaleidoskop von Völkern, Kulturen und Religionen aus der Levante, auf ihrer abenteuerlichen Reise durch Zeit und Raum und darüber hinaus. Eine zauberhafte Erzählung über Liebe und Selbsterkenntnis, Mut und Vertrauen, Schicksal und Bestimmung, Hingabe und Freiheit. In dieser modernen Tausendundeine-Nacht-Geschichte voller Überraschungen erleben wir die Abgründe des allzu Menschlichen und höchste Menschlichkeit, Niedertracht und Großmut, kriminelle Machenschaften und spirituelle Höhenflüge und begegnen Bösewichten und Helden, Narren und Weisen – und jeder Menge Ziegen. Christopher Ryan studierte Persisch und Osmanisch und schrieb als profunder Kenner der Menschen und Traditionen im Nahen Osten viele Jahre für englische Zeitschriften. In der *Damaszener Trommel* zieht er uns augenzwinkernd in den Bann einer höheren Wirklichkeit, die er im Stil des Magischen Realismus lebendig werden lässt.

ISBN 978-3-942914-21-5
300 Seiten

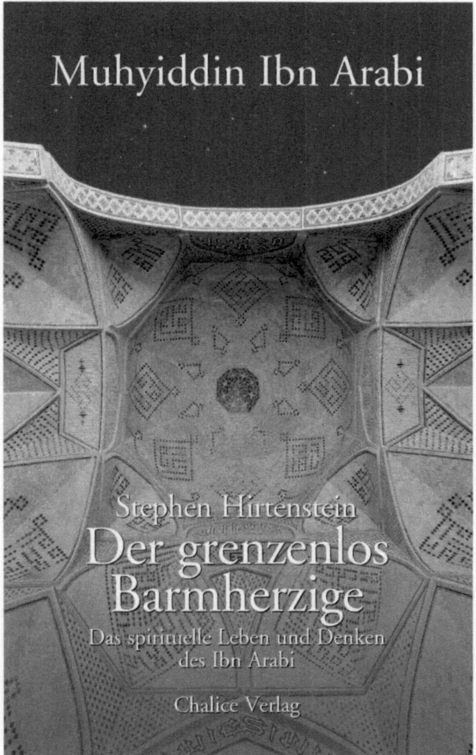

Warum wird Mohammed »Siegel der Propheten« genannt? Was ist die spirituelle Bedeutung von Jesus? Worin besteht die Verbindung der Heiligen und Gesandten aller Völker im Licht der absoluten Einheit aller Existenz? Dies sind nur einige der Fragen, die Muhyiddin Ibn Arabi mit seiner visionären Einsicht und unvergleichlichen Darstellungskraft beantwortete. Bekannt als *ash-Shaykh al-Akbar*, der »Größte Meister«, gilt der anadalusische Sufi für viele als der bedeutendste Mystiker und Denker in der Geschichte des Islams. Die Wirkung seines enormen Lebenswerks auf Philosophie, Theologie und die Entwicklung der islamischen Spiritualität hallt noch heute unüberhörbar nach. Der in Murcia geborene und in Damaskus begrabene Ibn Arabi vereint wie niemand vor oder nach ihm die Weisheiten des Westens und des Ostens in einem ganzheitlichen Bild des Menschen als Krönung einer auf Liebe und Barmherzigkeit beruhenden Schöpfung. Sein tiefes Verständnis der gemeinsamen Wurzeln der abrahamitischen Religionen und der vielfältigen Berührungspunkte ihrer Propheten Moses, Jesus und Mohammed birgt ein unschätzbares Potenzial für den interkulturellen Dialog und die zwischenreligiöse Verständigung. Das vorliegende Buch füllt eine Lücke in der deutschsprachigen Literatur über diesen epochalen Mystiker. Mit ausführlichen Zitaten, luzider Darlegung seiner Grundgedanken und reichem Fotomaterial ist Stephen Hirtenstein ein biografisches Meisterwerk gelungen.

ISBN 978-3-905272-79-6
420 Seiten

Guter Geschmack will gelernt sein: *Le bon-goût s'apprend.* Das gilt insbesondere für das spirituelle Schmecken der Einheit des Seins. In dieser einzigartigen Anthologie beschreiben liebestrunkene Sufis, wahrheitshungrige Gnostiker, erkenntnisdurstige Geisterseher und verschmitzt-weise Skandalgurus, hingebungsvolle Brotbäcker, humorbegnadete Geschichtenerzähler, ägäisverzauberte Lebensreisende und extremfastende Meisterspione Möglichkeiten und Wege, das Feine vom Groben zu unterscheiden, das Obere mit dem Unteren zu verbinden und so die scheinbare Trennlinie zwischen dem Körperlichen und dem Spirituellen zu überwinden. Wenn wir die ›Küchenarbeit an uns selbst‹ in der richtigen, nämlich dienenden Haltung angehen, kultivieren wir in uns diesen guten, feinen Geschmack für die Nähe Gottes. Bewusstes Kochen und Gekochtwerden lässt uns die Heiligkeit in der Transformation von Äußerem und Innerem entdecken.

Neben Ausgesuchtem von Jalaluddin Rumi, Bahauddin Walad, Hafis, Khalil Gibran, Bülent Rauf, Reshad Feild, Muzaffer Ozak, G.I. Gurdjieff, P.D. Ouspensky, Idries Shah, Osho, Scotus Eriugena, Emanuel Swedenborg oder Henry Miller finden sich hier zum ersten Mal auf Deutsch vorliegende Trouvaillen von Annemarie Schimmel, Muhyiddin Ibn Arabi, John G. Bennett, Christopher Bamford und Paul Dukes.

ISBN 978-3-942914-20-8
324 Seiten

Der erste Teil der autobiografischen Trilogie von Reshad Feild: ein echter Klassiker der modernen spirituellen Literatur und eines der großen Selbstzeugnisse mystischer Sinnsuche, das in den vergangenen vierzig Jahren weltweit Hunderttausende von Lesern beeindruckt hat.

In dieser packend erzählten Geschichte begleiten wir einen jungen Engländer auf seiner abenteuerlichen Suche nach der wirklichen Bedeutung des Lebens und den allerletzten Wahrheiten. Unter der Führung des geheimnisvollen Antiquitätenhändlers Hamid, der sich im Laufe dieses ›metaphysischen Roadmovies‹ als ein strenger spiritueller Lehrer entpuppt, entwickelt sich Reshads Interesse an den Derwischen des Nahen Ostens zu einer äußeren wie inneren Entdeckungsreise zu heiligen Stätten, weisen Menschen und tiefen Einsichten in die Wirklichkeit der Welt. Unter härtesten Prüfungen, die sein westliches Denken erschüttern, wird er in die inneren Lehren des Sufismus eingeführt und mit den Geheimnissen des Atems, der spirituellen Bedeutung der Jungfrau Maria und den gemeinsamen Wurzeln der jüdischen, christlichen und islamischen Traditionen vertraut gemacht. Schritt für Schritt beginnt er, die Heiligkeit allen Lebens zu verstehen, und erfährt die Liebe als die Erste Ursache der Schöpfung, bevor ihm schließlich die Erkenntnis der Einheit des Seins gewährt wird.

»Eine eloquente Orchestrierung, die von sehr hoher Kreativität zeugt« (*The Times*). »Wenn Sie sich für die Weisheit dieses Buches öffnen, wird es Ihr Leben verändern« (Ellen Burstyn).

ISBN 978-3-942914-11-6
216 Seiten